LE DIABLE A PARIS

— PARIS ET LES PARISIENS —

PARIS. — TYPOGRAPHIE LACRAMPE ET COMP.,
Rue Damiette, 2.

PAPIER DE LA FABRIQUE DE SAINTE-MARIE.

LE
DIABLE A PARIS

— PARIS ET LES PARISIENS —

MOEURS ET COUTUMES, CARACTÈRES ET PORTRAITS DES HABITANTS DE PARIS,
TABLEAU COMPLET DE LEUR VIE PRIVÉE, PUBLIQUE, POLITIQUE,
ARTISTIQUE, LITTÉRAIRE, INDUSTRIELLE, ETC., ETC.

TEXTE PAR MM.

GEORGE SAND — P.-J. STAHL — LÉON GOZLAN — P. PASCAL — FRÉDÉRIC SOULIÉ — CHARLES NODIER
EUGÈNE BRIFFAULT — S. LAVALETTE — DE BALZAC — TAXILE DELORD — ALPHONSE KARR
MÉRY — A. JUNCETIS — GÉRARD DE NERVAL — ARSÈNE HOUSSAYE — ALBERT AUBERT — THÉOPHILE GAUTIER
OCTAVE FEUILLET — ALFRED DE MUSSET — FRÉDÉRIC BÉRAT

précédé d'une

HISTOIRE DE PARIS PAR THÉOPHILE LAVALLÉE

ILLUSTRATIONS

LES GENS DE PARIS — SÉRIES DE GRAVURES AVEC LÉGENDES
PAR GAVARNI

PARIS COMIQUE — VIGNETTES PAR BERTALL

VUES, MONUMENTS, ÉDIFICES PARTICULIERS, LIEUX CÉLÈBRES ET PRINCIPAUX ASPECTS DE PARIS
PAR CHAMPIN, BERTRAND, D'AUBIGNY, FRANÇAIS.

PARIS
PUBLIÉ PAR J. HETZEL,
RUE RICHELIEU, 76. — RUE DE MÉNARS, 10.

—

1845

HISTOIRE DE PARIS.

IL y a bientôt deux mille ans que l'Athènes de la civilisation moderne n'était qu'un misérable amas de huttes de paille enfermé dans une petite île « qui avait, dit Sauval, la forme d'un navire enfoncé dans la vase et échoué au fil de l'eau. » La Seine lui servait de défense, et elle était unie à ses deux rives par quelques troncs d'arbres formant deux ponts grossiers. Les Gaulois nommaient cette chétive bourgade *Loutouhezi*, c'est-à-dire habitation au milieu des eaux. C'était le chef-lieu du petit canton des *Parisiens*, peuple de bateliers et de pêcheurs qui a donné à la ville le vaisseau de ses armoiries, et dont les goûts aquatiques se sont, comme chacun sait, si fidèlement conservés, à travers toutes les révolutions, chez ses descendants.

Il fallut que César vînt faire la conquête de la Gaule, pour que l'existence de la pauvre *Lutèce*, pour que le nom des Parisiens fussent révélés au monde. Singulière fortune historique! l'acte de naissance de la cité, qui semble avoir l'initiative des grands mouvements de l'humanité, nous est fourni par le génie qui ferme les temps anciens et ouvre les temps modernes. Alors ces bords de la Seine, où s'entassent aujourd'hui tant de palais, où gronde tant de bruit, où fourmille une population si ardente, étaient couverts de longs marécages, de tristes bruyères, d'épaisses forêts qui allaient couronner les hauteurs voisines; immense solitude coupée à peine par quelques cultures, habitée à peine par quelques milliers de sauvages.

Ces sauvages surent pourtant défendre héroïquement leur patrie contre l'invasion romaine. Dans la grande insurrection dont Vercingétorix fut le chef, les Parisiens prirent les armes, et un lieutenant de César fut envoyé pour les soumettre. A son approche, ils brûlèrent leur ville et ses ponts, et, aidés de leurs voisins, se retranchèrent dans les marais fangeux que formait la Bièvre. Mais les Romains tournèrent le camp parisien en passant la Seine devant Chaillot; et alors s'engagea dans la plaine de Grenelle un combat où les Gaulois furent vaincus, et dans lequel les soldats de Lutèce périrent presque tous. Et voilà la première bataille livrée devant Paris! On sait quelle a été la dernière!... Entre ces deux défaites, que de fortunes diverses avaient courues la puissante Rome et l'humble Lutèce! Dans la première, un Romain conquérait la Gaule pour s'en faire un marchepied au suprême pouvoir, à l'empire du monde; dans la deuxième, le César de l'histoire moderne perdait, avec la Gaule à qui il avait donné la grandeur romaine, avec l'Italie, conquise à son tour par la Gaule, la fortune de cet enfant de Paris proclamé dans son berceau roi de Rome!

Pendant quatre cents ans, on n'entend plus parler de la petite Lutèce jusqu'à Julien l'Apostat, ce Voltaire couronné du quatrième siècle, qui habita durant deux hivers un palais dont on ignore le fondateur, et dont quelques ruines existent encore, les Thermes de la rue de la Harpe. Il y avait rassemblé quelques savants; l'un d'eux, Oribase, y rédigea, dit-on, un abrégé de Gallien; et voilà le premier ouvrage publié dans une ville qui enfante maintenant chaque jour dix à douze chefs-d'œuvre. Julien aimait la ville des Parisiens, qu'il appelle sa chère Lutèce. Il vante son climat, ses eaux, même ses vignobles; car il paraît certain que les coteaux de Suresnes étaient déjà en mesure d'abreuver nos aïeux. Il vante, par-dessus tout, les Parisiens et leurs mœurs austères. « Ils n'adorent Vénus, dit-il, que comme présidant au mariage; ils n'usent des dons de Bacchus que pour avoir de nombreux enfants; ils fuient les danses lascives, l'obscénité et l'impudence des théâtres, etc. » Si Julien revenait, il trouverait sans doute que la gravité des Parisiens, en passant par la filière de quinze siècles, s'est quelque peu modifiée.

A cette époque, Lutèce s'était embellie. Ses deux ponts avaient été rétablis et fortifiés; il y avait un Champ-de-Mars et des arènes sur la montagne Sainte-Geneviève; outre le palais des

Thermes, qui couvrait probablement, avec ses jardins, une grande partie des quartiers Saint-Jacques et Saint-Germain, quelques *villas* romaines avaient été bâties sur la rive droite, et l'on a trouvé des ruines de tombeaux en fouillant les terrains du Palais-Royal et de la rue Vivienne. Depuis ces tombes primordiales, que de couches successives de sépulcres n'a-t-il pas fallu entasser pour former le sol actuel de Paris?

Lutèce fut conquise par Clovis, qui y fixa sa résidence. La plupart de ses successeurs l'imitèrent, et séjournèrent dans un édifice qui occupait la partie occidentale de la *Cité*, et qu'on appelait le *Palais*. Alors elle prit de l'importance, fut enceinte d'une muraille, et commença à jeter quelques maisons, surtout des édifices religieux, dans les champs voisins. Telles furent l'église Sainte-Geneviève et l'abbaye Saint-Germain des *Prés*, sur la rive gauche; l'église Saint-Germain l'Auxerrois et l'abbaye Saint-Martin des *Champs*, sur la rive droite. Saint Denis avait, vers le troisième siècle, apporté le christianisme dans Paris. Un enfant de cette ville, saint Marcel, né, dit-on, rue de la Calandre, avait continué son œuvre, et précipité le dragon de l'idolâtrie dans la Seine. Enfin une légende pleine de grâce et de poésie avait placé la reine future de la civilisation sous la protection d'une pauvre bergère, sainte Geneviève, qui l'avait sauvée des armes d'Attila. Quel monument rappelle aujourd'hui ces trois patrons de la grande ville? Nos pères leur en avaient élevé en tous lieux; nous n'avons plus que le Panthéon, montagne de pierres vide et muette, avec laquelle il semble que les faux dieux soient revenus.

Paris ne s'agrandit pas sous Charlemagne et ses successeurs. Ces rois, de race germanique, n'y résidèrent point, et ne la traversèrent que rarement; aussi son histoire, à cette époque, est-elle entièrement nulle. Un écrivain la nomme la plus petite des cités de la Gaule; et, en effet, elle était encore réduite à son île, quand les hommes du Nord vinrent piller ses abbayes, insulter ses murailles, enfin l'assiéger. Le roi Charles le Gros, au lieu de combattre pour la délivrer, acheta le retraite des pirates. Cette lâcheté le fit tomber du trône, et remplacer par le fondateur d'une dynastie nouvelle, le comte Eudes, sous lequel Paris ne revit plus les hommes du Nord. Nous les avons revus, nous, après dix siècles d'intervalle, et traînant derrière eux toute l'Europe en armes! Que d'événements entre ces deux invasions, entre 885 et 1814; entre le comte Eudes, défendant la grosse tour de bois du Palais, et le maréchal Moncey, couvrant la barrière de Clichy; entre la déposition de Charles le Gros, le dernier descendant de Charlemagne qui ait porté la couronne impériale, et l'abdication de Napoléon, le seul monarque français qui, depuis Charles le Gros, ait porté cette même couronne!

Avec les rois de la troisième race commence l'extension de Paris sur les deux rives de la Seine, sa grandeur politique, son action civilisatrice. De capitale du duché des Capétiens, elle devient capitale du royaume, et profite de sa position géographique pour centraliser autour d'elle toutes les parties de la France. Son influence n'est pas d'abord politique. Heureuse d'être ville royale, et affranchie de la turbulente vie des communes, ornée des plus beaux priviléges, vivant paisible à l'ombre du sceptre de ses maîtres, elle se contente d'avoir sur les provinces l'influence des idées, du savoir, de l'intelligence. Ainsi, au onzième siècle, commence la renommée de ses écoles, foyer de lumières où le monde venait déjà s'éclairer, centre des mouvements populaires, source intarissable de grandes pensées et de joyeux propos, d'actions généreuses et de tumultueux plaisirs. Paris s'appelle déjà *la ville des lettres* : on vient de toute la France pour entendre ses théologiens et ses docteurs; dix mille écoliers s'entassent dans les bouges obscurs de l'Université naissante, passent les nuits sur la paille des écoles de la place Maubert, se pressent dans les clos de la montagne Sainte-Geneviève, seuls suffisants à les contenir, pour écouter Pierre Lombard, Guillaume de Champeaux, et surtout Abailard. Paris est aussi déjà la ville des plaisirs : « O cité séduisante et corruptrice! dit un auteur de ce temps, que de piéges tu tends à la jeunesse, que de péchés tu lui fais commettre! » Et pourtant c'était le Paris de Louis VI, comprenant, outre la Cité, vingt ou

trente ruelles fétides, boueuses, obscures, auquel on venait de donner pour la première fois une enceinte! Mais que de passions et de rires dans ces maisons hautes, sombres, humides, à solives apparentes, à pignons surplombants! Que de joyeux rendez-vous et de douces causeries à la porte *Baudet*, sous l'*ourmeciau* Saint-Gervais, au *puits d'amour* de la rue de la Truanderie! Que de sagesse dans l'humble édifice voisin de l'église Saint-Merry, d'où l'abbé Suger, « ce Salomon chrétien, ce père de la patrie, armé à la fois du glaive spirituel et du glaive temporel, » gouvernait le royaume! Que de poésie et d'ivresse dans la chétive maison de la rue du Chantre où Héloïse et Abailard, « les livres ouverts devant eux, parlaient plus d'amour que de philosophie, et oubliaient les sentences pour un baiser ! » Que de science dans cette abbaye Saint-Victor, bâtie par Guillaume de Champeaux, dont les voûtes retentirent de la parole d'Abailard, cet homme dont la vie publique et les malheurs privés remplissent toute l'époque ! Que de douces aventures, de naïfs ébats, d'amoureuses chansons (les chansons d'Abailard, qui « rendirent mon nom, dit Héloïse, célèbre par toute la France ! ») dans ces clos cultivés, ces *courtilles*, où les vignobles ont succédé aux marécages ; ou bien dans ces bourgs qui poussent autour des abbayes, à l'ombre de leurs clochers protecteurs, dans les champeaux Saint-Honoré, le Beau-Bourg, les courtilles du Temple, le bourg Saint-Marcel, le clos du Chardonnet, le bourg Saint-Germain des Prés, etc. Hélas ! que sont devenus ces champs de verdure et ces frais ombrages ? Des forêts de maisons les ont remplacés : les existences y sont peut-être moins grossières, y sont-elles plus heureuses ? Que sont devenus le palais du régent du douzième siècle, la maison du chanoine Fulbert, l'abbaye de Guillaume de Champeaux ?

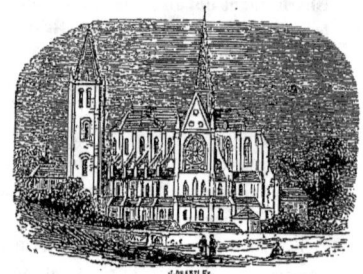

L'abbaye qui mirait son clocher si délicat dans les eaux de la Bièvre, d'où sont sortis tant de savants, qui a été la sépulture des évêques de Paris ; *l'abbaye Saint-Victor*, avec son *église délicieuse*, ses beaux cloîtres, ses grands jardins, a été démolie, et, à sa place... ô progrès ! est l'entrepôt des vins ! La science de la vie est-elle mieux connue de nous que des doctes moines dont la poussière est ignoblement mêlée aux boissons dont s'abreuve la capitale ? — La maison d'Héloïse a aussi disparu : il ne reste d'elle qu'une tradition exploitée par quelque bourgeois du quartier, lequel a fait inscrire sur les solives de sa propriété ces deux vers, éclos sans doute dans quelque cerveau de l'Institut :

> Héloïse, Abailard, habitèrent ces lieux,
> Des sincères amants modèle précieux.

Laquelle de nos Saphos modernes nous rendra le génie, l'immense savoir, et surtout le cœur dévoué, sublime, héroïque, de l'abbesse du Paraclet ? La société moderne, avec ses passions cupides et ses âmes desséchées, pourrait-elle enfanter une histoire aussi touchante que celle des amants du douzième siècle, la seule de nos annales domestiques qui soit encore toute fraîche dans les souvenirs populaires ? — Quant à la demeure du ministre de Louis VII, on sait seulement qu'elle était au même lieu que nos discordes civiles ont récemment rendu célèbre : la maison de Suger et le combat de 1832 sont les seuls souvenirs historiques que rappelle le cloître Saint-Merry, tant le hasard s'est inquiété de mettre côte à côte, pour l'édification de la postérité, la mémoire du grand homme d'État du moyen âge, et celle de ses derniers et plus dignes successeurs.

A mesure que le royaume s'étend et s'arrondit, la capitale s'accroît et s'embellit. Sous Philippe-Auguste, Paris commence à se paver, à se creuser d'égouts, à se couvrir de halles. Deux hôpitaux, trois collèges, onze églises sont fondés, et, parmi ces dernières, on remarque l'abbaye Saint-Antoine des Champs, qui donna naissance à un bourg célèbre dans nos annales révolutionnaires. Le roi agrandit le château du Louvre, commencé par ses prédécesseurs, au moyen d'un terrain acheté aux religieux de Saint-Denis de la Chartre (lesquels demeuraient dans la Cité, près du pont Notre-Dame) : il l'achète pour une rente annuelle de trente sous, rente qui était encore payée en 1789, tant l'ancien régime était candide en affaires ! et il y fait bâtir la grosse Tour, qui devint le symbole de la suzeraineté royale et la prison des vassaux rebelles. L'évêque Maurice de Sully fait construire, à la place d'une vieille église qui datait des fils de Clovis, la grande Notre-Dame, qui ne fut achevée qu'au bout de deux siècles : monument gâté par les restaurateurs de tous les âges, et surtout par cette orgueilleuse intelligence

LES GENS DE PARIS. Oraisons funèbres. — 1.

« On écrit de Brive-la-Gaillarde : — Le pair de France, marquis de Chevincourt, comte de Saint-Paul, vicomte de Chevrigny, commandeur de Saint-Louis, chevalier de Saint-Michel et de Saint-Hubert, grand'croix de Marie-Thérèse d'Autriche, chevalier de l'Éléphant de Danemark, de la Tour et de l'Épée de Portugal, et de l'Aigle-Blanc de Pologne, etc., etc., etc., est mort avant-hier dans son château de..... »

— Qu'est-ce que ça me fait?

Par Gavarni. Gravé par Piaud.

de l'art gothique, qui a transformé l'œuvre naïve de nos aïeux en un mythe hiéroglyphique.

Le *cimetière des Innocents* est enveloppé de longues galeries appelées *charniers* : les riches y choisirent leur sépulture, des marchands s'y établirent, les oisifs vinrent s'y promener, et le séjour de la mort devint un lieu de luxe, de plaisirs, de rendez-vous. Le moyen âge, avec sa foi ardente, ne craignait pas la mort, et aimait à jouer avec elle ; aussi, sur les murs des charniers, avait-il peint la *Danse macabre*, allégorie philosophique où l'on voyait la Mort mener la danse en conduisant au tombeau
« personnes de tous estats, » mêlées et confondues. Cette allégorie y fut même plusieurs fois représentée sur des tréteaux par des acteurs qui attiraient la foule, tant la scène était appropriée au sujet ! La Mort mena la danse au cimetière des Innocents pendant plus de six siècles, et elle y entassa les cadavres de vingt à trente générations. Aussi, en 1785, quand l'administration municipale voulut détruire cette immense nécropole, devenue un foyer d'infection, elle en fit extraire douze cent mille squelettes, qui défilèrent devant leurs descendants pour aller former, avec leurs ossements, les murs des catacombes. C'était la dernière représentation de la *Danse macabre !*

Paris prit tant d'accroissement sous Philippe-Auguste, qu'il fallut lui construire une *nouvelle enceinte*, laquelle fut fortifiée. Cette enceinte formait sur la rive droite un demi-cercle

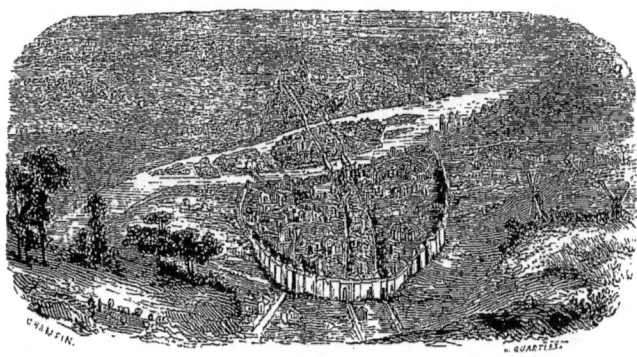

qui commençait par la *Tour qui fait le coin* (près du pont des Arts), et finissait par la *Tour Barbel* (près du port Saint-Paul), en ayant pour points principaux : porte *Saint-Honoré* (rue Saint-Honoré, près de l'Oratoire) ; porte *Coquillière* (à l'entrée de la rue Coquillière) ; porte *Montmartre* (numéros 15 et 32 de la rue Montmartre) ; porte *Saint-Denis* (rue Saint-Denis, près de l'impasse des Peintres) ; porte *Saint-Martin* (rue Saint-Martin, près de la rue Grenier-Saint-Lazare) ; porte de *Braque* (rue de Braque, près de la rue du Chaume) ; porte *Barbette* (Vieille rue du Temple, près de la rue Barbette) ; porte *Baudet* (place Baudoyer). L'enceinte formait aussi, sur la rive gauche, un demi-cercle qui commençait par la *tour de Nesle* (près de l'Institut) et finissait par la *Tournelle* (quai de la Tournelle, près de la rue des Fossés-Saint-Bernard), en ayant pour points principaux : porte *Bussy* (rue Saint-André-des-Arcs, près de la rue Contrescarpe) ; porte des *Cordeliers* (rue de l'École-de-Médecine) ; porte *Gibart* ou *d'Enfer* (place Saint-Michel) ; porte *Saint-Jacques* (près de la rue Saint-Hyacinthe) ; porte *Bordet* (rues Bordet et de Fourcy) ; porte *Saint-Victor* (rues Saint-Victor et des Fossés-Saint-Victor).

Des nombreux édifices qui étaient en dehors de cette enceinte, nous en remarquerons un seul, parce qu'il marque la distance morale qui existe entre l'enceinte de Philippe-Auguste et l'enceinte de Louis-Philippe : c'est Saint-Lazare, hôpital destiné au soulagement des lépreux. Une coutume, pleine d'enseignements chrétiens, voulait que les rois, avant leur entrée solennelle dans la capitale, fissent séjour dans cet asile des plus dégoûtantes infirmités, pour y recevoir le serment de fidélité des bourgeois ; et une autre coutume, non moins sublime, voulait que les dépouilles mortelles des rois et des reines, avant d'être portées à Saint-Denis, y fussent déposées pour y recevoir l'eau bénite des pauvres habitants du lieu. On sait ce qu'est devenu Saint-Lazare, dont saint Vincent de Paul fut abbé, d'où André Chénier sortit pour aller à l'échafaud : une prison pour les filles de mauvaise vie ! Et pourtant, entre le Saint-Lazare du douzième siècle et le Saint-Lazare de nos jours, il y a, dit-on, toute la distance qui sépare la barbarie de la civilisation.

Sous Louis IX, Paris se complaît dans ses nouvelles murailles, et ne cherche pas à les franchir ; mais il continue à se couvrir de fondations pieuses, savantes ou charitables : des églises, des colléges, des hôpitaux, c'était tout ce qu'on savait faire en ces temps de ténèbres. Dans notre siècle de lumières, avec un ordre social où l'on ne tend à rien moins qu'à la perfection de l'espèce humaine, nous bâtissons uniquement des prisons et des casernes. Que reste-t-il de tous ces édifices des modestes *maçons* du moyen âge ? Nous sommes si prompts à transformer en poussière les chefs-d'œuvre des arts, que la plupart n'existent plus. Et qu'a-t-on mis à leur place ? Le couvent des Augustins, qui servit pendant des siècles aux assemblées du clergé, du parlement, de l'ordre du Saint-Esprit, c'est aujourd'hui... le marché à la volaille ! Le couvent de l'Ave-Maria... c'est une caserne ! Le couvent des jacobins de la rue Saint-Jacques... c'est une prison ! Le couvent des cordeliers... les salles de dissection de l'école de médecine ! L'hôpital des Filles-Dieu... un passage ! Le collége de Cluny... d'abord un atelier de peintre, puis un magasin de papier, puis rien ! Le couvent des Chartreux, orné de tant de richesses, où Lesueur peignit ses chefs-d'œuvre... c'est l'avenue du Luxembourg, où MM. les pairs peuvent, en se promenant, visiter la place où le héros d'Elchingen est tombé sous des balles françaises ! La Sorbonne, ce temple de la théologie, d'où partirent tant de décisions terribles aux papes et aux rois, où Richelieu voulut être enterré... c'est (aucuns disent qu'elle doit envier le sort du couvent des Augustins)... c'est la fabrique aux bacheliers, le chef-lieu universitaire de l'académie de Paris ! Heureusement, de toutes ces créations si regrettables, il en reste une que la bande des démolisseurs n'a pas atteinte, c'est ce chef-d'œuvre d'Eudes de Montreuil, qui fut improvisé en huit années, et auquel notre siècle opposera peut-être Notre-Dame de Lorette : c'est la Sainte-Chapelle, ce bijou d'architecture si fin, si riche, si gracieux ! Qu'il reste à jamais oublié des archéologues et des restaurateurs, comme le logis de la reine Blanche, dont les précieux débris existent encore sur les bords de la Bièvre, près des Gobelins !

Sous ce règne, la royauté commence à appuyer son sceptre sur la robuste main du peuple de Paris. Le roi et sa mère étaient en guerre avec les barons, qui leur fermaient le chemin et la capitale. Ils appelèrent à leur défense les habitants « de la ville avec laquelle, dit Pasquier, les rois de France ont perpétuellement uni leur fortune. » Les Parisiens sortirent en armes, délivrèrent le monarque, et le ramenèrent en triomphe dans leurs murs. Cela se passait en 1227 : six siècles après, les Parisiens sortaient encore en armes de leur ville, mais c'était pour en chasser les derniers descendants de saint Louis !

En reconnaissance du dévouement de sa capitale, Louis IX se fit inscrire dans la confrérie des bourgeois ; il prit le titre de bourgeois de Paris ; il appela les bourgeois à son conseil ; il leur fit signer ses ordonnances ; il les établit en corps de métiers ; il régla leurs institutions municipales, et leur donna, avec un prévôt et des échevins, un *Parloir aux bourgeois*, qui était situé près du Grand-Châtelet. A tous ces bienfaits, il ajouta une garde de police. Cette garde, pour une ville qui comptait cinquante mille âmes, était forte de soixante hommes : il y a loin de là aux cinquante mille soldats de toutes armes qui, aujourd'hui, surveillent ou défendent les neuf cent mille habitants de Paris ; mais, au temps de saint Louis, la police n'avait à s'occuper que des malfaiteurs, tandis que de nos jours elle a tant de soucis d'autre genre, sans compter le maintien de la morale !

LES GENS DE PARIS. Oraisons funèbres. — 3.

LE SCULPTEUR DE CIMETIÈRES.

Que de paroissiens fameux dont il ne serait bientôt plus question par ici, si un homme de talent n'était pas là pour leur y tailler une couronne de n'importe quoi sur la mémoire!

Par GAVARNI. Gravé par PIAUD.

HISTOIRE DE PARIS.

Sous les successeurs de Louis IX, le progrès continue, et se manifeste principalement par des fondations de colléges. On en compte quatre sous Philippe III, six sous Philippe IV, et parmi eux le collége de Navarre, où est aujourd'hui l'école polytechnique; cinq sous les fils de Philippe IV, quatorze sous Philippe VI, etc. Mais avec ses écoles, qui couvrent la moitié de son enceinte, avec son parlement, qui enfante la confrérie ou le *royaume* des clercs de la *Bazoche*, avec sa bourgeoisie, qui assiste aux états-généraux, Paris commence à s'inquiéter du gouvernement : il mène au gibet de Montfaucon les ministres Labrosse et Marigny; il s'assemble aux piliers des halles pour voter la loi salique; enfin, las des tyrannies financières de Philippe le Bel, il fait sa première émeute. Le roi, chassé du palais, poussé de rue en rue avec ses archers, se réfugie dans la forteresse du Temple, située alors hors de la ville. Il y est assiégé, en sort victorieux, et fait pendre vingt-huit bourgeois aux quatre principales portes. Cinq siècles après, un autre Capétien, chassé aussi de son palais par la fureur populaire, entrait dans la sombre tour du Temple, mais c'était en prisonnier; et il n'en sortit que pour être mené à l'échafaud par les petits-fils de ces bourgeois que Philippe IV avait attachés à la potence.

Après cette sédition, Paris resta pendant quelque temps soumis et paisible. Mais quand il vit la dynastie des Valois exposer le salut du royaume dans les honteuses journées de Crécy et de Poitiers, il se sentit appelé à suppléer au gouvernement, à se charger des fonctions de la royauté et de la noblesse, à prendre en main les destinées de la France. Son génie révolutionnaire allait pour la première fois se manifester.

La ville commença par se transformer en une vaste forteresse, aussi apte à se défendre contre les mauvais desseins des ennemis de la bourgeoisie que contre les attaques des étrangers. Pour cela, on scella à l'entrée de chaque rue une grosse chaîne de fer, qui, tous les soirs, et, au moindre signal de danger, était tendue et fermait chacun des trois cents défilés étroits et tortueux dont se composait la ville. A l'approche de l'ennemi, on renforçait cette chaîne avec des poutres, des pierres, des tonneaux, et la barricade devenait imprenable, surtout pour les barons, avec leurs grands chevaux et leurs lourdes armures. De plus, on reconstruisit la muraille extérieure, en l'appuyant de fortes tours, et on la garnit de sept cent cinquante guérites et même de canons. Enfin l'enceinte septentrionale fut agrandie : elle partit alors de la

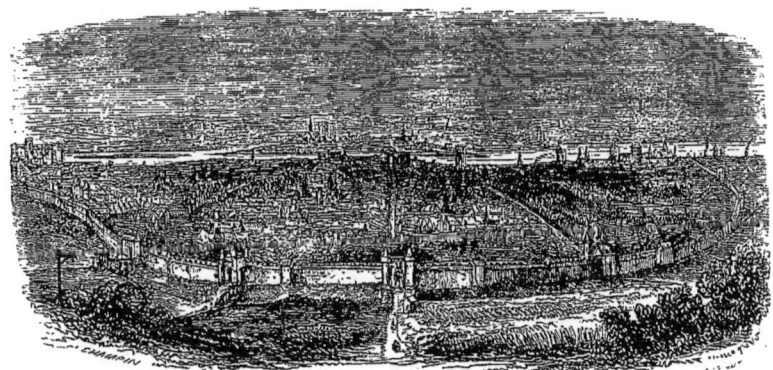

tour de Billy (près de l'Arsenal), et alla jusqu'à la *tour du Bois* (près du Louvre), en passant à peu près par la ligne actuelle des boulevards, jusqu'à la porte Saint-Denis, et de là en suivant l'emplacement des rues Bourbon-Villeneuve, Neuve-Saint-Eustache, Fossés-Montmartre, du Rempart, Saint-Nicaise, etc. Tout cela fut fait en un an, coûta sept cent quarante-deux mille francs de notre monnaie, et fut l'œuvre d'Étienne Marcel, prévôt des marchands, noble caractère, vaste intelligence, grande renommée populaire, dont les historiens courtisans ont jeté la mémoire aux gémonies.

Grâce à l'attitude énergique de Paris, les états-généraux, que dirigeaient Marcel et ses amis, firent la loi au gouvernement, et imposèrent au dauphin Charles, régent du royaume pendant la captivité du roi Jean, des conditions qui avaient pour but immédiat le renvoi de ministres impopulaires, mais qui, dans l'avenir, auraient changé la face de l'État. Toutes leurs résolutions étaient appuyées de la présence des bourgeois, qui, au signal du prévôt, suspendaient les métiers, fermaient les boutiques et prenaient les armes. On vit alors les princes s'abaisser devant le peuple, et mendier sa faveur par des discours à la multitude assemblée. Le régent allait haranguer à la place de Grève, sur les degrés de la grande croix élevée au bord de l'eau, ou bien sous les piliers des halles, ou bien au Pré-aux-Clercs ; le roi de Navarre, Charles le Mauvais, lui répondait, et *le populaire*, qui s'amusait de ces joutes d'éloquence, huait ou applaudissait les comédiens qui devaient lui faire payer le spectacle. Paris était devenu une sorte de république, dont la municipalité gouvernait les états et la France. Le parloir aux bourgeois avait été transféré dans une maison de la place de Grève, dite *Maison aux Piliers*, dont la grande salle, ornée de belles peintures, fut, pendant deux siècles, le théâtre d'événements de tous genres. Les amis de la liberté s'étaient donné pour insigne un chaperon mi-partie bleu et rouge, couleurs de la ville, qui restèrent dans l'obscurité jusqu'en 1789, avec une agrafe d'argent et la devise : *A bonne fin !*

Le prévôt, lassé de l'opposition du Dauphin et de ses courtisans, fit armer les compagnies bourgeoises, les conduisit au palais, entra dans la chambre du prince, et le somma une dernière fois « de mettre fin aux troubles et de donner défense au royaume. » Sur son refus, deux de ses favoris furent massacrés et leurs cadavres jetés dans la cour aux applaudissements de la foule. Le Dauphin tomba aux genoux de Marcel, lui demandant la vie. Le terrible tribun lui donna son chaperon pour sauvegarde, le traîna à la fenêtre, et lui montrant les cadavres : « De par le peuple, dit-il, je vous requiers de ratifier la mort de ces traîtres, car c'est par la volonté du peuple que tout ceci s'est fait. »

Le prince s'enfuit, rassembla une armée et vint assiéger Paris. Les autres villes étaient déjà jalouses de la puissance de la capitale ; la discorde se mit dans les états ; le prévôt devint suspect aux bourgeois, qui s'effrayaient de la ruine du pouvoir royal : il fut assassiné. Les royalistes se rendirent maîtres de la ville, massacrèrent les chefs du parti populaire et ouvrirent les portes au Dauphin. Le traité de Bretigny fut la suite de la restauration du pouvoir

royal ; et le prince, dès qu'il fut roi, fit élever un édifice triomphal à la place même où Marcel avait été tué : ce fut la *Bastille-Saint-Antoine*, premier monument de défiance de la royauté envers la capitale, prison d'État qui est restée pendant des siècles le symbole du despotisme, et qui fut détruite le jour où les couleurs de Paris redevinrent victorieuses de la royauté. Qui se souvint pourtant, au 14 juillet 1789, du grand magistrat qui les avait le premier inaugurées ?

Pour tenir en bride les Parisiens, la Bastille-Saint-Antoine ne suffisait pas : on en trouva une deuxième à l'autre extrémité de la ville, dans le Louvre, qui fut agrandi, fortifié, garni de nouvelles tours. Avec ces deux *forts détachés*, comme on dirait aujourd'hui, lesquels menaçaient la partie turbulente de Paris et dominaient la rivière, la couronne était tranquille : dans le Louvre, elle se donna un asile où elle enferma son trésor, ses archives, sa *librairie*, grosse alors de neuf cents volumes ; nous allons voir comment, près de la Bastille-Saint-Antoine, elle se bâtit une habitation selon ses goûts.

Le séjour royal avait été profané et ensanglanté par l'invasion de la multitude : Charles V ne voulut plus habiter le Palais, qui se trouvait étouffé par la foule des maisons populaires, où

LES GENS DE PARIS. Oraisons funèbres. — 3.

— En v'là du guignon! la femme à Salanthoud qui perd son homme le même jour que son chien!
— Pauv' femme!... un si beau caniche

Par GAVARNI. Gravé par PIAUD

la royauté était comme emprisonnée par tous ces pignons bourgeois qui regardaient dans sa demeure. Il se fit, hors des quartiers populeux, dans le nouveau Paris, un séjour aussi vaste que sûr et pittoresque : ce fut l'*hôtel Saint-Paul*, assemblage de maisons, de cours,

de jardins, qui occupait l'espace compris entre les rues Saint-Antoine, Saint-Paul, le quai des Célestins et le fossé de la Bastille. On y comptait douze hôtels et autant de galeries, avec des préaux, des chapelles, une ménagerie, une fauconnerie, des forges d'artillerie, des écuries, celliers, colombiers, chantiers, etc. Ce n'était pas un palais, mais une sorte de grande ferme, comme le témoignent les noms des rues ouvertes sur son emplacement (la Cerisaie, le Beautreillis, les Lions, etc.), comme le témoigne le treillage dont étaient garnies les fenêtres « pour empêcher les pigeons de faire leurs ordures dans les chambres. » La force de l'hôtel Saint-Paul était dans la Bastille-Saint-Antoine, qui tenait une porte de la ville; son luxe était dans le couvent des Célestins, dont l'église, ornée de tant de chefs-d'œuvre, devint la sépulture de tant de grands personnages, et dont les débris servent aujourd'hui de caserne. Les pieds des chevaux de la garde municipale creusent le sol où reposaient la femme de Charles V, le duc Louis d'Orléans, Valentine de Milan, un roi d'Arménie, le connétable de Montmorency, des Brissac, des Chabot, des Tresmes, et les cœurs de Henri II, de Charles IX, de Catherine de Médicis, renfermés dans une urne qui était l'œuvre de Germain Pilon!

Paris avait pris goût au tumulte; elle avait mis la main au gouvernement; elle connaissait le chemin des demeures royales : elle n'oublia rien de tout cela, et pendant un demi-siècle, on la vit se ruer dans les troubles civils, pour essayer de tirer le royaume des calamités où le plongeaient ses maîtres. Tâche ingrate, pleine d'erreurs et de crimes, où elle ne trouva que de nouveaux malheurs! Que ne restait-elle patiente, obscure, résignée comme jadis, heureuse de sa vie paisible, de ses belles églises, de ses fêtes naïves, bercée au son de ses mille cloches, mirant ses maisons pittoresques dans son fleuve nourricier? Mais le démon des révolutions l'emporta, et dans quelle série de calamités ne l'entraîna-t-il pas, depuis le jour où, saisissant les maillets de plomb déposés à l'Hôtel-de-Ville, elle s'en servit pour tuer les collecteurs des impôts, et aux cris de liberté, chasser la cour de Charles VI, jusqu'au jour où elle se livra elle-même aux troupes de Charles VII, en secouant le joug des Anglais! Que de souffrances entre ces deux journées! Au 1er mars 1382, Paris était plein d'orgueil et de richesses, avec une population pressée, grouillante, tumultueuse : « Il y avait alors, dit Froissard, de riches et puissants hommes, armés de pied en cap, la somme de trente mille, aussi bien appareillés de toutes pièces comme nuls chevaliers pourraient être, et disaient quand ils se nombraient, qu'ils étaient bien gens à combattre d'eux-mêmes et sans aide les plus grands seigneurs du monde. » Au 13 avril 1436, Paris était ravagé par la famine et la peste, ruiné par la guerre, abandonné de ses notables habitants; sa population était réduite de moitié; les loups couraient par ses rues désertes ; il y avait tant de maisons délaissées qu'on les détruisait pour en brûler le bois; on parlait de transporter ses droits de capitale à une ville de la Loire. Les événements se pressent entre ces deux dates : cherchons les lieux qui en furent principalement le théâtre.

La cour de Charles VI, chassée de la capitale, se vengea en allant attaquer les Flamands, qui étaient les alliés des Parisiens dans la guerre entreprise « pour déconfire toute noblesse et toute gentillesse : » elle les vainquit à Rosebecq, et revint sur Paris pleine d'arrogance et de colère. Les métiers et les halles, conseillés par les derniers amis de Marcel, voulaient que la ville fît résistance; la haute bourgeoisie aima mieux se confier au jeune roi. Celui-ci entra la lance à la main, comme dans une ville conquise, fit abattre les portes, enlever les chaînes, désarmer les habitants, arrêter les plus notables. On dressa des échafauds, on abolit les priviléges et magistratures populaires, on rançonna tous les bourgeois. Les deux plus illustres victimes furent Jean Desmarest, avocat général, et Nicolas Flamand, marchand drapier, courageux citoyens pour lesquels, non plus que pour Etienne Marcel, l'édilité parisienne n'a pas eu un souvenir. Il fallut, pour arrêter les supplices, que la ville se rachetât à force d'argent et vînt crier grâce au roi dans cette cour du Palais, encore teinte du sang des favoris du régent. Le connétable de Clisson, en mémoire de ce pardon, et avec les dépouilles des Parisiens, se fit bâtir, rue du Chaume, un hôtel qu'il appela de la *Miséricorde*, hôtel qui devint célèbre au seizième siècle, comme séjour des ducs de Guise, et qui, après avoir passé dans la maison de Soubise, renferme aujourd'hui les archives de l'Etat. C'est en allant de l'hôtel Saint-Paul à son hôtel de la Miséricorde que Clisson fut assassiné dans la rue Culture-Sainte-Catherine, par le sire de Craon.

Charles VI devint fou; ses parents se disputèrent le pouvoir; alors commencèrent les guerres civiles entre les Bourguignons et les Armagnacs, c'est-à-dire entre le parti populaire et le parti de la noblesse, entre Paris et les provinces. Les hôtels des princes y prirent une grande célébrité.

Depuis que Charles V en avait donné l'exemple, le goût des bâtiments s'était répandu parmi les seigneurs, et de beaux hôtels avaient été achetés ou construits par eux dans divers quartiers de la ville. Le duc d'Orléans habitait l'hôtel de *Bohême*, le duc de Bourgogne l'hôtel d'*Artois*, le duc de Berry l'hôtel de *Nesle*, la reine Isabelle l'hôtel *Barbette*, etc. L'hôtel de Bohême, qui tirait son nom de Jean de Luxembourg, roi de Bohême, lequel l'avait reçu en don de Philippe VI, occupait tout l'espace compris entre les rues de Grenelle, Coquillière, d'Orléans et des Deux-Ecus; il touchait aux écuries du roi sises rue de Grenelle, à l'hôtel de Flandre, sis rue Coquillière, près la porte de ce nom, au Séjour du roi, sis rue du Séjour ou du Jour, à l'église Saint-Eustache, au four de la Couture, appartenant à l'évêque de Paris, et sis rue du Four. C'était une magnifique résidence que le duc d'Orléans, ami des arts, avait embellie, agrandie, enrichie de meubles précieux, de sculptures sur pierre et sur bois, de jardins et d'eaux jaillissantes. Plus tard il devint un couvent, puis l'hôtel de la Reine, où séjourna Catherine de Médicis, qui y fit construire une belle colonne servant d'observatoire à ses astrologues, puis l'hôtel de Soissons, possédé par des princes de la maison de Bourbon. Sur son emplacement ont été construites la Halle aux blés et les rues voisines : la colonne de Médicis existe encore.

L'hôtel d'Artois, qui tirait son nom de Robert d'Artois, frère de saint Louis, occupait l'espace compris entre les rues Pavée, du Petit-Lion, Saint-Denis, Mauconseil et Montorgueil, dite alors Comtesse-d'Artois. C'était une sorte de forteresse, fermée par une muraille crénelée et garnie de tours, dont une subsiste encore dans le jardin de la maison n° 3 de la rue Pavée; son voisinage des halles, et le rôle que jouait le duc de Bourgogne comme chef du parti populaire, rendaient cet édifice très-important. Il devint plus tard l'hôtel de Bourgogne, et fut en partie acheté par les *confrères de la Passion*, qui en firent leur salle de spectacle. Sous Mazarin, Dominique, Carlin et les autres héros de la farce italienne, succédèrent auxdits confrères; et la citadelle où Jean Sans-Peur médita le meurtre de son cousin d'Orléans, devint, comme dit Charles Nodier, « la maison des bords de la Seine où l'on a ri de meilleur cœur, depuis la fondation de Paris jusqu'à l'an de grâce où nous vivons. » Aujourd'hui l'hôtel de Bourgogne est devenu la halle aux cuirs; et les notables du quar-

— Comment! feu mon cousin n'aurait laissé que ça? Voyons! je vous le demande, madame Laizardé, depuis trente-sept ans qu'il était pharmacien!.... Madame Laizardé, feu mon cousin, pour sûr, devait avoir des fonds placés....
— Sur la Caisse apothicaire.....

tier s'y rassemblent pour élire nos législateurs : il ne manque donc rien à son illustration.

L'hôtel de Nesle occupait, sur le bord de la Seine, l'espace compris entre la rue de Nevers, le quai Conti et la rue Mazarine, appelée longtemps rue des Fossés-de-Nesle. Il touchait à la muraille de la ville, aux portes de Bussy et de Nesle, et à la tour que l'imagination des dramaturges modernes a célébrée aux dépens de l'histoire. Il contenait de grandes richesses, des tableaux d'Italie, des reliques, des ouvrages précieux d'orfévrerie, et surtout une magnifique librairie. L'hôtel de Nesle devint, sous Henri II, l'hôtel de Nevers, puis l'hôtel Conti ; après Mazarin, le collége des Quatre-Nations fut construit sur son emplacement : aujourd'hui c'est l'Institut. Transformations pour transformations, j'aime mieux celles de l'hôtel d'Artois.

L'hôtel Barbette occupait l'espace compris entre les rues Vieille-du-Temple, de la Perle, des Trois-Pavillons et des Francs-Bourgeois : il en reste encore une tourelle au coin de cette dernière rue. Sur son emplacement a été ouverte la rue Barbette, où fut bâti l'hôtel d'Estrées, lequel sert aujourd'hui de maison aux demoiselles de la Légion d'honneur. C'est de l'hôtel Barbette que sortait le duc d'Orléans, lorsqu'il fut assassiné dans la Vieille-rue-du-Temple, par des gens cachés dans la maison de l'Image-Notre-Dame, maison qui subsistait encore en 1790, et dont l'emplacement est aujourd'hui occupé par la rue qui longe le marché des Blancs-Manteaux. Les assassins allèrent se réfugier à l'hôtel d'Artois ; le cadavre fut porté à l'hôtel de Rieux, situé en face de la maison de l'Image-Notre-Dame, et de là à l'église des Blancs-Manteaux. C'est là que le duc de Bourgogne vint jeter l'eau bénite sur le cercueil, en disant : « Jamais plus méchant et plus traître meurtre ne fut commis en ce royaume. » Mais à l'hôtel de Nesle, où se tint un conseil pour rechercher les coupables, le prévôt de Paris étant venu dire qu'il avait suivi la trace des assassins jusqu'à l'hôtel d'Artois, il jeta le masque, avoua le crime et s'enfuit en Flandre.

Les Parisiens se prononcèrent pour le meurtrier, qui « étoit moult aimé d'eux, comme étant courtois, traitable, humble et débonnaire ; » ils le reçurent en triomphe quand il revint avec une armée devant laquelle s'enfuirent le roi et sa famille ; ils l'applaudirent quand il fit prononcer, dans le cloître de l'hôtel Saint-Paul, par le cordelier Jean Petit, l'apologie de son crime. La guerre civile commença. Il se forma alors dans Paris, sous le patronage de Jean Sans-Peur, une faction qui avait pour chefs les Legoix, les Saint-Yon, les Thibert, maîtres des boucheries, familles puissantes qui dataient déjà de plusieurs siècles, dont les descendants se sont signalés dans les troubles de la Ligue et de la Fronde, enfin qui ont encore aujourd'hui plusieurs rejetons parmi les bouchers de Paris [1]. Cette faction, qui était inspirée par les docteurs de l'Université, avait pour orateur un chirurgien, nommé Jean de Troyes, pour exécuteur un écorcheur nommé Caboche, et pour armée toute la population des métiers et des halles : elle s'empara du gouvernement, des finances, de la Bastille, du Louvre ; elle rendit à Paris ses priviléges, ses chaînes, ses armes ; elle envahit plusieurs fois l'hôtel Saint-Paul, forçant les princes à subir ses volontés, égorgeant ou emprisonnant leurs favoris. Mais la haute bourgeoisie, qui se voyait exclue par elle des offices et du pouvoir, se lassa de ses tyrannies, et, croyant seulement travailler à la restauration de l'autorité royale, chercha à rappeler les Armagnacs. Après une lutte terrible, d'abord dans les assemblées des quartiers, ensuite dans le Parloir aux Bourgeois et sur la place de Grève, les modérés l'emportèrent, chassèrent les bouchers avec Jean Sans-Peur, et ouvrirent les portes à leurs ennemis. Ils s'en repentirent, car la réaction de la noblesse contre le parti populaire fut si terrible, que non-seulement Paris fut de nouveau privée de ses priviléges, de ses richesses, de ses plus notables citoyens, mais qu'elle craignit pour son Parlement, son Université, ses droits de capitale, son existence même. Après cinq ans de souffrances, au moment où les Armagnacs avaient formé le projet de décimer la population, le fils d'un quartenier, qui demeurait rue de la Clef, Perrinet-Leclerc, déroba les clefs de la porte Bussy à son père, et introduisit dans la ville un parti bourguignon. Tous les bourgeois coururent aux armes avec des cris de joie ; l'hôtel Saint-Paul fut envahi, le roi pris et

---

[1] Si le nombre des siècles marque la vraie noblesse, je doute qu'il y ait, en France, des familles plus nobles que celles de M. Legoix-Brenner, syndic de la boucherie de Paris, de M. Paul Legoix, marchand boucher, rue de la Verrerie, etc.

promené dans les rues pour approuver l'insurrection ; tous les Orléanais furent arrêtés, massacrés ou entassés dans les prisons. Leur chef, le connétable d'Armagnac, demeurait dans la rue Saint-Honoré, près de l'emplacement du Palais-Royal : il se sauva chez un pauvre maçon, y fut découvert, traîné à la Conciergerie avec le chancelier, des prélats, des dames, des seigneurs. Les bouchers reparurent, et pour détruire le parti armagnac, ils entraînèrent la populace aux prisons et lui firent égorger tous les détenus. Le massacre dura deux jours : il eut lieu surtout à la Conciergerie et au Châtelet, édifices sinistres qui semblent avoir eu pendant des siècles le privilége du sang, dont les voûtes ont retenti de tant de cris de douleur, qui ont vu se renouveler deux fois les massacres de 1418. On croyait venger les désastres de Crécy, de Poitiers, d'Azincourt, causés par la folie des seigneurs ; on croyait noyer dans le sang la noblesse féodale ; on croyait établir sur des fondements éternels les libertés populaires. Cruelles erreurs ! trois fois Paris a donné le spectacle de cette horrible tragédie contre la noblesse, et quel en a été le succès ! le massacre des Armagnacs a-t-il empêché le retour de Charles VII ? le massacre de la Saint-Barthélemy a-t-il empêché l'avénement de Henri IV ? les massacres de septembre ont-ils empêché la restauration de Louis XVIII ?

Le sang versé retomba sur Paris : une épidémie terrible enleva le quart de la population ; Jean Sans-Peur fut assassiné ; son fils et la reine Isabelle traitèrent avec l'Anglais et lui livrèrent la France. On vit alors Henri V entrer dans Paris ; l'hôtel des Tournelles, sur l'emplacement duquel a été bâtie la place Royale, devint le séjour du duc de Bedford ; des soldats anglais garnirent les portes, la Bastille, et ce Louvre où nous les avons revus ! Jours d'humiliation et d'aveuglement ! La capitale resta seize ans au pouvoir des étrangers ! Il lui fallut tout ce temps de souffrances pour la guérir de ses passions bourguignonnes, de ses ardeurs prématurées de liberté : les sophistes populaires, les pédants de l'Université, les doctrinaires de l'époque, ne lui disaient-ils pas que le joug étranger n'était qu'une apparence, que l'union des deux couronnes ferait de l'Angleterre une province française, qu'un changement de dynastie rendrait à la ville sa prospérité, son commerce, sa puissance ? Les Parisiens, qui sont « de muable conseil et de légère créance » (on sait combien ils ont changé !), se laissèrent prendre à ces déclamations : quand Jeanne d'Arc vint assiéger leurs murailles, ils ne reconnurent pas en elle l'ange sauveur de la France, et croyant, comme le disaient les Bourguignons, que les Armagnacs venaient pour détruire leur ville de fond en comble, ils firent une vigoureuse défense. La butte Saint-Roch, formée anciennement par des dépôts d'immondices, était alors couverte de moulins et de cultures : la Pucelle y vint asseoir son camp, et fit décider l'attaque de la porte Saint-Honoré, située vers la rencontre des rues du Rempart et Saint-Nicaise. Elle emporta le boulevard, et sondait le fossé de sa lance, lorsqu'elle eut les deux cuisses percées d'un trait d'arbalète : ses soldats l'enlevèrent malgré elle, et l'assaut, qui avait duré quatre heures, fut abandonné.

Moins de quatre siècles après cet événement, un autre patron de la France, un autre ennemi, une autre victime des Anglais combattit aussi les Parisiens dans les mêmes lieux : c'est dans cette partie de la rue Saint-Honoré, près de l'église Saint-Roch, que Napoléon mitrailla les bourgeois, égarés cette fois par les royalistes et armés contre la Convention. Hélas ! l'histoire de Paris est si féconde en discordes civiles, toutes les passions qui ont divisé la France ont pris si souvent les rues de la capitale pour champ de bataille, qu'on n'y peut faire un pas sans rencontrer quelque lieu où nos pères ont donné leur vie. Quelle place n'a eu son combat, quelle rue sa barricade, quel pavé son cadavre ! Boues de l'antique Lutèce, de quel sang généreux n'avez-vous pas été perpétuellement abreuvées !

Six ans après l'apparition de Jeanne d'Arc devant leurs murs, les Parisiens, réduits par la guerre, la famine et la peste aux dernières extrémités de la misère, et voyant que le duc de Bourgogne s'était réconcilié avec Charles VII pour chasser les étrangers, appelèrent eux-mêmes

LES GENS DE PARIS.   Drames bourgeois. — 1.

Les maris ne font pas toujours rire.

Par GAVARNI   Gravé par ANDREW, BEST et LELOIR.

les royalistes dans leurs murs. Ceux-ci, conduits par un marchand nommé Michel Lallier, entrèrent par la porte Saint-Jacques aux acclamations des bourgeois. « Bonnes gens, leur disait le connétable de Richemont en leur serrant la main, le roi vous remercie cent mille fois de ce que si doucement vous lui avez rendu la maîtresse cité de son royaume : tout est pardonné. » Les Anglais, qui s'étaient réfugiés dans la Bastille, en sortirent en trois colonnes, et se dirigèrent sur les halles et les portes Saint-Martin et Saint-Denis : ils furent repoussés par les bourgeois, qui faisaient pleuvoir des pierres sur eux, et obligés de s'enfuir. Les cloches sonnaient ; tout le monde s'embrassait ; il n'y eut ni violence ni pillage. La seule vengeance que firent les Armagnacs fut de renverser une statue qui avait été élevée par les Bourguignons à Perrinet-Leclerc auprès de sa maison : on fit de cette statue mutilée une borne qui existait encore dans le siècle dernier près de la rue de la Bouclerie.

La ville, délivrée des Anglais, mais encore plus misérable et désolée, cacha ses ruines et ses haillons, et s'efforça de paraître belle et *gorgiase* pour recevoir Charles VII. Ce roi, si égoïste, si insouciant, fut frappé de l'aspect effroyable que présentait la capitale, avec ses maisons demi-détruites, ses rues empestées, ses habitants hâves et décharnés ; les larmes lui en vinrent aux yeux ; mais il pensa en lui-même qu'elle n'était plus à craindre, « et il la quitta, dit un bourgeois du temps, comme s'il fût venu seulement pour la voir. » Son exemple fut suivi par ses successeurs, qui ne séjournèrent que rarement à Paris, et préférèrent les paisibles villes des bords de la Loire, les riants châteaux de Chinon, de Plessis-lès-Tours, d'Amboise, de Chambord, à la tumultueuse cité dont les souvenirs bourguignons et l'esprit démocratique les importunaient. Aussi il fallut que Paris se rétablit tout seul de ses misères ; mais l'industrieuse ville demande si peu de repos pour reprendre son lustre et sa vigueur, que sous le règne de Louis XI elle avait déjà cent cinquante mille habitants, et que ses alentours étaient aussi florissants qu'elle : « C'est la cité, dit Comines, que jamais je visse entourée de meilleurs pays et plantureux, et est chose presque incroyable que des biens qui y arrivent. »

Ce fut un bon temps pour Paris que le règne du monarque qui fut si terrible aux grands et si débonnaire aux petits : elle redevint alors l'appui de la royauté, et Louis en fit son refuge, sa citadelle, son arsenal pour toutes ses entreprises contre la féodalité. « Ma bonne ville de Paris, disait-il, et si je la perdais, tout serait fini pour moi. » Aussi quand, après la bataille de Montlhéry, il se retira dans sa capitale, il se montra aux bourgeois comme l'un d'eux, vêtu comme eux, parlant comme eux, et devint plus populaire qu'aucun de ses prédécesseurs. Il se mit dans la confrérie des bourgeois, il augmenta leurs priviléges, il les appela à son conseil ; il les haranguait aux halles, il allait dîner chez eux, il riait, causait avec eux et leur faisait « de salés contes. » Chacun lui touchait dans la main, lui parlait de ses affaires, le voulait pour parrain de ses enfants. *Compère*, lui disait-on, en le tirant par son pourpoint ;

compère, répondait-il au plus chétif du populaire. Ces manières firent que les tentatives des seigneurs, pour réveiller le parti bourguignon, échouèrent, et que le roi put se tirer de leurs griffes, moyennant le traité de Conflans, où chacun d'eux emporta sa pièce de la royauté. Les négociations eurent lieu à la *Grange aux Merciers*, et Louis en consacra le souvenir par une croix qui était rue de Reuilly, près du mur de l'abbaye Saint-Antoine : cette croix avait pour inscription :

L'AN M.CCCC.LXV
FUT TENU ICI LE LANDIT DES TRAHISONS ;
MAUDIT SOIT IL QUI EN FUT CAUSE !

Louis XI était bien naïf de marquer d'une croix une trahison commise sous le prétexte du bien public ! nous n'aurions garde d'en faire autant !

Louis n'oublia pas que, dans son désastre, Paris lui avait été seul fidèle : il devint plus que jamais le bon ami des Parisiens. Il prenait parmi eux ses agents, ses ministres, voire même ses exécuteurs ; il leur donnait le spectacle du supplice des grands seigneurs, comme du connétable de Saint-Pol à la Grève, du duc de Nemours aux halles ; il supportait leurs gausseries, quand il avait fait quelque faute : ainsi, après l'entrevue où il resta prisonnier de Charles le Téméraire, il fut salué de toutes les boutiques par les cris de Péronne ! Péronne ! que lui cornaient aux oreilles les geais et les pies de ses compères. Il se fit le chef de leurs métiers, encouragea leur commerce par des marchés libres, leur donna une bonne police, les organisa en soixante-douze compagnies de milices, formant trente mille hommes « armés de harnois blancs, jacques ou brigandines. » Il rétablit la bibliothèque de Charles V, et la plaça dans le couvent des Mathurins, rue Saint-Jacques, sous la garde de leur supérieur, Robert Gaguin. Il appela à Paris trois élèves de Jean Fust, qui fondèrent, dans les bâtiments de la Sorbonne, la première imprimerie française, et qui, trois ans après, ouvrirent, rue Saint-Jacques, une boutique de librairie, avec l'enseigne prophétique et significative du *Soleil d'or*. Il augmenta les priviléges de l'Université, et y fonda une école spéciale de médecine, rue de la Bûcherie, entre les rues des Rats et du Fouarre, dans un bâtiment qui coûta dix livres tournois et dont une partie existe encore : il y a loin de ce modeste logis au palais qu'habite aujourd'hui la médecine ; mais aussi que de progrès a faits l'art de guérir les hommes ! Cette fondation avait été sollicitée par Jacques Cothier, médecin du roi, qui est demeuré fameux, moins pour l'immense fortune qu'il tira des frayeurs de son malade, que pour le jeu de mots qu'il avait fait sculpter sur sa belle maison de la rue Saint-André-des-Arts : A l'*Abri-Cothier !* Le médecin de Louis XI avait compté sans les favoris de Charles VIII, qui firent mentir l'ambitieux rébus.

Paris fut négligé par les successeurs de Louis XI ; néanmoins, il continua de s'accroître, et eut une belle part dans les créations de la renaissance. Alors furent bâtis : le *pont Notre-Dame* avec sa double galerie de soixante-huit maisons de briques, constructions élégantes dues à Jean Joconde, et qui ont été, jusqu'en 1786, où elles furent détruites, un bazar et un lieu de promenade pour les beaux de la capitale ; l'*hôtel de la Trémouille*, dit de la Couronne d'or, rue des Bourdonnais, dont la charmante tourelle a été transportée récemment au palais des Beaux-Arts ; l'*hôtel de Cluny*, monument gracieux dû à Jacques d'Amboise, neveu du ministre de Louis XII, qui, au milieu des ruines que nos pères ont entassées, a eu l'insigne bonheur d'être respecté, et même de devenir un musée d'antiquités françaises. De cette époque datent encore l'*Hôtel-de-Ville*, bâti à la place de la Maison aux Piliers, et qui ne fut achevé qu'au bout de quatre-vingts ans ; le *Vieux-Louvre*, qui, après la destruction du château de Philippe-Auguste, fut commencé, en 1540, sur les dessins de Pierre Lescot ; la *fontaine des Innocents*, œuvre de Pierre Lescot et de Jean Goujon, qui était alors placée au coin des rues Saint-Denis et de la Ferronnerie.

Pendant cette époque, si favorable aux beaux-arts, Paris n'est le théâtre d'aucun événement remarquable, et son histoire se borne à citer quelques demeures célèbres. — Philippe de Comines habitait le château de Nigeon, à Chaillot, qui lui fut donné par Louis XI ; il mourut dans une maison de la rue Saint-Antoine, qui fut depuis l'hôtel Lesdiguières, et fut enterré

LES GENS DE PARIS.   Métempsycoses et Palingénésies — 1.

Ex-Jockeys des Écuries d'Artois.

Par Gavarni.   Gravé par Andrew, Best et Leloir.

aux Grands-Augustins. Son château passa à Catherine de Médicis, puis au maréchal de Bassompierre, puis à la veuve de Charles I*er*, puis au maréchal de Vivonne, qui y mourut, dit madame de Sévigné, « aussi pourri de l'âme que du corps; » dans une maison construite sur son emplacement, est mort Barras... Ah! si tous les hôtes de Nigeon avaient, comme Comines, écrit des Mémoires! — Louis XII et Henri II moururent au palais des Tournelles; mais François I*er* habitait souvent l'hôtel d'Hercule, sur le quai des Augustins, hôtel bâti par le chancelier Duprat, et qui devint voisin d'une belle maison donnée par le roi chevalier à la duchesse d'Étampes, au coin de la rue Git-le-Cœur. Hôtel d'Hercule, hôtel d'Étampes, tout cela jette la pensée dans un monde d'élégance et de galanterie déjà bien loin de nous : à leur place sont des maisons bourgeoises, des boutiques, de l'industrie, enfin tout notre siècle. — Le connétable de Bourbon habitait l'hôtel du Petit-Bourbon, qui attenait au Louvre et baignait ses pieds dans la Seine (Place du Louvre et jardin voisin du palais) : cet hôtel, qui portait auparavant le nom de château du Fossé-Saint-Germain, avait été bâti par Enguerrand de Marigny, le ministre de Philippe IV, qui le quitta pour aller au gibet de Montfaucon. Après la trahison du connétable, le bourreau en vint briser les armoiries, semer du sel dans les chambres, brosser de jaune les portes en signe d'infamie. Nous verrons comment il fut illustré par Charles IX et par Molière. — Le connétable de Montmorency avait son hôtel rue Sainte-Avoye, n° 42 : il y vint mourir après la bataille de Saint-Denis. Henri III y dansa aux noces du duc d'Épernon. Plus tard il devint l'hôtel de la famille de Mesmes, ces grands diplomates qui ont donné à la France l'Alsace et la Franche-Comté, qui ont signé les paix de Westphalie et de Nimègue. Les pierres d'une telle maison auraient dû être sacrées; mais l'Empire y établit l'administration des droits réunis, et nous, nous les avons dispersées pour ouvrir la rue Rambuteau ! Nous nous soucions bien des traités glorieux et des grands hommes d'État de notre histoire! nous en foisonnons à faire quinauds tous les siècles passés.

Rabelais, cet infernal moqueur du seizième siècle, est mort rue des Jardins, et a été enterré dans le cimetière de l'église Saint-Paul, au pied d'un grand arbre qui a été visité pendant longtemps par tous les écoliers de l'*inclyte Lutèce*. Arbre, cimetière, église, tout a disparu ; mais non pas la race de ces « *fagoteurs d'abus, caphards empantouflés, bazochiens mangeurs du populaire, usuriers grippeminauds, pédants rassotés,* » que notre Homère bouffon a fustigés dans ses « *beaux livres de haulte graisse, légiers au pourchas et hardis à la rencontre.* » — Amyot a demeuré dans une maison voisine du collège d'Harcourt (collège Saint-Louis), près de la porte Saint-Michel : son nom ramène la pensée sur ce beau temps de restauration de l'antiquité, où l'on se passionnait si naïvement pour les trésors intellectuels de la Grèce et de Rome, où quatre lignes découvertes de Platon, une oraison de Cicéron traduite ou commentée, donnaient la fortune et la gloire, où Jacques Amyot, de valet d'écoliers, devenait évêque d'Auxerre et grand aumônier de France, pour avoir *translaté*, dans un français naïf et gracieux, les vies de Plutarque et les romans de Théagène et de Daphnis. — Dans la rue Saint-Jean-de-Beauvais était l'imprimerie des Estienne, cette famille de savants qu'on a numérés comme les dynasties royales, tant elle compte de membres célèbres : ses commentaires, ses glossaires, ses traductions, sont des trésors où nos modernes érudits vont prendre leur bagage tout fait pour l'Institut, et entrent là dedans, au dire de Courier, « comme dans un moulin. » François I*er* visitait souvent l'imprimerie des Estienne, et quand il trouvait Robert Estienne I*er* où Henri Estienne II corrigeant une épreuve de leur Bible hébraïque ou de leur Thesaurus, il ne voulait pas qu'ils se dérangeassent, et, appuyé sur la barre de la presse, il attendait la fin de leur travail. Ceci se passait à l'époque où Charles-Quint ramassait le pinceau tombé du Titien. A lire de pareilles histoires, on se croirait en pleins contes de fées. — Ronsard a habité rue des Fossés-Saint-Victor, près du collège Boncourt, dans une maison qui touchait au mur d'enceinte; c'est là que se rassemblait la fameuse pléiade des beaux esprits du seizième siècle; c'est là que furent jetés les fondements de la révolution littéraire qui devait changer notre langue, et que Malherbe et Boileau ont si brutalement, si fâcheusement renversée. Profondes études, labeurs consciencieux, discussions enthousiastes, passion de la poésie, nous avions cru vous voir renaître, il y a quinze ans à peine; qui vous retrouverait aujourd'hui, au milieu de nos feuilletons, de nos chemins de fer, de notre politique hargneuse, de nos tripotages d'écus?

A tous ces lieux célèbres dans l'histoire des lettres, nous devons ajouter « *ces tabernes méritoires de la Pomme de Pin, du Castel, de la Magdeleine et de la Mulle,* » dont parle Rabelais. C'est là que « *cauponisait* » Villon, l'enfant de Paris, spirituel, fripon et libertin, quand, après avoir dérobé quelque « *repue franche* » aux rôtisseurs de la rue aux Oues, il chantait la *blanche savatière* ou la *gente saucissière* du coin, ou bien sa joyeuse épitaphe :

<blockquote>
Ne suis-je badaud de Paris,
De Paris, dis-je, auprès Pontoise !
</blockquote>

Le cabaret de la Pomme de Pin, le plus fameux de tous, était situé dans la Cité, rue de la Juiverie, au coin de la rue de la Licorne, en face l'église Sainte-Madeleine, qui n'existe plus : il fut célébré plus tard par Regnier, et devint, dans le dix-septième siècle, le rendez-vous des gens de lettres et de leurs bons amis de la cour. On y voyait venir Racine et Molière, le marquis de Cavoye et le duc de Vivonne. C'était là que Chapelle entraînait Boileau,

<blockquote>
Et répandait sa lampe à l'huile
Pour lui mettre un verre à la main.
</blockquote>

Le lieu n'était pas brillant ; mais la chère y était bonne ; on n'y voyait ni glaces ni dorures, mais de grosses tables dans des retraits bien clos, où l'on fêtait à loisir la *dive bouteille* et la *purée septembrale*. Que d'esprit s'est dépensé dans cette obscure taverne ! que de joyeux propos, de conversations charmantes, de vers faciles ! Hélas ! tout cela est déjà pour nous de l'histoire ancienne.

C'est à cette même époque qu'il faut chercher les premiers logis du théâtre français. Vers l'an 1402, des bourgeois de Paris avaient formé une confrérie dite de la Passion, pour représenter les principaux *mystères* de la vie du Christ, et ils s'étaient installés, par privilége du roi, dans l'hôpital de la Trinité, entre les rues Saint-Denis et Grenétat. Dans le même temps, des jeunes gens formèrent la confrérie des Enfants-sans-Souci, pour représenter, aux Halles ou à la Grève, des pièces satiriques qu'on appelait *sotties*. Enfin, à la même époque, les clercs de la Bazoche se mirent à jouer, à certains jours solennels, dans la grande salle du Palais, des *moralités* ou farces à peu près semblables à celles des Enfants-sans-Souci. Ces divers théâtres eurent un grand succès. Les confrères de la Passion, pour varier leur spectacle, s'adjoignirent les Enfants-sans-Souci, avec leurs pièces joyeuses ; puis ils quittèrent l'hôpital de la Trinité pour l'hôtel de Flandre, situé rue Coquillière, et y eurent une telle vogue, que les églises, les prédications, les offices étaient abandonnés, même par les prêtres. Ils passèrent de là à l'hôtel d'Artois ou de Bourgogne, dont ils achetèrent une partie, et où ils firent construire un théâtre ; mais il leur fut ordonné, par arrêt du parlement, de ne plus représenter que des pièces « profanes, honnêtes et licites ; » et aux Enfants-sans-Souci, qui s'étaient avisés de jouer des satires politiques, de ne plus prendre de tels sujets « sous peine de la hart. » Ces défenses, où l'on retrouve la censure naissante, avec son ineffable politesse, firent décliner le théâtre de l'hôtel de Bourgogne, qui d'ailleurs eut à lutter avec les pièces classiques de l'école de Ronsard, lesquelles étaient représentées dans les colléges ou à la cour. Nous le retrouverons sous Louis XIII.

Mystères, sotties, moralités, tous ces amusements, où se délectaient la foi grossière et la malice naïve de nos aïeux, allaient être oubliés : le moine de Wittemberg avait jeté dans le monde le démon de l'examen ; l'Europe féodale était remuée jusque dans ses entrailles ; Paris allait sortir de son repos et se lancer de nouveau dans les révolutions avec ses passions, ses vertus, ses fureurs. La ville de sainte Geneviève et de saint Louis, la ville de la Sorbonne et de l'Université, la ville aux mille cloches, aux quatre-vingts églises, aux soixante couvents, était fondamentalement catholique : institutions municipales, corporations de métiers, cérémonies populaires, existence publique, foyer domestique, tout était imprégné de catholicisme ; le catholicisme était l'âme de la cité, la source de toutes les jouissances, le bonheur, la gloire, la vie entière du peuple. Aussi quand les Parisiens virent les calvinistes attaquer tout ce qu'ils aimaient, se railler de tout ce qu'ils vénéraient, insulter leurs pompeuses fêtes, détruire églises, croix, tombeaux, statues, ils les regardèrent comme des infidèles, des Sarrasins, des sauvages, ils ne songèrent qu'à les exterminer. Ils applaudirent aux bûchers allumés par François Ier et Henri II à la place de l'Estrapade, aux supplices d'Étienne Dolet, le savant imprimeur, d'Anne Dubourg, le vertueux magistrat; ils virent avec indignation, sous Catherine de Médicis, le gouvernement faire des édits en faveur des rebelles, et ils se préparèrent dès lors à sauver la foi malgré la royauté. La tranquillité de la capitale, depuis plus d'un siècle, n'avait abusé personne sur son naturel tumultueux; chacun savait le goût des Parisiens pour les émeutes : « A ce ils sont tant faciles, disait Rabelais, que les nations estranges s'ébahissent de la patience des rois de France, lesquels autrement par bonne justice ne les refrènent, vu les inconvénients qui en sortent de jour en jour. »

Paris avait alors une population de deux cent cinquante mille habitants, dans laquelle on comptait à peine sept à huit mille huguenots, presque tous de la noblesse et de la haute bourgeoisie : « C'était, dit Lanoue, une mouche contre un éléphant. » Mais ceux-ci n'en étaient pas moins pleins d'orgueil et de confiance dans leur cause, pleins de mépris pour cette masse de catholiques, qu'ils appelaient « pauvres idiots populaires; » ils croyaient dominer la grande ville par la supériorité de leur bravoure et de leurs lumières, et ils comptaient pour cela sur l'appui des provinces, où la nouvelle religion avait de nombreux sectateurs. Les provinces n'étaient pas alors comme aujourd'hui soumises à l'ascendant de la capitale; elles ne recevaient pas d'elle leur histoire et leurs révolutions toutes faites; elles n'étaient pas réduites à cette existence glacée et subalterne que la centralisation leur a donnée : aussi étaient-elles jalouses de la puissance toujours croissante et envahissante de Paris; elles ne cédaient que malgré elles à son impulsion; elles se montraient même pleines de préjugés sur ses habitants, dont elles raillaient les défauts avec amertume, envie et colère. « Le peuple parisien, dit Rabelais (né en Touraine, moine en Poitou, médecin à Montpellier), est tant sot, tant badault, et tant inepte de nature, qu'un basteleur, un porteur de rogatons, un mulet avec ses cymbales, un vieilleux au milieu d'un carrefour, assemblera plus de gens que ne feroit un bon prescheur évangélique. » Et cependant ce fut pendant les guerres de religion, guerres de la noblesse contre la royauté, des provinces contre la capitale, que Paris, en sauvant l'unité monarchique et nationale, prit sur le royaume la prépondérance qu'elle n'a plus cessé d'exercer.

La guerre civile commença : dès l'entrée, les Parisiens prirent les armes, chassèrent les huguenots de leurs murs, mirent à leur tête le duc de Guise, « comme défenseur de la foi. » Trois fois les protestants furent vaincus, trois fois ils obtinrent de la couronne des pacifications avantageuses : à la dernière, la cour sembla complètement avoir répudié la cause catholique et décidée à livrer l'État aux protestants. L'irritation de la grande ville fut extrême quand elle se vit traversée par ces gentilshommes du Midi, ces ministres au visage sombre et austère, tous ces méchants huguenots qui avaient depuis dix ans tant tué de moines et pillé d'églises : elle se crut envahie par des étrangers; elle se crut trahie par le roi; elle résolut de tout exterminer. Halles, métiers, confréries, se mirent en mouvement : la cour, débordée par la fureur populaire, se hâta de prendre l'initiative du massacre. Quel spectacle présenta Paris dans cette nuit de la Saint-Barthélemy! les chaînes tendues, les portes fermées, les compagnies bourgeoises en armes, des canons dans l'Hôtel-de-Ville, le tocsin sonnant à toutes les églises, des bandes de meurtriers parcourant les rues, enfonçant les portes, égorgeant les protestants! « Le bruit continuel des arquebuses et des pistolets, dit un témoin, les cris lamentables de ceux qu'on massacrait, les hurlements des meurtriers, les corps détranchés tombant des fenêtres ou traînés à la rivière, le pillage de plus de six cents maisons, faisaient ressembler Paris à une ville prise d'assaut. » C'est de la tour de Saint-Germain-l'Auxerrois que partit le signal du massacre. L'amiral Coligny fut tué dans la maison n° 20 de la rue Béthisy, qui plus tard devint l'hôtel Montbason, et qui est occupée aujourd'hui par un marchand de drap. Ramus fut tué dans le collège de Lizieux, où il demeurait; Jean Goujon, sur l'échafaud où il sculptait les bas-reliefs du vieux Louvre. On dit que le roi tira des coups d'arquebuse, à travers la rivière, sur les huguenots, qui se sauvaient dans le faubourg Saint-Germain. Si le fait est vrai, les balles royales seraient parties de l'hôtel du Petit-Bourbon, de cet hôtel de Marigny et du connétable que la main du bourreau avait marqué. Cette maison sinistre continua de subsister : c'est là que s'assemblèrent les États de 1614, les derniers États de la monarchie absolue! c'est devant sa porte que fut tué le maréchal d'Ancre! c'est là enfin que Mazarin, comme s'il eût voulu changer les destinées de cet hôtel si fatal aux ministres, ordonna, en 1658, à Molière de s'établir avec sa troupe et d'y jouer alternativement avec les comédiens italiens. Louis XIV employa d'abord l'hôtel du Petit-Bourbon comme garde-meuble; puis il le fit détruire pour bâtir la colonnade du Louvre; et c'est sur son emplacement qu'ont été enterrés les morts de Juillet 1830! Que de souvenirs historiques sont entassés dans ce coin de terre, entre la vieille église, qui date des Mérovingiens, et qu'un accès de rage populaire a récemment dévastée, et ce palais dont l'origine est inconnue, rebâti tant de fois et encore inachevé! Philippe-Auguste et François Ier, Louis XIV et Napoléon, Perrault et Molière, la Saint-Barthélemy et 1830, tout s'y mêle et s'y confond. Antique palais de nos rois devenu le palais des arts, vieille basilique de nos pères que Goujon et Lebrun ont ornée de leurs chefs-d'œuvre, que les révolutions passent désormais sur vous sans toucher vos magnifiques colonnes, vos aiguilles pittoresques! que des mains royales, que des mains populaires ne vous marquent plus de sinistres souvenirs!

Malgré la Saint-Barthélemy, le parti huguenot ne fut pas abattu. La royauté recommença sous Henri III sa politique vacillante, et tomba par ses vices dans le plus profond mépris; Paris reprit ses défiances et ses haines; la sainte Ligue naquit! Elle naquit, dit-on, dans une assemblée de bourgeois, de docteurs, de moines, qui se tint au collége Fortel, rue des Sept-Voies, n° 27; et de cette maison obscure elle enlaça toute la France. Alors se forma à Paris le conseil secret des Seize, qui devait propager la Ligue dans les seize quartiers de la ville, et qui finit par dominer les métiers, les confréries, les milices, même la municipalité. La capitale prit cet aspect animé, inquiet, menaçant, tumultueux, qui est le présage des révolutions. D'un côté étaient les fêtes luxurieuses de la cour, les meurtres et les adultères du Louvre, les duels des mignons du roi contre les mignons du duc de Guise, les mascarades, les pénitences, les orgies, les processions de Henri III; d'un autre côté étaient les conciliabules des Seize, des échevins, des quarteniers, les prédications furibondes des curés et des moines, les serments, les projets, les amas d'armes au fond des sacristies ou des boutiques. A la fin une grande conspiration fut faite pour mettre le gouvernement entre les mains de la Ligue. Le roi en prend alarme et fait venir des troupes dans les faubourgs. Les Seize appellent le duc de Guise: il arrive. Quelle fête que son entrée dans Paris! on baisait ses habits, on le couvrait de fleurs, on faisait toucher des chapelets à ses vêtements. Il va visiter la reine Catherine en son hôtel, l'ancien hôtel d'Orléans! puis il ose braver le roi dans son Louvre, ce Louvre fatal à tant de seigneurs rebelles! enfin il se retire dans sa maison, l'ancien hôtel de Clisson! Le lendemain les troupes royales entrent dans la ville, occupent les places et les ponts, menacent et raillent les Parisiens, disant « qu'aujourd'hui le roi serait le maître, et qu'il n'était femme ou fille de bourgeois qui ne passât par la discrétion d'un Suisse. » Le peuple se soulève : alors la grande ville prit cette figure qu'on lui a vue tant de fois, qui tant de fois a fait trembler le trône : l'œil en feu, les bras nus, échevelée, déguenillée, pâle de fureur, s'armant de tout, remuant les pavés, élevant des barricades, sonnant le tocsin, s'enivrant de ses cris, de l'odeur de la poudre, du bruit du combat, et plus encore de l'idée qui la transporte, que cette idée soit la foi, la gloire ou la liberté! La révolte éclata à la place Maubert; elle descendit par les ponts, s'empara du Châtelet et de l'Hôtel-de-Ville, et vint planter sa dernière barricade devant le Louvre. De toutes ces rues fangeuses, de toutes ces profondes maisons, de toutes ces boutiques obscures, de toutes ces églises, chapelles et couvents, sortaient des hallebardes, des arquebuses, des bourgeois, des artisans, des clameurs, des prières, des moines, des enfants; de toutes les fenêtres pleuvaient balles, pierres, exhortations, imprécations. Les Suisses (autant en advint à ces mercenaires en 1792 et en 1830!), poussés, battus, égorgés, demandèrent grâce; se laissèrent prendre ou s'enfuirent. Le roi, épouvanté, sortit du Louvre comme pour aller aux Tui-

LES GENS DE PARIS. Métempsycoses et Palingénésies. — 4.

Et avoir eu cabriolet!..

Par GAVARNI. Gravé par BARA.

leries, qu'on commençait à bâtir ; mais arrivé à la porte Neuve (située entre les ponts Royal et des Saints-Pères), il monta à cheval et se sauva. Les bourgeois, qui gardaient la porte de Nesle, de l'autre côté de la rivière, tirèrent à lui et à son escorte des coups d'arquebuse : « Il se retourna vers la ville, dit le bonhomme Lestoile, jeta contre son ingratitude, perfidie et lâcheté, quelques propos d'indignation, et jura de n'y rentrer que par la brèche. » Que de rois ont fait pareil serment et aussi vainement que Henri III ! Il se dirigea sur Saint-Cloud et Rambouillet : c'est une route qui a vu plus d'un roi chassé de Paris !

Le Louvre. — L'hôtel du Petit-Bourbon. — La tour de Nesle.

La capitale se trouva dès lors affranchie de l'autorité royale ; et sous un gouvernement municipal tout démocratique, avec un prévôt des marchands qui descendait, dit-on, d'Étienne Marcel, avec des échevins, des quarteniers, des colonels de métiers tout dévoués à la Ligue, elle devint pendant six ans le centre de la république catholique. Aussi montra-t-elle pour la défense de sa foi une exaltation qui touchait à la fois à l'héroïsme et à la folie. La nouvelle de la mort des Guises, assassinés à Blois, lui arriva pendant les fêtes de Noël, à l'heure où le peuple encombrait les églises : l'explosion de sa douleur fut presque incroyable. Famille, affaires privées, intérêts mondains, tout fut oublié ; plus de commerce, plus de plaisirs ; on faisait des jeûnes, des deuils, des cérémonies funèbres en l'honneur des martyrs ; on vivait dans les rues, dans les églises, dans l'Hôtel-de-Ville ; on ne s'occupait que d'apprêts de guerre, de prédications et de processions. « Le peuple était si enragé, dit un contemporain, qu'il se levait souvent de nuit et faisait lever les curés et prêtres des paroisses pour le mener en procession. » Les Seize entrèrent dans le conseil municipal ; la Sorbonne déclara le roi déchu du trône ; le peuple abattit ses armoiries, fit disparaître partout les insignes de la royauté, détruisit les mausolées magnifiques que Henri avait fait élever par Germain Pilon dans l'église Saint-Paul à trois de ses mignons. Le parlement fut purgé de ses membres royalistes, lesquels furent conduits à la Bastille, au milieu des huées de la populace en armes. Enfin, un gouvernement provisoire fut créé par toute la France, qui siégea à Paris, fut principalement composé de bourgeois, et eut pour chef le duc de Mayenne. Celui-ci vint prendre séjour à l'hôtel du Petit-Musc, ancienne maison de l'hôtel Saint-Paul, que les Parisiens avaient plus d'une fois envahi en 1413, et qui prit alors le nom de son nouveau maître. (Cet hôtel est occupé aujourd'hui par une de ces boutiques destinées, dit-on, à l'éducation de la jeunesse ; et l'on vend des bribes de latin là où la couronne de France fut disputée par vingt rivaux : les monuments ont donc aussi leurs destinées, leurs jours de grandeur et de décadence !)

Henri III s'unit aux protestants et vint assiéger Paris. « Ce serait grand dommage, disait-il des hauteurs de Saint-Cloud, où il avait placé son quartier, ce serait grand dommage de ruiner une si belle ville ; toutefois il faut que j'aie raison des rebelles qui sont dedans. C'est le cœur de la Ligue ; c'est au cœur qu'il faut la frapper. — Paris, disait-il encore, chef du royaume, mais chef trop gros et trop capricieux, tu as besoin d'une saignée pour te guérir, ainsi que toute la France, de la frénésie que tu lui communiques. Encore quelques jours, et l'on ne verra ni tes maisons ni tes murailles, mais seulement la place où tu auras été ! » Les Parisiens répondirent à ces menaces par un coup de poignard : un dominicain, Jacques Clément, assassina Henri III. Quelles acclamations furibondes accueillirent la mort du tyran ! que de feux de joie, de *Te Deum*, de caricatures grossières, de danses sauvages, de chansons sanglantes ! Toute la ville se porta à l'hôtel de la duchesse de Montpensier, rue du Petit-Bourbon, pour y bénir une malheureuse paysanne, mère du meurtrier !

Henri IV leva le siége de Paris ; puis, après le combat d'Arques, il fit une pointe sur la capitale, surprit les faubourgs du midi et les livra au plus affreux pillage. Ce fut par le Pré-aux-Clercs qu'il arriva. Il aurait même emporté la porte Saint-Jacques, sans la valeur du libraire Nivelle et de l'avocat Baldin, qui renversèrent la première échelle des assiégeants et jetèrent l'alarme. Les jésuites, qui garnissaient les corps de garde voisins, accoururent, et l'entreprise échoua.

Paris continua encore pendant six ans de vivre de cette vie frénétique, vie pleine de crimes et d'erreurs, mais aussi de grandeur et de courage, sans que des souffrances inouïes pussent vaincre son inébranlable résolution de n'accepter qu'un roi de sa religion. On sait quel horrible siége elle eut à supporter, quel héroïsme elle y déploya, comment la famine y fit périr trente mille personnes, comment ce peuple, agonisant depuis quatre mois, qui avait brouté l'herbe des rues et fait du pain avec des os de morts, se traînait encore sur les remparts pour arquebuser les hérétiques, ou dans les églises pour entendre les exhortations de ses moines. Les moines étaient les maîtres de la ville ; mais aussi, mêlés sans cesse au peuple, souffrant comme lui, se battant comme lui, on les voyait non-seulement figurer dans des processions ridicules, « la pertuisane sur l'épaule et la rondache pendue au col ; » mais gardant les murs, soutenant les assauts, faisant des sorties, fondant le plomb des églises et leurs cloches. Les royalistes ont cherché vainement à rendre ridicule et odieuse la constance des Parisiens : l'odieux et le ridicule étaient du côté de ce prince qui, pour être roi d'un peuple qui le repoussait, et dont il fut en définitive obligé de subir la volonté, exposait ce peuple à des souffrances, les plus grandes que rappelle son histoire. Aussi les Parisiens n'oublièrent jamais le siége de leur ville ! ils conservèrent au roi qui les avait torturés pour régner sur eux une haine implacable : ils la lui témoignèrent par vingt-trois tentatives d'assassinat et par le couteau de Ravaillac !

Paris fut délivrée par les Espagnols ; mais, épuisée par sa résistance, elle pencha dès lors vers la paix. Les Seize voulurent la ranimer par la terreur : ils mirent les milices sous les armes, fermèrent les rues, enveloppèrent le parlement, saisirent trois magistrats royalistes et les pendirent dans la salle basse du Châtelet : puis ils s'emparèrent de tous les pouvoirs. Mayenne, qui se voyait menacé par eux, leur résista par la force, et, aidé des modérés, brisa leur puissance. Ce fut la perte de la Ligue : avec les Seize tombèrent le dévouement et l'exaltation du peuple ; la bourgeoisie reprit tout le pouvoir et parut disposée à une transaction. Les États généraux furent assemblés à Paris ; mais ils se montrèrent aussi nuls qu'impuissants, et ils furent ridiculisés par la *Satire Ménippée*, œuvre piquante d'écrivains royalistes, qui se réunissaient chez l'un d'eux, Gillot, sur le quai des Orfévres. Enfin, Henri IV s'étant converti, les trahisons commencèrent : le gouverneur de Paris vendit la ville au roi, qui, par une nuit obscure, se présenta à la porte Neuve, celle par laquelle le dernier Valois était sorti de la capitale ! on la lui livra ainsi que les portes Saint-Honoré et Saint-Denis. Les troupes royales filèrent sans bruit par les rues, et s'emparèrent, en dispersant quelques groupes de ligueurs, des principales places et des ponts. Les habitants, stupéfaits, sortirent de leurs maisons ; mais ils furent repoussés à coups de pique et d'arquebuse. Henri, qui avait attendu que ses troupes fussent au milieu de la ville avant de se décider à y entrer, passa la porte Neuve ; puis il revint sur ses pas jusqu'à quatre fois, tant il trouvait l'entreprise chanceuse ; enfin, il entra

LES GENS DE PARIS. Métempsycoses et Palingénésies. — 3.

Funérailles d'un chien de qualité.

Par GAVARNI. Gravé par TAMISIER.

protégé, serré, escorté par toute sa garde, aux cris de joie de ses soldats, au bruit des derniers coups d'arquebuse des ligueurs, au milieu du silence morne des habitants. Il s'empara du Louvre, des Châtelets, du Palais, négocia pour faire évacuer aux Espagnols la Bastille, le Temple, le quartier Saint-Martin, et enfin, maître de la ville, put se dire roi de France.

Ce fut la fin de la république parisienne : on modifia ses institutions municipales; on changea ses magistrats et ses curés; on persécuta prédicateurs, écrivains, chefs des milices; le roi se déclara gouverneur de Paris. La ville se rétablit lentement de ses souffrances. « Il y avait alors, dit un contemporain, peu de maisons entières et sans ruines; elles étaient la plupart inhabitées; le pavé des rues était à demi couvert d'herbes; quant au dehors, les maisons des faubourgs étaient toutes rasées : il n'y avait quasi un seul village qui eût pierre sur pierre, et les campagnes étaient toutes désertes et en friche. » Les guerres civiles avaient engendré une multitude d'aventuriers, de pillards, de gens sans aveu qui infestaient la ville; espions des Espagnols, satellites des Seize, soudards royalistes, valets des princes, jetaient continuellement le désordre dans ses rues; on n'entendait parler que de vols, de meurtres, de guet-apens. « Chose estrange, dit Lestoile, de dire que dans une ville de Paris se commettent avec impunité des voleries et brigandages tout ainsi que dans une forest. » Aucune rue n'était encore éclairée pendant la nuit; nul n'osait sortir de sa maison après le coucher du soleil; les lieux de plaisir, théâtres, cabarets, devaient être fermés dans l'hiver à quatre heures. Une autre cause de désordre était l'humeur batailleuse des gentilshommes, dont les rixes ensanglantaient journellement la ville, et qui se battaient en duel derrière les murs des Chartreux, près du moulin Saint-Marcel, au Pré-aux-Clercs; en moins de quinze ans, quatre mille nobles périrent dans ces combats privés, et sept mille lettres de grâce pour homicide furent accordées. Cependant le gouvernement nouveau s'efforça de rétablir l'ordre en réorganisant la police, la garde bourgeoise, le guet royal, les gardes de la connétablie, etc.; le parlement et les autres justices séculières et ecclésiastiques se montrèrent aussi vigilants qu'impitoyables pour tous les crimes; chaque jour on pendait, on rouait, on fustigeait, on exposait à la croix du Trahoir, à la place de Grève, au pilori des Halles; les prisons du Châtelet, de la Conciergerie, du For-l'Évêque, de l'Officialité, du Temple, de Saint-Martin-des-Champs, de Saint-Germain-des-Prés, etc., étaient constamment remplies. Henri IV n'usait de son droit de grâce pour personne : il défendit le duel sous peine de mort.

Malgré les guerres civiles, quelques édifices avaient été entrepris sous les derniers Valois, qui avaient pour les arts le goût éclairé de leur aïeul : c'était d'abord le château des Tuileries, commencé par Catherine de Médicis sur les dessins de Jean Bullant et de Philibert Delorme, avec son jardin qui était séparé des bâtiments par un chemin ou une rue; c'étaient encore la galerie du Louvre, l'Arsenal, le Pont-Neuf, le Tribunal de commerce, situé cloître Saint-Merry, qui depuis a, comme la bourgeoisie, quitté son modeste séjour pour un palais. C'étaient enfin le couvent des jésuites de la rue Saint-Antoine, où est aujourd'hui le collège Charlemagne; le couvent des Capucins de la rue Saint-Honoré, dont l'emplacement est occupé par les rues Rivoli, Mont-Thabor et Castiglione; le couvent des Feuillants de la rue Saint-Honoré, dont l'enclos s'étendait jusqu'au jardin des Tuileries, et qui est devenu fameux dans nos journées révolutionnaires. Henri IV, qui se garda bien de séjourner ailleurs que dans sa capitale, s'efforça de lui rendre quelque lustre par des bâtiments : il fit continuer la galerie du Louvre, les Tuileries et le Pont-Neuf, construire la place Dauphine au moyen d'un îlot, fameux par le supplice des Templiers, et qui fut ajouté à l'île de la Cité; commencer la place Royale sur l'emplacement du Marché aux Chevaux, lequel avait succédé lui-même à la grande cour du palais des Tournelles, démoli sous Charles IX. La rue Dauphine fut entreprise pour ouvrir une première

communication avec le bourg qui s'était formé autour de *l'abbaye Saint-Germain-des-Prés*, et surtout avec la foire Saint-Germain, qui devint alors très-populaire. Le quartier du Marais

fut commencé sur des terrains mis en cultures potagères; et Paris eut pour la première fois des rues droites, larges, appropriées aux nouveaux besoins de ses habitants, et surtout à l'usage des coches, que Catherine de Médicis avait introduit. On construisit le quai des Orfèvres, la rue de Harlay, ainsi que l'hôtel du premier président au parlement de Paris : c'est là qu'ont habité les Harlay, les Molé, les Lamoignon, noms qui rappellent cette grande magistrature de la France, si pleine de science et d'austérité, la gloire la plus pure de l'ancienne monarchie : aujourd'hui cet hôtel renferme la préfecture de police! On construisit encore à Chaillot la manufacture de tapis de la Savonnerie, aujourd'hui réunie aux Gobelins, et sur l'emplacement de laquelle s'élèvent les boulangeries de la garnison de Paris; l'hospice des soldats invalides, rue de l'Oursine, qui est devenu l'école de pharmacie; l'hôpital Saint-Louis, qui a traversé deux siècles et demi sans subir de transformation : les édifices consacrés au soulagement des infirmités humaines sont à peu près les seuls que respectent les révolutions : ils font si bien souvenir du néant des choses politiques! L'Arsenal fut agrandi : Sully y demeurait et y avait amassé « cent canons, de quoi armer quinze mille hommes de pied et trois mille chevaux, deux millions de livres de poudre, cent mille boulets et sept millions d'or comptant, tous ingrédients et drogues, disait-il, propres à médeciner les plus fascheuses maladies de l'État. » L'Arsenal est aujourd'hui occupé par l'ancienne bibliothèque du marquis de Paulmy, augmentée, par le comte d'Artois (Charles X), de la bibliothèque du duc de la Vallière : c'est là qu'est mort dernièrement Charles Nodier.

Ce fut en allant à l'Arsenal que Henri IV fut assassiné, dans la rue de la Ferronnerie, vis-à-vis de la maison du notaire Poutrain (n° 3 de la rue Saint-Honoré). Gabrielle d'Estrée était morte, près de l'Arsenal, dans l'hôtel du financier Zamet, célèbre par ses jardins et sa magnificence : elle y fut, dit-on, empoisonnée. Cet hôtel devint l'hôtel Lesdiguières, où logea Pierre le Grand quand il vint en France; sur son emplacement est aujourd'hui la rue Lesdiguières. Gabrielle, quand elle n'était pas dans les *délicats déserts* de Fontainebleau, habitait l'hôtel Schomberg, rue de Bailleul, au coin de la rue Jean-Tison : c'est dans cette maison, dit-on, que le roi fut blessé par Jean Chatel. Ce misérable était le fils d'un marchand de la Cité : on détruisit la maison de son père, et l'on éleva à sa place une pyramide qui rappela l'attentat et l'expulsion des jésuites dont il fut la cause. Cette pyramide était à peu près à la place où l'on expose aujourd'hui les criminels.

Pendant le règne de Louis XIII, Paris resta paisible et ne joua aucun rôle politique : elle n'avait rien à voir aux misérables révoltes de la noblesse contre la royauté. Elle s'émut à peine de la mort du maréchal d'Ancre, quand les valets des princes excitèrent la populace à brûler son cadavre et à piller son bel hôtel de la rue de Tournon (aujourd'hui caserne de garde municipale); elle regarda sans trop de pitié les échafauds dressés pour les Boutteville et les Marillac, les bastilles ouvertes pour les Châteauneuf et les Bassompierre; les petits, *qui ne portent pas d'ombre*, n'avaient rien à craindre du terrible Richelieu; la bourgeoisie ne pouvait que

LES GENS DE PARIS. Métempsycoses et Palingénésies. — 2.

UN DE LA VIEILLE.

Par GAVARNI. Gravé par GÉRARD.

gagner à l'agrandissement du pouvoir royal; et en effet, la prospérité de la capitale fut telle à cette époque, que c'est réellement du grand cardinal que date le Paris moderne.

Une enceinte nouvelle fut construite avec fossés, bastions et courtines plantés d'arbres, pour remplacer la vieille muraille d'Étienne Marcel; de la porte Saint-Denis elle suivit à peu près

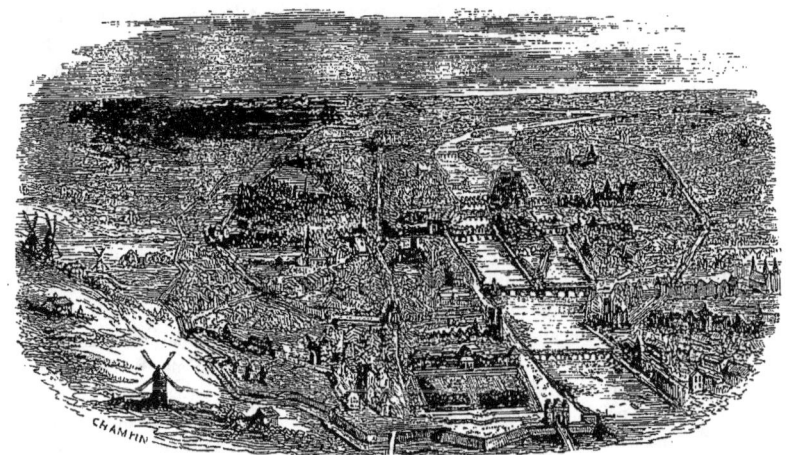

la ligne actuelle de nos boulevards, et enferma dans Paris les Tuileries et leur jardin; à son extrémité, près de la Seine, fut élevée une porte élégante, dite de la *Conférence*. Des quartiers nouveaux furent bâtis : le *Marais*, l'*île Saint-Louis*, la *butte Saint-Roch*, la *rue Richelieu*, le *Pré-aux-Clercs* ou *faubourg Saint-Germain*, etc.

Le *Menteur* de Corneille en parle en ces termes :

DORANTE.
Paris semble à mes yeux un pays de romans;
J'y croyais ce matin voir une île enchantée (l'île Saint-Louis) :
Je la laissai déserte et la trouve habitée.
Quelque Amphion nouveau, sans l'aide des maçons,
En superbes palais a changé ces buissons.

GÉRONTE.
Paris voit tous les jours de ces métamorphoses :
Dans tout le Pré-aux-Clercs tu verras mêmes choses,
Et l'univers entier ne peut rien voir d'égal
Aux superbes dehors du Palais-Cardinal;
Toute une ville entière avec pompe bâtie
Semble d'un vieux fossé par miracle sortie.

Les seigneurs, appelés à Paris par les fêtes de la cour, bâtirent dans ces nouveaux quartiers de riches hôtels avec de grands jardins : ainsi furent construits, en moins d'un demi-siècle, dans le Marais, les hôtels d'Estrées (rue Barbette), d'Epernon (Vieille rue du Temple), de L'Hospital (rue du Temple); dans l'île Saint-Louis, les hôtels Lambert et Bretonvilliers, conservés jusqu'à nos jours avec les magnifiques peintures de Lesueur; dans le faubourg Saint-Germain, les hôtels de Conti (quai Conti), de Bouillon (quai Malaquais), de Luynes et Molé (rue Saint-Dominique), de Biron, de Chaulnes, de Matignon (rue de Varennes), etc. Que d'événements, de plaisirs, de douleurs, ont vus ces riches maisons que l'industrie a presque toutes détruites ou envahies! belles dames, galants seigneurs, intrigues amoureuses, projets ambitieux, flatteries courtisanes, conversations élégantes, fêtes splendides, esprit, grâce, valeur, où êtes-vous? Ah! dirait Villon :

Où sont-ils? vierge souveraine!
Mais où sont les neiges d'antan!

En même temps s'élevaient des monuments qui ont subi bien des révolutions, mais dont Paris s'enorgueillit encore. D'abord c'est l'Abbaye du Val-de-Grâce, bâtie par Anne d'Autriche, dont le dôme a été peint par Mignard et chanté par Molière ; que de larmes et de colères royales a vues ce magnifique asile, où Richelieu exila si souvent la fondatrice ! La révolution l'a respectée : elle n'en a fait qu'un hôpital militaire. — Ensuite c'est le palais du Luxembourg, construit par Marie de Médicis sur les dessins de Jacques Desbrosses, et qui a vu tant d'habitants différents ! séjour de Gaston d'Orléans et de sa généreuse fille, mademoiselle de Montpensier, de la duchesse de Berry, digne fille du Régent, du comte de Provence, qui fut Louis XVIII, il devint prison d'État pendant la terreur, puis successivement palais du Directoire, où mourut la République, palais du Sénat, où mourut l'Empire, palais de la chambre des Pairs, où mourut la Restauration et aussi quelque peu la Pairie elle-même! Ah! si les rois savaient pour quels hôtes ils bâtissent leur palais ! — Enfin c'est le Palais-Cardinal ou Palais-Royal, bâti de 1630 à 1636 par Richelieu, et qu'il légua à la couronne. L'histoire de ce palais ferait une bonne partie de l'histoire de la France pendant deux siècles : c'est là que Louis XIV, enfant, vit les troubles de la Fronde ; il devint l'apanage de la branche d'Orléans ; c'est de là que partit la révolution de 1789 ; il devint pendant la République, sous le nom de Palais-Égalité, une caverne de joueurs et de débauchés ; l'Empire en fit le palais du Tribunat ; deux cents ans justement après sa fondation, la révolution de Juillet alla y chercher un roi. Les beaux jardins plantés par Richelieu, ces allées superbes de marronniers, où il aimait à méditer, d'où Anne d'Autriche entendit le grondement des barricades de 1648, n'existent plus ; ils n'existent plus ces arbres dont Camille Desmoulins arracha quelques feuilles qui furent le signal du bouleversement du monde : à leur place sont de tristes allées sans verdure, et ces belles galeries que le duc d'Orléans-Égalité fit construire en 1786 comme pour préparer son forum à la révolution.

D'autres constructions attestent la prospérité de la ville et la sollicitude du gouvernement : c'est l'aqueduc d'Arcueil, qui amène les eaux de Rungis ; c'est la fondation du Jardin-des-Plantes, la plantation du Cours-la-Reine, la construction de l'église Saint-Roch, où furent enterrés Corneille, Lenôtre, Maupertuis ; de l'église Saint-Eustache, où furent enterrés Colbert, Tourville, Vaugelas, Voiture ; de la chapelle Saint-Joseph, où furent enterrés Molière et La Fontaine. Les fondations religieuses devinrent si nombreuses qu'elles menacèrent de couvrir le quart de la ville : notre siècle positif en a fait justice avec son goût admirable pour les arts et son respect ordinaire pour le passé. Les Minimes de la place Royale sont aujourd'hui une caserne de garde municipale ; les Jacobins du faubourg Saint-Germain, le Musée d'artillerie ; les Capucins de la rue Saint-Jacques, un hôpital de vénériens ; les Oratoriens du père de Berulle et les sœurs de la Visitation de la mère de Chantal, deux temples protestants ; les Petits-Pères ou Augustins déchaussés, si célèbres par leur galerie de tableaux, leur bibliothèque, leur cabinet d'antiquités, la mairie du troisième arrondissement ; les filles de la Madeleine, une prison ; les filles de Sainte-Élisabeth, un magasin de farine ; les chanoinesses du Saint-Sépulcre, un magasin de fourrage ; Port-Royal de la rue Saint-Jacques, le Port-Royal d'Angélique Arnaud, ce temple de toutes les vertus chrétiennes, c'est... l'hospice d'accouchement ! A la place du couvent des Bénédictins, d'où sont sortis l'*Art de vérifier les dates*, la collection des *Scriptores rerum gallicarum*, et tant d'autres trésors d'érudition devant lesquels la science moderne se prosterne la face en terre, il y a une rue, la rue des Guillelmites ! A la place du couvent des filles du Calvaire, dont le père Joseph fut le fondateur, encore une rue ! A la place du couvent des Petits-Augustins, qui devint plus tard le Musée des monuments français, est ce pandémonium qui a coûté tant de millions, cette école sans enseignement, sans élèves, sans cours, mais non pas sans professeurs... l'école des Beaux-Arts ! A la place du couvent des Jacobins de la rue Saint-Honoré, où s'assemblèrent les terribles révolutionnaires qui en ont pris le nom, est un marché ! A la place du couvent des filles Saint-Thomas, est la Bourse, ce temple de l'agio dont le dieu est un écu !

Paris présentait alors un aspect très-pittoresque : les monuments du moyen âge s'y mêlaient aux édifices modernes, les palais italiens aux églises gothiques, les tours féodales aux colonnes grecques. Le peuple s'entassait dans la vieille ville, dans la Cité, les quartiers Saint-Denis et Saint-Martin, le quartier Latin : là étaient le commerce, l'industrie, les tribunaux, les colléges ; dans les quartiers neufs étaient les larges rues, les riches hôtels, la noblesse et le grand monde. D'ailleurs peu de police, point de lumière, force filous, et beaucoup de boue : « heureusement, comme dit Mascarille, on avait la chaise, ce retranchement merveilleux contre les insultes du mauvais temps. » Il y avait peu de promenades, encore étaient-elles réservées à la cour. Une partie du jardin des Tuileries avait été donnée par le roi à un nommé Renard, qui en avait fait un jardin de fleurs rares, un bazar de meubles précieux, un cabaret élégant, un lieu secret de rendez-vous galants : toute la noblesse le fréquentait, et il fut le théâtre de nombreuses aventures joyeuses ou tragiques. La promenade populaire était le Pont-Neuf, qui était encombré de marchands, de charlatans, de chansonniers, et surtout de voleurs ; c'était là que Mondor vendait son miraculeux orviétan, Tabarin débitait ses folies goguenardes, Brioché montrait ses marionnettes et ses singes. Voici en quels termes en parle Berthaud dans sa *Ville de Paris* :

> Pont-Neuf, ordinaire théâtre
> Des vendeurs d'onguent et d'emplâtre ;
> Séjour des arracheurs de dents,
> Des fripiers, libraires, pédants,
> Des chanteurs de chansons nouvelles,
> D'entremetteurs de demoiselles,
> De coupe-bourses, d'argotiers, etc.

Cette époque est aussi celle des beaux jours de la foire Saint-Germain, immense bazar composé de neuf rues couvertes et de trois cent quarante loges, où se vendaient pendant deux mois les produits des quatre parties du monde, où se rassemblaient des spectacles et des plaisirs de tout genre, animaux rares, charlatans, loteries, jeux de hasard. Le peuple y allait le jour ; la noblesse y allait la nuit, toujours masquée et déguisée, sans suite ou avec des *grisons*, c'est-à-dire des valets vêtus de gris. La foire Saint-Germain partage avec la foire Saint-Laurent, qui commence à cette époque, l'honneur d'avoir été le berceau de l'opéra-comique et du vaudeville ; c'est tout ce qui nous en reste.

En ce temps, les théâtres commencèrent à prendre une forme régulière et à devenir l'amusement principal des Parisiens. Les Confrères de la Passion et les Enfants-sans-Souci étaient encore, à la fin du seizième siècle, des artisans et des jeunes gens qui montaient sur le théâtre accidentellement et seulement les jours de fêtes ; mais bientôt ils cédèrent leur privilége à une troupe régulière de comédiens, qui prirent le titre de *comédiens du roi* ; alors le *Théâtre-François* commença. Pendant trente ans, Hardy, qu'on pourrait appeler le *Scribe* de son siècle, fit, avec ses huit cents pièces, tragédies, comédies, pastorales ; aussi absurdes que fastidieuses, les frais de ce théâtre ; il fut aidé par les *prologues drôlatiques* de Turlupin, de Gautier Garguille, de Guillot-Gorju, ces *Odry* de leur temps, dont les railleries malignes et obscènes amusaient la populace. Un nouveau théâtre fit bientôt concurrence à celui de l'hôtel de Bourgogne : ce furent les comédiens *italiens* ou *bouffons*, qui s'établirent d'abord dans la rue de la Poterie, à l'hôtel d'Argent, puis dans la Vieille rue du Temple, où ils prirent le nom de troupe du *Marais*. Là brillaient Arlequin, Pantalon, Scaramouche, Trivelin, qui, pendant près de deux siècles, ont eu le talent d'amuser nos pères avec de grosses farces qui nous trouveraient aujourd'hui bien dégoûtés. A ces théâtres il faut ajouter celui du Palais-Cardinal, construit par Richelieu : c'est là que le cardinal fit jouer sa *Mirame* ; c'est là que, en 1636, parut le *Cid*.

Le Cid nous conduit tout naturellement à l'Académie française. Cette société, qui a commencé sa carrière par la condamnation du chef-d'œuvre de Corneille, et qui a largement tenu tout ce que promettait un si beau début, est née assez bourgeoisement, rue Saint-Denis, dans la maison de Conrard, secrétaire du roi, qui réunissait chez lui quelques-uns de ces personnages appelés alors beaux-esprits, aujourd'hui hommes de lettres. Richelieu se fit le protecteur de cette réunion et l'érigea en *Académie française* : c'était en 1635, l'année même où il jeta l'épée de la France dans la guerre de Trente ans, et l'on ne saurait dire lequel de ces deux grands actes lui a plus justement mérité la reconnaissance de la postérité. L'Académie, après la mort du cardinal, alla se loger chez le chancelier Séguier, rue Grenelle-Saint-Honoré, dans un hôtel qui avait eu jadis pour habitants des princes de Bourbon, mais qui aujourd'hui, par le retour trop ordinaire des choses d'ici-bas, ne loge plus guère que des chevaux (honni soit qui mal y pense!) : c'est l'hôtel des Fermes. Elle y resta jusqu'en 1672, où Colbert la mit au Louvre. Ce n'est pas le moindre des honneurs qu'ait subis le château de François Ier!

Les troubles de la Fronde marquent une ère importante dans l'histoire de Paris : c'est celle de la ruine de ses libertés municipales, qui remontaient probablement au temps des Romains et qui disparurent dans la grande unité monarchique de Louis XIV. Un droit d'octroi, un impôt mis sur les maisons construites au delà de l'enceinte, furent les premiers prétextes du désordre ; la cause fut la haine qu'inspirait le cardinal Mazarin. Le Parlement prit parti pour le peuple et demanda la réforme de l'État. La cour fit arrêter, dans sa maison de la rue Saint-Landry, le conseiller Broussel, homme médiocre que ses déclamations contre le gouvernement avaient rendu populaire. A cette nouvelle la foule s'émeut ; on veut arracher Broussel à ses gardes ; les chaînes sont tendues, les barricades formées ; tous les souvenirs et les armes de la Ligue se réveillent ; la régente Anne d'Autriche est assiégée dans le Palais-Royal. On relâcha Broussel ; mais les troubles continuèrent, et la reine, insultée par des pamphlets sanglants, s'enfuit avec sa cour à Saint-Germain. Aussitôt Paris se met en mouvement ; le Parlement, le clergé, le corps de ville, votent des impôts, des levées de troupes, des amas d'armes ; les seigneurs mécontents de la cour viennent se mettre à la tête de la révolte ; parmi eux était la belle duchesse de Longueville, qui abandonna son hôtel de la rue Saint-Nicaise pour aller prendre séjour à l'Hôtel-de-Ville. La guerre commença ; mais les bourgeois, bruyants et indisciplinés, s'enfuyaient à la vue des soldats royaux ; on riait des défaites comme des succès ; Scarron, Marigny, Chapelle, Mézeray, jetaient dans le public d'innombrables pamphlets ; le coadjuteur de Retz écrivait, intriguait, se battait ; les femmes se mêlaient, avec leurs amours, à toute cette révolte dégénérée.

On fit la paix. Les troubles recommencèrent. Le Parlement demanda formellement le renvoi de Mazarin. Après de nombreuses émeutes, le ministre se retire ; la reine veut le suivre ; la foule s'y oppose et cerne le Palais-Royal. La régente, pour démentir le bruit de l'enlèvement du roi, est forcée d'admettre dans ses appartements les officiers des milices, qui défilent silencieusement devant Louis XIV endormi.

La guerre civile recommence ; mais elle devient la dernière campagne de la noblesse contre la royauté ; Paris, dont les désirs de liberté ont été si étrangement dénaturés, n'y joue plus qu'un triste rôle : ennemie de Mazarin, ennemie de Condé, que le Parlement a également déclarés criminels de lèse-majesté, elle ne s'inquiète des armées de la cour et du prince, de leurs mouvements, de leurs combats, que lorsque toutes deux se rapprochent de ses murs. Condé, qui était à Saint-Cloud, cherche à gagner Charenton et veut traverser Paris : il se présente à la porte de la Conférence ; les bourgeois le repoussent ; il est forcé de tourner les faubourgs du nord, qui étaient fortifiés. Alors Turenne se porte contre lui et l'attaque dans le faubourg Saint-Antoine. La bataille s'engage avec acharnement dans les rues, les maisons et les jardins. Mazarin place le jeune Louis XIV sur la terrasse d'une maison de Popincourt pour lui donner ce terrible spectacle qu'il n'oublia jamais. Les Parisiens étaient sur les murailles, les portes fermées, inquiets d'une lutte qu'ils devaient payer cher, quel que fût le vainqueur ; un grand tumulte agitait la ville ; les bourgeois étaient opposés, le peuple favorable au prince rebelle. La fille du duc d'Orléans, mademoiselle de Montpensier, voulait qu'on lui donnât un refuge dans Paris : elle ameute la multitude, menace le conseil de ville, et se jette dans la Bastille. Condé, avec sa petite armée de nobles, se défendait avec héroïsme ; mais il allait succomber : soudain une décharge d'artillerie, presque à bout portant, jette le désordre dans l'armée royale : c'est le canon de la Bastille, c'est Mademoiselle qui vient d'y mettre le feu. En même temps la porte Saint-Antoine s'ouvre : Condé s'y jette avec ses soldats ; le canon de la Bastille redouble, et l'armée du roi se met en retraite.

LES GENS DE PARIS. Métempsycoses et Palingénésies. — 7.

Mauvais sujet, qui pourrait être son propre grand-père.

Par GAVARNI Gravé par BARA et GÉRARD

Condé, réfugié dans Paris, voulut s'en rendre maître par la terreur : une grande assemblée s'étant tenue à l'Hôtel-de-Ville pour amener une pacification, le prince, qui la vit favorable au retour du roi, ameuta la populace, qui se rua dans l'Hôtel, le saccagea et massacra cinquante bourgeois. Alors la ville fut livrée à la plus complète anarchie ; mais le prince s'efforça vainement de rendre son pouvoir durable ; la bourgeoisie reprit le dessus, le força à s'exiler et demanda le retour du roi. La cour rentra dans Paris et la traita sans ménagement : on abolit ses priviléges, on désarma ses milices, on brisa ses chaînes, on lui imposa une garnison royale et des magistrats royaux ; les registres du Parlement et de l'Hôtel-de-Ville qui contenaient les actes de cette époque furent lacérés par la main du bourreau. Milices, chaînes, magistratures populaires, priviléges municipaux, ne furent plus rétablis pendant toute la monarchie absolue. Paris fut tenue dans la soumission la plus complète, regardée continuellement avec défiance, annulée comme puissance politique : elle cessa même d'être le séjour de la cour, qui se tint dorénavant, d'abord à Saint-Germain, ensuite à Versailles. Cet état de choses dura cent trente-six ans ; alors Paris se réveilla, et toutes les libertés que la Fronde avait demandées, toutes celles qu'elle avait perdues, furent largement obtenues et reconquises. Le canon de la Bastille avait, en 1652, tué le mari de Mademoiselle, qui voulait épouser Louis XIV ; le canon de la Bastille, en 1789, tua toute l'ancienne monarchie ; et c'est de ce faubourg Saint-Antoine, spectateur indifférent de la bataille livrée entre la royauté et la noblesse, que devaient partir les plus terribles exécuteurs de l'une et l'autre de ces puissances.

Paris, désertée par la cour et privée de toute vie politique, n'en garda pas moins toute son importance, n'en augmenta pas moins sa splendeur et ses richesses, n'en prit pas moins, pendant le grand règne, un immense accroissement : sa population s'éleva à près de cinq cent mille âmes ; on y compta cinq cents grandes rues, neuf faubourgs, cent places, neuf ponts, et Vauban put dire d'elle : « Cette ville est à la France ce que la tête est au corps humain. C'est le vrai cœur du royaume, la mère commune de la France, par qui tous les peuples de ce grand État subsistent, et dont le royaume ne saurait se passer sans déchoir considérablement. » De ce temps datent réellement l'administration de la police, l'éclairage et le nettoyage des rues, le service des pompes à incendie, etc. Quant aux monuments, qui ne les connaît ? qui n'a songé en visitant les Invalides, l'Observatoire, le Louvre, la place Vendôme, la place des Victoires, les portes Saint-Denis et Saint-Martin, à repeupler ces édifices des grands hommes du dix-septième siècle, à faire apparaître Louis XIV avec le cortége admirable que Richelieu et Mazarin lui avaient préparé, à recréer par la pensée ce temps de gloire et de grandeur où nous étions la première nation de l'Europe, non pas seulement pour lui avoir dicté la paix, mais par le respect qu'inspiraient aux autres peuples notre prééminence intellectuelle, les merveilles de nos arts et de notre industrie. Laissons donc ces superbes témoignages d'une grandeur qui s'en est allée ; négligeons même les fondations religieuses de cette époque, presque toutes destinées au soulagement des malades et à l'instruction des pauvres, aujourd'hui détruites ou profanées, et cherchons quelques lieux obscurs qui n'en méritent pas moins le souvenir de la postérité.

D'abord voici, sous les piliers des halles, la maison sombre et chétive qui a vu naître Molière : il est mort, dit-on, dans la maison n° 34 de la rue Richelieu, en face de laquelle Paris vient de lui élever un tardif monument. Dans la maison n° 18 de la rue d'Argenteuil, demeurait Corneille. Racine a habité pendant quarante ans dans la maison n° 12 de la rue des Maçons [1]. A voir les demeures modestes de ces grands hommes, on se figure leur vie simple et silencieuse, leur intérieur si calme et si bourgeois, leurs études si larges, si sincères, dans une chambre mal éclairée, sans ornements, garnie de quelques vieux livres ; on croit assister à

---

[1] Dans une lettre à Boileau, datée du camp de Gévries, 21 mai 1692, il lui raconte la revue que le roi vient de passer de son armée, forte de « six-vingt mille hommes ensemble, sur quatre lignes, » et dit : « J'étais si las, si ébloui de voir briller des épées et des mousquets, si étourdi d'entendre des tambours, des trompettes et des timbales, qu'en vérité je me laissais conduire par mon cheval, sans avoir plus d'attention à rien ; et j'eusse voulu de tout mon cœur que tous les gens que je voyais eussent été chacun dans leur chaumière ou dans leur maison avec leurs femmes et leurs enfants, et moi dans ma rue des Maçons, avec ma famille. »

leurs discussions savantes, candides, polies, sur le beau, sur le goût, sur la prééminence des anciens ou des modernes, sur la grâce et le libre arbitre, vieilleries aussi ridicules qu'inutiles, dit notre superbe littérature, et qui occupaient toutes les imaginations de ce pauvre dix-septième siècle. Qui ne voudrait revoir la chambre où Molière lisait le *Bourgeois gentilhomme* à sa servante, ou bien conversait avec Vivonne et Despréaux, ou bien dévorait les larmes que faisaient couler les infidélités de la séduisante Béjart? Qui ne voudrait revoir Corneille dans son quatrième étage, vivant isolé et sans valets avec son frère, si pauvre, lui dont le génie a donné des millions aux acteurs et aux libraires, qu'un jour, en sortant de chez lui, il s'arrêta pour faire rapiécer ses souliers par le savetier du coin? Qui ne voudrait revoir Racine, demi-gentilhomme, demi-bourgeois, après avoir suivi le roi à l'armée ou à Fontainebleau, retrouvant dans son ménage ses filles *Babet, Nanette, Fanchon* et *Madelon*, ou bien envoyant à son fils, attaché à l'ambassade de Hollande, « deux chapeaux avec onze louis d'or et demi, vieux, faisant cent quarante livres dix-sept sous six deniers, en l'avertissant d'en être bon ménager et de suivre l'exemple de M. Despréaux, qui vient de toucher sa pension et de porter chez son notaire dix mille francs pour se faire cinq cent cinquante livres de rente sur la ville? »

Pareille vie ne fut pas celle de Regnard, fils d'un traitant qui lui laissa une grande fortune : les voyages, le jeu, les festins, l'occupaient autant que les lettres. Il avait une maison à l'extrémité de la rue Richelieu, près du rempart, dans une partie de la ville encore déserte et d'où l'on avait devant soi la Grange-Batelière, grande ferme qui avait appartenu aux évêques de Paris, la butte Montmartre et les champs voisins.

Homme d'argent et de plaisir, Regnard avait deviné les lieux que préfèrent aujourd'hui la finance et la mode. Voici la description qu'il en a faite :

Au bout de cette rue où le grand cardinal,
. . . .
S'élève une maison modeste, retirée,
Dont le chagrin surtout ne connaît point l'entrée.
L'œil voit d'abord ce mont dont les antres profonds
Fournissent à Paris l'honneur de ses plafonds,
Où de trente moulins les ailes étendues
M'apprennent chaque jour quel vent chasse les nues.
Le jardin est étroit, mais les yeux, satisfaits,
S'y promènent au loin sur de vastes marais.
C'est là qu'en mille endroits laissant errer ma vue,
Je vois naître à loisir l'oseille et la laitue, etc.

Les financiers marchaient déjà, à cette époque, de pair avec les princes : aussi la table exquise et les vins choisis de Regnard attiraient-ils chez lui, au moins autant que son esprit, les personnes les plus distinguées par leur rang et leur goût, comme le duc d'Enghien, le prince de Conti, le président Lamoignon, etc.

Non loin de la maison de Regnard, des hôtels commençaient à se bâtir, comme celui de Luxembourg, qui a fait place, il y a quelques années, à la rue Neuve-Vivienne; mais le beau monde n'allait pas encore se loger de ce côté ; c'était le Marais qu'il affectionnait. Là, dans la rue Pavée-Saint-Antoine, était le bel hôtel de Lamoignon, où ce grand magistrat, l'ami de Racine et de Boileau, réunissait tous les beaux esprits. Non loin de là était, dans la rue des Tournelles, la maison élégante de Ninon de Lenclos, cette Aspasie moderne, dont la société épicurienne professait déjà les opinions hardies du siècle suivant, et qui devina Voltaire. Dans la rue Culture-Sainte-Catherine était l'hôtel Carnavalet, bâti par Ducerceau et par Mansard, décoré par Jean Goujon, illustré par le séjour de madame de Sévigné. A ce nom, tout le dix-

LES GENS DE PARIS. Métempsycoses et Palingénésies. — 6.

Ruines d'un Elleviou.

Par GAVARNI. Gravé par GÉRARD.

septième siècle nous apparaît avec son goût exquis pour les jouissances de l'esprit, ses conversations charmantes, ses femmes pleines de séductions, de grâces, de finesse : « Sociétés depuis longtemps évanouies, dit Chateaubriand, combien vous ont succédé ! Les danses s'établissent sur la poussière des morts, et les tombeaux poussent sur les pas de la joie ! »

Achevons le Paris de Louis XIV par les maisons de deux grands personnages, maisons situées dans des rues obscures, où le dernier de nos huissiers refuserait d'habiter : c'est le n° 27 de la rue de la Tixéranderie, et le n° 20 de la rue des Rats. Dans la première, au deuxième étage, deux petites chambres ont été habitées par la veuve de Scarron : c'est là que sa beauté et son esprit lui attirèrent, malgré sa pauvreté, tant d'illustres visiteurs ; c'est de là qu'elle est allée s'asseoir à côté de Louis XIV, et presque sur le trône de France. La deuxième était l'hôtel de Colbert ; et elle porte encore sur sa face intérieure quelques sculptures relatives aux arts : le grand ministre l'avait achetée ou bâtie dans les commencements de sa fortune ; on peut conjecturer sans crainte que dans les splendeurs de Versailles il regretta plus d'une fois le séjour de la rue des Rats.

Sous le règne de Louis XV, Paris garde la tranquillité politique à laquelle le grand roi l'avait façonnée, et ses rues ne sont le théâtre d'aucun événement. Exceptons toutefois la rue Quincampoix, qui vit les folies du système de Law, l'hôtel de Nevers, situé rue Richelieu, où demeurait le grand financier, et qui, après sa fuite, fut consacré à la Bibliothèque royale. Quant aux troubles excités par le jansénisme et les miracles du diacre Pâris dans le cimetière Saint-Médard, ils méritent à peine d'être mentionnés. Les monuments de cette époque sont peu nombreux : ce sont d'abord la Halle-aux-Blés, construite sur l'emplacement de l'hôtel de Soissons, l'hôtel des Monnaies, construit sur l'emplacement de l'hôtel de Nevers, l'École militaire, transformée aujourd'hui en caserne et en place forte ; puis l'église Sainte-Geneviève, dont l'humble patronne de Paris a été chassée pour y mettre Voltaire, monument qui n'a plus de sens, temple de tous les dieux qui n'a plus de Dieu, nécropole des grands hommes où sont enterrés les sénateurs de Napoléon ; enfin la place Louis XV, qui a vu presque autant de cadavres que les plus fameux champs de bataille, cadavres restés dans le tumulte des fêtes ou tombés sous la hache révolutionnaire. C'est là qu'à la place de la statue du monarque dont le lâche égoïsme a préparé le bouleversement de la France, s'est élevé l'échafaud où est mort son petit-fils ; c'est là que, pendant la Terreur, une gigantesque statue de la Liberté, les pieds dans le sang, a présidé aux sacrifices révolutionnaires ; c'est là qu'en 1814 les armées alliées ont fait célébrer une messe solennelle en expiation du sang versé sur cette place, que cinq cent mille hommes, venus de tous les coins de l'Europe, ont entonné le *Te Deum* de leur victoire sur la révolution. Aujourd'hui c'est la place de la *Concorde* : avec ses eaux jaillissantes, sa décoration d'opéra, ses statues, son obélisque, sa magnifique perspective, c'est la plus belle place du monde. Qu'elle reste à jamais digne de son nom ! digne des quatre grands monuments qui l'encadrent, la Madeleine, le Palais-Bourbon, les Tuileries, l'Arc-de-Triomphe ! Ils semblent avoir été placés là symboliquement comme pour rappeler à la France que les bases et les conditions de sa grandeur sont dans la religion, la liberté, la force du pouvoir et l'amour de la gloire !

Les édifices particuliers de cette époque sont nombreux, mais peu féconds en souvenirs historiques. D'abord c'est l'Élysée-Bourbon, construit en 1718 par le comte d'Évreux, acquis par madame de Pompadour, et qui devint la voluptueuse résidence du financier Beaujon. Plus tard une sœur de Napoléon l'habita ; Napoléon y resta lui-même quelques jours après le désastre de Waterloo ; ce fut le séjour du duc de Berry. De combien d'histoires, de plaisirs, de douleurs, ces salons magnifiques, ces délicieux ombrages n'ont-ils pas été les témoins ! — Nous nommerons ensuite l'hôtel de Richelieu, rue Neuve-Saint-Augustin, n° 30. Construit par le comte de Toulouse, acquis par le duc d'Antin, il devint, en 1760, l'habitation pompeuse du seigneur qui résume tous les vices et les qualités de la noblesse du dix-huitième siècle. Richelieu l'acheta, dit-on, avec les dépouilles du Hanovre, le meubla de chefs-d'œuvre, et y ajouta de nouvelles constructions, parmi lesquelles ce lourd pavillon qui existe encore sur le boulevard, et qui a vu, pendant la révolution, les fameux *bals des victimes*. — Enfin nous citerons une pauvre chambre de la rue Plâtrière, n° 21, et un appartement somptueux du quai des Théatins, au coin de la rue de Beaune, d'où sont partis la plupart des écrits qui ont bouleversé le monde : dans la première habitait Rousseau ; dans le deuxième, Voltaire !

Le théâtre prit pendant ce règne une très-grande importance, et devint une sorte de tribune politique : aussi le goût de la scène s'empara si bien de toutes les classes de la société, que les théâtres publics devinrent insuffisants et qu'il n'y eut pas d'hôtel de grand seigneur ou de riche financier où l'on ne jouât la comédie. La Comédie-Française avait passé de l'hôtel du Petit-Bourbon au Palais-Royal, puis dans un hôtel de la rue Guénégaud, puis, en 1688, dans un jeu de paume de la rue des Fossés-Saint-Germain, en face du café Procope, qui était le rendez-vous des beaux-esprits ; elle y resta jusqu'en 1770, et c'est là qu'elle attira la foule avec les tragédies sentencieuses de Voltaire. L'Opéra était au théâtre du Palais-Royal et y resta jusqu'en 1782. Les Italiens continuaient à jouer à l'hôtel de Bourgogne des scènes chantantes et des arlequinades ; ils se réunirent en 1762 à l'Opéra-comique, qui était né à la foire Saint-Germain et qui finit par déposséder les bouffonneries italiennes. Un autre théâtre où courait la foule était celui de la foire Saint-Laurent, où Dancourt, Lesage, Dufresny, Piron, répandaient les flots de cette gaieté qu'on appelait alors française. On riait encore dans ce temps-là ; on se hâtait de rire ! Aujourd'hui la nation frivole est devenue sérieuse ; riches et pauvres, ignares et savants, s'ennuient sur le même ton ; il nous faut pour nous intéresser, pour nous dérider, les tragédies de la cour d'assises et les orgies des bals masqués.

Outre les théâtres, il y avait alors des lieux de plaisirs à bon marché, où le peuple trouvait facilement à s'amuser, où le beau monde ne rougissait pas de partager ses joies : c'étaient les pimpantes guinguettes que notre civilisation a remplacées par les tristes restaurants. Les plus

fréquentées étaient les *Porcherons*. Voici quel était ce lieu champêtre, qui a vu tant de joies folles, tant de parties franches, qui a entendu tant de flons-flons, tant de refrains graveleux.

Tout l'espace compris entre la Ville-l'Evêque et le faubourg Montmartre était occupé par des champs cultivés, plantés d'arbres fruitiers, bordés de haies vives, ayant à peine quelques maisons parmi lesquelles la *ferme des Mathurins* (rue de la Ferme), la *ferme de l'Hôtel-Dieu* (rue Saint-Lazare, en face la rue de Clichy) la *tour des Dames*, moulin appartenant aux religieuses de Montmartre, la *ferme Chantrelle* (rue Chantereine), la *Grange-Batelière*, etc. Il était traversé par un chemin (rue Saint-Lazare), bordé de cabarets, de maisons rustiques, de jardins, etc.; lesquels formaient le hameau des *Porcherons*. Il tirait son nom d'un château dit aussi château *du Coq*, situé rue Saint-Lazare, près de la ferme de l'Hôtel-Dieu, et qui avait été bâti par Jean Bureau, grand maître de l'artillerie sous Charles VII. On en voit encore quelques restes, et une porte ornée de sculptures, au n° 99. La rue de Clichy s'appelait, à cause de ce château, *le chemin du Coq*. On allait aux Porcherons par un chemin qui partait du boulevard et portait plusieurs noms : *chaussée des Porcherons*, *chaussée de la ferme de l'Hôtel-Dieu*, *chaussée de la Porte-Gaillon*, à cause de la porte de Paris, en face de laquelle elle s'ouvrait, *chemin de la Grande-Pinte*, à cause d'un cabaret qui y était situé, enfin *chaussée d'Antin*, à cause de l'hôtel d'Antin ou Richelieu, lequel avoisinait la porte Gaillon. Ce dernier nom lui

LES GENS DE PARIS. Metempsycoses et Palingénésies. — 5.

Fraîchement décoré.

Par GAVARNI. Gravé par ROUGET.

est resté, et il a été donné à tout le quartier, quand les Porcherons sont devenus le quartier de la finance, du luxe, des arts, de la mode. Le premier grand hôtel construit dans la rue de la Chaussée-d'Antin, fut celui de l'actrice Guimard, qui depuis appartint au banquier Perregaux et vient d'être converti en magasin de nouveautés. Quand les guinguettes commencèrent à disparaître, les frères Ruggiéri établirent le jardin de Tivoli, où ils donnèrent des spectacles d'illumination; mais ce jardin ne devint à la mode que pendant la révolution. Que de fêtes somptueuses, de jolies femmes, de plaisirs, de feux d'artifice, y ont vus le Directoire, l'Empire et la Restauration! Tout cela n'est plus : fusées, danses, amours, tout s'est évanoui; frais ombrages, gazons fleuris, bosquets enchanteurs, tout a disparu devant le démon de la maçonnerie, et la vapeur règne à la place où les ballons, les montagnes russes, les concerts champêtres ont attiré la foule.

Sous le règne de Louis XVI, l'ardeur de progrès, qui animait le gouvernement comme la nation, enfanta, malgré l'orage révolutionnaire qui commençait à gronder, des fondations assez nombreuses : le collège de France, l'école de Médecine, le palais de Justice, la restauration de la fontaine des Innocents, la pompe à feu de Chaillot, le pont Louis XVI, sont de cette époque. Le goût de la scène, qui se répand de plus en plus, fait bâtir les théâtres Français, de l'Odéon, de la Porte-Saint-Martin, Favart, Feydeau, de la Gaieté, de l'Ambigu-Comique, etc. On perce de nombreuses rues, on comble les fossés des anciens remparts, on débarrasse les ponts des maisons qui les surchargent, on transporte les cimetières hors de la ville, on assainit les prisons; mais l'opération la plus importante de cette époque est la construction du mur d'octroi et des cinquante-six barrières qui existent encore : il semblait que le gouvernement voulût préciser le lieu où allait éclater la révolution.

Les souvenirs historiques que rappelle Paris, à partir de cette époque, sont trop vivants pour que nous les retracions : qui ne connaît les champs de bataille du 14 juillet et du 10 août, du 9 thermidor et du 13 vendémiaire? Qui ne sait que le Figaro qui prédit la révolution demeurait dans une belle maison du boulevard Saint-Antoine, d'où il vit en tremblant la prise de la Bastille? que le vaincu du 9 thermidor était le commensal d'un pauvre menuisier de la rue Saint-Honoré? que le 18 brumaire est sorti d'une maison élégante de la rue Chantereine, bâtie par Condorcet, où se réunissaient les Girondins, qui fut habitée par Talma et enfin achetée par la veuve de Beauharnais? Est-il besoin de rappeler les barbares du Nord campant sur nos boulevards, spoliant nos musées, renversant le vainqueur d'Austerlitz de sa colonne? Et puis, quinze ans après, les Parisiens relevant les barricades de la Ligue et de la Fronde, chassant encore un roi, trônant encore aux Tuileries?

Souvenirs sanglants, crimes politiques, vous apparaissez à chaque coin de rue, à chaque monument! Ici, c'est la machine infernale de la rue Saint-Nicaise; là, le coup de poignard de la rue Rameau; plus loin, la mitraillade du boulevard du Temple; d'un autre côté, le massacre de la rue Transnonain! Qui ne sait aussi toutes les ruines que, pendant la tourmente révolutionnaire, les passions du peuple ont entassées? Qui ne sait avec quel goût, avec quelle science l'Empire, la Restauration, et surtout notre époque, les ont réparées? Grâce aux travaux de nos Lescot, de nos Mansard modernes, Paris n'est plus la ville de Philippe-Auguste et de Richelieu; elle a perdu son aspect pittoresque du moyen âge, elle a dépouillé son costume féodal et ses manières de la renaissance, pour se couvrir de quartiers neufs, de grandes rues, de larges places, pour ouvrir des marchés, des fontaines, des abattoirs, des égouts, pour édifier des monuments modernes : colonne de 1805, arc de Triomphe, ponts d'Austerlitz et d'Iéna, n'êtes-vous pas là pour témoigner de notre grandeur évanouie? Bourse, Notre-Dame de Lorette, pénitencier de la Roquette, forts détachés, n'êtes-vous pas là pour témoigner le progrès des arts et le règne de la liberté?

Cependant Paris n'est plus, comme les autres villes, un entassement d'hommes et de pierres;

c'est la métropole de la civilisation moderne : les nations sont là qui écoutent ses moindres paroles, qui épient ses moindres mouvements, qui attendent d'elle la vie. Il suffit de quelques mots tombés de cette tribune du genre humain pour éveiller chez les peuples les plus éloignés des sentiments inconnus ; les idées ont besoin de passer par sa bouche pour avoir droit de cité ; le froncement de ses sourcils ébranle le monde. Que trois enfants parcourent les rues en élevant un lambeau tricolore sur un bâton, les trônes tremblent, les peuples s'agitent, les armées se mettent en marche ; le groupe menaçant s'en va jouer à la fossette, rois, soldats, nations, tout rentre dans le repos.

Patrie d'Étienne Marcel, cité de 89 et de 1830, foyer de la révolution française, tes destinées sont glorieuses, mais qu'elles allument de haines ! Que de fois, depuis un demi-siècle, on a rêvé l'enchaînement ou la ruine de la nouvelle Babylone ? Que d'imprécations et de colères tes réprobations et tes sarcasmes ont excitées ! Mais tes enfants sont là qui se rient des menaces de ces autres Brunswick ; et si des insensés voulaient tourner contre toi ces murs récemment élevés contre l'étranger, il suffirait de leurs propres pierres dans les mains de ces David qui courent tes rues, pour renverser ces impuissants Goliath et leurs misérables desseins.

THÉOPHILE LAVALLÉE.

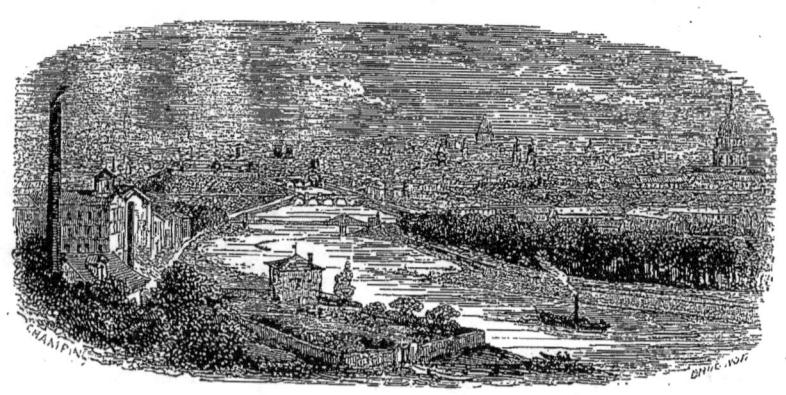

PROLOGUE

(La scène se passe dans l'autre monde.)

COMMENT IL SE FIT QU'UN DIABLE VINT A PARIS
ET COMMENT CE LIVRE S'ENSUIVIT.

Facilis descensus Averni.
« Il n'est que trop aisé de descendre aux enfers. »
— VIRGILE. —

I

De quoi ne se lasse-t-on pas? — Il arriva qu'un jour, las sans doute de siéger, une fourche en main, sur son trône d'ébène, Satan s'ennuya si fort, qu'il voulut à tout prix se désennuyer. La chose n'est pas plus facile aux enfers que sur la terre, et après avoir essayé de mille moyens sans réussir à autre chose qu'à augmenter ses ennuis, il allait se résigner à s'ennuyer davantage, quand l'idée lui vint de visiter toutes les parties de son immense empire.

« Bien pensé, sire, dit à l'oreille de Satan un diablotin qui n'était pas plus haut en tout qu'une coudée, et qui venait de sauter sans façon sur les royales épaules ; l'ennui n'a pas de si longues jambes qu'on le croit et il y a peut-être moyen de courir plus vite que lui. »

Or, pour le dire en passant, ce diablotin était quelque chose comme le secrétaire particulier, ou, si vous l'aimez mieux, l'aide de camp favori de Satan, qui, dans un jour de bonne humeur, l'avait du même coup attaché à sa personne et surnommé Flammèche. Pourquoi Flammèche ? Mais s'il fallait tout expliquer, rien ne finirait. Tout ce que nous pouvons dire, c'est que, fort de l'approbation de Flammèche, Satan, qui n'avait qu'une demi-confiance dans son idée, finit par la trouver excellente, voire la meilleure qu'il eût jamais eue ! « Car enfin, se disait-il, quand bien même mon voyage ne devrait pas être un voyage d'agrément, je devrais encore le faire, dans l'intérêt de mon gouvernement. Il y a longtemps que mes sujets ne m'ont vu ; il peut être d'un bon effet que je me montre à eux.

— Ne fût-ce que pour leur faire voir, dit Flammèche, que vous n'êtes ni si vieux ni si noir qu'on veut bien le leur dire tous les jours. »

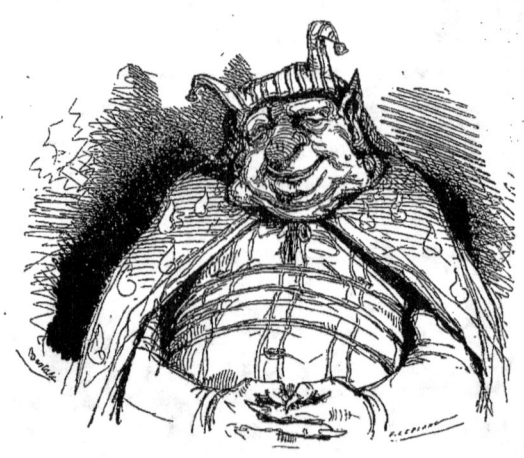

LES GENS DE PARIS. Hommes et femmes de plume. — 3.

Laure, elle a d'un rébus illustré sa boutique,
Devinez-vous le mot? — C'est la Gigogne antique,
Dame Nature. — Non! — Ou c'est la Charité
Offrant aux malheureux l'ineffable mamelle.
— Eh, non! C'est des amours la folle ribambelle;
Et ces petits payens au minois effronté
D'un semblant de candeur narguent l'hypocrisie.
Cette enseigne, messieurs, c'est la galanterie;
Laure tient magasin de sensibilité.....

Par GAVARNI. Gravé par BREVIÈRE.

II

Satan se mit donc en route,

non comme le premier venu assurément, mais avec un cortége digne de sa puissance, et qui se composait des princes ses fils, et d'une incroyable quantité de diables et d'archidiables, de demi-diables et de doubles diables, tous hauts dignitaires de l'enfer, qui l'accompagnaient d'ordinaire dans ces sortes de tournées royales.

Quant à Flammèche, il se cacha, selon sa coutume, dans les plis du manteau de son maître, et, selon sa coutume aussi, il s'y endormit, les devoirs variés de sa charge ne l'obligeant pas à autre chose.

III

Pour dire que Satan perdit son ennui dans son voyage, et dans quelle partie de ses États il eut le plus à s'applaudir de son idée ou le plus à s'en repentir, voilà ce qu'on ne saurait préciser, la géographie de l'enfer n'ayant encore été faite par personne. Toujours est-il qu'après avoir parcouru dans tous les sens ces espaces sans limites que peuplent les âmes des habitants des mondes que nous ne connaissons pas (ceux de la lune et autres), Satan se tourna vers sa suite en diable qui n'est pas encore tout à fait guéri de son mal; et, d'un ton qui, du reste, n'avait rien de bien flatteur pour notre planète, il dit : « Il ne faut rien faire à demi; je m'aperçois que dans notre course à travers nos États nous avons oublié ce petit département dans lequel sont reléguées les âmes des habitants de cette fille imperceptible du chaos qu'on appelle la terre; orientons-nous de notre mieux, reprenons notre vol, et réparons notre oubli.

— Sire, dit une voix dans le cortége, les âmes des hommes sont bien bavardes; Votre Majesté n'a-t-elle point eu assez de harangues...

— Mon fils, répondit Satan, ne dites point de mal des harangues; le pouvoir est au bout de toutes ces paroles, et il est bon, quoi qu'il en coûte!! de dire ou de laisser dire, de temps en temps, quelques mots à ceux qu'on gouverne, — quand on les sait assez discrets pour s'en contenter. »

IV

Satan avait dit; et, déployant ses ailes, il se dirigea vers le point le plus obscur de l'horizon; le cortége infernal, se frayant à sa suite un chemin à travers la foule des corps célestes qui parsèment l'infini et dont chacun est un monde, laissa bientôt derrière lui ces milliers d'univers que la main de Dieu seul a comptés, et arriva dans ces lieux habités par le vide où les poëtes ont placé notre enfer.

LES GENS DE PARIS.   Hommes et Femmes de plume. — 2.

Plus de soupirs gratis aux timides échos :
Le Pétrarque du coin vend des sonnets tout chauds.

Par GAVARNI.   Gravé par PORRET.

V

L'ANTICHAMBRE DE L'ENFER.

Quand on apprit, dans le sombre manoir, que le Diable en personne allait l'honorer de sa présence, les autorités du lieu se rassemblèrent, et il fut décidé qu'on ferait de son mieux pour le recevoir. Tout ce qu'il y avait de peintres et de sculpteurs, de tapis et de tapissiers, fut donc mis en réquisition pour décorer une salle, d'ordinaire assez nue, dans laquelle se tenaient, à leur arrivée, — en attendant qu'on leur assignât une destination définitive, — les âmes qui avaient passé de vie à trépas, et cette salle se trouva ainsi convertie, vu l'urgence, en une salle de trône.

Quelques minutes avant l'heure désignée pour l'ouverture de la séance, les conseillers infernaux, les maréchaux, les officiers généraux, les régisseurs, etc., avaient pris chacun la place que leur avait indiquée l'huissier chargé de régler le cérémonial.

Bientôt la voix de l'huissier introducteur se fit entendre, et Satan entra au milieu d'un profond silence qui fut interrompu tout à coup par les cris de Vive Satan! que poussèrent, au moment où on y songeait le moins, quelques fonctionnaires qui tenaient évidemment à n'être point pris pour des muets.

Nous ne ferons pas ici le portrait de Satan; nous nous bornerons donc à dire que, — depuis le jour où était tombé du haut des airs, *comme une étoile rapide*, le prince de l'air, qui

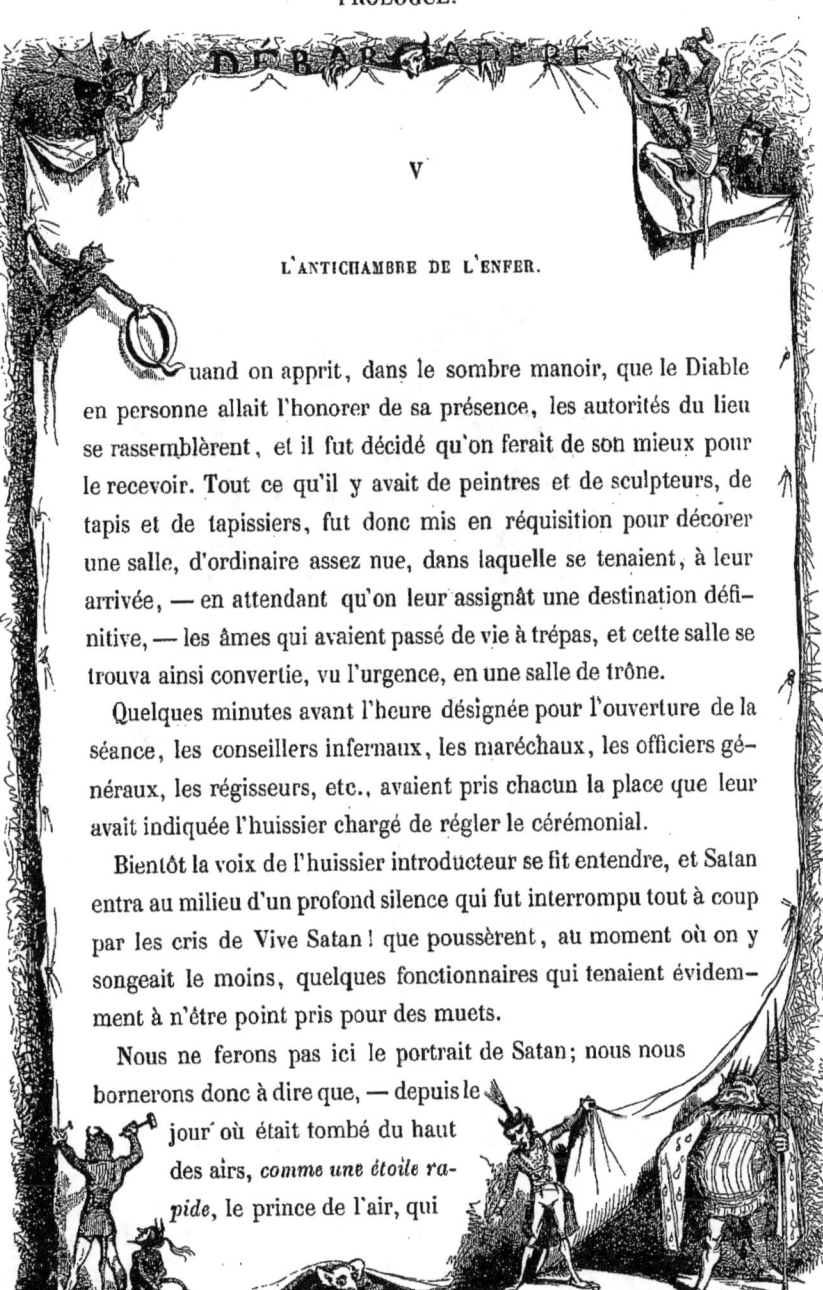

jadis brillait à côté des soleils eux-mêmes, — il était bien changé, et que d'ailleurs il avait jugé à propos de prendre pour cette solennité la figure et le costume exigés par la circonstance.

Arrivé au milieu de l'estrade, Satan se découvrit un instant, et fit avec beaucoup de facilité le salut d'usage; après quoi, s'étant assis et couvert, il tira de sa poche un petit papier qui était supposé y avoir été mis par un de ses ministres, et, plaçant sa main sur son cœur, il s'apprêtait courageusement à le lire, quand tout à coup des cris, venus du dehors, s'étant fait entendre,

« Qu'est-ce que cela? » s'écria Satan.

VI

COMMENT IL SE FIT QUE SATAN NE PUT PAS LIRE SON DISCOURS.

« Sire, dit en tremblant le chef des huissiers, la salle dans laquelle vous êtes est celle dans laquelle viennent tous les jours s'abriter les âmes, à mesure qu'elles arrivent de là-haut, et il y a derrière cette porte tout un

LES GENS DE PARIS. Hommes et Femmes de plume. — 1.

Tout, nous le savons bien, n'est pas couleur de rose
En ce monde d'ingrats où votre cœur se perd.
Que de ses longs soupirs votre cœur se repose :
Votre cœur nous a dit tout ce qu'il a souffert !

Par GAVARNI. Gravé par TAMISIER.

convoi de nouveaux venus qui s'impatientent peut-être. Nous allons, s'il vous plaît, les prier de nous laisser en repos et les chasser...

— Pas du tout, dit Satan, qui remit aussitôt, avec un air de satisfaction non équivoque, son discours dans la poche d'où il l'avait tiré ; pas du tout, je n'avais absolument rien de nouveau à vous dire, sinon que tout continue d'aller pour le mieux dans le meilleur des enfers possibles, ce que vous savez aussi bien que moi ; si donc vous le jugez bon, nous suspendrons la séance et nous laisserons entrer tous ces braves gens, puisqu'ils sont si pressés. Le premier pas des habitants de la terre dans notre monde, dont ils se font, à ce qu'il paraît, une bizarre idée, est quelquefois assez divertissant, et, soit dit entre nous, l'enfer est un lieu assez peu récréatif pour qu'on ne néglige point de s'y distraire ; — d'ailleurs, ajouta-t-il avec quelque gravité, il y a longtemps que nous n'avons eu des nouvelles de la terre, et nous ne serons pas fâchés de savoir ce qui s'y passe. »

VII

UN CONVOI D'AMES.

Soudain entrèrent pêle-mêle, guidées par l'esprit qui les avait accompagnées depuis leur départ de la terre, et pressées comme des feuilles qu'aurait chassées un vent impétueux, des âmes de tout âge, de tout sexe et de tout rang, et il y en avait un si grand nombre, qu'on aurait eu de la peine à comprendre qu'elles pussent tenir dans la salle, si l'on n'avait su qu'elles n'étaient qu'apparence.

VIII

Les unes entraient en pleurant, les autres en riant ; mais la plupart paraissaient si préoccupées de l'événement qui d'un monde les avait jetées dans l'autre, que quelques-unes ne remarquèrent même pas la présence de Satan.

« Pardieu ! disait d'un ton bourru une âme fort replète, c'est bien la peine d'être mort et de s'être fait enterrer, et d'avoir laissé là-haut ce qu'on avait de meilleur, c'est-à-dire son corps et ses appétits, pour se retrouver ici vivant comme si de rien n'avait été.

— Quoi ! dit un Turc qui arriva une queue de vache à la main, pas de houris ! Par Allah ! où sont les houris ?

— Pas une, illustre pacha, pas une seule, dit un vieux diable au Turc désappointé.

— Aussi, reprit le Turc, quelle idée ai-je eue de venir mourir en Europe ! dans l'enfer de mon pays, les choses ne se seraient pas passées ainsi.

— Le bel enterrement ! s'écriait un brave bourgeois en toisant ses voisins d'un air protecteur...

— Et de quel enterrement parlez-vous ? lui dit Flammèche, qui venait de se réveiller.

— Et duquel parlerai-je, répondit l'ombre en se frottant les mains avec quelque suffisance, sinon du mien ?... une messe en musique, des flambeaux d'argent, mille bougies, l'église tout entière tendue de noir ; des voitures, vides il est vrai, mais si nombreuses qu'on pouvait à peine les compter ; toutes les cloches en branle, un catafalque magnifique, deux ou trois discours sur ma tombe, lesquels seront, bien sûr, reproduits par les journaux, et enfin une place au Père-Lachaise, une vraie petite maison de campagne ornée d'une colonne de marbre blanc, surmontée d'une urne noire, avec cette épitaphe composée exprès : « Ci-gît ***, électeur et éligible. » Quelle gloire ! quel triomphe ! quelle fumée ! quel enterrement !...

— Mon drame allait être joué! disait l'un.

— Et mon livre imprimé! disait l'autre.

— Mourir en plein carnaval! s'écriait une ombre bizarrement accoutrée.

Et celui-ci : — Mes trésors, mes biens, mes terres, mes maisons, mes gens, mes chevaux, mes chiens!

Il y en eut un assez simple pour s'écrier : — O ma maîtresse!

— Que vont-ils devenir sans moi? disait un ministre.

— J'ai oublié trente mille francs dans ma paillasse! s'écriait l'ombre d'un mendiant.

— Criez, disait une âme qui se drapait dans son linceul, criez donc! vous ne crieriez pas tant si, comme moi, vous n'aviez laissé là-haut que la misère! De ma vie je n'ai été si bien couvert que le jour où l'on m'a donné le linceul que voici.

— O sort partial! murmurait un vieillard, j'avais quatre-vingt-dix ans à peine, et mon voisin, qui en avait quatre-vingt-quinze, est resté, tandis que me voici.

— Toutes les femmes sont infidèles, disait un vieux mari.

— Hélas! non, disait un autre qui arrivait — suivi de sa moitié!!!

« Les hommes sont des traîtres..... nous sommes toutes mortes de chagrin, etc., etc. »

Ces paroles, qu'on n'entendait que confusément, partaient d'un groupe de femmes qui parlaient toutes à la fois; elles étaient entremêlées de cris et de sanglots; les larmes, on peut le penser, ne manquaient pas non plus et ruisselaient jusque sur les pieds de Satan, les plus hardies et les plus éplorées de ces belles victimes s'étant approchées pour chercher à séduire leur juge ou à l'apitoyer sur leur sort.

« Justice ! s'écriaient-elles ; puisque les hommes ne sont pas punis sur la terre, punissez-les, monseigneur, et vengez-nous. »

Satan, que le souvenir d'Ève rendait peut-être indulgent, ordonna, pour les satisfaire, que ces âmes opprimées fussent séparées de leurs oppresseurs pour toute l'éternité. Mais ce fut alors un tel concert d'imprécations, que c'était à ne pas s'entendre.

« Le remède est pire que le mal, disaient-elles.

— Que diable voulez-vous donc ? s'écria Satan hors de lui-même ; je mets votre vertu à couvert, vous ne serez plus trompées, et vous n'êtes pas contentes ? »

LES GENS DE PARIS.   Hommes et femmes de plume. — 6.

LE COMPTE.

Égarements divers et pensers charitables :
Six francs. — Regrets choisis : vingt francs. — « Mon idéal »
(Sous les traits adorés d'Alcindor) (l'animal!) :
Dix écus. — Et neuf francs de pleurs intarissables
Versés le mois d'avant au départ de Blinval......

Par GAVARNI.   Gravé par TAMISIER.

Mais d'un autre côté,

« Hélas! hélas! qui nourrira mes chers enfants? disait une ombre qui faisait de vains efforts pour s'échapper.

— Qui me rendra leur doux sourire? » disait une autre.

Deux petites âmes jumelles, pareilles à celles dont les peintres prêtent les traits aux anges eux-mêmes, entrèrent alors comme en se jouant; mais à peine furent-elles entrées, que, se retournant toutes deux d'un même mouvement, elles se mirent à pleurer en disant : « Notre mère n'est-elle donc pas venue?

— Chers petits, leur dit à voix basse Flammèche attendri, prenez patience, elle ne tardera pas à venir. »

Puis vinrent de jeunes vierges vêtues de blanc; puis quelques jeunes femmes qui avaient encore sur la tête leur couronne de mariée. « La mort, l'affreuse mort nous a séparés! s'écriaient-elles.

— Dieu vous entend, disait à cette foule désolée l'esprit qui les avait amenées; mourir n'est rien, il ne s'agit que d'attendre. »

Mais au milieu, beaux et pâles tous deux comme les étoiles au matin,

s'avançaient, se tenant étroitement enlacés, un jeune homme et une jeune femme que la mort avait frappés du même coup. « Je t'ai suivie jusqu'ici, disait l'amoureux jeune homme à son épouse bien-aimée; quand ta mère viendra à son tour, elle retrouvera ta main où elle l'avait placée, dans la mienne.

— Et elle saura, dit la jeune fille, que je n'aurais pas choisi une autre fin. »

Quant aux autres, ils poussaient des cris de détresse si lamentables, et leur douleur était si incohérente, qu'on ne pouvait en saisir le sens.

« Silence ! » s'écria l'huissier.

IX

« Que se passe-t-il donc là-haut? dit à une ombre dont le maintien austère le frappa, Satan, qui depuis quelques instants s'était borné à faire quelques mouvements de tête suivant que ce qu'il voyait avait ou n'avait pas piqué sa curiosité, et que veut dire ce sombre visage ?

— Ce qui se passe là-haut est fait pour te plaire, répondit celui à qui s'adressait cette question : le mensonge, la sottise et l'avarice se disputent le monde ; les braves gens ne savent que faire de leur bravoure ; l'intérêt personnel a tout envahi ; où la médiocrité suffit, le mérite s'efface ; l'indifférence en matière politique c'est-à-dire l'oubli de la patrie, est vanté, prêché, récompensé, ordonné ; les mots d'honneur et de vertu sont peut-être encore dans quelques bouches, mais, laissez faire, et ils ne seront bientôt plus nulle part — que dans les dictionnaires ! et ma foi, ce qu'on peut donc faire de mieux, c'est de mourir en souhaitant à la postérité des temps meilleurs.

— Vraiment! dit Satan ; tu as raison, l'ami, voici de bonnes nouvelles.

— Cette ombre se trompe, nous vivons sous un prince ami de la paix, dit un autre, et tout bien vient de là. Si l'on s'insulte encore, on ne se bat plus du moins ; les arts fleurissent à loisir, la prospérité du pays s'accroît tous les jours, les emplois publics sont donnés au plus digne, le fils succède au père, le neveu est placé par son oncle, tout travail a son salaire, chaque

LES GENS DE PARIS. — Hommes et femmes de plume. — 5.

Une odeur de cuisine aux myrtes est mêlée,
Et suit jusqu'en ses vers la muse échevelée.
Combien, dans ces ébats tendres et pudibonds,
Le civet a de pleurs et l'amour a d'oignons!
De regrets bien amers illusion suivie!
Où cacher ta couronne, auguste poésie,
Quand la Réalité marchandera demain
Le portrait du galant et la peau du lapin?

Par GAVARNI.   Gravé par BREVIÈRE.

chose a son prix connu et fait d'avance, tout s'acquiert, tout se paie, le présent est d'argent et l'avenir est d'or.

— Très-bien, dit Satan d'une voix enjouée ; si tu veux jamais un emploi dans l'enfer, fais-le-moi savoir ; les places que tu as perdues là-haut, tu les retrouveras ici. »

Et s'adressant alors à un troisième, « Et toi, que me diras-tu ?

— Rien asssurément de ce que vous ont dit ces deux messieurs, répondit celui-ci en se dandinant. Ce qu'on fait là-haut ? Mais qu'y peut-on faire, sinon boire, manger, dîner, souper, fumer et dormir ; aller au bois, au club ou ailleurs, acheter des chevaux et en revendre ; parier, jouer et être amoureux tant qu'on a de l'argent ; se ruiner enfin corps et biens, puis prendre alors congé de ses créanciers, en laissant pour tout héritage aux héritiers qu'on a, quand on en a, le souvenir d'une vie si belle et si utile ?

— A la bonne heure, dit Satan, voilà un garçon intéressant ! Comment vous nomme-t-on, mon petit ami ? Étiez-vous duc ou pair, ou seulement fils de bourgeois parvenu ?

— Monsieur, dit l'ombre, j'étais riche, et mon blason était un écu.

— Pourquoi cet air égaré ? dit encore Satan à un quatrième.

— Un jour, dit celui-ci, je laissai là mes livres, mes chers livres ! — On se battait dans les rues ; la mémoire du passé, les leçons de l'histoire, et je ne sais quelle funeste envie de bien faire, me poussèrent au milieu des combattants. — Vive la liberté ! m'écriai-je. — C'était un crime ; on m'emprisonna : je perdis la raison, — et me voici.

— Ah ! oui, dit Flammèche, la liberté ou la mort. Tu as eu la mort ; de quoi te plains-tu ?

— Allons donc, dit un estafier de l'enfer, on ne meurt plus en prison ; qui te croira ?

— Ton sang n'a pas coulé, et tu demandes de la pitié, dit une troisième voix ; la mort t'a laissé ta folie.

— Que ne faisais-tu comme ce beau fils? s'écria Satan avec humeur, on t'aurait laissé faire. »

X

« Décidément, dit le roi des enfers découragé, les morts n'ont plus ni esprit ni gaieté ; encore quelques-uns comme ceux-là, et nous regretterons notre ennui ! » Et déjà, mettant la main dans sa poche, il faisait mine d'y chercher son discours, quand la vue d'une ombre qu'il n'avait point encore aperçue vint fort à propos lui rendre quelque espoir.

XI

« Eh! l'ami, dit-il à un petit vieillard qui était affublé d'une longue robe et d'une toque, et dont le regard curieux se promenait sur l'assemblée, que regardez-vous donc comme cela?

— Je regarde tout, dit le personnage à qui s'adressait l'interpellation de Satan, et n'ai point eu d'autre envie, en venant ici, que celle de pouvoir enfin tout regarder.

— Réponds-nous d'abord, lui dit Satan, tu regarderas après. Que faisais-tu sur la terre?

— J'avais l'honneur d'y professer la philosophie, répondit l'ombre.

— Bah! dit Satan, toi philosophe !

— Mon Dieu, oui! » répliqua l'ombre avec embarras.

XII

L'OMBRE D'UN PROFESSEUR DE PHILOSOPHIE.

Mais voyant que Satan semblait disposé à la laisser parler,

« Telle que vous me voyez, dit-elle, j'ai passé mes nuits et mes jours à

LES GENS DE PARIS.   Hommes et femmes de plume. — 4.

Où trouver un duvet assez doux pour la couche
De celui qui promène un orgueilleux bonheur?
Quels baisers sembleraient assez doux sur le cœur,
Alice, après les tiens, pour le roi dont ta bouche
    A couronné le front rêveur?

Par GAVARNI.   Gravé par PIAUD.

demander à la science ce que c'était que la vie et la mort, ce que nous étions avant, ce que nous deviendrions après.

— Et qu'en penses-tu? reprit Satan.

— Ma foi, dit l'ombre en remuant la tête, c'est ici ou jamais qu'il faut être sincère : j'avouerai donc que je n'avais guère appris que des choses assez confuses. Parmi les philosophes, la plupart se contentent de définir, ce qui n'est pourtant pas la même chose que d'expliquer.

« Je ne vous parlerai ni de Démocrite, ni d'Héraclite, ni de Thalès, ni de Pythagore, ni d'Aristote, ni de Platon, suivant lesquels l'homme redevient après sa mort un atome rond ou crochu, de l'eau ou du feu, une monade ou une entéléchie, ou bien encore une idée, — ni des sophistes, suivant lesquels on ne sait pas si l'on existe, ni de ceux-ci qui affirment que nous ne sommes ni finis ni infinis, ni de ceux-là qui prétendent qu'on est sphérique ; — mais je vous parlerai de systèmes plus nouveaux. — Un système nouveau a toujours un avantage sur un système ancien, c'est que, sans être bon lui-même, il peut prouver que celui qu'il remplace ne vaut rien, — en attendant que même sort lui arrive.

« Suivant les éclectiques modernes, on n'existe que pour les autres, l'âme n'ayant pas connaissance d'elle-même, et il faut avouer que ce n'est pas la peine d'avoir découvert l'œil intérieur pour conclure si obscurément.

« Suivant les panthéistes... »

— Passons, dit Satan.

« Suivant les idéalistes, reprit le philosophe... »
— Passons, passons, dit encore Satan.

« Suivant Kant... »
— Passons, vous dis-je ! s'écria Satan.

« Suivant Maupertuis, reprit le savant un peu troublé, pour être immortel, il faut être hermétiquement enduit de poix-résine. »
— Très-bien ! dit Flammèche.

« Suivant Swedenborg... Mais, suivant celui-ci, je n'y ai rien compris, bien qu'il m'ait extrêmement intéressé... »

— Par mes cornes ! dit Satan, dont l'impatience allait croissant, assez de philosophie, je vous prie, nous ne sommes point ici à l'école ; vos systèmes anciens et vos systèmes nouveaux m'ont tout l'air de se valoir.

— C'est pourtant de toutes ces erreurs que se compose la vérité, dit le philosophe ; mais j'obéirai à Votre Majesté. »

Puis reprenant son discours,

« Suivant les amants, on est éternellement assis à l'entrée d'une clairière traversée par un pâle rayon de la lune, sous un arbre où chante un rossignol qu'on ne voit pas, non loin d'un clair ruisseau, et on attend sa maitresse, — qui ne manque jamais de venir.

« Suivant les mélancoliques, on lit perpétuellement des inscriptions sur les tombeaux.

« Suivant les bourgeois, on rentre dans le sein de la nature. Qu'est-ce que le sein de la nature ?

« Suivant un grand nombre, on redevient ce qu'on était avant de naître, c'est-à-dire une charade, une énigme.

« Suivant d'autres enfin, ceux qui vont quelquefois à l'Opéra, l'enfer est un lieu plein d'escaliers, du haut desquels montent et descendent sans cesse des légions de diables et de pécheresses fort agiles.

« Suivant... »

— Suivant ! suivant ! dit Satan exaspéré ; tout ce que vous savez doit-il nécessairement commencer par cet insupportable mot ? Que diable ! mon cher, variez votre formule ou taisez-vous.

— Je savais encore quelque chose de la mythologie grecque ou romaine, dit le pauvre savant intimidé. Je connaissais de nom Pluton et Proserpine ; mais, à vrai dire, je ne m'attendais guère à les trouver ici, et je ne me plaindrai point de ne les y pas rencontrer.

« Des cinq fleuves de l'enfer païen, le Styx, le Cocyte, l'Achéron, le Phlégéton et le Léthé, je ne regrette que le dernier, s'il est vrai toutefois qu'un verre de son eau m'eût pu débarrasser de tout ce dont j'ai si inutilement chargé ma mémoire. Je ne suis pas fâché de ne trouver ici Éaque, Minos et Rhadamanthe qu'en peinture ; ils me paraissent tout à fait propres à décorer les murs. Pour Clotho, Lachésis et Atropos, je n'aurais pas donné un fétu de la quenouille chargée d'hommes de celle-ci, et de la paire de ciseaux de celle-là.

« Et quant à Cerbère, ce chien à trois gueules, pour croire qu'il a jamais vécu, je voudrais le voir ici même, — ne fût-il qu'empaillé.

« D'après les Indous, j'aurais dû, avant d'arriver, me faire servir un carafon d'amrita, cette ambroisie qui donne l'immortalité, et dont le dépôt est dans la lune.

« J'aurais pu croire encore qu'il y a dans le paradis six cents millions de nymphes ou ampsaras plus ravissantes les unes que les autres, sans oublier l'arbre paridjata, dont les fleurs répandent un parfum qui s'étend du zénith au nadir.

« Je me serais attendu à voir Votre Majesté d'une couleur verte, habillée de vêtements rouges, montée sur un buffle, la bouche garnie de dents faites pour effrayer tout l'univers.

LES GENS DE PARIS. Les petits mordent. — 2.

La femme se porte bien, mais c'est le chapeau qui est mal porté!

Par GAVARNI. Gravé par VERDEIL.

« Son greffier aurait eu pour nom Thchitraponpta, et j'aurais fait le chemin qui me séparait de cet empire, montre en main, en quatre heures quarante minutes.

« J'aurais vu ramper ici une incroyable quantité de serpents.

« Parmi ces messieurs qui viennent d'arriver comme moi, les uns auraient été jetés dans les bras d'une femme rougie au feu, et les autres obligés de manger des balles de fer brûlantes; ceux-ci auraient été lancés dans des fosses remplies d'insectes dévorants, et ceux-là auraient eu un ventre excessivement large et la bouche aussi petite que le trou d'une aiguille.

— Continue, dit le Diable en encourageant du geste l'orateur, qui ne s'était jamais vu à pareille fête; je ne suis pas fâché d'apprendre ce qui se dit de moi dans votre petite planète.

— Grand prince, reprit l'ombre avec enthousiasme, chez les peuples SCANDINAVES, — mais les candinaves ne savent ce qu'ils disent, — l'enfer a la réputation d'être un lieu d'une obscurité complète, gouverné par une déesse (Héla), dont le palais s'appelle la misère; le lit, la douleur; la table, la faim.

« S'il fallait les en croire, deux corbeaux partiraient tous les matins du ciel et reviendraient tous les soirs raconter à Odin ce qu'ils ont vu et entendu dans le monde.

« En Chine, Ti-Kang, dieu des enfers, a sous ses ordres, comme un roi constitutionnel, huit ministres et cinq juges. — Les criminels sont jetés dans des chaudières d'huile bouillante, coupés par morceaux, sciés en deux, dévorés par des reptiles ou des chiens, grillés et torréfiés à petit feu. — En revanche, il s'y trouve deux ponts, l'un d'or et l'autre d'argent, et tous deux fort étroits, qui conduisent à la félicité.

« Mahomet ne m'a rien appris, sinon que dans l'enfer existe un arbre, l'arbre Zacoum, dont les fruits sont des têtes de diable; j'ai vu aussi dans le Coran pourquoi tous les coqs chantent tous les matins à la même heure, et pourquoi aussi... Mais en voici bien assez pour vous prouver qu'au milieu de tous ces avis divers, il est malaisé de faire un choix.

« Quand j'eus tout compulsé, tout remué, sans pouvoir arriver à une conclusion quelconque, il me vint, un beau jour, une idée qui me parut lumineuse et qui l'était peut-être. Je brûlai aussitôt mes livres et les monceaux de papiers de toutes sortes que j'avais amassés autour de moi, et je me dis : « Il est, pardieu, bien étonnant que je n'y aie pas pensé plus tôt, « et que personne n'y ait songé avant moi ! Cette vérité que j'ai la sottise « de chercher dans mes livres et dans toutes les cavités de mon cerveau, « tout le monde sait, et les enfants eux-mêmes savent qu'elle est au fond « d'un puits, — sans doute parce que les hommes l'y ont jetée ; — allons « l'y chercher ! » Sur quoi, je mis ma robe de chambre, et allai donner de la tête dans le puits de notre maison.

« J'y trouvai la mort, laquelle est peut-être la vérité que je cherchais;

LES GENS DE PARIS.   Les petits mordent. — 1.

Si y a à Paris des femmes pas belles, faut dire que y en a bien des laides aussi!

Par GAVARNI.   Gravé par BAULANT.

« Mais je m'arrête, ajouta-t-il, car je m'aperçois, au maintien calme et

réfléchi de cette illustre assemblée, qu'il n'a rien manqué à mon discours et que mon succès est complet. »

XIII

— Peste soit du bavard ! dit Satan en laissant échapper un geste de joie quand l'ombre eut cessé de parler. Mais il n'en était pas quitte encore, et quoi qu'il en eût, force lui fut d'entendre une nouvelle ombre qui, pendant le discours du pauvre professeur, s'était avancée jusque sur les degrés de l'estrade, en donnant, tant que dura ce discours, les marques de la plus vive indignation :

— Sire, dit cette ombre, ne jugez point les philosophes ni la philosophie sur les propos de ce bonhomme, qui n'a jamais su évidemment ce que philosopher voulait dire. S'il se trouve encore là-haut quelques âmes candides courant, sur les chemins arides de la science, après la sagesse, ils n'ont pour auditeurs que la foule ; mais les véritables représentants de la philosophie ont mieux compris leur mission : ce n'est ni dans les livres, ni sous des amas de notes, et encore moins au fond des puits, qu'ils ont cherché la vérité, mais bien sur les marches des trônes, où les passions populaires l'avaient impitoyablement exilée ; amants courageux des gouvernements constitués, les partis vaincus ont senti ce que pesait leur colère, et les rois eux-mêmes ont appris, — à leurs dépens, — que, s'ils servaient le pouvoir, c'était par amour pour le pouvoir lui-même et non par un sot attachement pour celui qui l'occupe; les philosophes...

— Les philosophes!... s'écria Satan, j'en ai par-dessus la tête, des philosophes et de la philosophie; s'il résulte quelque chose de ce que vous m'avez tous débité, c'est que rien au monde ne saurait vous mettre d'accord, et que le chaos s'est réfugié dans la cervelle humaine. Voyons, dit-il en s'adressant, en désespoir de cause, non plus à une seule, mais à toutes les âmes réunies dans un coin de la salle, laquelle d'entre vous répondra sensément à ma question? »

Mais la question n'avait pas encore été posée qu'il s'éleva une grande rumeur parmi les âmes, — et chacune ayant la prétention d'être celle qui pouvait le mieux répondre, il fallut l'emploi de la force pour rétablir le silence.

— Où avais-je la tête, dit alors Satan, de penser que je pourrais apprendre quoi que ce soit de vous, par vous-mêmes! »

Puis s'adressant au guide qui avait escorté le convoi,

« Or çà, de quelle partie de la terre arrivent tous ces gens-là?

— De Paris, répondit le guide.

— De Paris! s'écria Satan; quoi, et le Turc aussi?

— Le Turc aussi, répliqua le guide. Il y a de tout à Paris.

— Parbleu, reprit aussitôt Satan, j'en aurai cette fois le cœur net. Il y a

LES GENS DE PARIS.   Hommes et femmes de plume. — 7.

Laissant inachevé l'hymne qu'Amour inspire,
Il faut vers d'humbles soins ramener ses esprits :
Mettons aux petits pois l'oiseau cher à Cypris.

Voici l'heure où le gril va remplacer la lyre.

Par GAVARNI.   Gravé par LAVIEILLE.

assez longtemps que je veux savoir ce que c'est que ce Paris, pour que je m'en passe aujourd'hui même la fantaisie. — Quel dommage, dit-il, que je ne puisse planter là et mes États et surtout mes sujets ! Un voyage dans Paris, voilà un voyage à faire ! »

Et s'étant tourné vers sa suite, son regard tomba sur Flammèche, qui, n'ayant pas prévu le mouvement de Satan, bâillait alors outre mesure.

« Tu bâilles, lui dit Satan, donc tu t'ennuies ; et si donc tu t'ennuies, il pourra te convenir de faire un petit voyage. Il s'agit d'aller de ce pas à Paris, des expéditions de ce genre ne sont pas sans précédents. Tu y seras, sous la forme qu'il te plaira de choisir, mon correspondant et mon ambassadeur, et tu auras soin, si tu tiens à mes bonnes grâces, de m'écrire toutes les semaines pour m'en donner des nouvelles. Je prétends apprendre de toi tout ce qui s'y passe, et qu'une fois tes notes envoyées, on sache ici de Paris tout ce qu'il est bon, tout ce qu'il est, diaboliquement parlant, possible d'en savoir.

« Et maintenant, voici mes pleins pouvoir, va et sois exact.

— Sire, disposez de moi, » dit Flammèche, que l'idée de ce voyage avait complétement réveillé.

XIV

Satan s'étant alors découvert,

« Messieurs les Diables, la séance est levée, dit-il.

— Sire, et le discours ? s'écria alors l'assemblée tout entière.

— Mes amis, mes bons amis, mes chers amis, dit Satan en remerciant du geste les assistants, les discours comme celui que j'ai été sur le point de vous débiter ne vieillissent pas : celui-ci ne sera donc pas perdu pour vous, et, avec votre permission, je vous le garderai pour ma prochaine visite.

— Vive Satan ! » s'écria alors l'assemblée enthousiasmée — comme si ces dernières paroles eussent laissé dans toutes les oreilles des sons enchanteurs.

Après quoi, le cortége ayant quitté la salle, les choses reprirent en enfer leur cours accoutumé, et l'immense tabatière dans laquelle venaient de se passer toutes ces choses — se referma.

XV

COMMENT CE LIVRE S'ENSUIVIT.

Nous serions bien embarrassé de dire comment Flammèche vint à Paris, si ce fut à pied ou à cheval, ou s'il se mit en route sur un des manches à balai de l'enfer, s'il quitta les sombres demeures sur ce long cheveu de Satan qui, d'après le Dante, est la seule route qu'on puisse prendre pour s'en échapper, s'il apparut tout d'un coup, comme Robin des Bois, au milieu des éclairs et du tonnerre, ou si enfin il sortit de terre par la seule volonté de son maître, et au moyen d'une de ces trappes dont on aurait grand tort de se faire faute quand on en a besoin... Mais le fait est qu'on l'aperçut un beau matin fumant d'un air mélancolique une cigarette, sur cette partie du boulevard des Italiens qui est le premier lieu du monde, et qui s'étend de la rue du Mont-Blanc à la rue Lepelletier.

Or, ce n'était pas sans raison que l'envoyé de Satan fumait et qu'il était mélancolique.

Non qu'il regrettât l'enfer et ce qu'il y avait laissé, car il s'était aperçu au premier coup d'œil que, — tout agréable qu'il eût trouvé jusqu'alors d'être un Diable de quelque valeur, d'avoir des cornes et d'être le favori de Satan, — un peu d'air et de liberté pouvaient remplacer bien des choses ; aussi, les premiers jours de son arrivée les avait-il passés, dans toute l'ardeur d'un diplomate qui débute, à aller partout et à entasser notes sur notes, en Diable qui sait à quoi il s'est engagé.

Nous dirons même que c'était avec une sorte de plaisir qu'il avait changé sa figure de l'autre monde contre un visage humain, et caché sous des bottes vernies — ses pieds fourchus.

Et personne assurément, si ce n'est peut-être Satan lui-même, n'aurait pu reconnaître sous sa nouvelle forme de dandy parisien le Diablotin dont nous avons dit quelques mots dans le courant de ce récit.

Mais, ainsi que tous les esprits infernaux qui avant lui étaient venus visiter notre globe, Flammèche, en s'affublant de nos airs et de nos habits, n'avait pu se dispenser de prendre en même temps sa part de nos faiblesses. — Ce qui le prouve, c'est qu'à la première occasion, oubliant tout d'un coup ce qu'avait d'inconciliable avec la gravité de ses fonctions diplomatiques un tendre sentiment... il était devenu amoureux !

Il s'ensuivit que le jour où il lui fallut mettre la main à la plume pour envoyer son premier bulletin à Satan, après avoir en vain remué ses notes et ses souvenirs, il ne put rien tirer de son encrier — qu'un billet doux.

Le propre de l'amour étant d'être exclusif de tout ce qui n'est pas lui-même, — dans ce Paris si divers il n'avait vu qu'une femme.

Une seconde tentative n'ayant eu pour résultat qu'un second billet doux,

« Pardieu ! se dit Flammèche, ne puis-je donc à la fois satisfaire et mon maître et ma maîtresse ? Ce que j'aurais à dire à Satan, un autre ne peut-il le dire à ma place ? Ce qui manque à Paris, sont-ce les gens qui écrivent, qui racontent, qui devinent, qui critiquent, enfin ? Ne puis-je demander à

chacun d'eux un de ces services qu'entre Diables et hommes de lettres on ne saurait se refuser, c'est-à-dire un peu ou beaucoup d'aide, suivant que mon mal ira en croissant ou en diminuant ? et la chose ainsi faite par eux comme par moi-même, et mieux que par moi-même assurément, Satan aura-t-il le plus petit mot à dire ? Qu'y aura-t-il perdu ? Rien, et bien au contraire.

— Quand cette ingénuité-là n'aura plus de voix, je ne vois pas trop, dis donc, ce qui lui restera; c'est pas des jambes, bien sûr!
— Non, mais elle aura toujours les pieds en crin.

« Quant à moi, j'y aurai gagné d'être amoureux tout à mon aise ; — et fasse mon étoile, ajouta-t-il en soupirant, que... »

Mais il n'acheva pas sa pensée.

S'étant donc mis en route aussitôt, Flammèche rencontra partout l'accueil que devait nécessairement lui mériter sa qualité d'envoyé de l'enfer. Les uns trouvèrent piquant d'entrer ainsi, dès ce monde, en relation avec Satan lui-même ; les autres y virent un côté utile, l'amitié d'un Diable pouvant tôt ou tard être mise à profit. Bref, chacun mit à sa disposition, ceux-ci leur plume, ceux-là leur crayon.

A quelques jours de là une grande réunion eut lieu, dans laquelle Flammèche exposa ce que Satan attendait de lui. Dix plans furent proposés, dont le moins bon était excellent ; mais par cela même le choix devenait difficile, et sur la proposition d'un des membres les plus respectés de l'assemblée, il fut décidé que, pour sortir d'embarras, on n'en suivrait aucun. Il se dit à cette occasion les choses les plus ingénieuses et les plus sensées contre les méthodes et contre les classifications, qui alourdissent tout sans rien éclairer, contre la règle enfin, et contre la raison elle-même.

« Paris est un théâtre dont la toile est incessamment levée, dit l'illustre écrivain qui avait conclu contre les méthodes, et il y a autant de manières de considérer les innombrables comédies qui s'y jouent qu'il y a de places dans son immense enceinte. Que chacun de nous le voie donc comme il pourra, celui-ci du parterre, celui-là des loges, tel autre de l'amphithéâtre : il faudra bien que la vérité se trouve au milieu de ces jugements divers. D'ailleurs, souvent un beau désordre...

— *Est un effet de l'art !* cria l'assemblée tout entière ; ceci est connu, foin des méthodes ! — »

Un point fut dès lors résolu, c'est que, comme garantie d'impartialité, on prendrait pour devise ce mot d'un ancien :

« Tu parleras pour ; — tu parleras contre ; — tu parleras sur. »

Il fut décidé aussi, sur l'avis de Flammèche, que, — pour satisfaire aux idées d'ordre qu'il connaissait à Satan, — des notes scientifiques et autres seraient jointes au dernier article avec une table raisonnée des matières, de façon à satisfaire les esprits sérieux de l'enfer, au cas où il pourrait se trouver des esprits sérieux en enfer.

S'étant alors approché d'un meuble de forme assez bizarre, monsieur l'ambassadeur pressa un ressort qui fit ouvrir un tiroir entièrement noir, sur lequel on vit flamboyer tout d'un coup, écrits en lettres de feu, ces mots : TIROIR DU DIABLE.

« Chers messieurs, dit l'envoyé de Satan, tout ce que vous destinerez à mon maître, mettez-le sous enveloppe avec ces mots en suscription : *Tiroir du Diable*, et ne vous inquiétez pas du reste. Vos manuscrits viendront d'eux-mêmes et sans le secours de personne à leur destination. »

Flammèche, resté seul, se trouva soulagé d'un si grand poids, qu'il prit la plume d'une main presque légère pour écrire à Satan :

LES GENS DE PARIS. Théâtres. — 1.

— Ça ne va pas, Moniquet, ça ne va pas!... On grogne au parterre, les loges ricanent.... le Diable est fichu si le paradis s'en mêle; il va pleuvoir du fruit défendu, gare les pommes....
— Guites!

Par GAVARNI.   Gravé par DIOLOT.

F. D.

Sire,

Nous avions tort de faire fi des hommes! ces pygmées sont des géants, et, à côté de leurs femmes, ces géants eux-mêmes ne sont que des pygmées.

Sire, Paris est le plus beau fleuron de votre couronne, et je serai bientôt en mesure d'envoyer successivement à Votre Majesté un compte rendu fidèle de ces mille choses gaies et de ces mille choses tristes dont se compose l'univers parisien, — toutes choses contre lesquelles votre ennui ne saurait tenir, — sans oublier ce que vous aimez tant, — des images à toutes les pages!

Je ne dis rien de plus aujourd'hui, mais, prenez patience, tout est en bon train, et je puis promettre à Votre Majesté que dans peu elle sera satisfaite.

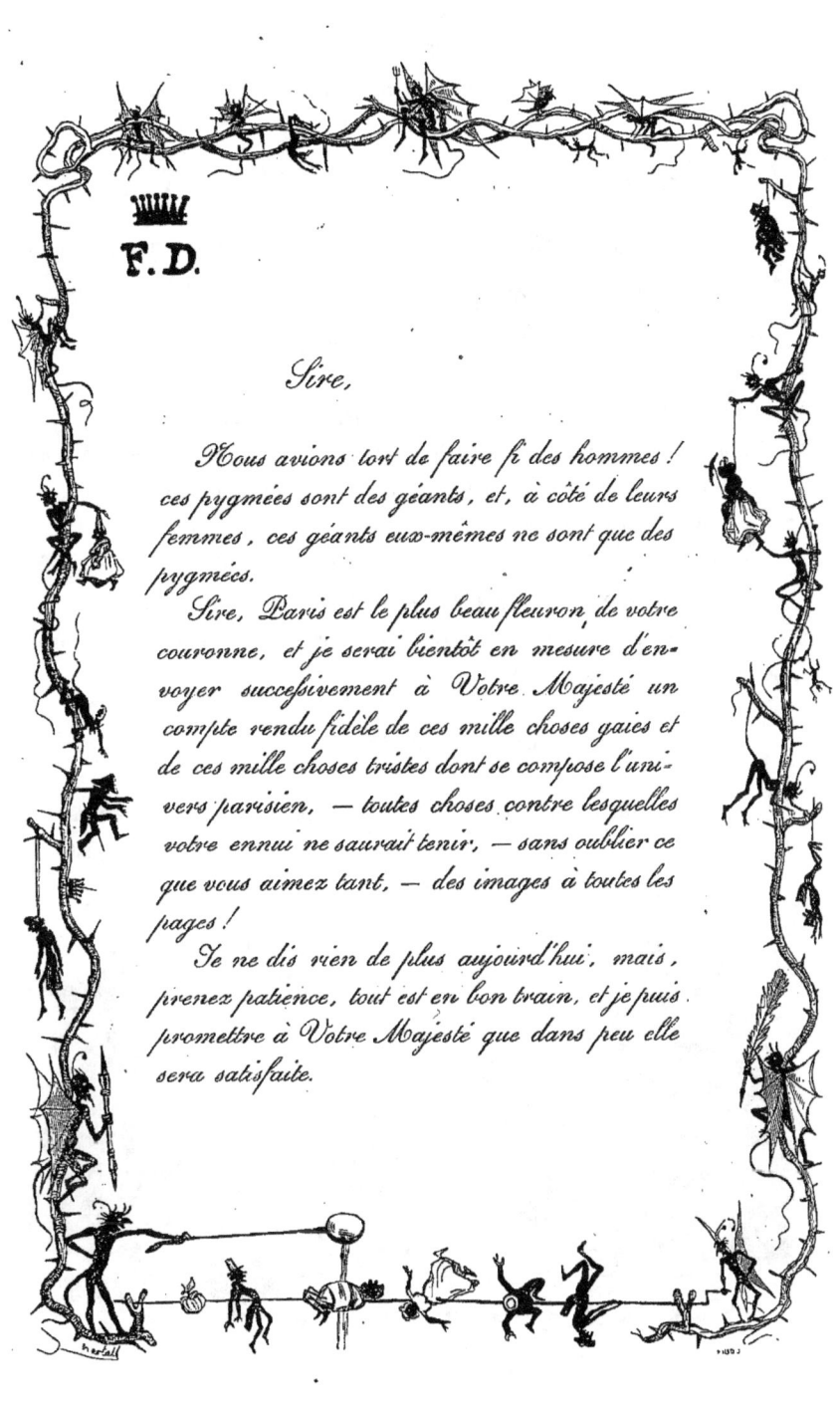

Puis ayant cacheté sa lettre, il la jeta en l'air en lui disant :

« Va au Diable ! »

Et elle y alla.

« Ma foi ! bien pauvre qui ne saurait promettre, » dit Flammèche en riant.

Et là-dessus il se coucha.

Le lendemain, l'envoyé de Satan se leva frais et dispos.

« Baptiste, dit-il à son valet de chambre, — qui s'appelait Baptiste, selon la coutume des valets de chambre, ouvre le tiroir que tu sais et apporte-moi ce que tu y trouveras. »

Paris est la ville du monde où l'on dort le moins, c'est pourquoi tout s'y fait vite. Le tiroir était déjà plein — tant la nuit avait été féconde.

Le premier manuscrit qui tomba sous la main de Flammèche portait ce titre :

COUP D'OEIL GÉNÉRAL SUR PARIS.

« A la bonne heure, dit-il : mon maître, qui aime l'ordre, sera servi à souhait. Avant de voir les détails, n'est-il pas juste de considérer l'ensemble ? »

Le premier bulletin qu'on envoya à Satan, ce fut donc celui qui va suivre.

P.-J. STAHL.

COUP D'OEIL GÉNÉRAL SUR PARIS.

Tu m'as fait promettre, honnête Flammèche, de te dire aussi mon mot sur Paris; et, comme un diable candide et bénin que tu es, tu as insisté au point de rendre un refus impossible. Prends garde de te repentir de ta politesse; car, en vérité, tu ne pouvais t'adresser plus mal. Personne ne connaît Paris moins que moi. On ne connaît que ce qu'on aime, on ignore presque toujours ce qu'on hait; et, je te l'avoue, je hais Paris au point de passer tout le temps que je suis forcé d'y demeurer à fermer mes yeux et mes oreilles, pour tâcher de ne pas voir et de ne pas entendre ce qui fait, au dire des riches et des étrangers, le charme et le prix de cette riante capitale. C'est une aversion passée à l'état de monomanie; si bien que j'ai oublié Paris, comme j'ai oublié mes existences antérieures. Je ne saurais donc te peindre que les misères du coin du feu, et valent-elles la peine d'être dites? Le seul moyen d'y échapper, c'est, diras-tu, de sortir de chez soi. Où aller dans Paris, à moins qu'on n'y soit forcé? où trouver le ciel qu'on puisse regarder sans heurter les passants et sans se faire écraser par les voitures, pour peu qu'on n'ait pas la faculté de regarder à la fois en l'air et devant soi? où respirer un air pur? où entendre des harmonies naturelles? où rencontrer des figures calmes et des allures vraies? Tout ce qui n'est pas maniéré par l'outrecuidance, ou stupide comme la préoccupation du gain, est triste comme l'ennui, ou affreux comme le malheur. Tout ce qui ne grimace pas pleure, et ce qui par hasard ne grimace ni ne pleure est tellement effacé ou hébété, que les pavés usés par les pas de la multitude ont plus de physionomie que ces tristes faces humaines. Que se passe-t-il donc dans cette ville riche et puissante, pour que la jeunesse y soit flétrie, la vieillesse hideuse, et l'âge mûr égaré ou sombre? Regarde ces masures décrépites et puantes auprès de ces palais élevés d'hier. Regarde ce monde d'oisifs qui marche dans l'or, dans la soie, dans la fourrure et dans la broderie; et, tout à côté, vois se traîner ces haillons vivants qu'on appelle la lie du peuple! Écoute courir ces légers et brillants équipages; entends ces cris rauques du travail et ces voix éteintes de la misère! La plus nombreuse partie de la population condamnée au labeur excessif, à l'avilissement, à la souffrance, pour que certaines castes privilégiées aient une existence molle, gracieuse, poétique et pleine de fantaisies satisfaites! Oh! pour voir ce spectacle avec indifférence, il faut avoir oublié qu'on est homme, et ne plus sentir vibrer en soi ce courant électrique de douleur, d'indignation et de pitié qui fait tressaillir toute âme vraiment humaine, à la vue, à la seule pensée du dommage ou de l'injure ressentis au dernier, au moindre anneau de la chaîne.

Mais où donc, me diras-tu, espérer de fuir ce monstrueux contraste? Oh! je sais bien qu'il est partout, et que d'ailleurs le devoir n'est pas de fuir la souffrance et d'apaiser son cœur dans le repos de l'égoïsme. S'il existait sur la terre un sanctuaire réservé, une société d'exception, où, dans quelque île enchantée, on pût aller s'asseoir au banquet de la fraternité, ce serait peut-être là qu'il faudrait faire un pèlerinage une ou deux fois dans sa vie, pour s'instruire et se retremper; mais ce ne serait pas là que l'on

En Carnaval. — 3.

Tu sais bien, Margouty, ce beau Turc qui m'avait parlé; avec une veste, tu sais, à tout plein de belles affaires brodées le long des manches, et puis une culotte qui n'en finissait plus....... enfin avec quoi je suis revenue de chez Mabile....... et qui m'avait dit qu'il était suave......

— Eh bien?

— Eh bien, Margouty! c'est un homme qui vend de ces machines qui sentent bon, rue Vivienne!

— Et qui puent chez le monde.

Par GAVARNI.   Gravé par BARA.

devrait aller vivre à jamais. Car on s'y endormirait dans les délices, et on y oublierait tout ce qui cherche, lutte et gémit sur la face de la terre. Ou bien, si on n'y devenait pas insensible aux malheurs de l'Humanité, on se sentirait profondément malheureux d'être ainsi associé aux suprêmes jouissances du petit nombre, et de ne pouvoir plus rien tenter pour sauver le reste des hommes. Eh bien, voilà précisément ce qu'on éprouve à Paris, quand on n'est pas desséché par l'égoïsme. C'est que Paris me présente, au premier chef, la réalisation de cette fiction, dont la seule pensée épouvante mon esprit : tout d'un côté, rien de l'autre. C'est le résumé de la société universelle, vouée au désordre, au malheur et à l'injustice, avec une petite société d'exception incrustée au centre, et qui réalise en quelque sorte l'Eldorado que je supposais tout à l'heure dans des régions fantastiques. Seulement, ce n'est pas au nom du principe divin de l'égalité chrétienne que cette petite société vide incessamment la coupe des voluptés humaines. Ce n'est pas même en vertu d'une loi d'égalité relative, semblable à celle qui constituait les anciennes sociétés de Sparte, d'Athènes et de Rome. Il y a bien encore une caste de citoyens privilégiés entée et assise sur un peuple d'esclaves méprisés ou d'affranchis méprisables; mais ce n'est plus même le hasard de la naissance, ou l'orgueil des services rendus au pays, qui préside à ces privilèges. C'est le hasard de la spéculation, c'est souvent le prix du vol, de l'usure; c'est la protection accordée aux vices contempteurs de toute religion, aux crimes commis contre la patrie et l'Humanité tout entière.

Il y a donc au sein de Paris une société libre et heureuse d'un certain bonheur sans idéal, réduite à la jouissance de la sensation. On appelle cela le *monde*. Que dis-tu de ce nom ambitieux et outrecuidant, toi, libre voyageur parmi les sphères de l'infini, à qui la terre tout entière apparaît comme un point perdu dans l'espace? Eh bien! dans les imperceptibles détails de cet atome, il existe une petite caste qui a donné à ses frivoles réunions, à ses fêtes sans grandeur et sans symbole, le nom de *monde*, et dont chaque individu dit, en montant dans sa voiture pour aller parader parmi quelques groupes d'oisifs pressés dans certains salons de la grande ville de travail et de misère : *Je vais dans le monde; je vois le monde; je suis homme du monde.*

Étrange dérision! vous êtes du monde, et vous ne savez pas qu'au sein de votre petit monde terrestre, vous devenez un monstre et un non-sens dès que vous vous isolez de la race humaine dans le moindre de ses membres? Vous êtes du monde, et vous ne savez pas qu'il y a un monde céleste et infini au milieu duquel vous vous agitez sans but et sans fruit, en contradiction que vous êtes avec toutes ses lois divines et naturelles? Vous êtes du monde, et vous ne savez pas que votre devoir est de travailler comme homme, comme créature de Dieu, à transformer ce monde par le travail, par la religion, par l'amour, au lieu d'y perpétuer le mensonge et le forfait de l'inégalité? Non, vous n'êtes pas homme du monde! car vous ne connaissez ni le monde ni l'homme.

Suis-les, lutin investigateur; monte dans leur carrosse, et entre avec eux dans ces hôtels, dans ces salons où brille et sourit froidement ce qu'ils appellent leur monde. Je suppose que, de la région céleste où tu déployais ton vol, tu fusses tombé tout à coup au milieu d'un bal aristocratique, sans avoir eu le temps de jeter un regard sur les plaies de la pauvreté : le spectacle qui se fût déployé alors sous tes yeux t'eût fait croire à l'âge d'or de nos poëtes. Si tu n'avais pas eu la faculté surnaturelle de plonger dans les cœurs, et d'y lire l'ennui, le dégoût, la crainte, les souffrances de l'amour-propre, les rivalités, l'ambition, l'envie, toutes ces mauvaises passions, tous ces remords mal étouffés, toutes ces appréhensions de l'avenir, toute cette peur de la vengeance populaire, qui expient le crime de la richesse; si, enfin, tu t'étais arrêté à la surface, n'aurais-tu pas cru contempler une fête véritable, et assister à la communion des membres de la famille humaine, au sein des joies conquises par le travail, par les arts et par les sciences? Car, en vérité, toutes ces joies sont légitimes en elles-mêmes. Ces palais, ces buissons de fleurs au milieu des glaces de l'hiver, ces jets d'eau qui reflètent la lumière des lustres, ces globes de feu qui effacent l'éclat du jour, ces tentures de velours et de moire, ces ornements où l'or brille sur tous les lambris, ces parquets où le pied vole plutôt qu'il ne marche, cette douce chaleur qui transforme l'atmosphère et neutralise la rigueur des saisons, tout ce bien-être... c'est l'œuvre du travail intelligent; et ce n'est pas seulement pour l'homme un droit, mais un devoir résultant de son organisation inventive et productive, que de créer à la famille hu-

LES GENS DE PARIS. En Carnaval. — 3.

Une Mère de Famille.

Par GAVARNI. Gravé par PIAUD.

maine des demeures vastes, nobles, saines et riches. Ces tableaux, ces statues, ces bronzes, cet orchestre, ces belles étoffes, ces gracieux ornements de pierreries au front des femmes, tout ce luxe, c'est l'œuvre de l'art; et l'art est une mission divine que l'Humanité doit poursuivre et agrandir sans cesse. Ces artistes, qui cherchent là des jouissances exquises, échange bien légitime des jouissances données par eux-mêmes à la société, ils ont le droit d'aimer le beau, et ils obéissent à leur instinct supérieur en cherchant à s'y retremper sans cesse. Oui, l'Humanité a droit à ces richesses, à ces aises, à ce luxe, à ces plaisirs, à ces satisfactions matérielles et intellectuelles. Mais c'est *l'Humanité*, entendez-vous? c'est le monde des humains, c'est *tout le monde* qui doit jouir ainsi des fruits de son labeur et de son génie, et non pas seulement votre petit monde qui se compte par têtes et par maisons. Ce n'est pas votre monde de fainéants et d'inutiles, d'égoïstes et d'orgueilleux, d'importants et de timides, de patriciens et de banquiers, de parvenus et de pervertis; ce n'est pas même votre monde d'artistes vendus au succès, à la spéculation, au scepticisme et à une monstrueuse indifférence du bien et du mal. Car tant qu'il y aura des pauvres à votre porte, des travailleurs sans jouissance et sans sécurité, des familles mourant de faim et de froid dans des bouges immondes, des maisons de prostitution, des bagnes, des hôpitaux auxquels vous léguez quelquefois une aumône, mais dans lesquels vous n'oseriez pas entrer tant ils diffèrent de vos splendides demeures, des mendiants auxquels vous jetez une obole, mais dont vous craindriez d'effleurer le vêtement immonde; tant qu'il y aura ce contraste révoltant d'une épouvantable misère, résultat de votre luxe insensé, et des millions d'êtres victimes de l'aveugle égoïsme d'une poignée de riches, vos fêtes feront horreur à Satan lui-même, et votre *monde* sera un enfer qui n'aura rien à envier à celui des fanatiques et des poëtes.

Mais, diras-tu, faut-il mettre le feu aux hôtels ou fermer la porte des palais? faut-il laisser croître la ronce et l'ortie sur ces marbres, aux marges de ces fontaines? faut-il que la beauté revête le sac de la pénitence, que les artistes partent pour la Terre-Sainte, que les arts périssent pour renaître sous une inspiration nouvelle, que la société tombe en poussière afin de se relever comme la Jérusalem céleste des prophètes? Tout cela serait bien inutile à conseiller, lutin, et encore plus inutile à entreprendre sans lumière et sans doctrine. Un élan nouveau et subit de l'aumône catholique ne remédierait à rien, pas plus que certains essais de transaction pratique entre l'exploiteur et le producteur, conseillés aujourd'hui par les prétendues intelligences du siècle. L'aumône, comme la transaction, ne sert qu'à consacrer l'abandon du principe sacré et imprescriptible de l'égalité. Ce sont des inventions étroites et grossières, au moyen desquelles on apaise hypocritement sa propre conscience, tout en perpétuant la mendicité, c'est-à-dire l'abjection et l'immoralité de l'homme; tout en prolongeant l'inégalité, c'est-à-dire l'exploitation de l'homme par l'homme. La doctrine est faussée par ces tentatives; il faut une autre science, basée sur la doctrine. Mais ce n'est pas toi, Flammèche, qui aideras à la chercher; et je ne suppose pas que ton Roi des Enfers, à moins qu'il ne soit l'ange méconnu que j'ai rêvé et dépeint quelque part, s'y intéresse véritablement. Tel que tu nous l'as montré, spirituel railleur, à moins que tu ne te sois joué de nous, le souverain qui t'a dépêché vers nous est un bon diable, blasé dans ses émotions, et curieux plutôt qu'amoureux de nos nouveautés philosophiques. Je laisserai donc à d'autres le soin de l'amuser; je ne me sens pas divertissant, et je t'ai promis de répondre seulement à une question formulée, je crois, à peu près ainsi : Pourquoi n'aimes-tu pas Paris, le berceau de ton être intellectuel et moral, le milieu où ton existence gravite mêlée à celle de tes semblables? Je t'ai répondu : Je hais Paris, parce que c'est la ville du luxe et de la misère, en première ligne. Je ne m'y amuse point, parce que je n'y vois rien que de triste et de révoltant. Je ne saurais m'y plaire, parce que je rêve le règne de l'égalité, et que je vois ici le spectacle et la consécration insolente et cynique de l'inégalité poussée à l'extrême. J'ai les tristesses d'un philosophe, bien que je sois un pauvre philosophe. J'ai les besoins d'un poëte, bien que je sois un poëte fort mince. Mais, si petit que l'on soit, on peut grandement souffrir, et ce que mes yeux voient ne porte pas la joie dans mon cœur ni l'enivrement dans mon cerveau. Deux ou trois fois dans ma vie, je me suis glissé en clignotant, comme tu pourrais le faire, dans ce *monde* qui se croit si beau. J'ai vu des lumières qui m'ont donné la migraine, des murs habillés de pourpre et d'or comme des cardinaux, des femmes couronnées, demi-nues comme des bacchantes, des

LES GENS DE PARIS. Théâtres. — 3.

SALOMON, dit PIGÉONNEAU,

CHEF DE CLAQUE,

Tient bravos, bis, chut, rires et pleurs, et généralement tout ce qui concerne le succès (Son bureau, chez le marchand de vin).

Par GAVARNI. Gravé par TAMISIER.

hommes tout noirs et tout d'une pièce, des artistes qui s'évertuaient à faire de l'effet sur des gens qui faisaient semblant d'être émus, des fleurs qui avaient l'air de souffrir et de pleurer dans cette atmosphère âcre et chaude ; j'ai trouvé de nobles amphitryons, de belles femmes, des hommes de talent, des œuvres d'art, des arrangements d'un goût recherché dans les décors, dans la musique, dans les choses et dans les personnes ; mais je n'ai trouvé ni poésie élevée, ni inspiration véritable, ni politesse partant du cœur, ni bienveillance générale, ni sympathies partagées, ni échange d'idées et de sentiments ; pas de lien commun entre tous ces êtres, pas d'abandon, pas de grâce, pas de pudeur, et encore moins de sincérité. Voilà ce que j'ai vu avec les yeux et entendu avec les oreilles, et mon cœur s'est retiré en moi tout contristé et tout épouvanté ; car le son de ces instruments n'empêchait pas le cri de la détresse, et le râle de l'agonie du peuple de monter jusqu'à moi. Et je me demandais, en regardant ces riches décorations, ces tables et ces buffets, ce que le fournisseur avait volé au consommateur et au producteur pour produire toutes ces merveilles ; et il me semblait voir mêlés ensemble dans une sorte de cave, située sous les pieds des danseurs, les cadavres des riches qui se brûlent la cervelle après s'être ruinés, et ceux des prolétaires qui sont morts de faim à la peine d'amuser ces riches en démence.

Et je rentrai dans ma chambre silencieuse et sombre, et je me demandai pourquoi, comme tant d'autres artistes insensés, qui croient s'assurer une méditation paisible, un travail facile et agréable, et donner une couleur poétique à leur rêves, en faisant quelques frais d'imagination et de goût pour enjoliver modestement leur demeure, j'avais eu quelque souci moi-même de me clore contre le froid, contre le bruit, et de placer sous mes yeux quelques objets d'art, types de beauté ou gages d'affection. Et je me répondis que je ne valais donc pas mieux que tant d'autres, qu'il était donc bien plus facile de dire le mal que de faire le bien. Et j'eus une telle horreur de moi-même, en pensant que d'autres avaient à peine un sac de paille pour se réchauffer entre quatre murs nus et glacés, que j'eus envie de sortir de chez moi pour n'y jamais rentrer. Et s'il y avait eu, comme au temps du Christ, des pauvres préparés à la doctrine du Christ, j'aurais été converser et prier avec eux sur le pavé du bon Dieu. Mais il n'y a même plus de pauvres dans la rue ; vous leur avez défendu de mendier dehors, et l'homme sans ressource mendie la nuit, le couteau à la main. Et d'ailleurs mon désespoir n'eût été qu'un acte de démence : je n'avais ni assez d'or pour diminuer la souffrance physique, ni assez de lumières pour répandre la doctrine du salut. Car si l'on ne fait marcher ensemble le salut de l'âme et du corps, on tombera dans les plus monstrueuses erreurs. Je le sentais bien, et je demeurai triste, élevant vers le ciel une protestation inutile, j'en conviens, Satan ; mais tu serais venu en vain m'enlever, pour me montrer d'en haut les royaumes de la terre, et pour me dire, « Tout cela est à toi si tu veux m'adorer, » je t'aurais répondu : « Ton règne va finir, tentateur, et tes *royaumes de la terre* sont si laids, qu'il n'y a déjà plus de vertu à les mépriser. »

GEORGE SAND.

COURT MONOLOGUE DE FLAMMÈCHE.

Flammèche avait lu jusqu'au bout sans mot dire.

Quand il fut arrivé à la dernière ligne, à la dernière note de cette plainte amère, il se leva épouvanté et se demanda un instant s'il ne ferait pas bien de reprendre immédiatement la route des enfers.

« Eh quoi! pensait-il, serait-il vrai qu'un mal infini pût trouver place en un monde si borné? serait-il vrai que ces maisonnettes enfumées, que ces petites femmes, que ces poitrines débiles, pussent contenir de si extrêmes misères? »

Son regard s'étant alors porté sur la rue, Flammèche vit la foule qui s'y pressait.

Dans cette foule, il y avait en effet des riches et des pauvres, des faibles et des forts, des hommes en haillons et d'autres élégamment vêtus. Il y vit aussi des méchants et même quelques bons!...

D'hommes heureux, et sur la figure desquels on ne pût lire l'expression d'un désir, d'une convoitise ou d'un regret, il n'en vit pas.

Mais ayant regardé une seconde fois et avec plus d'attention, de façon à lire jusqu'au fond des âmes les plus repliées sur elles-mêmes, il en vint à reconnaître dans cette même foule où il n'avait vu d'abord que des intérêts égoïstes, que des passions rivales, que des appétits contraires, dans ces hommes tous ennemis... des pères et des enfants, des frères et des sœurs, des époux et des amants, des liens visibles et des liens invisibles. Il vit enfin qu'il n'y avait pas de cœur si pervers qu'il n'y restât, comme un fonds impérissable de bien, — un peu d'amour, c'est-à-dire un peu de ce qui fait beaucoup pardonner, — un peu de ce qui sauve.

Et nous ajouterons à sa louange que, tout fidèle serviteur du Diable qu'il fût, cette découverte lui fit comme un secret plaisir et lui rendit tout son courage.

S'étant donc assis de nouveau devant son secrétaire, il vida le tiroir tout entier.

Il parcourait d'un œil curieux les titres de quelques manuscrits, quand tout à coup il lui en tomba un sous la main qui parut exciter au plus haut degré son intérêt. « Par les cornes que j'avais ! — que j'aurai encore, dit-il en soupirant, — voilà un titre intéressant ! et j'avoue que, tout Diable que je suis, il me serait impossible de répondre à cette question ardue :

CE QUE C'EST QU'UNE PARISIENNE ?

Voyons ce qu'on en dit ici. »

N'oubliez pas, lecteur, que Flammèche est amoureux.

LES GENS DE PARIS. En Carnaval. — 6.

L'homme que t'as là, ma petite mère, c'est moi qui te le dis : c'est pas grand'chose.
— Mosieu est pair de France?

ar GAVARNI. Gravé par ANDREW, BEST et LELOIR

CE QUE C'EST QU'UNE PARISIENNE.

OPINION DE LA MÈRE D'UNE PARISIENNE SUR SA FILLE.

C'est un ange de douceur, un démon d'esprit, un trésor en ménage, une perfection en tout. L'homme qui l'épousera, quel qu'il soit, ne mérite pas le bonheur qui l'attend.

OPINION D'UN JEUNE ÉTUDIANT EN MÉDECINE SUR LA PARISIENNE.

Elle est la meilleure valseuse du Prado et de la Chaumière, la femme sans pareille pour souper toute la nuit ou se coucher sans souper; l'être qui résiste le plus longtemps quand il est plongé dans la fumée du tabac; la créature qui retire le plus facilement trois choses : ses gants, son châle et son cœur.

OPINION DES ÉTRANGERS, ET PARTICULIÈREMENT DES RUSSES, SUR LA PARISIENNE.

C'est un composé d'esprit, de grâce et de sensibilité; une intarissable source de séductions; la justification éclatante de la supériorité de la France sur les autres nations; la femme qu'on rêve à seize ans, et la seule dont on se souvienne à soixante.

OPINION DES DAMES ANGLAISES SUR LA FEMME PARISIENNE.

Impossible de la reproduire. Les lois de la décence et celles de septembre s'y opposent.

OPINIONS DE QUELQUES MARIS SUR LEURS FEMMES PARISIENNES.

Compagnes sans cœur, n'aimant que la frivolité et le plaisir; ravaudeuses de chiffons; n'ayant pas l'ombre du sens moral; infidèles sans passions, mères sans prudence.

OPINION DU GOUVERNEMENT SUR LES PARISIENNES.

Quand la loi du divorce fut agitée, on remarqua avec un certain étonnement que la commune de Paris était celle qui offrait le moins grand nombre de pétitionnaires.

OPINION SUPÉRIEURE ET PRÉFÉRABLE A TOUTES LES OPINIONS, OU HISTOIRE DE LA PARISIENNE.

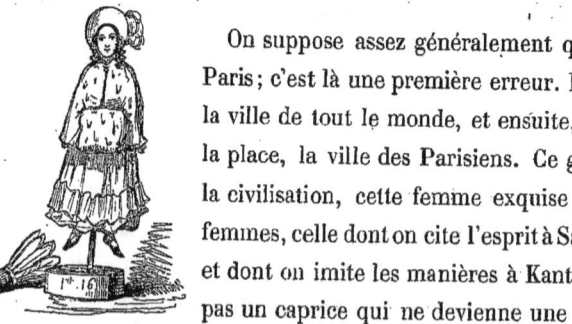

On suppose assez généralement qu'elle est née à Paris; c'est là une première erreur. Paris est d'abord la ville de tout le monde, et ensuite, quand il y a de la place, la ville des Parisiens. Ce gracieux type de la civilisation, cette femme exquise entre toutes les femmes, celle dont on cite l'esprit à Saint-Pétersbourg et dont on imite les manières à Kanton; celle qui n'a pas un caprice qui ne devienne une loi dans tous les endroits de la terre où se trouve un salon, la Parisienne, enfin, prend nais-

LES GENS DE PARIS. En Carnaval. — 5.

Le Pierrot, je ne sais pas... mais la Pierrette, pour être ta femme, c'est ta femme...., et c'est une canaille... C'est à toi, Bigré, à voir si tu veux filer ou si tu veux cogner...; moi, je cognerais...

Par GAVARNI. Gravé par J. CAQUÉ.

sance non à Paris, mais sur un des milliers de points de cette vaste contrée qu'on appelle, pour ne pas blesser la Belgique et le royaume de Saxe, le département de Seine-et-Oise. Naître à Mantes, à Versailles, à Rambouillet, et même à Fontainebleau, ce n'est pas, à la rigueur, ne pas être de Paris, dans l'opinion de beaucoup de femmes, jalouses de se ranger sous la dénomination de Parisiennes. C'est là une vérité si peu contestable, contrairement à la plupart des vérités, qu'il n'existe pas une Parisienne qui n'ait un oncle, un grand-père, ou tout au moins un cousin germain, soit à Étampes, soit à Corbeil, soit dans l'une de ces innombrables communes semées autour de Paris. On doit peut-être attribuer à cette violation d'une exacte nationalité le goût déterminé de la Parisienne pour la campagne, surtout pendant l'été, quand la violette bleuit la bordure des jardins, et que la fraise court le long des coteaux de Marly et de Meudon. Dans son cœur, si peu primitif, il reste toujours un coin où fleurit l'idylle.

A peine née, on la roule dans du linge et on l'envoie, à la grâce de Dieu, aussi loin que possible, chez une nourrice qui l'accroche à un clou pendant le jour, et l'étouffe sous des couvertures pendant la nuit, pour ne pas l'entendre crier, et on n'y pense plus. Un beau jour, au bout de dix-huit mois, deux ans, le père dit : « Nous avons pourtant une fille en nourrice ! — Cette chère enfant ! répond la maman, il serait bien temps de la retirer. J'écrirai un de ces jours à la nourrice. »

En effet, la semaine suivante, une paysanne rapporte dans ses bras, entre un gros bouquet de fleurs des champs et un fromage rond, une petite fille sauvage qui appelle son véritable père vilain, et qui détourne la tête quand sa maman veut l'embrasser. Telle est l'entrée dans le monde de cette merveille qu'on aurait tort, on le voit, de croire bercée par les Grâces, et éveillée au son des instruments. La nature fait presque tout pour la Parisienne; enfant, elle lui donne cet air pâle et rose, cet air

de santé et de distinction que n'ont pas les enfants étrangers, pas même les enfants anglais; jeune fille, elle lui souffle cet esprit précoce dont la pénétration et la gentillesse sont un sujet d'ébahissement et souvent d'effroi pour les bons provinciaux. Elle est curieuse, fine, spirituelle, à huit ans, et sensée, si l'occasion l'exige, comme on ne l'est pas, et comme elle ne l'est plus elle-même à vingt ans. Il y a là un point de ressemblance à remarquer entre elle et la créole : on dirait que le soleil hâtif de la civilisation produit exactement les mêmes effets que le soleil trop fécond des colonies. Le fruit n'est jamais aussi doux que la fleur est belle chez la Parisienne comme chez la créole. L'enfance et la vieillesse sont, je crois, les deux époques les plus caractéristiques de la vie d'une Parisienne. Elle a prodigieusement de l'esprit lorsque sa beauté n'est pas encore mûre; et quand tout son esprit lui revient avec la fermeté de l'expérience, la variété des épisodes qu'elle a parcourus, elle a perdu toute sa beauté. Cela équivaudrait à dire que l'âge intermédiaire chez elle n'est pas celui où elle a le plus d'esprit, si c'est celui où elle a le plus de grâce.

LES GENS DE PARIS. En Carnaval. — 4.

Paul trouve que le bal est dégoûtant, — Pauline trouve que non.

Par GAVARNI. Gravé par PIAUD

UNE OBSERVATION QUI SE PLACE NATURELLEMENT ICI ET QUI PROUVE UNE GRANDE DÉLICATESSE DE GOUT CHEZ LES PARISIENNES.

Depuis un temps immémorial, il est d'usage à Paris de donner aux jeunes filles les noms portés par les héroïnes des ouvrages qui ont la vogue. Ainsi lorsque Racine fit *Esther*, les dames de la cour s'empressèrent d'appeler de ce nom, fort peu chrétien pourtant, la plupart des filles dont elles furent mères. De là cette prodigieuse quantité de marquises Esther de..., de comtesses Esther de..., de duchesses Esther de... qu'on rencontre dans les mémoires du temps. Rousseau popularisa, avec sa *Nouvelle Héloïse*, les noms de Julie et de Claire. Au dix-huitième siècle, une première fille s'appelait Julie, la seconde Claire. Baculard Arnauld eut la gloire de répandre, à la faveur de ses mauvais romans, qui jouirent d'une célébrité phénoménale, comme la plupart des mauvais romans, les noms de Batilde et d'Ursule. C'est à La Harpe qu'on doit toutes les Mélanie parisiennes. Madame Cottin mit les Mathilde à la mode, et M. de Chateaubriand eut le triste privilége de baptiser du nom d'Atala les filles de portiers.

Cette petite monographie des noms portés par les Parisiennes nous conduit à raconter une histoire qui s'y rattache, et qui la complétera. Je commence par prévenir qu'elle est fort courte.

COURTE HISTOIRE.

En parcourant, il y a quelques années, les campagnes de la Picardie, je m'arrêtai pour déjeuner dans un de ces villages où l'on ne trouve rien, pas même le village souvent, tant il est enfoui sous le chaume, enfoncé dans la boue et perdu loin de toute route. J'attendais que Dieu, qui envoie la pâture aux petits des oiseaux, voulût bien qu'on me traitât en fils de caille ou de perdrix rouge, lorsqu'un nom vint frapper mon oreille. Je crois avoir mal entendu : j'écoute mieux. Ce n'est point une erreur. On a prononcé le nom de Philoxène. Qui donc peut s'appeler Philoxène, en Picardie, à huit lieues de Beauvais? Je cours à la porte de la chaumière, je vois une grosse paysanne, tenant en laisse deux vaches noires, et causant avec trois autres églogues de sa façon, chaussées comme elle, en sabots. « C'est vous qu'on appelle Philoxène?

— Oui, monsieur.

— Et moi, Oriane.

— Et moi, Philaminte.

— Et moi, Célanire.

— Mais ce sont, m'écriai-je, quatre noms pris aux romans de mademoiselle de Scudéri !

— Nous ne connaissons pas mademoiselle de Scudéri, me répondirent ces braves femmes. Demandez au bureau de poste.

— Ce sont là vos noms? vos véritables noms ?

— Dame! oui ; ils nous ont été donnés par nos père et mère.

— Voudriez-vous me dire les noms de quelques autres de vos connaissances?

— Volontiers. Nous avons ici Arsinoé Postel, Ismérie Boitron, Télamire Jacquart...

— Encore des noms créés par mademoiselle de Scudéri ! C'est bien, leur dis-je, je vous remercie. »

Il est fou, durent penser ces bonnes vachères en me voyant écrire leurs noms sur mon calepin et tomber ensuite dans de longues réflexions.

Il était bien étrange en effet, on en conviendra, que tous ces noms, empruntés à cette série d'ouvrages créés par cette grande imagination appelée mademoiselle de Scudéri, se retrouvassent, un siècle et demi après, au fond d'un village de la Picardie, et s'échangeassent entre la femme du bouvier et la fille du bûcheron.

Je ne tiens pas le moins du monde à devenir roi, mais je tenais beaucoup à deviner cette énigme. Je cherchais un sphinx, dût-il me dévorer. Mais pas de sphinx !

Décidé à ne quitter cet horrible village qu'autant que j'aurais satisfait ma curiosité, je m'adressai à un vigneron occupé à planter des échalas, au bord d'une immense propriété dont j'apercevais le château. « Comment vous nommez-vous ? lui demandai-je d'abord.

— Caloandre, » me répond-il.

J'en étais sûr.

« Qui vous a donné ce nom ? »

Le brave Caloandre dut s'imaginer que j'appartenais à la police.

« C'est mon grand-père, qui s'appelait aussi Caloandre.

— Et que faisait votre grand-père ?

— Il était vigneron, comme nous, chez le grand-père de notre seigneur, M. le duc de C......, à qui appartient ce château. »

En Picardie le paysan appelle encore le propriétaire, seigneur.

J'étais dans la gueule du sphinx.

« Très-bien, mon brave homme. Et à qui appartenait ce château avant d'être à M. le duc de C......?

— Ah ! monsieur, il n'est pas sorti de cette ancienne famille depuis plus de trois cents ans. Ce sont de si braves gens ! Tous ces villages que vous voyez là-bas, là-bas !... leur appartenaient aussi autrefois ; mais la révolution..! Ils étaient nos seigneurs, mais bien plus nos seigneurs qu'aujourd'hui. Nous étions leurs enfants ; nous vivions chez eux autant dire. »

J'écoutais religieusement les divagations rétrospectives de Caloandre, qui continua :

« Nous allions faire cuire le pain chez eux ; ils nous gardaient notre vin. Nous leur demandions la permission de nous marier ; puis ils baptisaient nos enfants... »

J'étais roi ! j'avais deviné l'énigme ; j'arrêtai Caloandre sur son dernier membre de phrase. Il est hors de doute que j'étais dans une localité seigneuriale, dans le domaine d'un château possédé jadis par des admirateurs enthousiastes des romans de mademoiselle de Scudéri, et par des admirateurs qui, par une fantaisie parfaitement parisienne, avaient donné à tous leurs vassaux et vassales, à mesure qu'ils naissaient, les noms qui sont dans *la Clélie*, *l'Astrée* et les romans de chevalerie : noms, on le sait, sous lesquels se cachaient autrefois Louis XIV, le prince de Condé, le dauphin, le duc de Vendôme, madame Henriette, Le Brun, Bossuet, Molière, Boileau, La Fontaine, Fouquet, enfin tout ce que le dix-septième siècle offrait de grand, de remarquable, d'illustre dans les armes, les lettres, la finance. Ces braves Picards, ainsi baptisés, avaient transmis ces noms avec la même bonhomie, les prenant sans doute pour des noms de saints et de saintes ; et voilà comment ils sont arrivés jusqu'à nous et se conserveront longtemps dans un village de la Picardie.

LA COQUETTERIE PARISIENNE.

GRANDE DISCUSSION ÉLEVÉE A CE SUJET ENTRE UN JÉSUITE ET UN MINISTRE DU COMMERCE.

Pendant la restauration un prédicateur fort éloquent, un missionnaire, un jésuite enfin, vint prêcher la mission à Paris. Une grande affluence attestait son succès ; et non-seulement on admirait ce qu'il disait en chaire, mais on commençait, chose rare partout, à suivre ses préceptes de rigoureuse morale.

Elle était des plus rigides. Il attaquait, avec une frénétique colère, la coiffure des femmes, le luxe de leurs chapeaux, la frivolité damnable de leurs rubans, l'épouvantable richesse de leurs étoffes de soie, la ruineuse élégance de leurs chaussures. Il avait déjà réussi à émonder considérablement l'arbre immense des superfluités, lorsqu'il disparut tout à coup, au milieu de sa gloire et au grand étonnement de tous ceux qui couraient en foule recueillir sa parole. La chaire resta vide et muette. Qu'était devenu le fameux prédicateur ? Pourquoi, comment, murmurait-on dans le monde, dans les salons, dans les rues, avait-il quitté si brusquement Paris ? Questions qui restèrent sans réponse jusqu'à l'événement de juillet 1830. On sut alors le motif de cette soudaine disparition.

— Encore une nuit blanche que tu me fais passer, Phémie
— Eh bien! et moi donc?
— Toi, Phémie, c'est pour ton plaisir.
— Eh bien! et toi? est-ce que ce n'est pas pour mon plaisir! bête?

CE QUE C'EST QU'UNE PARISIENNE.

Le ministre du commerce avait fait prier le prédicateur de passer à son hôtel, et il lui avait dit avec tous les ménagements dus à un homme revêtu d'un caractère religieux : « Monsieur, au moyen âge, les peuples ne vivaient que de religion, et je ne les en blâme pas dans ma pensée ; mais, depuis cette époque, le travail a pris la place de la méditation, et nous vivons beaucoup maintenant d'industrie et de commerce. L'industrie ne se soutient, ne s'augmente que par l'exportation. C'est ici, monsieur, que je vous prie de m'accorder votre meilleure attention. Les Parisiens, que vous avez édifiés par votre éloquence, expédient pour cent millions de marchandises environ dans les pays étrangers. En général ces marchandises entrent dans la catégorie de ces innombrables superfluités que vous avez condamnées avec une si haute raison. Suivez-moi bien, monsieur. Les étrangers n'ont du goût pour ces épingles dorées, ces peignes d'écaille, ces rubans de soie, ces éventails de dentelle, ces étoffes suavement diaprées, ces mouchoirs délicats, ces chaussures élégantes, que parce que les Parisiennes les ont portées et leur ont donné la consécration du goût, le baptême de la mode. Du jour où vous aurez réussi à les faire renoncer à se parer de ces objets si odieux au point de vue de la religion, mais malheureusement si utiles au point de vue du commerce, vous aurez réussi pareillement à faire que les deux Amériques, les deux Indes, toutes les capitales du monde, même celle du monde religieux, ne les demanderont plus à l'industrie parisienne, au commerce parisien, qui, par là, aura perdu cent millions sur ses exportations à l'étranger. »

Le missionnaire écoutait profondément.

« Comme chrétien, je suis de votre avis : ce luxe est un péché ; comme ministre du commerce, je suis forcé de vous montrer toutes les pétitions qui me sont journellement adressées contre vous par le grand et le petit commerce de Paris, l'un et l'autre effrayés de votre influence. J'ajoute que, comme chrétien, je ne voudrais pas retrancher un mot de vos anathèmes contre la mode, mais que, comme ministre, je donnerais cent mille francs à celui qui inventerait une frivolité de plus, capable d'augmenter notre industrie et nos exportations. Enfin je termine par vous dire, toujours comme ministre du commerce, que je ne puis vous autoriser, d'accord avec mes confrères les autres ministres, à prêcher dans le même esprit sur le même sujet. »

Le missionnaire salua le ministre du commerce, et ne remonta plus en chaire.

Un mois après, le ministre fut destitué.

PROGRÈS DANS L'ÉDUCATION DES PARISIENNES.

Sous l'ancien régime, il n'y avait pas une Parisienne sur cent qui sût écrire; cela s'explique : les pensionnats, institution impériale, n'existaient pas, et les filles de la noblesse et de la riche bourgeoisie seules allaient au couvent, où elles ne recevaient qu'une éducation barbare. Vint la révolution. Dès lors chaque famille, chaque foyer, prenant une part personnelle aux affaires publiques, la lecture devint une nécessité, une condition d'existence. Quand chacun fut intéressé à savoir si l'ennemi menaçait Verdun ou Metz, chacun eut besoin de lire, avant de se coucher, les papiers publics. L'empire et ses effrayantes levées d'hommes propagèrent ce besoin de connaître par la voie de l'impression les crises dévorantes du moment, les incidents de la guerre, les progrès de la conquête. Quelle Parisienne n'eut pas à s'enquérir du sort ou d'un père, ou d'un frère, ou d'un fiancé attaché à l'armée d'Italie ou d'Égypte? Les bulletins de la grande armée ont plus fait pour l'éducation des Parisiennes que tous les livres où les philosophes et les philanthropes du dix-huitième siècle leur recommandent l'instruction. Napoléon a appris à lire aux Parisiennes. Le professeur leur a coûté cher.

JUSQU'OÙ EST ALLÉ CE PROGRÈS.

Ce beau mouvement s'étant continué sous la restauration, les Parisiennes apprirent à écrire assez correctement. Elles bronchaient bien encore devant l'accord des participes, devant l'imparfait du subjonctif, devant l'orthographe de certains mots, mais enfin elles en savaient beaucoup plus que leurs mères, dont les lettres d'amour, surprises à la dérobée dans quelque coin, les faisaient sourire par leur grande naïveté grammaticale.

LES GENS DE PARIS. En Carnaval. — 8.

Un attaché d'Ambassade, en mission extraordinaire.

Par GAVARNI. Gravé par Mlle DELPHINE B.

CE QUE C'EST QU'UNE PARISIENNE.

STYLE D'UNE PARISIENNE EN 1844.

ALBUM DE LA FILLE D'UNE PORTIÈRE.

« Le bonheur est partout, dit-on. Pensée juste, expression fausse. Il est dans le cœur, c'est-à-dire dans un organe qu'on porte partout. »

« J'ai lu Byron et Paul de Kock ; je ne relirai jamais Paul de Kock, quoique je serais fâchée de ne l'avoir pas lu. Les grands écrivains sont donc ceux qu'on voudrait relire ? »

« J'ai bien souvent, en riant, tiré le cordon à de jolies et riches locataires qui me le demandaient en pleurant. Auraient-elles voulu être à ma place ? Je ne le crois pas. Ai-je souhaité d'être à leur place ? Peut-être. Il y a donc des félicités inutiles et des malheurs auxquels on tient ? »

« J'ai toujours senti battre mon cœur en voyant le facteur déposer une lettre sur la table. C'est bien peu de chose, mais c'est un mystère ; il n'y en a pas de petit pour une femme. »

« Je voudrais bien savoir pourquoi je suis portière, et pourquoi la femme d'un prince royal n'aurait pas pu être à ma place. »

« La fatigue n'est jamais dans le corps, mais dans l'esprit. Quand j'ai monté le premier étage pour remettre une lettre au valet de chambre qui m'ouvre, je suis déjà lasse; quand j'arrive au second et au troisième étage pour donner une carte de visite ou un journal, je suis brisée; mais je n'éprouve plus aucune lassitude pour monter jusqu'au septième étage, où m'attend le jeune peintre auquel je fais les commissions du matin. Je ne l'aime pas, mais il me trouve jolie. »

« Du matin au soir j'entends sous ma croisée, qui est presque au niveau de la rue, la musique des orgues de Barbarie; j'avoue qu'elle me jette dans une rêverie délicieuse. Pourquoi est-il de bon goût de se moquer de ces instruments? Serait-ce parce qu'ils nous procurent du plaisir sans difficulté? Je suis portée à le croire depuis que je vois les gens s'extasier devant la dame de l'entre-sol lorsqu'elle joue de la harpe. On m'a assuré qu'une harpe coûtait trois mille francs, et qu'il fallait étudier dix ans pour en pincer médiocrement. C'est un instrument affreux à entendre. Une harpe me fait l'effet d'une guitare hydropique. Si les harpes coûtaient dix mille francs, et qu'il fût nécessaire de s'exercer vingt ans pour en jouer, on les vanterait encore davantage. J'ai donc raison. On ne méprise les orgues de Barbarie que parce que pour deux sous on peut se donner le plaisir de les entendre jouer pendant une heure. »

« La locataire du premier reçoit son journal la veille; elle est censée par conséquent savoir les nouvelles douze ou quinze heures avant l'avoué logé

LES GENS DE PARIS. En Carnaval. — 7.

Auditeur au Conseil-d'État.

Par GAVARNI. Gravé par PIAUD.

au second étage, qui ne reçoit le sien que le matin ; le tailleur du quatrième n'a *le Siècle* que le lendemain ; et la ravaudeuse qui occupe la mansarde et qui loue son journal au cabinet de lecture de la rue Coquenard, ne le lit que huit jours après sa publication. Pourtant aucun des quatre locataires ne sait avant l'autre ce qui se passe à Paris ; et même c'est souvent la ravaudeuse qui en est instruite la première. Les journaux serviraient donc à vous apprendre ce qu'on sait déjà? »

« Autrefois un portier était logé un peu moins mal qu'un chien de ferme; aujourd'hui nous avons dans notre loge un tapis, deux pendules de quatre cents francs, trois tableaux peints par Roqueplan, Belloc et Verdier, des fauteuils en palissandre ; maman ne sort jamais à pied. Encore quelques années, et l'on dira avec importance : Il épouse la fille d'un portier ! »

« Je me demande si l'on est dans une position inférieure parce qu'au lieu d'avoir affaire à un homme qui vous dit : Monsieur, faites-moi une procuration, ce qui est l'emploi du notaire, on a affaire à quelqu'un de poli qui vous dit : Le cordon, s'il vous plaît. »

« La police de Paris n'est presque faite que par les domestiques ; presque tous les domestiques sont des voleurs ou des espions. Les plus vieux sont plus voleurs et plus espions, voilà tout. Le plus honnête d'entre eux, homme ou femme, vole tous les jours au moins dix sous à ses maîtres. J'excepterai pourtant les domestiques qui ont nourri leurs maîtres pendant vingt ans — *avec le fruit de leurs épargnes.* »

« Hier j'ai assisté pour la première fois à la représentation d'une tragédie. Dieu! que j'ai ri! J'étouffais pour ne pas causer du scandale autour de moi. On jouait *Iphigénie en Aulide*. Comme cette pauvre fille se démène à froid pour prouver qu'elle aime Achille, le plus grotesque des amoureux : un amoureux qui ne parle jamais que de lui. Et cette mère qui en dit, qui en dit pendant une heure au lieu de prendre sa fille par le bras et de lui dire : Je suis votre mère, et l'on ne touchera pas à un cheveu de votre tête. Est-ce que j'avais besoin de la colère d'Achille pour être sûre qu'il n'arriverait rien à Iphigénie? Sa mère n'était-elle pas là? On dit que c'est bien écrit. Il ne manquerait plus que ce fût mal écrit. On m'avait beaucoup vanté l'actrice qui jouait le rôle d'Iphigénie. »

« La vie est un songe, mais un songe souvent interrompu par le coup de sonnette du maître qui rentre après minuit. »

« J'ai fait une remarque, je ne sais si elle est juste : il ne naît plus de blondes, tout le monde est brun. »

« Je n'ai pas encore vu un vieillard à Paris. A quelle heure sortent-ils? »

« Une femme bien conservée, grand Dieu! Comment serait-elle si elle était mal conservée? »

CE QUE C'EST QU'UNE PARISIENNE.

AUTRE EXEMPLE DU STYLE D'UNE PARISIENNE EN 1844.

STYLE DE LA PARISIENNE DES RUES DU HELDER, PINON, LEPELLETIER, HOUSSAIE, JOUBERT.

De la maîtresse de M. le comte de la Mi... à la maîtresse de M. le marquis de D...

« Chère adorée,

« Tu veux savoir ce que je fais au fond de mon appartement et sur la chaise longue où le docteur m'oblige à rester couchée sous peine de voir ma postérité anéantie dans la personne de M. Louis ou de mademoiselle Marie qui est à naître. Je pense à trois choses qui n'existent pas au moment où je t'écris. Naturellement à mon cher comte, qui est en Italie, à son fils ou à sa fille, qui n'a encore vu ni le jour ni la nuit, et à toi, qui dors d'un profond sommeil à la suite du dernier bal. Jules d'ailleurs m'a laissé en partant beaucoup d'affaires à mettre en ordre, et je suis obligée d'écrire à son avocat, à son notaire pour la succession de son oncle, à plusieurs députés dont les visites me pèsent plus pourtant que la correspondance que j'ai avec eux. Quelles étranges gens, ma bonne amie! parce que le comte leur ami me donne deux mille francs par mois, ils s'imaginent que je dois les prendre sur le marché.

« Il faut voir avec quel aplomb ils parlent d'eux-mêmes, avec quelle assurance ils risquent leurs galanteries, avec quelle infaillibilité ils se proposent... Est-ce que vous me prenez pour madame votre épouse? ai-je dit à l'un d'eux qui se croyait tout permis, parce que je l'avais autorisé à me baiser le bout du pied toutes les fois qu'il n'aurait pas parlé à la chambre des députés.

« Crois-tu que la fameuse loi passera cette fois-ci ? Marianne a parié avec moi un dîner. Moi, je dis qu'elle ne passera pas ; elle prétend le contraire. Ton avis, bonne amie ? Là, peux-tu croire que des gens qui ne sont pas tout à fait marchands d'habits, marchands de verre cassé, consentent à cette auguste niaiserie? Je me figure moi demandant à mon cher comte, outre les deux mille francs par mois de liste civile qu'il me donne, dix sous de dotation pour les allumettes chimiques que je consomme.

« Tu as promis de venir me voir sous le costume de *bohémienne de Paris* que tu t'es fait faire exprès pour le dernier grand bal de l'Opéra. Viens donc, je te montrerai en échange la layette de mon futur arlequin ou de ma pierrette future. Du reste ton marquis a dû te dire qu'il m'avait trouvée l'autre jour occupée à marquer des brassières.

« Ne sois pas jalouse, mais il est charmant, ton marquis. Vois-tu, bonne amie, il faut toujours en revenir à ces gens-là en fait de distinction, comme il faut toujours en revenir à nous en fait d'amour. Ils coûtent cher à attirer, et nous coûtons cher à retenir.

« Comme ils sont amusants! comme ils sont simples! comme ils ont de l'esprit, du goût, sans effort, sans tomber dans le fossé de la bouffonnerie, sans rouler dans celui du prétentieux!

« As-tu porté quelque chose à la caisse d'épargne le mois dernier? Voyons, ne me mens pas. Tu n'as rien porté. C'est mal. Je vais mettre opposition entre les mains de ton marquis pour deux cents francs, afin que le mois prochain je n'aie pas le même reproche à t'adresser. Vois-tu, bonne, moi je mettrai le maire de mon arrondissement à la caisse d'épargne. Tu sais que les fonds ont monté avant-hier. Je gagne six mille francs, six amours de mille francs que je placerai sur la tête de celui dont je n'ai peut-être pas encore fait la tête. Place, ma chère, place; nous grossissons: et grossir c'est vieillir, a dit le spirituel Bequet.

« Connais-tu les derniers vers de Théophile Gautier sur l'oreille de Forster? Procure-toi-les; ils sont divins. Quel charmant poëte!... Que ne peut-on vivre pendant trois mois en concubinage avec l'esprit des gens qu'on aime! Quelle Aspasie je ferais!

« Adieu, le tiers de mon âme! je ne puis plus dire la moitié. Un tiers est

LES GENS DE PARIS. En Carnaval. — 12.

Ah! si sa dame le voyait!

Par GAVARNI. Gravé par Mlle DELPHINE B.

à celui qui est en Italie, un second tiers est à celui ou à celle que j'ai sous la main, l'autre tiers est à toi. Rien pour moi, puisque je vis par vous trois.

« TA BÉRÉNICE. »

AVANT-DERNIER EXEMPLE DU STYLE, ET UN PEU DES MOEURS D'UNE PARISIENNE EN 1844.

D'une femme honnête à une femme honnête.

« Chère Anaïs,

« Mon ours est parti, nous pouvons donc nous amuser à ciel ouvert. Dieu soit loué ! je suis libre. Pour comble de bonheur, mes deux gendarmes de filles sont rentrées en pension ce matin. Sais-tu que ce n'est pas toujours gai d'avoir à côté de soi, partout où l'on va, deux grands actes de naissance qui font dire : « Oui, la maman doit avoir de trente à trente-cinq ans. — Je vous dis, moi, ajoute quelque âme charitable, qu'elle en a trente-sept. Calculez ! elle s'est mariée à vingt-quatre ans... » Pour couper court à tous ces assassinats, j'ai cloîtré ces deux demoiselles. C'est encore un an de gagné.

« Le premier usage que je veux faire de ma liberté, c'est de lire ce roman dont on parle tant depuis six mois. A force de me dire : « Je vous défends de le lire, il est stupide, il est immoral, » mon mari a excité en moi une envie extraordinaire de le connaître. C'est l'histoire, dit-on, d'une jeune femme enlevée et conduite à une petite maison de campagne au milieu de la nuit ; on dit que c'est intéressant, passionné, quelquefois indécent... on m'a assuré qu'il y avait beaucoup de points. Je suis folle des livres où l'on trouve beaucoup de points. Je rêve, je m'émeus, je m'exalte, quand j'en vois... Mais je vais enfin le lire, ce fameux roman. Je te dirai s'il y a beaucoup de points.

« C'est à présent, ou jamais, que nous pourrons aller voir jouer les drames des boulevards, autre antipathie de mon ours.

Prends une loge pour demain, je t'en supplie. Voyons ensemble *les Bohémiens de Paris*. J'ai lu dans mon journal le compte rendu de ce drame. Il paraît, ma chère, qu'il est rempli de voleurs, de forçats, de gens qui en font disparaître d'autres par des trappes. Tâche d'avoir une loge d'avant-scène.

« Tu me demandais l'autre jour, dans un accès de mauvaise humeur, en quoi je fais consister le bonheur sur la terre. Je t'ai comprise, chère Anaïs : le bonheur bien souvent est moins de posséder ce qu'on n'a pas, que de cesser d'avoir ce qu'on possède. Le bonheur, pour toi, serait peut-être, ô misère! d'être veuve. Je ne dis pas que tu souhaites la mort de ton mari ; ce n'est pas plus ton vœu que le mien, quoique nos positions se ressemblent beaucoup ; mais nous devinons, toi et moi, le bonheur d'être libres avec l'expérience que nous avons acquise. Dieu! comme on doit respirer à pleine poitrine en sortant des prisons de la communauté conjugale pour entrer dans le paradis du veuvage! Veuve! veuve! mais on va où l'on veut, mais on voit qui l'on veut, mais on sort quand on veut, mais on rentre si l'on veut! N'est-ce pas, chère Anaïs, que telle est pour une femme la position sociale qu'elle peut appeler à bon droit le bonheur?

« Patience, bonne amie ; en attendant, prenons tout le plaisir que nous permettent de prendre l'absence de mon mari, un excellent homme au fond, et dont je n'ai pas à me plaindre, et la maladie du tien, qui est

LES GENS DE PARIS.   En Carnaval. — 11.

N'y aurait pas de société possible si une dame ne pouvait pas accepter un verre de vin...., sans qu'on y fiche une giffle après; parce qu'elle aura dansé avec un autre..... pas vrai, Polyte?

Par GAVARNI.   Gravé par DELDUC.

bien long, je trouve, dans sa maladie. Dis-lui mille choses aimables de ma part.

« Adieu ! vite ce roman et cette loge de spectacle.

« Ta fidèle,

« Julie Vol..... »

DERNIER ÉCHANTILLON DU STYLE D'UNE PARISIENNE EN 1844.

Mémoire d'une jeune et honnête femme mariée à un marchand de couleurs de la rue de la Verrerie.

« Je suis mariée depuis le 20 janvier 1844, c'est-à-dire depuis quinze jours environ. Mon Dieu ! que ce peu de temps écoulé a apporté de changements dans mes idées ! Est-ce moi qui ai tort, est-ce le mariage ? Je ne sais. Voici mes impressions ; plaise au ciel que je ne sois pas dérangée en les fixant sur le papier, afin de pouvoir me juger un jour avec impartialité !

« Le mariage, m'avaient dit mes bonnes compagnes du pensionnat, est la réalisation de nos rêves les plus poétiques. Les tendres frémissements ressentis à la vue d'un jeune homme, les inquiétudes que nous éprouvons au retour du printemps, au lever de la lune derrière les acacias, les besoins de pleurer qui nous prennent sans motif, me disaient-elles encore, s'expliquent en se mariant. L'âme a deviné le mot de l'énigme. Et je sortis de pension.

« Je me disais, sans être tout à fait aussi romanesque que mes jeunes camarades : Il n'est pas possible que mes parents m'aient gardée dix ans en pension, qu'ils m'aient fait enseigner l'italien, l'allemand, l'anglais, la musique, le chant, le dessin, la peinture, la littérature, la danse, pour me marier avec un homme qui n'aimerait pas les arts.

« Le lendemain de ma sortie du pensionnat, ma mère me dit : « Vous épousez un riche marchand de couleurs de la rue de la Verrerie. » Ma première question fut celle-ci : « Sait-il la musique? — Je vous dis que c'est un marchand de couleurs, » répliqua ma mère.

« Huit jours après on me conduisit à la mairie et à l'église...

« J'interromps ma rédaction pour répondre à un correspondant de mon mari, qui me demande, savoir :

« Cent kilogrammes de noir animal.
« Une barrique de vert-de-gris.
« Deux tonneaux de colle.
« Vingt kilogrammes de soude.
« Deux paquets d'assa fœtida.

« Après m'être lavée vingt fois les mains sans succès, je reprends la plume de mes Mémoires.

« Dieu! quelle triste chose à écrire!... En se couchant il a mis des bas de laine et un bonnet de coton.

« Je m'y habituerai...

« Mon ami, lui ai-je dit il y a huit jours, m'achèterez-vous un piano? — Pourquoi faire? m'a-t-il demandé. Qu'est-ce que cela coûte? — Douze cents francs. — Douze cents francs! s'est-il écrié. Avec cet argent j'aime mieux acheter des huiles de baleine et attendre la hausse. D'ailleurs une femme mariée ne touche pas du piano. »

« Je me soumettrai.

LES GENS DE PARIS. En Carnaval. — 10.

Quand ils ne sont pas bien drôles, ils sont bien tristes.

Par GAVARNI. Gravé par BRUGNOT.

« Encore une interruption : mon mari entre. . . . .

. . . .

« Je reprends.

« Quelle science !... « Que lisez-vous là ? m'a-t-il dit avec humeur ; est-ce qu'on lit dans un magasin ? Il y a toujours quelque chose à faire ici. Mettez des étiquettes, empaquetez, mesurez, pesez... — Tout est fait, mon ami, ai-je répondu. — Quel est ce livre ? — *The poems of Ossian, The Son of Fingal.* — Vous savez donc l'anglais ? — Oui, mon ami. — Mais vous savez donc tout ! » Il m'a tourné le dos en ricanant.

« Je me résignerai.

« Habitude, soumission, résignation, ce sont là, je le sais, les trois grâces, les trois vertus théologales du mariage.

« Je parviendrai sûrement à faire si bien mon devoir, que je plairai à mon mari ; mais je me demande pourquoi on enseigne aux jeunes filles tant de choses qui ne serviront qu'à leur inspirer plus tard le regret de les avoir apprises ; ou pourquoi on ne les élève pas spécialement pour être des femmes de marchands de couleurs, d'épiciers, d'agents de change, etc... »

RÉFLEXION DE L'AUTEUR.

Dans un an nous dirons au lecteur si la femme du marchand de couleurs de la rue de la Verrerie est parvenue au degré de résignation qu'elle désirait pour être aimée de son mari.

PARLONS DE LA LÉGÈRETÉ DE LA PARISIENNE.

J'ai dit quelque part que le peuple français, le plus léger de la terre, au dire de lui-même et des autres nations, avait inventé la guillotine, la roue, le vers alexandrin, le poëme épique, la tragédie classique, les robes à panier, le bouilli de bœuf, le cheval de roulier, et tout ce qu'il y a de plus calotte de plomb au monde. C'est lui, ce même peuple français, qui a laissé s'accréditer l'opinion que la Parisienne avait la légèreté de l'hirondelle, et la subtilité d'un parfum.

La Parisienne est très-légère en dansant, c'est vrai, mais elle ne danse pas toujours. Quand elle aime, par exemple, elle ne se résout pas à chaque instant en fumée d'encens ou de myrrhe. Elle est sérieuse comme la passion, quand la passion l'étreint et la domine ; alors il n'y a ni Espagnole au teint bruni, ni Italienne au poignard de carton, à lui comparer.

Que de Parisiennes ont suivi en Égypte, en Italie, en Russie, ces nuées d'officiers à qui elles avaient donné leurs cœurs à quelque bal champêtre, sous l'époque consulaire ou impériale ! Ni les sables du désert, ni les glaces de la Bérésina, ne les ont arrêtées sur le chemin de leur dévouement. Elles ont nettoyé le fusil, lavé le linge, pansé la blessure, salé la soupe, égayé la marche de leurs héroïques maris. Il n'est aucun point du globe où l'on ne retrouve la Parisienne sous les traits de modiste, de limonadière, de maîtresse d'hôtel garni. Je suis sûr qu'elle est déjà établie en Chine, domiciliée à Hong-Kong avec cette très-mirifique enseigne :

Et partout elle étale cette grâce particulière, elle prodigue cet accent charmant et ces manières engageantes, avec lesquelles elle parviendrait à vendre mille francs ce qui vaut trois sous.

ENCORE UN MOT SUR CETTE LÉGÈRETÉ ET SUR CE QUE NOUS LUI DEVONS.

Les enfants croient, en général, que les morues nagent au fond de la mer, dans la forme sèche, coriace et aplatie où ils les voient sur l'étal de l'épicier.

Beaucoup de nos honorables compatriotes en sont là en matière d'observation sociale. Notre littérature, que, par légèreté sans doute, ils mettent au-dessus, beaucoup au-dessus des autres littératures, leur semble un produit naturel, spontané, simple, du sol français. A les en croire, un peuple aussi fameux que le nôtre n'avait pas le droit de ne pas être grand en littérature. Sans cesser d'être spirituels et Français, tâchons d'être raisonnables; voulez-vous?

Qui donc a posé devant Racine, Molière, Marivaux, Beaumarchais, Le Sage et de Balzac, aussi grand qu'eux tous peut-être, pour que de Balzac, Le Sage, Beaumarchais, Marivaux, Molière et Racine, celui-là dans ses admirables romans, les autres dans leurs belles comédies et leurs tragédies, pussent peindre cette prodigieuse variété de femmes? Qui donc leur a fourni tant de portraits à faire, tant de caractères à analyser, tant de sentiments délicats, vifs, originaux, simples, compliqués, subtils jusqu'au paradoxe, profonds jusqu'à la douleur? Qui donc leur a révélé ces drames de famille enfermés entre les quatre murs d'un salon, et ces combats du cœur avec le cœur, ces comédies de l'âme où elle se montre à nu, toute cette histoire de l'humanité, dont les feuillets sont froissés par le rire ou tachés par les larmes? n'est-ce pas la femme par excellence, la Parisienne? Ils n'ont pas inventé, on n'invente que le mensonge; ils ont copié : et ce sont les mœurs, la physionomie, les goûts, les caprices de la femme parisienne qu'ils ont pris pour modèles. On s'adresse à l'arbre pour avoir le fruit. Esther, Junie, Bérénice, Iphigénie, Phèdre même, Célimène, Dorine et toutes ces femmes sorties du riche cerveau de Molière, et du non moins riche cerveau de Balzac, sont nées, ont vécu, ont régné à Paris, les unes à la cour de Louis XIV, les autres à l'hôtel Rambouillet, celles-ci à la place Royale et dans la rue des Tournelles, celles-là dans le faubourg Saint-Germain.

Sans la femme parisienne, la littérature française serait donc aussi nulle que le serait la littérature grecque sans Hélène et Clytemnestre.

Je recommande cette observation aux critiques de profession, eux qui ont tant d'idées, de goût et surtout de style.

La Parisienne est-elle belle? comment est-elle belle? l'est-elle longtemps?

On répond par un conte de fée.

LA FÉE BLEUE.

Un jour la fée bleue descendit sur la terre dans l'intention courtoise de distribuer à toutes ses filles, les habitantes des divers pays, les trésors de faveurs qu'elle portait avec elle.

LES GENS DE PARIS. Boudoirs et Mansardes. — 2.

J'aurai voiture!

Par Gavarni. Gravé par Brugnot.

CE QUE C'EST QU'UNE PARISIENNE.

Son nain amarante sonna du cor, et aussitôt une jeune femme de chaque

nation se présenta au pied du trône de la fée bleue. Toutes ces unités finirent, on l'imagine, par former une foule assez considérable. Ceci se passait longtemps avant la révolution de juillet 1830.

La bonne fée bleue dit à toutes ses amies : « Je désire qu'aucune de vous n'ait à se plaindre du don que je vais lui faire. Il n'est pas en mon pouvoir de vous donner à chacune la même chose ; mais une telle uniformité dans mes largesses n'en ôterait-elle pas tout le mérite ? » Comme le temps est précieux aux fées, elles parlent peu. La fée bleue borna là son discours, et commença la distribution de ses présents. Personne n'en parut fâché.

Elle donna, à la jeune femme qui représentait toutes les Castilles, des cheveux si noirs et si longs, qu'elle pouvait s'en faire une mantille.

A l'Italienne, elle donna des yeux vifs et ardents comme une éruption du Vésuve au milieu de la nuit.

A la Turque, un embonpoint rond comme la lune et doux comme la plume de l'eider.

A l'Anglaise, une auréole boréale pour se teindre les joues, les lèvres et les épaules.

A une Allemande, des dents comme elle en avait elle-même, et ce qui ne vaut pas mieux que de belles dents, mais qui a son prix, un cœur sensible et profondément disposé à aimer.

A une Russe, la distinction d'une reine.

Puis, passant aux détails, elle mit la gaieté sur les lèvres d'une Napolitaine, l'esprit dans la tête d'une Irlandaise, le bon sens dans le cœur d'une Flamande, et, quand il ne lui resta plus rien à donner, elle se leva pour reprendre son vol.

« Et moi ? lui dit la Parisienne en la retenant par les bords flottants de sa tunique bleue.

— Je vous avais oubliée !

— Entièrement oubliée, madame.

— Vous étiez trop près de moi, et je ne vous ai pas vue. Mais que puis-je maintenant ? le sac aux largesses est épuisé. »

La fée réfléchit un instant, puis rappelant d'un signe toutes ces charmantes obligées, elle leur dit : « Vous êtes bonnes, puisque vous êtes belles. Il vous appartient de réparer un tort très-grave de ma part : dans ma distribution j'ai oublié votre sœur de Paris. Que chacune de vous, je l'en prie, détache une partie du présent que je lui ai fait, et en gratifie notre Parisienne. Vous perdrez peu et vous réparerez beaucoup. »

Comment refuser à une fée, surtout à la fée bleue !

Avec la grâce qu'ont toujours les gens heureux, ces dames s'approchè-

rent tour à tour de la Parisienne, et lui jetèrent en passant, l'une un peu

LES GENS DE PARIS. Boudoirs et Mansardes. — 1.

Mon ami, je vous sacrifie tout ce que je dois au meilleur des époux :
Si jamais vous me trompiez, Maurice, oh! ce serait bien mal!

Par GAVARNI. Gravé par BARA.

de ses beaux cheveux noirs, l'autre un peu du rose de son teint, celle-ci quelques rayons de sa gaieté, celle-là ce qu'elle put de sa sensibilité, et il se fit ainsi que la Parisienne, d'abord fort pauvre, fort obscure, très-effacée, se trouva en un instant, par cet acte de partage, beaucoup plus riche et beaucoup mieux dotée qu'aucune de ses compagnes.

La fée bleue était déjà remontée au ciel en souriant.

Ceci prouve...... Je n'ai rien à prouver.

DISONS MAINTENANT SI LA PARISIENNE EST LONGTEMPS BELLE.

Si la définition que nous avons donnée de la beauté de la Parisienne n'est pas erronée, si la fiction de la fée bleue cache un sens vrai, cette beauté, assez semblable à une riche mosaïque, ne saurait périr d'un seul coup. La beauté trop unie de l'Espagnole, la beauté trop absolue de l'Italienne, n'ont pas, par exemple, de fin ménagée, d'extinction douce, d'agonie paisible. Ce genre de beauté s'écroule tout à coup comme un monument. Une maladie emporte la superbe, la belle femme, et laisse une sorcière; et cette horrible catastrophe arrive toujours de bonne heure dans les pays chauds. La Parisienne triomphe indéfiniment de la maladie, de l'âge, de toutes les infirmités possibles, et la mort ne la prend guère qu'à l'état d'ouvreuse de loges. Perd-elle son gracieux embonpoint, il lui reste ses cheveux; perd-elle ses cheveux, elle se rabat sur ses dents; perd-elle ses dents, il lui reste ses yeux, longtemps fins et moqueurs, miroirs conservateurs de tout ce qu'ils ont vu; l'éclat de ses yeux s'évanouit-il, il lui reste son sourire qui garde tant de choses dans ses plis; enfin, a-t-elle tout perdu, il lui reste encore son esprit; elle s'y plonge tout entière, et la voilà rajeunie.

L'ESPRIT D'UNE PARISIENNE EST SON IMMORTALITÉ.

Je ne veux pas dire à quel âge une Parisienne est vieille : une vérité est déjà une chose si triste qu'il faut se garder de la rendre offensante; mais dès qu'une Parisienne a l'indulgence de se croire vieille, elle conquiert à l'instant même une jeunesse qui ne passe plus. Quel inépuisable trésor que sa mémoire! quel livre que ses souvenirs! quelle profondeur dans ses

LES GENS DE PARIS. En Carnaval. — 1.

Après le débardeur, la fio du monde!

Par GAVARNI. Gravé par BREVIÈRE.

conseils! quelle fermeté! quelle durée dans ses affections! quel guide dans la vie!

Tout homme d'État, tout philosophe, tout artiste, tout poëte, tout homme enfin qui n'a pas passé quelques années dans l'intimité des vieilles femmes parisiennes, a manqué son éducation du monde. Sa vie entière se ressentira de ce tort, on pourrait dire de ce malheur.

Consultez les mémoires des hommes illustres des temps passés ; interrogez les souvenirs de ceux qui occupent aujourd'hui le premier rang dans l'opinion publique : tous, s'ils sont sincères, vous diront qu'ils doivent en grande partie à la société des vieilles femmes parisiennes d'avoir pu faire quelque chose de grand dans leur vie, et particulièrement d'avoir pu éviter d'énormes fautes et d'énormes sottises.

Le secret de leur immense supériorité s'explique : en arrivant à l'âge de vieillesse, elles gardent la délicatesse de la femme, et acquièrent le bon sens de l'homme. Comme ce vin dont parle Homère, elles deviennent miel par la vertu des ans. Vivantes par la raison, elles sont mortes pour les passions. On ne les trompe pas. Comment les tromperait-on ? il n'y a plus rien à courtiser en elles.

Quand on aura cessé d'élever des statues à tous ces imbéciles couronnés, à la lèvre autrichienne et au nez espagnol, on songera peut-être à en dresser une, magnifique type de la raison, de la sagesse moderne, qui représentera une vieille femme parisienne, soutenant d'une main un vieillard, tendant l'autre à un jeune homme prêt à entrer dans la vie.

CONCLUSION.

Une Parisienne est une adorable maîtresse, une épouse presque impossible, une amie parfaite.

FIN.

Elle meurt dans sa religion, à laquelle elle n'a jamais pensé.

LÉON GOZLAN.

FLAMMÈCHE ET BAPTISTE.

CONVERSATION ET CONSULTATION.

I

Flammèche était un diable de bonne foi, et qui ne tenait pas d'ailleurs à s'en faire accroire à lui-même; — il avait donc bientôt reconnu que sa mission n'était point aussi facile à remplir qu'il se l'était imaginé. Le peu qu'il avait vu et entendu l'avait tout d'abord convaincu que, pour avoir été le secrétaire intime de Satan, et le diable le mieux instruit des secrets de l'autre monde, il n'en était pas moins dans le nôtre fort neuf en toutes choses.

Aussi, après avoir considéré dans le premier moment Paris avec la curiosité banale d'un entomologiste examinant sous le verre de sa loupe une fourmilière quelconque, s'était-il bientôt senti intéressé par la singularité du spectacle qu'il avait sous les yeux. Dans ces mouvements, en apparence si désordonnés, il avait fini par distinguer une certaine symétrie; et dans ces bruits, d'abord si confus, des voix et des discours qui ne manquaient pas absolument de sens et d'harmonie. La scène n'avait pas grandi, mais les acteurs, mais la pièce, avaient pris des proportions raisonnables. Un mathématicien lui avait prouvé, par $A+B$, que l'infini étant partout et dans tout, dans l'unité comme dans le nombre, un est aussi parfait que cent mille, et que la terre, par conséquent, est, sinon aussi grosse, au moins aussi digne de l'attention de l'observateur que toute autre partie plus considérable de l'univers, — ce qui revient à dire, avec raison peut-être, qu'un ciron vaut un éléphant; — et Flammèche avait trouvé sans réplique cette théorie de l'infini. Un métaphysicien lui avait démontré que les plus grandes choses sont contenues dans les plus petites, *maxima in minimis;* et un gamin, à qui il avait fait une question probablement par trop naïve, lui avait demandé, avec beaucoup de sang-froid, — s'il revenait de son village.

Bref, Flammèche en était arrivé à s'avouer ingénument — ce qui était encore une naïveté — qu'il avait tout à apprendre avant de pouvoir rien critiquer.

II

Son parti avait été bientôt pris.

« J'apprendrai, se dit-il, fût-ce à mes dépens! »

Et Flammèche, qui était intrépide, commença bravement, non par le plus difficile, mais à coup sûr par le plus dangereux, puisque tout d'abord, ainsi que nous l'avons dit, il était devenu amoureux.

L'Amour, chère madame, est un maître qui ne fait grâce à personne.

LES GENS DE PARIS. Aux Champs. — 1.

Electeur éligible.

Par Gavarni. Gravé par Piaud.

III

UNE CONSULTATION.

La lecture du véridique et spirituel document qu'on vient de lire sous cette rubrique : « *Ce que c'est qu'une Parisienne,* » confondit tellement toutes les idées que Flammèche amoureux s'était faites des femmes en général, et de la Parisienne en particulier, et le jeta dans de telles perplexités, que voulant s'en tirer à tout prix,

« Baptiste, dit-il en s'adressant en dépit de cause à son valet de chambre, réponds-moi : Que penses-tu des femmes ?

— Mais, monsieur... dit Baptiste de l'air d'un homme pris au dépourvu.

— Dis toujours, reprit Flammèche ; que penses-tu des femmes ?

— Dame, monsieur, dit enfin Baptiste, — c'est selon. »

Et il fut impossible de tirer de la bouche du sage Baptiste un mot de plus.

« Au fait, pensa Flammèche, ce garçon a raison, et sa réponse en vaut une autre.

« Baptiste, je n'ai plus de cigares, » dit Flammèche.

IV

OPINION DÉFINITIVE DE BAPTISTE SUR LES FEMMES.

Baptiste, qui était sorti un instant pour aller chercher des cigares, venait de rentrer.

« Que diable ! lui dit encore Flammèche, qui avait fini par trouver que la réponse de son valet de chambre laissait quelque chose à désirer, que diable ! Baptiste, tu as dû être joli garçon ; il n'est pas possible que tu

n'aies rien de mieux à répondre à ma question que les deux mots que tu viens d'articuler tout à l'heure. »

Et comme Baptiste, pour ne pas répondre *c'est selon*, ne répondait rien du tout,

« Mais enfin, lui dit Flammèche, tu as été amoureux ?

— J'ai été si jeune !... dit Baptiste.

— Eh quoi ! dit Flammèche, te repentirais-tu d'avoir aimé ? »

Baptiste hésita un instant.

« Il y a femme et femme, dit-il enfin.

— Comme il y a fagot et fagot, » dit en riant Flammèche, que le laconisme de Baptiste mit en bonne humeur.

Baptiste, qui avait respectueusement baissé les yeux pendant que son maître l'interrogeait, et qui les avait même fermés tout à fait, sans doute pour se mieux recueillir quand il avait eu à lui répondre, Baptiste l'entendant rire et ne comprenant rien à cette subite gaieté, se hasarda alors à

LES GENS DE PARIS. Boudoirs et Mansardes. — 4.

Clarisse, vous avez une peine en dessous! Mais, voyez-vous, Clarisse, c'est pas à moi qu'on cachera les mélancolies qu'y a dans les cuisines; je connais ça à vos robinets, moi…. Venons boire la goutte.

Par GAVARNI. Gravé par GÉRARD.

lever la tête pour en savoir le motif. Mais les regards de Baptiste ne rencontrèrent que le fauteuil vide de Flammèche.

Quant à Flammèche lui-même, il avait disparu !

V

Un autre que Baptiste eût été intrigué de cette incroyable disparition, car la porte n'avait point été ouverte, les fenêtres n'avaient point cessé d'être fermées, et l'appartement que Flammèche occupait dans l'hôtel des Princes, où il était descendu, avait toujours passé pour être parfaitement clos ; un autre aurait cherché sous les tables, sous le lit, derrière les rideaux, partout enfin, si peu probable qu'il pût être qu'un ambassadeur s'y fût caché dans le seul but de causer une surprise à son valet de chambre. Mais Baptiste était un serviteur trop discret pour s'inquiéter jamais de ce que pouvait faire son maître, et pour scruter ses actions. Il se contenta de replacer le fauteuil dans un des coins du salon, de fermer le secrétaire, de ranger les papiers — et de descendre à l'office.

Le lendemain Flammèche n'avait point reparu.

Un autre que Baptiste se serait dit peut-être : « Où donc monsieur a-t-il passé ? » mais Baptiste, qui était Allemand et même Prussien, ne se dit rien du tout et se borna à l'attendre.

Personne, on le voit, n'était moins bavard que Baptiste, puisque, contre l'ordinaire des gens qui parlent peu, il ne causait même pas quand il était tout seul.

Vers dix heures du matin, un domestique monta une lettre à Baptiste. Cette lettre était de Flammèche.

Lettre de Flammèche à Baptiste.

« Mon bon garçon, lui disait Flammèche, je reviendrai quand je pourrai.

« En attendant mon retour, qui peut être prompt et qui peut ne pas l'être,
« et tant que durera mon absence, tu seras mon chargé d'affaires, — c'est-
« à-dire que tu auras soin d'ouvrir une fois par semaine, tous les lundis,
« mon secrétaire; que tu prendras, les yeux fermés, dans le tiroir du mi-
« lieu, un des manuscrits qui s'y trouveront, et qu'après en avoir fait un
« paquet proprement cacheté, tu auras à l'envoyer (par la poste) au Diable,
« mon maître, en y joignant les lettres à son adresse qu'il m'arrivera
« peut-être de te faire passer pour lui.

« Te voici par conséquent, mon cher Baptiste, ambassadeur par intérim;
« c'est la moindre des choses, comme tu vois; ne t'effraye donc pas, mais
« sois exact, tu as affaire à un maître qui ne sait pas attendre.

« *N. B.* — Parmi les manuscrits qui s'offriront à ta vue, ne va pas
« t'aviser de choisir; prends au hasard! — Il n'y a de juste, il n'y a d'im-
« partial — que le hasard!

« Flammèche.

« *Post-Scriptum.* — Quand tu auras besoin d'argent, tu en trouveras
« dans ta poche. »

Beaucoup de gens à la place de Baptiste, et je n'entends pas parler seulement des valets de chambre, auraient dit sans plus tarder : « J'ai besoin d'argent. » Mais le calme de cet honnête serviteur ne se démentit point

— C'est pourtant cet animal de petit Honoré qui m'a cédé cet amour-là, le jour de son départ.... « C'était un trésor, une merveille, un ange! » ..... Un ange qui fume du tabac de caporal!....

— Ça, c'est un cas rédhibitoire.

dans cette circonstance, et quoiqu'il ne servît Flammèche que depuis quelques jours, il ne songea même pas à vérifier cette dernière parole de son maître.

Après avoir lu sa lettre avec une grande attention, il la replia silencieusement, et tout fut dit.

Mais si Baptiste avait peu de conversation, c'était en revanche un garçon ponctuel et régulier; aussi ne manqua-t-il pas une seule fois d'exécuter dans tous ses points la manœuvre prescrite, et de tirer, — sans choisir — et au jour dit, du tiroir mystérieux, un manuscrit quelconque.

Grâce à ce tiroir, toujours bien rempli, grâce au zèle de Baptiste, la curiosité de Satan ne chôma donc pas un seul instant. Ce grand monarque se prit bientôt d'une si grande passion pour ces messages qui lui venaient de la terre, que le jour de leur arrivée était pour lui un jour de fête.

Ces jours-là, il rassemblait sa cour. Les vignettes passaient d'abord de mains en mains, après quoi un diable — le moins enroué sans doute — faisait à haute voix la lecture de ce qui venait d'arriver.

Quant à Flammèche, que faisait-il? qu'était-il devenu? Si quelqu'un le sait, ce n'est pas nous; mais nous le saurons plus tard peut-être, et quand nous le saurons, — notre devoir sera de le dire.

P.-J. STAHL.

PARIS COMIQUE. — TIROIR DU DIABLE.

LE MONDE ÉLÉGANT. — LES BALS.
LA CONTREDANSE — LA VALSE A DEUX TEMPS — LA POLKA.

DE LA
CONTREDANSE

Comment on doit conduire élégamment les dames à la pastourelle.

Pose penchée qu'il faut prendre pour tenir à la danseuse une conversation variée sur la pluie et le beau temps.

De la grâce avec laquelle il convient de se produire *au solo*.

DE
LA VALSE A DEUX TEMPS
La seule admise aujourd'hui, peut-être parce qu'elle est moins décente.

Valse de M. le marquis de X....   Valse de M. le vicomte de G....   Valse de M. le baron de Z....

DE
LA POLKA
— Danse nouvelle —

Satisfaction du maître de la maison.

Polka glissée, seule avouée par les gens du bel air.

Une bien bonne personne (style de dame).

BERTALL.

DE LA POLKA (Suite).

Le Départ. — Exercice que l'on commence à proscrire comme trop gracieux.

Étude de Polka sentimentale. La dame. — Petit Comité.

Polka sautée. — Polka peu considérée. —

Un magistrat intègre allant prendre sa dix-septième leçon.

Polka sentimentale. — Le cavalier seul. —

Étude consciencieuse à huis clos. — Trois heures du matin. —

PROMENADE AUTOUR DES BANQUETTES AVEC LES DÉSIGNATIONS DONNÉES PAR LES DANSEURS.
(Les Français sont le plus galant peuple de la terre.)

Une charrette.

Un fagot.

Un paquet.

BERTALL.

COMMENT ON SE SALUE A PARIS.

Lorsque le cavalier Marin vint en France, sous le roi Louis XIII, il fut tellement surpris des démonstrations excessives que pratiquaient les jeunes seigneurs en s'abordant, et des salutations incroyables qui précédaient leurs causeries, qu'il écrivit ce joli mot à ses amis d'Italie : « *En France, toute conversation commence par un ballet.* »

Le salut et la façon de s'aborder, qui sont caractérisés d'une manière si différente dans les divers pays du monde, ont surtout à Paris des formes particulières. On ferait presque l'histoire de la société parisienne par l'histoire chronologique de ces formes de salutation. Molière, à qui rien ne pouvait échapper de la grande comédie humaine, a fait, dans M. Jourdain, deux joyeuses peintures de ces ridicules : lorsque M. Jourdain, sorti tout érudit des mains de son maître de danse, fait reculer la marquise afin de donner à ses trois saluts le développement nécessaire, et lorsque, usant d'une autre science, il apprend de son maître de philosophie la manière d'aborder cette belle dame avec la phrase si fameuse et si malléable : « *Belle marquise, vos beaux yeux me font mourir d'amour.* » Il est assez étrange que toute rencontre de deux personnes soit précédée en effet de deux actes indispensables, une contorsion et une banalité, c'est-à-dire le salut et le compliment.

Ce petit *ballet* qui s'exécute ainsi, selon le cavalier Marin, entre ces deux personnes qui se rencontrent, n'aurait-il pas un secret motif? celui de se recueillir de part et d'autre, et de mesurer ce qui va s'échanger dans la conversation. Une rencontre est une surprise; une surprise embarrasse, et le salut et les compliments vagues qui le suivent sont parfaitement placés pour se remettre d'aplomb.

Toute l'échelle sociale se retrouverait au besoin dans la gradation des courbes que dessinent les divers saluts. Du maréchal de France au men-

LES GENS DE PARIS. Aux Champs. — 4.

Mon mur

Par GAVARNI. Gravé par LOISEAU.

diant, du fat au plat, les inflexions sont innombrables dans leur variété, et la plus habile dissertation mathématique ne pourrait les reproduire.

Le salut est comme les caractères, il est altier, simple,

... bonhomme, insultant, bienveillant, froid, humiliant, ... bas, ...

..... naïf, gourmé, ... orgueilleux, triste, ...

.... inquiet, misérable, ... audacieux. ....

Tel salut irrite, tel autre touche et émeut. — Les rapports sociaux et les nuances des positions s'y dessinent d'une manière éclatante, mais rapide. Avant que les deux salutateurs se soient raffermis sur leurs jambes, vous jugez de la distance qui les sépare; et une fois raffermis sur leurs pieds et le ballet terminé, le niveau de l'habit noir efface l'inégalité.

Les sots et les fats ont une supériorité immense sur les gens d'esprit dans cette pratique. Quant à l'homme de génie, il est au dernier rang, il n'a jamais su saluer.

Cet art est difficile; il exige des études profondes, une expérience considérable, ou une inspiration naturelle qui les remplace.

Le salut exquis est celui qui contient autant de dignité que de bienveillance; le plus sot est celui qui humilie et afflige.

L'homme du peuple et l'ouvrier ignorent presque le salut; entre eux ils s'abordent en riant, mais la tête droite; et même à l'égard de leurs supérieurs ou des riches, ils ne savent pas se courber.

A mesure, au contraire, qu'on remonte dans les degrés de la civilisation, la souplesse du salut augmente; elle atteint sa dernière courbe dans les salons des rois et des grands.

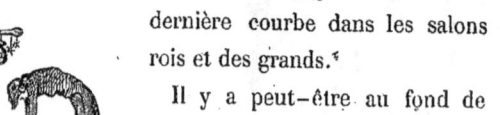

Il y a peut-être au fond de cet usage du salut un immense ridicule, inaperçu parce qu'il est un usage, mais qui frapperait des yeux inaccoutumés à le voir.

Benjamin Constant sentait cela, lorsque écrivant à madame de Charrière, il souriait des gens qui *perdent leur équilibre pour paraître mieux polis*.

Mais qu'y faire? changer ce ridicule pour un autre? cela en vaut-il la peine? Contentons-nous de l'avoir constaté, afin que les générations moqueuses qui nous suivront sachent que nous nous étions connus nous-mêmes, et que nous les avions prévenues et pressenties dans les sarcasmes et les dédains dont elles accableront notre âge.

P. PASCAL.

ASSURANCES MUTUELLES CONTRE LES CHANCES DE L'APPÉTIT.

Capital social : CENT MILLE ASTICOTS.

(Le Gérant attend les Actionnaires).

LES DRAMES INVISIBLES.

> . . . . Be this or aught
> Than this more secret now design'd, I haste
> To know.
>
> « Que cela soit ainsi, ou qu'il y ait un secret plus caché,
> « j'irai et je le connaîtrai. »
>
> — MILTON, *Paradis perdu.* —
> (Paroles de Satan au Péché et à la Mort.)

Au sixième étage d'une magnifique maison de la Chaussée-d'Antin, logeait, il y a quelques années, un jeune homme du nom de Marc-Antoine Riponneau. C'était un gros garçon de vingt-cinq ans, d'une figure ronde et purpurine, aux yeux bleus et à fleur de tête, au nez légèrement retroussé et largement ouvert, aux lèvres cerises et avancées; un vrai visage de bonheur et de contentement, si un front bas et des cheveux tellement fournis, qu'ils n'étaient supportables que taillés en brosse, n'eussent prêté à sa physionomie un air sordide et envieux, et dénoté plus d'obstination que d'intelligence. Marc-Antoine était commis au ministère des finances et gagnait 1,800 francs par an. Il s'en contentait, mais il n'en était pas content. Employé au budget de l'État, il en avait appris toutes les illusions et s'en était garé pour sa vie privée. Aussi, point de dette inscrite emportant intérêts payables de six mois en six mois; point de dette flottante, qu'on ne doit jamais, parce qu'on la doit toujours (c'est-à-dire parce qu'on emprunte pour payer ce qu'on a emprunté). Ce qu'il avait surtout supprimé de ses comptes comme un des rêves les plus trompeurs de la finance, c'était le chapitre des ressources imprévues. Marc-Antoine avait 1,800 francs, il ne comptait que sur 1,800 francs, et encore comptait-il avec eux, ne les prenant que pour 1,700 francs, vu que la loi à venir sur les pensions pouvait lui imposer une retenue ou le forcer à quelque opération d'assurance. Chaque dépense était invariablement cotée, prévue et couverte. Grâce à beaucoup de sobriété, il épargnait sur ses repas pour être bien vêtu; et grâce à beaucoup de circonspection dans tous ses mouvements, il maintenait ses habits dans un état de fraîcheur encore décente, alors que, sur les épaules d'un gesticulateur, ils eussent été déjà flétris depuis longtemps. Riponneau ne se permettait d'étendre démesurément ses bras et ses jambes, et de se tirer à son aise dans sa peau, qu'à l'heure où il était débarrassé de tout vêtement avariable par trop de liberté dans les mouvements. Mais il faut dire qu'à cette heure il s'en dédommageait amplement; et c'était par la pantomime la plus désordonnée qu'il accompagnait les exclamations suivantes :

« N'avoir que 1,800 francs, et porter en soi le germe de toutes les grandes pensées ! »

Le germe de toutes les grandes pensées soit, à proprement parler : le désir de toutes les jouissances luxueuses de la vie.

« Ah ! continuait Marc-Antoine, être pauvre et voir en face de soi, là, au premier de cette grande maison, un M. de Crivelin et une madame de Crivelin ! Ils sont riches, et tout leur rit; le monde les flatte; ils sont heureux ! »

Ici maître Riponneau frappait du pied.

« Si seulement, continuait-il, j'étais comme ce M. Domen, qui occupe

Le plus beau des droits de l'homme est le droit de pêche.

tout le second de notre maison, quel autre usage je ferais de ma fortune, que celui qu'il fait de la sienne! Mais qu'importe, il est heureux à sa manière, puisque pouvant vivre partout il ne vit que chez lui; tandis que moi, il faut que je me prive de tout. D'ailleurs, n'eût-il pas la fortune, il a la gloire, la considération. Tonnerre et tonnerre! il est heureux! »

A ce passage de ses doléances, Riponneau trépignait.

Puis venaient de nouvelles exclamations, et sur le bonnetier qui occupait le magasin de droite de la porte cochère, et sur le confiseur qui occupait le magasin de gauche, et sur tous les locataires de la maison, les uns après les autres ; car, par exception, cette maison était splendidement habitée : laquais, chiens et chevaux grouillaient dans la cour ; la fumée des cheminées de cuisine sentait la truffe et le faisan ; dans les escaliers qu'il descendait le matin pour aller chercher son lait, Marc-Antoine rencontrait les sveltes chambrières au tablier de neige, parfumées des essences de leurs maîtresses. Puis il se heurtait à la face rebondie des cuisiniers. Ses bottes, cirées à grand'peine, noircissaient devant l'éclat miroitant des souliers vernis des valets de chambre. Le bonheur des maîtres l'insultait par la valetaille. Puis, le soir, les voix délicieuses des concerts, les murmures et le doux fracas de la danse, et quelquefois, à travers une fenêtre ouverte, une belle tête blonde ou brune couronnée de fleurs, un corps souple et gracieux tout rayonnant des reflets de la soie, ou voilé des vapeurs de la mousseline ; tantôt la douce nonchalance du bonheur inoccupé, tantôt la fièvre ardente du plaisir, tout cela entourait Marc-Antoine d'une atmosphère brûlante de désirs dans laquelle il s'agitait, ouvrant sa poitrine à cet air embaumé, ses lèvres à ces fantômes divins, sans pouvoir rien saisir, mâchant à vide, embrassant des ombres, et arrivant par degrés à des transports de rage qui lui faisaient battre le sol à coups de pied et les murs à coups de poing.

Or, un soir que l'exaspération de Riponneau était arrivée à un degré terriblement turbulent, il entendit frapper à sa porte, et presque aussitôt entra dans sa chambre un homme d'à peu près soixante ans, au front chauve et vaste, enveloppé d'une robe de chambre d'indienne ouatée et piquée comme les vieilles courtes-pointes de nos grand'mères. Cet homme avait un œil vif et perçant, une expression fine, railleuse, et cependant pleine de bonhomie.

— Mon voisin, dit-il à Riponneau d'une voix douce et posée, chacun est le maître chez soi. Je n'ai pas assisté à la prise de la Bastille ni concouru à

la révolution de Juillet pour ne pas reconnaître ce grand principe politique. Mais toute liberté a ses limites, parce que sans cela elle empiète sur la liberté des autres. Vous avez la liberté de crier, mais dans une certaine mesure, car j'ai la liberté de dormir; et si votre liberté détruit la mienne, elle devient une tyrannie et la mienne un esclavage, ce qui est contre les principes des deux révolutions dont je viens de vous parler.

Marc-Antoine eut envie de se fâcher : le voisin ne lui en donna pas le temps, et reprit :

— Du reste, ce n'est pas pour moi que je réclame, je vis volontiers dans le silence ou dans le bruit; mais je vous parle pour votre petite voisine, mademoiselle Juana, la couturière, que j'ai vue rentrer ce soir bien pâle, bien souffrante, et les yeux tout rouges de larmes et de la fatigue du travail. Elle s'est couchée, la pauvre enfant, espérant dormir, m'a-t-elle dit : eh bien! mon cher voisin, pour elle, pour cette chère petite, étudiez un peu moins fort vos rôles de mélodrame.

— Hein! fit Marc-Antoine.

— D'ailleurs, reprit le voisin d'un air capable, j'ai vu Talma, monsieur;

et croyez-moi, ce n'était point avec de grands gestes et de grands cris qu'il faisait ses plus beaux effets. Tenez, dans *Manlius*, il ne faisait que lever le pouce et regarder de côté lorsqu'il disait ces deux vers :

> C'est moi qui, prévenant leur attente frivole,
> Renversai les Gaulois du haut du Capitole.

Et la salle croulait sous les applaudissements. Croyez-moi, monsieur, la bonne déclamation...

— Mais, monsieur, je ne suis pas comédien.

— Ah bah ! fit le vieux voisin; vous êtes donc avocat?

— Mais non.

— Vous êtes trop jeune pour être député? Qu'êtes-vous donc, pour hurler ainsi à propos de rien ? »

Marc-Antoine hésita et finit par répondre :

— Je suis pauvre, monsieur, je m'ennuie du bonheur des riches, et je m'amuse à ma manière.

Le voisin regarda Rpionneau avec intérêt : il y eut sur le visage du vieillard une lutte entre un premier mouvement de malice et un second mouvement de bienveillance. La bienveillance l'emporta. Il prit une chaise et, avec cette douce autorité que donnent l'âge et l'indulgence, il dit à Riponneau :

— Ah! vous êtes pauvre, et par conséquent malheureux. Causons un peu, voisin. Vous savez que c'est surtout entre pauvres qu'on est libéral; et moi qui suis heureux, je veux vous donner un peu de ce qui vous manque, je veux vous faire part de mon bonheur.

— Et comment vous y prendrez-vous, voisin? car, si j'ai bien observé vos habitudes, vous êtes seul chez vous.

— Oui.

— Vous travaillez du matin au soir.

— Oui.

— Vous sortez rarement.

— Oui.

— Où donc est votre bonheur, et que pouvez-vous me donner?

— Rien, mais j'aurai beaucoup fait pour vous si je vous ôte quelque chose du cœur : c'est l'envie qui vous ronge et qui flétrit toutes les joies de votre jeunesse, comme le ver au cœur de l'arbre.

— Moi envieux! dit Marc-Antoine en rougissant.

— Voyons, jeune homme, êtes-vous marié?

— Non.

— Avez-vous une maîtresse?

— Non.

— Avez-vous une famille qui...

— Je suis orphelin.

— Avez-vous des dettes?

— Non.

— Point de femme, *ergo* point d'enfants; point de maîtresse, *ergo* point de rivaux; point de famille, *ergo* point de liens; point de dettes, *ergo* point d'huissiers : en somme, vous êtes exempt de tous les fléaux de l'humanité. Donc, si vous êtes malheureux, cela ne venant point de causes extérieures et indépendantes de votre être, votre infortune vient d'une cause intérieure et inhérente à votre nature. Cette cause, c'est l'envie.

— Et quand cela serait, dit Riponneau; quand j'envierais le bonheur de tout ce qui m'entoure, où serait le mal?

LES GENS DE PARIS.   Aux Champs. — 7.

Mosieu le Maire, ex-traître de mélodrames.

Par GAVARNI.   Gravé par BIROUSTE.

— Le mal est à souffrir de ce qui vous est étranger, ce qui est profondément déraisonnable.

— Bah! dit Riponneau, il n'y a point de déraison à souhaiter la fortune.

— Il y a de la déraison à souhaiter le chagrin, le désespoir, les tourments incessants, les inquiétudes perpétuelles qui l'accompagnent.

— Lieux communs que tout cela, mon cher voisin : consolations banales du pauvre à son confrère; dérision insolente du riche, quand c'est lui qui tient ce langage.

Le voisin réfléchit, et, après un assez long silence, il dit à Marc-Antoine :

— Eh bien! répondez franchement : qui donc enviez-vous parmi ceux qui vous entourent? à la place de qui voudriez-vous être?

— A la place de qui? fit Marc-Antoine. Mais il n'y en a pas un seul qui ne soit plus heureux que moi ; et puisqu'en fait de désirs le champ est libre, et qu'on ne vole personne en prenant en rêve le bien des autres, pensez-vous que je n'aimerais pas mieux être dans la position des Crivelin que dans la mienne?

— Vraiment?

— Mais dame? La semaine dernière, je n'ai pas dormi de la nuit, du bruit de la fête qu'ils ont donnée. Les plus magnifiques équipages encombraient la rue; les noms les plus considérables étaient annoncés à voix de stentor à la porte de leurs salons. Ceux qui entraient brûlaient d'arriver, ceux qui partaient regrettaient de s'en aller; et, sur l'escalier où j'ai passé dix fois, sortant de chez moi, y rentrant sans cesse pour fuir ce bruit de fête déchirant, j'entendais à toutes les marches :

« Quelles aimables gens! Quelle gaieté! Comme on voit bien qu'ils sont heureux! »

Et d'autres disaient :

« Ils marient leur fille au comte de Formont. Un beau mariage! Jeunesse, beauté, fortune, considération des deux côtés. Ils sont heureux, mais ils le méritent bien. »

— Ah! fit le voisin, vous avez vu et entendu tout cela sur l'escalier?

— Oui-da!

— Eh bien! si vous étiez entré dans le salon, c'eût été bien mieux : partout la joie, le rire, les félicitations ; et, sur le visage des maîtres de la maison, la satisfaction du bonheur que procure le bonheur qu'on donne ; et, de tous côtés, des assurances d'amitié, et l'ivresse du comte de Formont, et la joie retenue d'Adèle de Crivelin, et leurs regards furtivement échangés, et le doux et bienveillant sourire des vieillards qui surprennent ces regards et rêvent de leur passé ; et l'orgueil du père, l'amour de la mère, triomphants et ravis du succès de leur fille... C'était un tableau charmant à minuit, à une heure du matin, à trois heures, à cinq heures encore ; mais au point du jour, le rideau était baissé, la comédie était finie, et le drame commençait.

— Ah bah ! dit Marc-Antoine ; est-ce que la fortune de M. de Crivelin serait compromise, et, comme tant d'autres, cacherait-il sa ruine sous des fêtes ?

— Non.

— Est-ce que sa femme ne serait pas ce qu'elle doit être ?...

— C'est la meilleure des femmes.

— Une faute de sa fille ?

— C'est un ange de vertu et de pureté.

— Mais alors, qu'est-ce donc ?

— Une bonne action, rien qu'une bonne action oubliée depuis quinze ans, et qui s'est tout à coup montrée à eux sous la forme d'un hideux gredin à figure jaune et bilieuse, d'un ignoble gueux qui a roulé la crasse de ses guenilles sur la soie de ces meubles dorés qu'effleurait, une heure avant, la gaze des jeunes et belles danseuses.

— Je ne vous comprends pas.

— Écoutez-moi donc. Cet homme, vêtu d'une livrée crasseuse, était resté toute la nuit dans l'antichambre. Dans une pareille cohue de laquais, celui-ci avait échappé aux regards des domestiques de la maison ; mais à mesure que les salons se dépeuplaient et les antichambres à la suite, on fit attention à lui, et on le regarda d'assez mauvais œil ; mais le drôle ne faisait que mieux prendre ses aises et s'étaler plus insolemment sur les banquettes. Enfin arriva le moment où partirent les derniers conviés, et le laquais crasseux resta à son poste. On finit par lui demander pourquoi il demeurait.

« — J'attends mon maître, M. Eugène Ligny.

M'ame Beauminet veut des fleurs..... j'ai apporté des graines en veux-tu, en voilà !... aussi je retournerai à Paris les mains pleines.... de durillons.

« — Il n'y a plus personne, lui répondit-on.

« — Je vous dis qu'il est ici ; demandez-le à votre maître, il le retrouvera.

« Les domestiques voulurent se fâcher : le manant éleva la voix, et M. de Crivelin parut à la porte de l'antichambre, en demandant la cause de ce bruit.

« — C'est cet homme, répond le valet de chambre, qui refuse de sortir, sous prétexte qu'il attend son maître.

« — Et comment se nomme son maître ?

« — Celui que je cherche, dit le laquais inconnu, s'appelle Eugène Ligny, et je ne sortirai pas sans lui avoir parlé.

« A peine avait-il prononcé ces paroles, que M. de Crivelin attache sur cet homme des yeux épouvantés; il pâlit, il chancelle, et, contenant à peine la terreur et le trouble qu'il éprouve, il donne l'ordre à ses domestiques de se retirer, et invite cet homme à le suivre.

« D'ordinaire, les petits malheurs arrivent en aide aux grandes catastrophes. Une maison où vient de se donner un bal de cinq cents personnes est en général fort peu en ordre : les portes démontées laissent les appartements ouverts à tous les regards. Monsieur et madame de Crivelin ne s'étaient gardé à l'abri de l'invasion que la chambre de leur fille et leur propre chambre ; tout le reste de l'appartement était percé à jour. Madame de Crivelin était dans les mains de sa femme de chambre, lorsque son mari vint la prier de se retirer chez sa fille et de lui laisser un moment sa chambre pour un entretien de la plus grande importance.

« — Ah! dit-elle en riant, je parie que c'est M. de Formont qui te poursuit... Mais en vérité, c'est bon pour les amoureux, de ne pas dormir. Renvoie-le à plus tard.

« — Non, ce n'est pas cela... c'est... De grâce, retire-toi jusqu'à ce que j'aille te prévenir.

« — Mais qu'avez-vous donc? s'écrie madame de Crivelin : vous êtes pâle, vous avez le visage renversé... Qu'y a-t-il?

« — Rien, ma chère amie, rien ; mais, je t'en prie, laisse-nous.

« Madame de Crivelin céda, mais emportant avec elle une inquiétude qui gagna bientôt sa fille ; car Adèle ne dormait pas encore, et en voyant sa mère entrer chez elle, elle la questionna, et à l'effroi de madame de Crivelin, à son inquiétude, elle se prit à trembler à son tour. Voilà donc ces deux pauvres femmes repoussées, renfermées dans le coin le plus étroit de leur splendide appartement, attendant avec inquiétude l'issue d'une conférence si inattendue, si bizarre, et qui avait si fort troublé M. de Crivelin. Avec qui était-il? Que disait-il? et quel intérêt assez puissant le dominait, pour le forcer à donner une pareille audience à pareille heure?

« Adèle voyait Jules de Formont mort ; madame de Crivelin s'égarait dans un dédale de suppositions impossibles.

« Pendant ce temps, voici ce qui se passait dans la chambre où M. de Crivelin s'était enfermé avec le sale laquais.

« — Tu m'as donc reconnu, Eugène? lui dit cet homme.

« — Toi ici! lui dit M. de Crivelin. Toi vivant!

« — Quand tu me croyais mort, c'est plaisant, n'est-ce pas? Que veux-tu c'est comme ça. Fais-moi donner un verre de vin et une tranche de jambon, et tu verras que je ne suis pas un fantôme.

« — Voyons, Jules, ce n'est pas pour cela que tu es venu : parle! parle donc, malheureux!

LES GENS DE PARIS.   Aux Champs. — 5.

« Epouse gazouilleuse auprès de son Seigneur. »

(LASSAILLY.)

Par Gavarni.   Gravé par Brevière.

« — Depuis six heures que je suis dans ton antichambre, je crève de soif et de faim, je veux boire et manger.

« — Qu'est-ce à dire?

« — Je veux boire et manger. Allons, va me chercher ça toi-même, si tu as peur que ça ne salisse les mains de tes domestiques de me servir.

« Crivelin baissa la tête et sortit. Un moment après, il rentrait avec un plateau qu'il plaçait devant l'ignoble goujat, et lui disait :

« — Maintenant, parle ; que veux-tu? »

« Le nommé Jules se mit en devoir de manger, et commença ainsi :

« — Écoute, Eugène, voici ce que tu m'as écrit il y a dix-sept ans :

« Tu le vois, Jules, tes folies ont eu le résultat que je t'avais prédit. Du
« désordre tu es passé aux fautes, des fautes au crime, et maintenant, une
« condamnation infamante pèse sur ta tête. Puisque tu as pu t'échapper
« de ta prison, profite de ta liberté pour fuir et pour fuir seul. N'en-
« traîne pas un enfant, qui naît à peine à la vie, dans l'existence errante
« qu'il faut que tu ailles cacher dans un nouveau monde. Laisse-moi ta
« fille. A l'heure où la loi te frappait, le malheur me frappait aussi : ma
« fille est mourante. Si Dieu me la garde, la tienne lui sera une sœur ; si
« Dieu me la reprend, ta Marie prendra sa place près de nous. Voici assez
« d'or pour que tu puisses emporter dans ta fuite les moyens de reconquérir
« plus tard une fortune honorable. »

« — N'est-ce pas là ce que tu m'as écrit?

« — C'est vrai, fit M. de Crivelin.

« — Hui jours après, reprit cet homme, tu partais emmenant les deux enfants en Italie, tous deux âgés à peine de deux ans ; tu allais rejoindre ta femme, qui avait été forcée de te quitter pour aller recevoir les derniers adieux et le pardon de sa mère, qui se mourait à Naples. Tu l'avais épousée contre le vœu de sa famille, et cette famille noble t'avait défendu d'assister à cette réconciliation. Ta belle-mère étant morte, tu retournas près de ta femme. Quant à moi, pour mieux assurer ma fuite, je déposai au bord d'une rivière une lettre où je disais que je n'avais pas voulu survivre à ma honte ; et, un mois après ton départ, tu recevais la nouvelle de ma mort. A la même époque, ta fille mourait à Ancône, et tu en faisais la déclaration sous le nom que tu portais alors. Puis tu continuas ton voyage, laissant tous les étrangers que tu rencontrais appeler l'enfant qui t'accompagnait du nom de ta fille. Toi-même, charmé de sa grâce, de sa beauté, de sa tendresse pour toi, tu l'appelais du nom de ton enfant, voyageant lentement, prévoyant avec terreur le moment où il faudrait dire à ta femme que sa fille était morte. Alors, voilà tout à coup une idée qui te passe par la tête. Ta femme, emmenée par son frère M. de Crivelin, près de sa mère mourante, avait quitté ton Adèle trois mois après sa naissance, à cet âge où le visage des enfants change à chaque année qui se succède. Marie, la fille de Jules Marsilly, mort à ce que tu pensais, ne pouvait-elle, aux yeux d'une mère, remplacer cette Adèle perdue? Ta femme était malade à son tour; la nouvelle de la mort de sa fille pouvait la tuer; tu te décidas à la tromper : Marie Marsilly devint Adèle Ligny.

« — Puisque tu sais si bien le sentiment qui a dicté ma conduite, fit M. de Crivelin, peux-tu m'en faire un crime?

« — Je ne blâme rien, répondit l'ivrogne; je raconte.

« Il but deux verres de vin, et poursuivit ainsi :

« — Ta ruse réussit à merveille, elle réussit même au delà de tes espérances; ce ne fut pas seulement ta femme qui fut ravie de cette fille si belle et si charmante; son oncle, M. de Crivelin, qui ne pouvait te pardonner d'être devenu son beau-frère, s'amouracha de cette enfant, et huit ans après il lui laissait toute sa fortune en te nommant son tuteur, à la condition que tu ajouterais son nom au tien. Voilà pourquoi tu es rentré en France sous le nom d'Eugène Ligny de Crivelin.

« — Mais je n'ai trompé personne. Je n'ai point renié mon nom.

« — Tu en es incapable. Seulement l'habitude t'est venue de supprimer le Ligny, et de t'appeler M. de Crivelin ; et comme j'avais fort peu entendu prononcer ce nom dans ma jeunesse, jamais je n'eusse pensé que le riche M. de Crivelin fût mon ancien camarade de collége Eugène Ligny, si ces jours-ci je n'avais vu, affichés à la porte de la mairie de mon arrondissement, les bans de mademoiselle Adèle Ligny de Crivelin avec le comte Bertrand de Formont.

« C'est à cet aspect que je me suis demandé comment Adèle, morte à Ancône, vivait à Paris.

« — C'est un mensonge, fit M. de Crivelin, qui crut voir là une espérance d'échapper à cet horrible embarras.

« — Mon bonhomme, lui dit le brigand, ne joue pas un rôle que tu ne sais pas. Je passai à Ancône le lendemain de la mort de ta fille, et tout le monde y parlait de ton désespoir. D'ailleurs, au besoin on retrouverait les actes. Écoute-moi donc avec douceur.

« Le drôle acheva une seconde bouteille, et reprit :

« — Tu comprends qu'une fois sur cette voie, l'histoire de ton roman a été bien facile à faire. Tu avais mis ma fille à la place de la tienne, et maintenant tu en es peut-être arrivé à te persuader de bonne foi que c'est ton enfant.

« — Oh! oui, fit M. de Crivelin; c'est mon enfant, ma fille, mon espoir, mon bonheur... Voyons, que veux-tu, que demandes-tu?

« — Posons bien la question pour nous bien entendre, reprit le scélérat.

« D'abord, tu m'as volé mon enfant, crime prévu par la loi. Ensuite, pour recueillir l'héritage de l'oncle, tu as produit un extrait de naissance que tu as appliqué à ma fille, lorsque la preuve de la mort de ta fille est à Ancône ; *secundo*, pour faire publier les bans de la prétendue mademoiselle Ligny de Crivelin, tu as usé d'un titre également faux. Ceci est incontestable. Maintenant raisonnons :

« Pour avoir apposé une autre signature que la mienne au bas d'un papier timbré j'ai été condamné à quinze ans de travaux forcés. Je suis misérable et déshonoré, et je ne dois de ne pas être au bagne qu'à la réputation que j'ai d'être mort. Toi, au contraire, pour t'être servi faussement d'un acte authentique, pour avoir enlevé à d'autres héritiers une immense succession au moyen de cet acte, tu es riche, honoré, tu nages dans l'opulence et les fêtes; ce n'est pas juste.

« — Mais que prétends-tu, malheureux! voudrais-tu m'enlever Adèle? Ah! misérable! mais sa mère, car ma pauvre femme est sa vraie mère, voudrais-tu la tuer? Oh! je préférerais dire la vérité, et les tribunaux me la laisseraient, j'en suis sûr.

« — C'est à savoir. Mais la question n'est pas vidée, et voici un point important : le testament de M. de Crivelin est fait en faveur de mademoiselle Adèle Ligny. Si je prouve que l'héritière n'était pas la demoiselle Ligny, je la ruine, je te ruine, je vous ruine. C'est une bêtise que je n'ai pas envie de faire. D'ailleurs, je suis trop bon père pour commettre une pareille cruauté pour rien. Mais tu sais qu'il est dit dans la morale des honnêtes gens, qu'un bienfait n'est jamais perdu ; en conséquence de cette maxime, je me fais votre bienfaiteur. Cette fortune que je puis vous ravir à tous, je vous la laisse ; c'est comme si je vous la donnais : ce bonheur que je pourrais anéantir d'un mot je le respecte, c'est comme si je le faisais : ta femme, qui mourrait de cette découverte, je la laisse vivre, c'est comme si je la sauvais de l'eau ou de l'incendie ; cette fille chérie dont je perdrais sans retour toutes les espérances, je lui permets d'épouser son amoureux. Qu'est-ce que je fais donc ? je te fais riche et heureux ; je sauve la vie à ta femme ; je marie ma fille à un homme d'un nom honorable, d'une famille noble ; en vérité, on n'est pas plus vertueux, on n'est pas plus bienfaiteur, on n'est pas plus Montyon que ça : le bienfait déborde, et comme il est dit qu'un bienfait n'est jamais perdu, tu me donnes un million.

« — Un million, juste ciel ! s'écria M. de Crivelin.

« — Un bienfait ne peut pas être perdu, dit le misérable.

« — Mais tu oublies, reprit M. de Crivelin, que je puis t'envoyer au bagne.

« Le scélérat se lève, l'œil sanglant, la bouche écumante.

« — Pas de menaces de ce genre, où je te force à me demander grâce à genoux, ou je force ta femme et ma fille à venir ici baiser à plat ventre la crotte de mes souliers. Je te donne deux heures pour me faire ta réponse ; dans deux heures je serai ici.

« Et tout aussitôt cet homme sortit. »

— Voilà une triste histoire, fit Riponneau.

— Oh ! dit le voisin, ce n'est là que le commencement ; car à côté de cette chambre étaient la mère et la fille, qu'un de ces bons domestiques dévoués qui ne manquent jamais de vous dire ce qui vous est désagréable, avait averties que M. de Crivelin était enfermé avec un homme qui avait toute la figure d'un assassin, et que cela faisait peur aux bonnes gens de l'antichambre. Ce charitable avis, joint au trouble que madame de Crivelin avait remarqué chez son mari, la poussa à prêter l'oreille à ce qui se disait dans la chambre voisine. Au tressaillement cruel, aux cris étouffés que laissa échapper madame de Crivelin, Adèle se mit à écouter aussi, et toutes

LES GENS DE PARIS. Parisiens de Paris. — 3.

— Le mari d'Angélina.
— Ça?
— Ça.

Par GAVARNI. Gravé par F. LEBLANC.

deux apprirent en même temps l'horrible secret qui les frappait toutes deux ; le secret qui disait à la mère : « Ce n'est pas là ta fille ; » le secret qui disait à la fille : « Ce n'est pas là ta mère ! »

« Voilà pourquoi, lorsque M. de Crivelin rentra dans cette chambre, il les trouva toutes deux à genoux, toutes deux pleurant, sanglotant, et se tenant convulsivement embrassées : car déjà madame de Crivelin ne pleurait plus l'enfant mort qu'elle avait à peine connue, elle pleurait l'enfant qu'elle avait élevée, et que dans sa divine puissance maternelle elle avait faite à son image, l'enfant qu'elle avait aimée avec passion, et qui l'avait aimée d'un saint amour.

« Ce fut surtout alors que commença le drame avec ses pleurs, ses déchirements, ses transports. Et depuis huit jours que cela dure, monsieur, tout est désespoir, larmes, terreurs, dans cette maison. Et cependant, le lendemain, il fallait assister à un magnifique dîner chez la mère de M. de Formont ; et pour que le secret de ce malheur ne transpirât point au dehors, ces trois heureux qui vous font envie y sont allés. Et comme ils étaient tous trois plus sérieux qu'à l'ordinaire, et quelque peu pâles, on les a poursuivis de joyeuses félicitations sur la fatigue de leur fête splendide. On a bu à leur santé, au bonheur inaltérable des deux époux ; il leur a fallu sourire, les larmes sous les paupières, les sanglots dans la gorge, le désespoir à fleur de poitrine. »

— Mais qu'ont-ils fait ? que vont-ils faire ? dit Riponneau.

— Une grosse somme d'argent a éloigné le scélérat. Mais il peut revenir ; mais dans quelques années sa peine sera périmée, c'est-à-dire que, parce qu'il aura échappé au bagne pendant vingt ans, il sera aussi quitte envers la société que celui qui serait resté tout ce temps lié à sa chaîne, et alors il ne parlera plus avec la retenue d'un homme qui a peur pour lui-même, il sera le maître absolu de cette famille.

« En attendant, poussée par la fatalité de son existence précédente, elle vit le jour comme elle doit vivre pour qu'on ne soupçonne rien, mais elle pleure la nuit. C'est là, au coin du feu où ils veillent tous les trois, que se passent de longues conférences de larmes, des serments désolés de ne se jamais quitter. Ce n'est pas tout, monsieur, Adèle aime M. de Formont ; elle l'aime parce qu'il est brave, généreux, plein de sentiments élevés, parce qu'elle est fière d'être aimée de lui; et précisément parce qu'elle l'aime de ce noble et chaste amour, elle ne veut pas le tromper, elle ne veut pas qu'un jour cet homme si pur, d'une famille si honorable, puisse voir se ruer au milieu de son bonheur ce misérable qui se dira le père de sa femme.

« Adèle ne veut plus épouser le comte de Formont.

« — Mais comment faire, mais que dire? se sont écriés monsieur et madame de Crivelin.

« Et cette enfant, admirable en tout, leur a répondu :

« — Comme c'est pour moi que vous souffrez ainsi, c'est à moi de prendre le blâme et la douleur de cette rupture.

« Elle a tenu parole, monsieur; depuis huit jours, cette délicieuse et bonne créature s'est faite impertinente, froide, capricieuse. Elle aiguillonne de mots piquants les colères qu'elle excite par sa froideur; elle raille les larmes qu'elle fait couler; elle rit des tourments désespérés de son amant. Mais comme je vous l'ai dit, l'heure vient où la comédie finit et où le drame commence; et alors il n'y a pas un seul des tourments qu'elle a causés qui ne lui revienne au cœur plus amer et plus déchirant. Que de larmes douloureuses pour les pleurs qu'elle a fait répandre! que de cris désolés pour les plaintes qu'on lui a faites! Le jour, elle souffre de faire le mal; la nuit, elle souffre du mal qui est fait. Et ce n'est pas tout : M. et madame de Crivelin voient leur fille perdre chaque jour ses forces dans la lutte qu'elle soutient contre elle-même, contre son amour, contre la douleur qu'elle donne et celle qu'elle éprouve. Ce matin, le médecin l'a trouvée dévorée d'une fièvre ardente, et la voilà malade. Ce n'est rien aux yeux du monde : une indisposition nerveuse qui se calmera; et la famille des Crivelin n'en est pas moins une famille d'heureux. Et vous tout le premier, vous donnez des coups de poing aux murs parce que la joie de ces heureux vous importune et vous pèse. En voulez-vous de leur joie, jeune homme? Oh! qu'à l'heure qu'il est ils changeraient bien, et leurs riches appartements, et leurs équipages, et leurs millions, pour votre mansarde, votre parapluie et vos dix-huit cents francs! »

J'ai dit, je crois, que Riponneau avait le front bas et les cheveux plantés en brosse, et j'ai ajouté que cela lui donnait un air d'obstination, et l'air n'était point menteur. Ne pouvant nier le malheur, il voulut le justifier; voici comment :

LES GENS DE PARIS.   Parisiens de Paris. — 2.

Je n'ai jamais été ce qui s'appelle un joli garçon, non!.. on avait une figure chiffonnée qui ne déplaisait pas trop au sexe.

Par Gavarni.   Gravé par Bara et Gérard

— Ma foi, dit-il, s'ils sont malheureux, ils le méritent bien.

— Bah! fit le voisin.

— Quand on fait des actes pareils et qu'on en reçoit le châtiment, cela est logique. Je les plains, voilà tout; et certainement je ne voudrais pas être à leur place. D'ailleurs, leur malheur a dépendu d'un accident qui pouvait ne pas arriver; auquel cas, rien ne venait troubler leur félicité. Tenez, par exemple, voilà M. Domen; celui-là, certes, a fait dans sa vie plus d'une faute, et de celles que le monde ne pardonne pas d'ordinaire. Eh bien! parce qu'il est riche, parce qu'il a un nom et du talent, tout est accepté. On l'admire, même on l'applaudit pour ce qui serait la honte et le désespoir d'un autre : il est heureux; et je ne vois pas ce qui pourrait venir troubler son bonheur. Ce ne serait certes pas la découverte de sa fausse position, car il s'en fait gloire; il la porte avec assez d'orgueil pour que je trouve que ce soit de l'insolence.

— Ah! dit le voisin, vous enviez cela, et vous n'êtes pas le seul. En effet, il a cherché la gloire et la fortune dans les arts, et il a trouvé fortune et gloire. Il a aimé une femme qui était mariée, il l'a audacieusement enlevée à son mari; et plus audacieusement encore, il a fait taire le mari en le menaçant de démasquer toutes les hideuses saletés par lesquelles ce mari a poussé une femme bonne, noble, charmante, à se donner à un autre. Il ne s'est pas arrêté là; il a pris cette femme sous sa protection, il a proclamé tout haut son amour, son adoration, son respect pour elle. Et cette femme, on l'a respectée du respect qu'il lui montrait; on s'est dit qu'elle ne pouvait inspirer de pareils sentiments sans les mériter; et peu à peu cette existence a été tolérée par tous, admise souvent. Et comme la richesse l'accompagne, s'il plaît à Domen d'ouvrir sa maison, tout ce qu'il y a de grands artistes à Paris, tout ce qu'il y a de noms célèbres, se pressent dans ses salons. S'il voyage, on le reçoit comme un roi; on le fête, on le complimente, et cette femme prend la moitié de toute cette gloire, de tout ce bonheur.

— Eh bien! monsieur, fit Riponneau, ceux-là sont heureux, j'espère; et vous venez de peindre leur bonheur en traits qui ne sont pas exagérés assurément, et contre lesquels vous n'avez probablement rien à dire.

— Leur bonheur! fit le voisin avec un accent plein d'amertume; leur bonheur! répéta-t-il. Oh! oui, la surface est riante, dorée, et fleurie et resplendissante. Mais déchirez ce voile, pénétrez au delà de ce qu'on vous montre, et vous trouverez la plaie, la plaie ardente, douloureuse, gangrenée et incurable. Cette existence vous fait envie ; demandez plutôt l'enfer, la misère, la faim.

— Comment ça, comment ça ? dit Riponneau d'un air important.

— Vous disiez tout à l'heure que c'était un hasard qui avait fait le malheur de M. et de madame Crivelin, et que si ce hasard ne fût pas arrivé, ils eussent été heureux malgré la faute ; que ce hasard disparaisse, que ce Marsilly meure, et voilà tout le bonheur revenu : c'est possible. Mais dans ce bonheur que vous enviez, dans ce bonheur de M. Domen et de sa belle maîtresse, madame de Montès, le malheur est un hôte constant qui ne les a pas quittés un moment, et qui ne les quittera jamais. Il est assis à leur table, il monte dans leur voiture, il veille à leur chevet. Il est de toutes les heures et de tous les moments de la vie. L'orgueil recouvre de son manteau pourpre la blessure des deux victimes, mais elle saigne toujours.

— Voyons, voyons, fit Marc-Antoine, voilà de bien belles phrases ; mais sans connaître personnellement M. Domen, je vois bien des gens qui sont presque toujours avec lui, et qui seraient fort embarrassés de dire quel malheur il a pu lui arriver. Au contraire, c'est à chaque instant des exclamations sur les chances inouïes qui servent tout ce qu'il entreprend. En quoi est-il donc malheureux ?

— En tout ; il n'a pas eu un malheur comme vous l'entendez, mais tout est malheur pour lui.

— Allons donc !

— Tout ; et ce qu'il a de plus affreux c'est que la douleur lui vient par les portes les plus basses, comme par les hautes.

— Ah bah !

— Écoutez : un jour il fut invité à un bal avec madame de Montès, chez des amis qui, ayant pénétré dans le secret de cette liaison, l'avaient pardonnée et s'étaient senti le courage de la protéger aux yeux du monde. Madame de Montès entre, prend place, sans que rien indique la moindre désapprobation de la part de personne. On danse ; mais quand la contredanse est finie, les deux femmes qui se trouvaient assises chacune d'un côté de madame de Montès ne reprennent pas leur place, et elle reste

LES GENS DE PARIS.   Parisiens de Paris. — 1.

— P'pa ! qu'est-ce que c'est donc que l'Assurance sur la Vie ?... c'est pour qu'on ne meure pas ? . Et sur la grêle, P'pa, c'est pour qu'on n'ait pas la petite vérole.... hein, P'pa ?
 — Non, bête, c'est pour la grêle dans les champs.... une manière à eux de vacciner les pommes de terre.

Par GAVARNI.   Gravé par PIAUD.

encadrée dans ce vide, exposée dans ce pilori de soie. Le bal continue, personne ne l'invite : Domen n'accepte la leçon ni pour lui ni pour madame de Montès, et la conduit lui-même à la contredanse; personne ne s'en montre irrité; mais le vis-à-vis qui était en face de lui fait semblant de s'être trompé de place et se glisse doucement de côté. L'insolence partait d'une femme qui avait eu trente amants, mais dont le mari était là. Enfin si ce n'eût été un jeune homme de dix-huit ans qui menait par la main une enfant de quinze ans, tous deux ne voyant devant eux qu'un danseur et une danseuse ; si ce n'eussent été ces deux innocents, Domen et madame de Montès restaient là, abandonnés et répudiés. Croyez-vous que ce bal qui vous semble un triomphe n'eût pas été payé cruellement cher ?

— Et c'était toujours ainsi ?

— Non assurément, voisin; et jamais ni l'un ni l'autre n'eussent supporté deux fois cet affront; mais ne suffit-il pas de l'avoir souffert pour le craindre sans cesse ? Ce fut alors que madame de Montès prit pour la retraite ce goût qui n'est qu'un exil qu'elle s'impose. Domen l'aimait, et Domen voulut lui faire une maison charmante : les hommes y vinrent en foule, les femmes s'en tinrent écartées. Quelques maris eurent le courage d'y conduire leurs femmes, car ils avaient pu apprécier ce qu'il y avait de véritable honneur et de dévouement dans cette position coupable. Ils l'osèrent une fois, ils ne l'osèrent pas deux. Après l'insulte qui repousse, l'insulte qui déserte.

« Et maintenant, monsieur, une fois ce levain jeté dans cette existence, tout s'y est aigri, tout. Si dans une promenade un ami passe sans les voir, ce n'est pas qu'il ne les ait vus, c'est qu'il a honte de les saluer. Si dans la maison il se trouve un domestique insolent, il ne l'est que parce qu'il se croit le droit d'insulter à une femme qui ne porte pas le nom de son maître. Et dans ces voyages dont je vous parlais, un homme abordera M. Domen ayant madame de Montès à son bras ; et il dira à M. Domen qu'il est heureux et fier de rencontrer un sculpteur aussi illustre, un rival de Torwaldsen et de Canova ; et comme cet homme ne sait de Domen que la vie de l'artiste, il s'inclinera en souriant vers la femme qui est au bras du grand artiste, en la félicitant de porter un nom aussi illustre.

« Que répondront-ils ? Faudra-t-il confier à cet étranger, et leur position, et leur histoire, et leur vie tout entière ? Faudra-t-il qu'ils se taisent ? Mais le lendemain cet homme racontera avec vanité qu'il a rencontré M. et madame Domen; il les invitera, il les fêtera, jusqu'à ce qu'un de ces parasites qui vivent des anecdotes de la vie de chacun lui apprenne qu'il s'est trompé, ou plutôt qu'on l'a trompé. Ce sera une proscription nouvelle, avec cette accusation de plus qu'ils ont menti. Et cependant ils ont tout fait pour garder au moins la loyauté de leur faute, pour que personne ne s'y trompe. Croyez-vous que cela soit vivre?

— Hum! c'est ennuyeux, mais il y a des compensations; d'abord pour Domen, qui est reçu partout.

— Et qui s'exile de partout. Savez-vous qu'il a ordonné à ses domestiques de lui remettre secrètement toutes ses lettres; car il peut se trouver, dans leur nombre, une lettre d'invitation à son nom seul, et madame de Montès subira l'injure et la douleur de cette exclusion; et si elle apprend cet ordre de son mari, si elle apprend qu'on lui cache les lettres qu'il reçoit, pensez-vous que de prime abord elle y découvrira l'attention dévouée qui cherche à lui épargner un chagrin? Elle y verra un mystère, une intrigue, un nouvel amour; elle sera jalouse.

« N'en a-t-elle pas le droit? non point parce que Domen est léger, inconstant, mais parce qu'elle sait qu'il souffre, qu'il est malheureux; parce qu'elle sait qu'elle l'enlève à la vie du monde qui devrait être la sienne; parce qu'elle sait que ne trouvant chez lui que solitude, tristesse, plaintes, il doit aller chercher ailleurs de la joie, des rires, des plaisirs, ce qui est nécessaire à la vie de celui dont le labeur est rude et incessant; car il travaille sans cesse pour couvrir au moins de luxe l'existence de misère qu'il mène.

« Après le levain qui a tout aigri dans cette existence, laissons-y pénétrer la jalousie. Ce n'est plus une douleur incessante, mais calme; ce sont les cris, les désespoirs, les tempêtes, les menaces de suicide, la haine de la vie. Ils s'aiment, monsieur, et ils se pardonnent, et ils se jurent de ne pas céder ni l'un ni l'autre à ce monde qui les écrase avec tant d'indifférence. Domen reparaîtra dans quelques soirées. Il y consent : elle le veut.

« Mais pendant qu'on l'accueille comme un voyageur sur lequel personne ne compte plus, lui faisant ainsi sentir ce qu'il quitte et ce qu'il vient retrouver, que fait la pauvre femme? elle attend, elle souffre, elle va et vient dans cet appartement, d'autant plus vide qu'il est plus immense. Demandez-lui si à pareille heure elle n'aimerait pas mieux votre mansarde, sans un sou, mais avec une aiguille qui lui gagnerait sa vie. Rentre-t-il de bonne heure, il la trouve dans les larmes, qu'elle n'a pas eu le temps d'essuyer; rentre-t-il tard, il la trouve dans la colère; car, dit-elle, ce n'est plus un devoir qu'il accomplit, c'est un plaisir dans lequel il s'est oublié. Je vous l'ai dit, de tous les malheurs ce malheur est le plus terrible ; celui-là n'a pas d'histoire parce qu'il n'a pas d'événements, ce n'est pas une ruine qui fait disparaître toute une fortune, ce n'est pas un enfant qui meurt, ce n'est pas un désastre qui frappe, écrase et passe : c'est une souffrance de toutes les heures, de toutes les minutes. Je ne vous raconterai pas ce qu'on appelle un malheur, c'est le malheur éternel qu'il faudrait raconter. Cette existence n'est pas troublée par une de ces maladies violentes et connues qui abattent et tuent ou se guérissent; elle est dévorée par une souffrance cachée, insaisissable, sans nom, qui échappe à tous les remèdes; je vous dis que c'est l'enfer et la damnation sur la terre.

— Eh bien! fit Marc-Antoine, je veux bien admettre qu'ils soient malheureux; mais permettez-moi de prendre votre comparaison. Vous avez assimilé leur malheur à une de ces maladies sourdes et cruelles qui échappent à la médecine. A qui viennent ces maladies? aux gens nerveux, délicats, susceptibles; ces deux personnes ont une névralgie morale, voilà tout; mais à mon sens cela tient autant à leur constitution qu'à leur position. Supposez que ce soient de vigoureuses natures, rudes et froides physiquement et moralement, et tous ces coups d'épingle ne se sentiront pas. Je vais plus loin : faites-les vicieux, et ils ne souffriront pas. Tenez, voyez, par exemple, mademoiselle Débora. Quelle étonnante histoire que celle de cette fille! Oui, certes, elle a été bien malheureuse, elle a souffert et elle a bien payé d'avance le bonheur qui lui est venu; mais enfin il lui est largement venu.

« Qu'était-elle? une pauvre fille mendiante, qui chantait au coin des rues, qui tendait la main au sou qu'on lui jetait, plus souvent pour la faire taire que pour la faire chanter; battue quand elle rentrait le soir sans rapporter la somme demandée par le saltimbanque qui se dit son père; la nudité, la misère, la faim, le travail excessif, la terreur constante, telle a été sa vie jusqu'au jour où un hasard lui a permis de montrer cette fière intelligence qui se révoltait en elle.

« Ce jour-là elle est montée sur le théâtre, elle y a fait entendre cette voix qu'on méprisait au coin de la borne, et qui a remué d'admiration tous ceux à qui elle a récité les magnifiques musiques de Gluck, de Rossini, de Mozart. En peu d'années la gloire est venue, la fortune est venue ; et pour que rien ne manque au triomphe de cette vanité ambitieuse, les plus beaux et les plus élégants de l'époque sont venus déposer leur amour à ses pieds ; elle a goûté avant de choisir, dit-on, et elle a choisi celui que les plus belles et les plus nobles se disputaient. Cet homme l'adore, il est son esclave, et n'est point comme M. Domen, il n'a pas peur de son amour, il s'en pare, il en fait montre ; et comme je ne crois pas que la Débora ait appris dans son enfance les délicatesses qui font le malheur de madame de Montès, comme dans sa position l'amour est presque de droit, comme je ne lui suppose pas de remords pour ses faiblesses, je ne vois pas ce qui peut troubler un bonheur si parfait ; car c'est non-seulement le bonheur, c'est le triomphe, c'est la victoire. Madame de Montès est moins qu'elle n'eût dû être ; elle en souffre, je le conçois. Mais cette Débora est plus qu'elle n'a jamais pu le rêver ; et si celle-là n'est pas heureuse, qui le sera?

— Personne probablement, répondit le voisin, puisque vous ne l'êtes pas vous-même ; car Débora a son enfer comme madame de Montès.

— Elle est jalouse de son amant ?

— Non.

— Elle est jalouse de ses rivales de l'Opéra?

— Non.

— Elle est peu satisfaite du public ?

— Ce n'est pas cela.

— Qu'a-t-elle donc?

— Ah! fit le vieux voisin en se grattant le nez, ceci est difficile à vous faire comprendre. »

Puis il continua :

« Êtes-vous artiste d'une façon quelconque?

— Non.

— Avez-vous été autre chose que commis?

LES GENS DE PARIS.　　　　　　　　　Parisiens de Paris. — 6.

Je l'ai été dix-sept ans, moi, commis dans la nouveauté, et je n'ai jamais porté de moustaches !

Par GAVARNI.　　　　　　　　　Gravé par GÉRARD.

— Non.

— Avez-vous jamais fait quelques dépenses extravagantes?

— Jamais.

— Voyons, avez-vous quelque ami qui soit riche ou qui mange de l'argent comme s'il l'était?

— Oui.

— Ah! voilà qui est bien, peut-être vais-je trouver de ce côté la porte par laquelle je veux vous faire pénétrer dans le malheur qui ronge cette vie que vous trouvez si heureuse. Dites-moi, avez-vous jamais fait avec cet ami qui mange de l'argent ce qu'on appelle un dîner de grisettes?

— Certainement, plus d'un, et d'assez bons.

— Voici mon affaire; car il est impossible que ceci ne vous soit point arrivé. La grisette que vous avez menée au Rocher de Cancale ou chez Douix, a commandé le dîner; elle a consulté d'abord la carte par le côté droit, c'est-à-dire par la colonne des chiffres, et elle a demandé non pas ce qu'elle aimait, mais ce qui lui a paru devoir être le meilleur parce que c'était le plus cher?

— Sans doute, cela m'est arrivé, et je n'oublierai jamais de ma vie un dîner de cet hiver, composé de quinze francs de radis, de soixante francs d'asperges et de quarante-cinq francs de fraises avec un faisan et un homard.

— C'était tout?

— Ah! ma foi, je ne me rappelle pas tous les accessoires, et les vins, et les liqueurs; enfin cela monta, pour quatre, à cent écus.

— Comment, et dans ce somptueux dîner il ne s'est pas trouvé un petit article bizarre, en désaccord avec le reste?

— Si, pardieu! et même quelque chose d'assez plaisant. Imaginez-vous que nos deux grisettes, après avoir goûté à toutes ces excellentes choses, ont fini par demander un morceau de petit salé avec des choux.

— Allons donc, nous y voilà. Eh bien! mon cher voisin, cette belle et célèbre Débora est dans la position de vos grisettes; sa gloire, sa fortune, son amour, ce sont les asperges, les fraises et le homard de vos deux dîneuses; avec ces mets elles mouraient de faim, avec ces avantages magnifiques elle meurt d'ennui.

— Ah bah! » fit Marc-Antoine.

Puis il ajouta, en riant par avance de l'esprit qu'il allait faire :

« Mais ne peut-elle pas, comme les grisettes, se donner son petit salé et ses choux?

— Ah! c'est que c'est ici que la différence commence; c'est ici que se trouve la nuance bizarre, étrange, insaisissable, et cependant profonde, qu'il y a entre Débora et les femmes dont je vous parlais. Ce n'est pas comme chez madame de Montès une lutte entre elle et le monde, c'est une lutte entre l'intelligence et l'habitude, un combat entre la nature primitive et la nature acquise.

— Diable! voilà qui est diablement subtil.

— Écoutez-moi bien : on n'arrive pas au talent, à la puissance, au succès de Débora, sans avoir en soi une intelligence large, féconde, et capable de s'assimiler avec toutes les grandes idées.

— Cela est incontestable.

— Mais on n'a pas vécu dans la misère et la pauvreté, dans la mendicité surtout, sans y avoir pris des habitudes d'hypocrisie qui, lorsque le mendiant a cessé sa comédie, se changent en joies pétulantes, grossières, railleuses, et qui crachent sur le bienfaiteur qu'on a surpris par des plaintes jouées.

— Cela se peut.

— Eh bien! mon cher ami, lorsque Débora est sur les planches, la hauteur de ses idées va de pair avec les idées qu'elle exprime ; elle se plaît à ces jeux du théâtre parce que ce sont franchement des jeux de théâtre, et elle donne au public ce que le public lui demande. Mais lorsqu'elle a dépouillé la robe de soie et déposé la couronne de reine, elle ne retourne pas à sa liberté de saltimbanque, à ses cris, à ses rires extravagants, elle rentre, malheureusement pour elle, dans une autre comédie. Son salon est ouvert, des hommes élégants l'occupent, des femmes aux manières bien apprises s'y trouvent. La Débora est fière, la Débora vaut à elle seule toutes ces femmes, et elle veut le leur montrer. Après avoir tenu le théâtre en reine, elle tient son salon en grande dame; elle y cause, elle y flatte, elle y raille... jusqu'au moment où, fatiguée de cette nouvelle scène, de ce nouveau public, elle s'échappe pour courir dans une petite chambre cachée, où la sou-

ÉRECTION D'UN MONUMENT.

veraine, qui tenait tout le monde en respect, se met à crier à son amant qui la suit :

« — Ça m'embête !

« Il veut faire une remontrance.

« Elle se met en fureur, mais non point dans une de ces fureurs polies que l'éducation nous enseigne ; elle envoie paître son amant, elle jure, elle sacre, elle casse les meubles, et si une chambrière importune arrive, elle lui flanque un coup de pied ; elle appelle l'homme le plus élégant de France, cornichon, de cette même voix qui chante d'or et de diamants : il se désole, elle le met à la porte, et pour peu qu'elle soit montée, elle soupe avec son cocher et trinque avec ses femmes de chambre.

— Impossible !

— Puis vient le lendemain amenant le repentir ; car elle l'aime, lui, ou plutôt la partie intelligente de Débora estime et aime l'amour de cet homme. Elle sait bien tout ce qu'il vaut, elle qui a appris, à la plus basse école, le peu que valent les autres, et elle se trouve indigne, ignoble, d'avoir ces souvenirs et ces regrets, et ces retours vers son vilain passé ; elle se sent faite pour être tout ce que son amant veut qu'elle devienne ; elle le rappelle, elle lui demande pardon, et elle recommence sa comédie ; elle se refait la femme charmante et distinguée qu'il aime, elle y met toute sa force, tout son amour ; elle s'y use encore une fois, le fil casse, et alors les scènes recommencent. Alors elle se sauve ; elle laisse son équipage pour monter dans un fiacre ; elle erre aux environs des places, et lorsqu'elle surprend un saltimbanque échangeant avec son compère un coup d'œil qui signale la dupe qu'il vient de faire, et qui montre la pièce blanche qu'il vient de lui escamoter, et avec laquelle on boira et rira à ses dépens ; lorsque la Débora voit cela, il prend à la riche et célèbre actrice des regrets farouches ; et si jamais il lui arrive de pleurer, c'est à ce moment.

Sur quoi pleure-t-elle ? sur sa fortune présente ? Quelquefois. Que pleure-t-elle ? sa misère passée ? Oui et non. L'ambition, l'intelligence, les désirs élevés sont d'un côté ; c'est pour les satisfaire qu'elle joue sa double comédie. Les habitudes, les turbulents souvenirs, le sang bohème, la licence de la pauvreté, les délires de la joie en haillons sont de l'autre, et c'est ce qui lui fait détester, et la fortune qu'elle a acquise, et la gloire qu'elle mérite, et l'amour qu'elle donne, et l'amour qu'elle éprouve.

— Vous me permettrez de vous faire observer, voisin, que ce sont là des peines tout à fait imaginaires.

— Vous me permettrez de vous faire observer, mon cher voisin, que vous venez de dire une énorme sottise. Excepté la colique, et la fièvre, et les membres cassés, et la névralgie, tout est peine imaginaire à ce compte. Sachez donc une chose, c'est qu'on ne souffre réellement que par les idées. Mettez une drôlesse du coin de la rue à la place de madame de Montès, et elle ne souffrira d'aucune des douleurs qui tuent cette pauvre femme. Mettez une fille de portière à la place de Débora, attiédissez cette nature dévorante, et elle n'éprouvera aucun des retours soudains qui la tourmentent, ou bien abaissez la hauteur de son intelligence, et elle retournera à son passé, sans remords, sans regrets, sans jugement cruel contre elle-même. Le malheur est dans la lutte, et il y est si poignant, si actif, qu'il brûle et dessèche cette vie, qu'il la menace, qu'il la tue.

— Eh bien! reprit Riponneau, si à mon compte je ne comprends pas le malheur, il me semble qu'au vôtre il n'existe pas de bonheur sur la terre.

— Bien au contraire, il y a les gens qui ne sentent rien, qui n'éprouvent rien, qui n'aiment rien...

— Et quels sont-ils? »

Le voisin prit une figure sinistre, et répondit avec un mauvais rire :

« Il y a les morts. »

Marc-Antoine eut peur, et comme il se fit un moment de silence presque solennel, ils entendirent, à travers la cloison qui les séparait, comme le bruit d'une chute, puis de longs gémissements étouffés.

« C'est notre voisine! s'écria Riponneau.

— Oui, fit le voisin en haussant les épaules, elle gémit.

— Mais il se passe quelque chose d'extraordinaire, sentez-vous cette odeur de charbon?

— Je la connais, répondit le voisin sans se déranger.

— Il y a là un malheur.

— Ce n'est pas mon avis.

— C'est un suicide.

LES GENS DE PARIS. Parisiens de Paris. — 4.

— Tiens donc ça dans l'œil, innocent !... c'est mieux, et plus commode.
— Oui, mais je ne peux pas.

Par GAVARNI. Gravé par LEBLANC.

— Vous voyez bien.

— Ah! courons.

— Laissez-la faire, elle a sans doute, pour agir ainsi, des raisons que nous ne connaissons pas. »

Riponneau jeta sur le vieux voisin un regard furieux d'indignation; le vieux voisin haussa encore les épaules et rit au nez de Riponneau. Quant à celui-ci, il courut à la porte de Juana (la voisine s'appelait Juana) et flanqua un coup de pied dans la porte; la porte, en sa qualité de porte de mansarde, se brisa du premier coup, et Riponneau entra dans une atmosphère d'asphyxie qui le suffoqua. Un corps blanc couché sur le carreau frappa ses yeux, il se baissa, le prit dans ses bras, l'emporta dans sa chambre, le déposa sur son lit.

Oh! que Juana était belle ainsi, quoique déjà ses lèvres fussent presque violettes, quoiqu'une légère écume bordât les coins de sa bouche.

La jeune fille s'était couchée après avoir allumé le réchaud fatal, coiffée de son plus frais bonnet, couverte de son linge le plus fin et le plus blanc, sortant elle-même du bain: elle avait fait de la coquetterie avec la mort, la jolie coquette, et la mort était venue avec avidité poser sa main glacée sur le sein nu de sa belle fiancée; mais heureusement Marc-Antoine était arrivé à temps, et il voyait ce front pur et blanc s'animer, ces yeux aux reflets veloutés s'ouvrir et se refermer avec étonnement; il voyait ces lèvres s'agiter pour recevoir l'air pur qu'il lui prodiguait par la porte et les fenêtres ouvertes; il voyait ce sein se soulever sous les longues aspirations qui ramenaient la vie.

Qu'elle était belle! Mais disons-le, à ce premier moment, Riponneau ne pensait point à regarder tout cela, si ce n'est pour épier avec anxiété la résurrection de l'infortunée.

Enfin vint un moment où la vie fut tout à fait reprise à ce beau corps. Juana voulut parler, Juana voulut interroger, on lui imposa silence, on lui ordonna le repos; elle voulut se lever et fuir, et ce fut à ce moment qu'elle s'aperçut du désordre où elle avait été surprise, et que d'elle-même, rougissant et plus belle encore, elle se cacha dans ce lit sur lequel elle avait été déposée.

Alors les larmes vinrent.

Les larmes, cette rosée qui tombe du cœur et qui le laisse un moment tranquille et reposé, comme les flots de pluie qui s'échappent d'un nuage chargé d'orages, et qui rendent un instant au ciel son calme et sa transparence, jusqu'au moment où le soleil reprend cette pluie pour en faire un nouvel orage, comme le cœur rappelle ses larmes pour de nouveaux désespoirs.

C'était là de la poésie du voisin pendant qu'il regardait s'endormir Juana épuisée de fatigue et de pleurs. Riponneau la regardait aussi, mais non point comme il la voyait maintenant, emmaillottée de ses draps par-dessus son bonnet, mais comme il l'avait vue au moment où il ne la regardait pas, quand elle était étendue sur son lit *dans le simple appareil...* (vous savez l'autre vers); et ce souvenir lui revenait si vif, si charmant, si délicieux, que malgré l'ennui qu'il avait éprouvé à écouter les histoires du voisin, il voulut l'interroger sur celle de la pauvre fille qu'il avait sauvée.

« Vous qui connaissez tous les gens de cette maison, lui dit-il, vous devez savoir quelle est cette Juana, et vous devez savoir surtout ce qui l'a poussée à cet acte de désespoir?

— Ce qu'elle est, fit le voisin en la regardant d'un air dédaigneux, ce qui l'a poussée à se tuer... à quoi bon vous l'apprendre?

« Ne chantait-elle pas hier encore comme une fauvette, tirant son aiguille joyeusement, et devalant ses six étages comme un oiseau qui descend du ciel; légère, rieuse, l'air pétillant, la lèvre retroussée, toute pimpante et heureuse? Ce qu'elle est? ce qui l'a poussée à se tuer? c'est encore un de ces drames invisibles qui s'agitent sous l'existence publique de chacun, cuisant et lancinant comme le mal de dents, qui ne se montre pas et qui vous assassine. Vous n'y croiriez pas.

— Ah! fit Riponneau, le résultat est là pour me donner la foi.

— Bah! fit le voisin, vous direz qu'elle est folle.

— Vous me prenez donc pour un imbécile, ou comme un froid égoïste tel que vous? car vous m'avez dit tout à l'heure ces paroles : « laissez-la faire; » mais vous croyiez que c'était une plaisanterie que ces plaintes que nous entendions, n'est-ce pas?

— Pas le moins du monde, seulement j'étais sage pour elle... et peut-être pour vous.

— Pour moi, dit Riponneau, que voulez-vous dire ? »

L'œil du voisin s'illumina d'une flamme qui sembla traverser la chambre, le mur, et aller se perdre au loin dans l'espace, et il repartit froidement :

« — L'avenir vous répondra pour moi. Maintenant, voici en peu de mots ce que vous voulez savoir :

« Cette Juana est la fille d'un ouvrier imprimeur en toiles peintes ; c'est le septième enfant d'une nombreuse famille, septième enfant arrivé près de dix ans après tous les autres, septième enfant, par conséquent, fort mal accueilli des grands et des petits, du père et de la mère.

« Mon jeune ami, reprit le voisin, rien n'est saint, et sacré, et beau, et respectable comme l'amour maternel, et l'amour paternel, et l'amour fraternel ; mais c'est précisément parce que ces sentiments sont les plus puissants de la nature, que, lorsqu'on les brise, on devient tout à fait cruel et méchant. C'est le navire retenu par un triple câble de fer ; quand l'effort des vents est assez violent pour que le câble casse, le navire fuit au delà de toute route suivie.

« Ce que cette enfant a eu à souffrir des duretés de sa famille te ferait saigner le cœur : la privation de nourriture et de vêtements, le froid, la faim, on lui a tout infligé. Tu la vois belle et grande, et de cette ample beauté qui annonce le développement de toutes les forces de la jeunesse, eh bien ! tout cela a été maigreur, marasme, dos voûté, poitrine étroite, voix haletante. Dix ans se sont ainsi passés sans qu'elle ait déchargé sa famille du fardeau inutile qui lui était venu.

« Enfin, une sœur de la mère eut pitié de cette enfant et la prit pour la nourrir. C'était la femme d'un riche boucher, corpulente, criarde, forte en gros mots. Juana gagna, à cette nouvelle existence, tout ce qu'on peut tirer du filet de bœuf et des bonnes côtelettes de mouton, c'est-à-dire le développement d'une riche nature physique ; mais ce qui est l'aliment de l'âme, la nourriture de l'esprit, voilà ce qui lui a encore plus manqué que dans sa famille. Il n'y avait pour elle d'autres paroles que celles qui lui reprochaient, je ne dirai pas le pain, mais la chair qu'elle mangeait ; et remarquez, voisin, que cette fille était née avec toutes les bonnes dispositions à être reconnaissante. Mais on a fait si bien, qu'on a tué en elle ce sentiment si rare. Elle a pris en haine tout ce qui l'entoure, et elle était arrivée à quinze ans à n'avoir qu'un désir, c'est à savoir de se venger de tout le monde. Ce fut il y a un an, elle avait alors dix-huit ans, que la mort de sa tante lui rendit la liberté.

« Parmi les mauvaises leçons qu'elle avait reçues chez sa tante, Juana avait profité de celle que lui donnait la déplorable position de son oncle. Veux-tu la savoir? veux-tu savoir comment cet homme (et il y en a mille à Paris comme lui), ayant toutes les apparences de la prospérité commerciale et du bonheur intérieur, était le plus misérable des hommes? Soit imprudence, soit plutôt prodigalité pour satisfaire les désirs luxueux de sa femme, il avait compromis sa fortune. Il était à deux pas de sa ruine, lorsqu'un ami se présente, un honnête marchand de bœufs ; il veut venir au secours de l'oncle de Juana ; il lui propose des fonds, lui en prête sur billets garantis par une cession de biens, et tout ce que l'usure peut imaginer de bonnes précautions. Notre boucher, dont on prédisait la ruine, triomphe et peut donner un soufflet à ceux qui le dénonçaient déjà au commerce comme perdu; en conséquence, il double ses dépenses pour l'épouse adorée qui l'avait déjà si profondément entamé.

« Le prêteur applaudit. Voilà qui est bon.

« Les échéances arrivent, impossible de payer; et, avec la certitude de cette impossibilité, une plus horrible certitude, c'est que la bouchère a acquitté de sa personne la complaisance avec laquelle le prêteur renouvelle ses libéralités usuraires.

« Jusque-là, on avait été prudent, discret, soumis. Maintenant, on parle haut, on raille, on insulte : en effet, le mari est entre la ruine imminente et la froide acceptation de son déshonneur; il préférera la ruine, mais il a des enfants qui mourront de faim et une fille que le déshonneur de sa mère déshonorera. D'ailleurs, s'il ose élever une plainte, la réponse est toute prête : c'est un débiteur qui calomnie son créancier. Quel rôle prendre? celui qui, du moins, sauve à la fois la fortune et les apparences. Il se fait l'ami de son marchand de bœufs ; il le convie et joue la confiance, le bonheur, la gaieté. Et ses voisins disent : « Il ne sait rien, donc il n'y a rien pour lui. C'est du bonheur. » Oh! non, voisin, c'est d'abord un tourment muet, puis, lorsque l'outrecuidance des coupables passe toutes les bornes,

LES GENS DE PARIS. Loyal et Vautour. — 2.

Vous accorder un nouveau délai pour le capital?... Mais depuis trois ans, mon cher mosieu Philibert, vous n'avez pas seulement pu rattraper les intérêts...
— Ah! père Vautour, ça court si vite vos intérêts!

Par GAVARNI. Gravé par DIOLOT

il éclate dans le mystère de son ménage, il tempête, il crie. Mais la femme, implacable et sûre de son pouvoir, lui répond froidement :

« — Mais, mon Dieu ! mets-le à la porte, je ne demande pas mieux.

« Chasser l'homme qui tient son existence et son honneur dans ses mains, non pas seulement son existence, mais celle de ses enfants ; il ne le peut pas, et il reprend sa chaîne honteuse, la rage au cœur. Mais qui sait cela? Personne du dehors, car le boucher a sa vanité, il aime mieux passer pour un sot que pour un lâche. Personne ne se doute de ce qu'il souffre, excepté les siens ; et parmi les siens, Juana.

« Que pouvait-elle rapporter de cette leçon? ce qui devait nécessairement germer dans un esprit si mal préparé, cette idée, qu'avec de l'argent on a tout, même le droit de manquer à tous les devoirs. Aussi, dès qu'elle a été libre, à quoi a-t-elle aspiré? à être riche. Elle avait trop vécu de calcul pour ne pas bien calculer ; elle ne s'est pas pressée, elle a attendu une bonne occasion, et elle n'a écouté de propositions que celles qu'accompagnait une grande fortune assurée par un mariage.

« A-t-elle été assez imprudente pour se fier à des promesses et maintenant, n'a-t-elle plus rien à donner à celui qui ne veut plus rien rendre ? ou bien n'a-t-elle pas eu assez d'habileté ou assez de charmes pour pousser par ses rigueurs celui qui l'aime jusqu'au mariage ? C'est ce que j'ignore ; mais la vérité, c'est qu'il se marie dans huit jours... »

Le voisin n'avait pas achevé, qu'un vieux monsieur, vénérable d'habit, de perruque et de ruban rouge, entre et demande Juana. Quelle surprise ! c'est l'un des plus riches financiers de la France administrative, un receveur général qui vaut mieux qu'un banquier, et demande mademoiselle Juana... On la lui montre dormant, après lui avoir dit ce qui s'est passé.

Le financier prie qu'on l'éveille et qu'on les laisse seuls. Le voisin se retire, et Marc-Antoine, pensant qu'il est chez lui, désire rester ; il a peur que la belle Juana ne s'envole pendant son absence. Seulement il promet d'écouter le moins qu'il pourra, avec l'intention farouche de tout entendre. Le vieillard s'approche du lit, et voici au juste ce que recueille Riponneau :

— Vous avez écrit à ma fille une lettre pour lui dire que M. de Belmont, son futur, la trompait ; qu'il vous aimait ; qu'il vous avait promis de vous épouser...

La voix s'éteignit dans un murmure où les paroles échappèrent à Riponneau. Un moment après la voix reprit :

— Vous avez failli tuer ma fille : elle est au lit, mourante, désolée et ne veut plus entendre parler de ce mariage.

— C'est ma vengeance, monsieur, dit Juana.

— Mais cette vengeance frappe des gens qui ne vous ont fait aucun mal, n'est-ce pas ? Je veux ce mariage, j'en ai besoin, mais ma fille n'y consen-

tira qu'autant que la même main qui lui a écrit cette lettre infâme lui en écrira une nouvelle, en lui déclarant que c'est une invention par laquelle on a voulu nuire à M. Belmont...

— Jamais ! s'écrie Juana d'une voix résolue.

Le vieillard marmotta.

— Jamais ! fait Juana d'une voix plus douce...

Le vieillard marmotta encore : puis tout à coup et comme inspiré par une idée soudaine, il regarde Marc-Antoine ; et alors le marmottage d'aller, d'aller comme un flux intarissable.

Pendant ce temps, Juana laisse échapper quelques *non* de moins en moins formels ; puis elle jette un coup d'œil gracieux sur Riponneau, et baisse la

LES GENS DE PARIS. Loyal et Vautour. — 1.

« De par le Roi, la Loi et Justice. »

Par Gavarni. Copié par Colette et Sanson, gravé par Tissier.

tête et finit par se taire. La comédie était faite ; voici comment elle fut jouée.

Le monsieur s'éloigna en disant à Riponneau :

— Merci, monsieur, des soins que vous avez donnés à cette charmante enfant. Toute notre famille, qui prend intérêt à elle, vous saura gré de votre bonne action, et nous serions heureux de pouvoir vous récompenser, en venant au secours des chagrins de Juana.

Sur cette parole, le vénérable vieillard les laissa ensemble.

Maintenant récapitulons. La pièce avait commencé un lundi; passons au :

Mardi.

— O Juana! dit Marc-Antoine, voulez-vous toujours mourir?

— Je le voulais hier encore, car je ne croyais pas aux cœurs généreux et désintéressés.

— Et vous y croyez maintenant?

— Ne m'avez-vous pas sauvée sans me connaître?

Mercredi.

— Qu'est cela? ce n'est rien, que de vous sauver la vie : le bonheur pour moi, ce serait de la consoler.

Jeudi.

— Il n'y a de consolation, pour les cœurs brisés, que dans les douces affections, et je n'ai point d'amis.

— Je serai le vôtre.

— Je n'ai point de famille.

— Je vous en serai une.

Vendredi.

— Après ce j'ai fait pour un autre, vous devez me mépriser.

— Je vous admire et je vous vénère.

— Vous ne m'aimerez jamais.

— Je vous aime déjà comme un fou.

— Comme un fou, vous avez raison ; car où cela vous mènera-t-il?

— A me consacrer à votre bonheur.

SAMEDI.

— Mon bonheur, il ne sera jamais que dans une union légitime, et vous ne voudrez jamais m'épouser.

DIMANCHE (*après une nuit de réflexion*).

— Quand vous voudrez mon nom est à vous.

Ce dialogue est composé des derniers mots de huit jours de conversations chacune de quatre heures ; mais quand ce mot fatal et suprême fut dit, ce mot : *Je vous épouserai,* on apprit à Marc-Antoine qu'il aurait une riche dot et la protection du vénérable monsieur qu'il avait vu.

— A mon tour d'être heureux, s'écrie alors Marc-Antoine, à moi la fortune, la considération, le bonheur !

Et trois semaines après, il recevait sa nomination à la place de sous-chef, une dot de 40,000 francs et la main de Juana.

Une seule chose attrista ce beau jour : en sortant de la maison, le remise de Riponneau s'accrocha au corbillard blanc qui venait prendre le corps de mademoiselle de Crivelin ; et le docteur *Funin*, qui était un des témoins de Juana, fut obligé de quitter le dîner de noces pour se rendre près de Domen, qui s'était manqué en se tirant un coup de pistolet au cœur.

Au dire des convives, Adèle était morte de la poitrine, et Domen avait voulu se tuer parce qu'il n'avait pas été nommé de l'Institut. Une seule voix s'éleva pour contredire ces explications, ce fut celle du voisin, que Riponneau avait invité à la noce, et qui se contenta de dire :

— Non, c'est tout simplement le dénoûment forcé de deux de ces drames invisibles qui fourmillent sous l'épiderme social.

— Qu'est-ce que ça veut dire ? s'écria-t-on de tous côtés. Qu'est-ce que c'est qu'un drame invisible ?

— Vous voulez le savoir ? dit le voisin. Eh bien ! regardez : il y en a un qui commence à cet instant même à côté de nous.

Personne ne comprit, pas même Riponneau.

Mais six mois après, quand sa femme accoucha et qu'il voulut faire quelques observations, et que sa femme l'appela méchant gratte-papier, et lui prouva que, sans elle, il serait — dans la crotte de sa mansarde !

LES GENS DE PARIS. Parisiens de Paris. — 7.

LES AFFICHES DES THEATRES.

Quels bêtes de spectacles !..... TARTUFE à l'Odéon; aux Français, le MISANTHROPE..... N'y a absolument qu'aux Funambules, le BŒUF ENRAGÉ, et n'y aura pas de places !

Par GAVARNI. Gravé par GÉRARD.

Huit jours après cette naissance, quand il obtint de l'avancement et qu'il vit choisir un parrain qu'il ne connaissait pas, qui était le fils du ministre qui le protégeait ;

Trois mois après cet avancement, quand après avoir quitté, soucieux et triste, le trône bureaucratique de cuir vert où ses anciens collègues venaient le saluer humblement, il vit, au détour de l'allée des Veuves, au fond d'un fiacre mal voilé, sa belle Juana et le parrain, fils du ministre ;

Quelques heures après cette rencontre, lorsque rentré chez lui, il voulut faire du bruit et qu'on le menaça de se jeter par la fenêtre ;

Longtemps après, lorsqu'il vit, à mesure que sa considération augmentait au dehors par l'ardeur qu'il mettait à remplir ses devoirs, diminuer sa considération dans son intérieur ;

Quelques années plus tard, lorsque sa femme, forte de la misère à laquelle elle l'avait arraché, et du fol amour qu'il avait gardé pour elle, tourna contre lui les mépris de ses domestiques, le rendit ridicule à ses enfants, sacrifia les légitimes au premier-né, foula tout respect aux pieds, alors Marc-Antoine Riponneau, arrivé à trente-six ans chef de division, maître des requêtes, décoré de la Légion d'honneur, honoré pour sa probité et sa capacité, cité comme un des heureux du siècle, car il couvrait de tous ses efforts le scandale de sa maison, Riponneau, dis-je, finit par comprendre ce que le voisin avait voulu dire en parlant, le jour de son mariage, du drame invisible qui commençait.

Aux gens qui souffrent viennent les idées les plus bizarres ; il alla vers son ancienne maison, où il avait tant trépigné, tant frappé du poing le long des murs. Il monta au sixième qu'il avait habité, il s'arrêta devant la porte de cette chambre où il s'était trouvé si malheureux, et se mit à pleurer son malheur d'autrefois ; il ne regarda pas celle de Juana, et il arriva à la porte de son vieux voisin : c'était là qu'il allait.

Il frappa : une tête blonde et rose lui ouvrit.

— Que demandez-vous, monsieur ?

— Un vieux monsieur qui habitait ici il y a quelques années.

— Comment se nommait-il ?

— Je ne sais pas, mais il était copiste, je crois.

Une jeune femme parut, belle et triste.

— Ah! je sais de qui vous voulez parler, monsieur, un vieillard chauve...
Elle le dépeignit à ne pouvoir le méconnaître...

— Savez-vous où je pourrais le trouver?

— Attendez, monsieur, je vais vous le dire, car il change souvent d'adresse, mais il a soin d'envoyer ici toujours la dernière.

Pendant que la jeune et belle femme cherchait, une voix rauque sortit de l'alcôve.

— Qu'est-ce qu'il y a, Manon?

— Un monsieur qui vient chercher l'adresse du vieux locataire...

— C'est votre mari? dit Riponneau avec dégoût.

— Oui, monsieur; il est un peu malade.

Le gueux était ivre-mort.

— Voici cette adresse, monsieur.

— Ma bonne dame, fit Riponneau, vous ne me semblez pas heureuse?

Et il montra le mari de l'œil.

— Permettez-moi de vous remercier de votre complaisance.

Cela dit, il lui offrit deux louis.

— Merci, monsieur, lui dit la jeune femme, mon mari est un bon ouvrier qui travaille beaucoup... quand il ne souffre pas... merci...

Riponneau jeta un coup d'œil dans la chambre : c'était la misère, et la hideuse misère partie de l'aisance; un lit était resté, il était d'acajou; une table, elle était élégante; des chaises, elles avaient appartenu à un salon.

Il laissa dix louis dans les mains de l'enfant, et s'en alla en disant :

— Encore un de ces drames invisibles sur lesquels le dévouement, la piété, le labeur de cette noble pauvre femme, jettent un voile que personne que moi n'a peut-être soulevé.

Ce disant, il regarda l'adresse écrite qu'on lui avait mise dans la main, et vit ces mots : « Employé, comme porteur des livraisons du *Diable à Paris*, « chez M. Hetzel, rue de Ménars, n° 10. » Avant-hier M. Riponneau est venu chez notre éditeur, mais il n'a reconnu aucun de nos porteurs. Alors il a pris nos premières livraisons, et après les avoir lues, il s'est écrié :

— Que le diable m'emporte si ce n'est pas lui-même qui était le vieux voisin !

FRÉDÉRIC SOULIÉ.

A QUOI ON RECONNAIT UN HOMME DE LETTRES A PARIS,

ET CE QU'ON Y ENTEND PAR CE MOT : UN LIVRE.

Paris est, sans contredit, la ville du monde où se trouve le plus grand nombre d'hommes de lettres. Cette abondance d'écrivains qu'on y remarque vient sans doute de ceci : que pour être homme de lettres à Paris, il faut avoir fait un *livre*; comme il faut, pour y être peintre, avoir fait une grande page. Or, un *livre*, c'est une idée, ou quelque chose qui y ressemble, ou même quelque chose qui ne ressemble à rien, et dont le nom occupe à titre courant la partie supérieure d'un in-octavo de quatre cents pages. De ce qui est dessous, Dieu garde qui s'en soucie! Dans un *livre*, vous avez deux choses : le titre, qui doit être bref, imposant, plein de je ne sais quel curieux mystère, comme l'étiquette d'une boîte précieuse : *de la raison, du goût, de l'esprit ;* et puis la matière, qui est tout ce qu'on veut, moyennant qu'elle ait les qualités essentielles de la matière, c'est-à-dire les dimensions de hauteur, de largeur et d'épaisseur dont se compose un parallélipipède compacte de papier imprimé. Après cela, si vous y trouvez de l'esprit, du goût et de la raison, c'est tout gain; nous n'en demandons pas tant : nous avons, grâce au ciel, un *livre* et un auteur de plus. Faut-il s'en plaindre? Non; mais il est sage pourtant de se méfier d'un pays où les grands écrivains se comptent par centaines, et d'une littérature où les livres célèbres sont si nombreux qu'on ne saurait les compter.

J'ai connu un homme d'un savoir immense qui avait passé sa vie à recueillir, selon l'ordre où il les avait acquises, toutes les notions scientifiques et rationnelles de l'espèce; et comme cet ordre se trouvait être naturellement celui d'une excellente éducation, où la pensée parfaitement dirigée procède, dans une progression continuelle, de ses premières perceptions aux résultats les plus excentriques de l'étude et de la réflexion, il avait fini par se faire pour son usage une encyclopédie bien supérieure à celle de M. d'Alembert, sur un plan bien préférable à celui du chancelier Bacon. Le jour de sa mort, qui arriva le 9 octobre 1808, s'avisant qu'il n'avait point donné de titre à son ouvrage, il se fit apporter le manuscrit sur son lit, parcourut d'un regard la première et la dernière page, et d'une main encore ferme écrivit les mots suivants au frontispice :

DES COCHONS D'INDE.

Son omniscience ne le pousserait pas aujourd'hui à une place d'académicien libre dans la section de zoologie.

Les anciens prosateurs ne savaient ce que c'était qu'un *livre*. Pythagore, Démocrite, Socrate, Épicure, n'en ont pas fait un seul. C'est tout au plus si l'on oserait donner ce nom maintenant aux *dialogues* de Platon, aux *aphorismes* d'Hippocrate, et aux *morales* de Plutarque. Athénée, Ælien, Stobée, Valère-Maxime, Aulu-Gelle, Macrobe, Montaigne, Lamotte le Vayer, Diderot, ont nettement tranché la question. Ils n'ont laissé que des pages avec lesquelles il y a des livres à faire pour mille générations de pédants.

Il faut tout dire. Nous avons bien encore quelques grands écrivains qui n'ont pas fait de *livres;* mais ceux-là étant tombés dans l'excès contraire à celui que je reprends et n'ayant jamais écrit une ligne de leur vie, ce que j'ai avancé, que pour être homme de lettres à Paris il faut avoir écrit un *livre*, reste vrai; à moins qu'on ne veuille transformer ainsi la proposition : « Pour être homme de lettres à Paris, il faut n'avoir jamais rien écrit. »

Pour moi, si une méchante habitude, ou le besoin de me distraire des angoisses de la maladie, tant que je ne serai pas parvenu à dire avec Possidonius que la douleur n'existe pas, me réduisaient encore à écrire, ce ne serait pas pour entreprendre un livre. J'abandonnerais tout au plus aux dernières pages de mes tablettes décousues quelques souvenirs, quelques impressions, quelques rêveries sans suite, en attendant que la mort vienne souffler en riant sur ces feuilles sibyllines, et les rendre avec moi aux éléments.

CHARLES NODIER.

LES GENS DE PARIS. Loyal et Vautour. — 5.

Mons Vautour est bon prince, et du gibier qu'il chasse
Daigne aux rats du Palais octroyer la carcasse

Par GAVARNI. Gravé par PIAUD

UNE JOURNÉE
À
L'ÉCOLE DE NATATION.

SOMMAIRE

Paris et la Seine. — Canotiers et Pêcheurs, monographie. — LE VAISSEAU. — Le Nageur parisien, École de natation. — Bains Vigier. — A L'ÉCOLE DE NATATION : le Matin, les Déjeuners, le Maître de nage, d'Heure en Heure, la *Rotonde*, l'*Amphithéâtre*, Gymnastique, Groupes, Poses, Aspects divers, Coup d'œil philosophique, Vanité et Néant, le Café, une Dame au comptoir, Habitudes nautiques. — La Pleine eau. — Le Dîner, le Soir, Nuits vénitiennes. — BAINS DE FEMMES. — Costumes, Mœurs, Habitudes. — Chiffres. — Le Fleuve de la vie.

Pour celui qui, dans les habitudes et les affections d'une grande cité, ne cherche pas seulement le côté plaisant ou l'aspect ridicule, chaque sympathie, chaque inclination, même celles qui étonnent le plus, ont des causes originelles et nécessaires. En remontant avec rapidité et avec franchise le cours des âges, on voit chaque coutume et chaque penchant naître naturellement des faits, presque toujours avec sagesse. Le temps, qui altère tout ce qu'il n'améliore pas, met souvent, il est vrai, la folie, l'extravagance, la manie et la déraison à la place de ce qui était d'abord régulier et sensé. Le Parisien aime la Seine, comme le Vénitien aime l'Adriatique. L'enfant de

Paris, s'il le pouvait, ferait de son fleuve une mer. Que de fois il a sérieusement rêvé ce prodige! Aussi, comme il traite gravement toutes ses relations avec la Seine! Il a ses ports, ses canaux, sa flotte et sa population maritime, sa navigation, un commerce immense, ses trains flottants et ses pyroscaphes : voilà pour ses intérêts, pour son travail et pour son bien-être. Sur ce chemin, qui marche en traversant Paris, comme eût dit Pascal, la ville voit se presser, à l'entrée du fleuve, les denrées des plus riches provinces; à sa sortie, affluent toutes les productions du monde. On a parlé des eaux qui roulaient de l'or; l'industrie a chargé d'or le sable de nos rivières.

Pour ses plaisirs, Paris a sa flottille, svelte, élégante, légère et pavoisée ; les rivoyeurs et les canotiers de la Seine sont assurément de nature plaisante; il est sans doute difficile de ne pas rire de l'importance nautique

dont ils affublent leur personne, leurs mœurs et leur langage; c'est le carnaval sur l'eau. Cependant, sans trop d'efforts, on peut retrouver, dans cette fantaisie poussée jusqu'au burlesque, les traces de l'instinct primitif et des premières amours des rives et du fleuve.

LES GENS DE PARIS.   Loyal et Vautour. — 4.

S'il restait quelque chose à Mathieu, dont j'étais l'homme d'affaires, aujourd'hui
Mathieu paierait pour être le mien.

Par GAVARNI.   Gravé par TAMISIER.

Le canotier de la Seine est rigoureux dans son costume : il porte la *salopète*, cotillon de grosse toile à torchon ; la *salopète* ne se lave pas, chaque tache lui est un honneur ; le bourgeron de laine, la *vareuse* et le toquet bordé de couleurs écossaises achèvent l'ajustement. Le langage du canotier est plus terrible que ceux des plus terribles flambarts ; il se pavoise de toutes les couleurs, sans trop s'inquiéter à quelle nation il se donne ; il fait et défait de la toile avec tant d'adresse,  que lui et ses *équipiers* sombrent le plus souvent dans les plus innocentes flaques d'eau. C'est le tyran du fleuve, qu'il écume sans relâche ; mais il

n'aime pas à se frotter aux marins sérieux ; il s'attaque aux chétives et inoffensives embarcations des promeneurs ; alors son *battage*, c'est-à-dire son attaque, a toute la férocité d'un abordage de corsaire.

A côté des canotiers on rencontre les pêcheurs à la ligne. Ils vivent

dans une perpétuelle inimitié ; le pêcheur ne peut exister que dans le silence et l'immobilité ; le canotier n'existe que par les cris et par le bruit ; après l'eau et sa nacelle, la turbulence est son troisième élément.

Pour le pêcheur à la ligne, il n'est point d'intempérie ; il brave tout,

la violence de sa passion ne connaît pas d'obstacle.

Le pêcheur à la ligne est un agneau si le poisson n'est pas rebelle ; c'est un tigre, un requin, s'il résiste. Il contemple avec amour un goujon ; une ablette même lui arrache un sourire ; une vieille savate ou l'une des mille immondices que roule la Seine le met en fureur.

Le dimanche et les jours de fête, le pêcheur à la ligne pêche en famille,

avec sa femme, ses enfants, sa bonne et son chien.

LES GENS DE PARIS. Loyal et Vautour. — 3.

Au trente avril prochain, il vous plaira payer, à son ordre, la somme de mille écus, que vous n'avez pas reçue comptant.

Par Gavarni. Gravé par Diolot.

Si la pensée se reporte dans le passé, à travers les ténèbres qui entourent l'origine de l'antique Lutèce, nous voyons le berceau de Paris placé dans une île au milieu des eaux. En avançant de siècle en siècle, la Seine est pour Paris une source de prospérité toujours croissante. C'est en témoi‑

gnage de ces bienfaits que la ville de Paris a placé dans son écusson un vaisseau, comme le signe durable de sa gratitude pour cette navigation du fleuve qui fut le principe de sa grandeur.

Paris et ses magistrats ont épousé la Seine, comme Venise et ses doges étaient mariés à la mer Adriatique.

Le Parisien, non pas cet être métis qui vient de tous les coins de la France peupler la grande ville, le Parisien pur sang a pour son fleuve toutes les prédilections et tous les goûts qu'on voit se manifester chez les habitants de notre triple littoral. Le premier plaisir que goûte l'enfant de la Seine, c'est celui de s'essayer à nager. Paris compte des nageurs supérieurs en force aux plus habiles nageurs des ports les plus fameux ; ce sont tous des enfants du peuple ; tous se sont formés eux-mêmes et sans autres maîtres que leur intrépidité et la nature. Paris est non-seulement la ville de France, mais la seule ville du monde qui ait ouvert des écoles de natation et enseigné cet art avec un corps d'instituteurs et de principes. La natation, bien avant l'escrime, avant la danse, avant l'équitation et avant la gymnastique, introduite aujourd'hui dans nos écoles, avait pris place dans l'éducation des enfants de Paris. Cet enseignement fut longtemps épars sur les rives, ne suivant aucune règle et sans être soumis à aucune discipline ; il était plein de périls.

Deux écoles de natation furent établies sur la Seine, il y a quarante ans ; elles étaient placées aux deux extrémités du fleuve : l'une en haut, en amont ; l'autre en bas, en aval ; la première était située au quai de Béthune, à la pointe orientale de l'île Saint-Louis ; la seconde s'était posée à l'extrémité du quai d'Orsay, près du pont de la Concorde.

Bientôt la Seine fut couverte de *bains à quat' sous ;* les prescriptions décimales, pour lesquelles nous professons un profond respect, ne sont point parvenues à chasser ce nom des habitudes du langage populaire. Ces bains, où l'on paie maintenant vingt centimes, avaient un aspect repoussant.

Quelques planches mal jointes, recouvertes d'une grosse toile, indiquaient

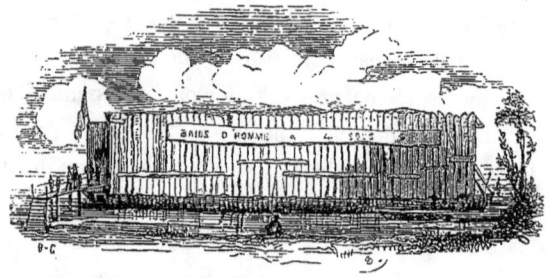

ces lieux de délices. On y fournissait des caleçons à ceux qui pouvaient les payer; la majorité des baigneurs supprimait ce vain ornement, et les peignoirs étaient complétement inconnus.

Les quatre établissements des bains Vigier rehaussaient seuls la vue de la Seine.

C'est là que le paisible bourgeois s'enfonce douillettement dans les profondeurs de la baignoire; il se trempe à l'heure; il a su s'entourer de toutes

les sensualités qui lui sont chères; sa montre, son thermomètre, le mouchoir, la tabatière, les besicles bien affermies sur le nez, et, sous ses yeux, son livre bien-aimé : voilà ses joies. Il fait et refait son bain, le gradue avec art, voit avec orgueil flotter sur l'eau le ballon de son abdomen. Au bain, le bourgeois de Paris rêve l'Orient, ses délices, ses voluptés, ses parfums et ses odalisques, l'opium et ses extases, et prend une croûte au pot.

Les deux écoles de natation, qui régnaient paisiblement sur un domaine que personne ne songeait à leur disputer, ne se piquaient point d'un luxe qu'elles regardaient comme inutile; la concurrence les réveilla de cette torpeur. Des bains rivaux s'établirent sur différents points du fleuve, et firent assaut de coquetterie et d'éclat extérieurs. Aujourd'hui, du pont Neuf au pont de la Concorde, la Seine est couverte de constructions pittoresques où la plus grande partie de la population parisienne afflue au temps chaud.

Le fleuve qui traverse la capitale du royaume et dont les eaux baignent les pieds du Louvre et tant de splendides monuments, prend de jour en jour un aspect plus digne de la cité qu'il parcourt. Les bateaux de blanchisseuses ressemblent maintenant aux kiosques du Bosphore; ils sont vastes, bien aérés, d'une forme agréable et salubre, tout diaprés de couleurs, et surmontés d'un séchoir à claire-voie et à treillage, dans le style oriental.

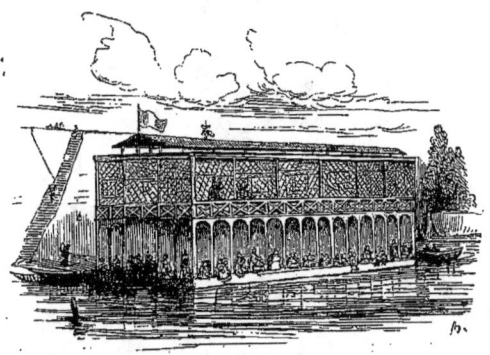

Une journée à l'école de natation est un des plus piquants tableaux de mœurs de la vie parisienne; elles s'y montrent nues.

Les portes sont ouvertes de bonne heure; le matin l'école est visitée par quelques nageurs consciencieux qui se baignent avec amour et chez lesquels le plaisir lui-même tient toujours un peu du devoir ou de l'affaire. La familiarité s'établit entre ces baigneurs habitués et les employés; on cause pêche, natation et rivière ; les mariniers jettent le filet, en attendant que la journée commence. Vers dix heures, les premiers baigneurs sont partis ; le plus grand nombre a déjeuné avec un cigare apporté du dehors ; quelques-uns ont savouré modestement, mais avec un de ces appétits de nageur qui est de la famille de l'appétit de chasseur, un déjeuner invariablement composé d'une saucisse, d'un petit pain et d'un petit verre d'eau-de-vie ; c'est un

menu primitif que nos ancêtres nous ont légué. Le matin, il y a beaucoup d'enfants qu'on désigne familièrement sous les noms de *gamins* ou *moutards*. Vers midi l'école s'anime et se peuple ; mais la foule, qui commence à grossir, n'emplit pas les bassins ; tous ces gaillards-là sont des viveurs plutôt que des nageurs ; ils viennent, ces Sardanapales et ces Balthazars d'eau douce, goûter le plaisir du déjeuner tout nu, variété divertis-

sante du déjeuner à la fourchette. Les omelettes et les œufs sur le plat foisonnent dans ce sybaritisme. D'autres bandes suivent les premières, et alors s'organisent des déjeuners que le boulevard Italien et la rue Montorgueil pourraient envier. Le bain reste désert et l'eau n'est fréquentée que par quelques gens à jeun et ceux qui se baignent du bout des pieds, en attendant que les côtelettes soient cuites ; on entend quelques explosions de bouteilles de vin de Champagne ; le café, le *gloria* et le punch parfument l'atmosphère ; le cigare fume partout. Sommes-nous chez Véfour ou à l'école de natation ? c'est fort difficile à deviner. « Garçon, mon bifteck ?

« L'HOTEL DES HARICOTS. »

« ...... Malheur! trois fois malheur aux capitaines rapporteurs
« Qui vous y flanquent dedans pour trois fois vingt-quatre heures! »

Par GAVARNI.   Gravé par WILLIAMS.

— Voilà! — Ma friture? — Voilà! voilà! — Notre poulet sauté? — Voilà! voilà! voilà! »

Ce ne sont point là les doctes instructions des maîtres nageurs.

Le tour de l'école de natation arrive enfin ; les déjeuners expirent, à moins, ce qui n'est ni rare ni surprenant, qu'ils ne se prolongent pour se joindre au dîner. Les déjeuneurs font la sieste, dans l'attitude des veaux qu'on expose à Poissy, un peu partout, sur les bancs, sur le divan, dessous ou dessus les tables, sur le plancher nu, ou sur le long tapis qui s'ouvre sur le sol des galeries. Il est deux heures : vienne le maître de nage.

Le maître de nage a conservé le type que Vadé et Désaugiers ont chanté ; c'est Cadet-Butteux. Son costume est traditionnel ; en été, il porte le pantalon blanc et la veste blanche, la chemise rose, les bas à côtes rondes, alternant de rouge et de blanc, la large ceinture rouge ; ses souliers ont la coquetterie de l'escarpin des muscadins, et n'ont pas détaché la large boucle ; il a sacrifié sa queue et ses cadenettes, il est à la *titus*, mais il n'a pas renoncé à la grande boucle d'oreille d'argent et à la grosse épingle ; l'ancre est toujours l'emblème dont il se plaît à parer ses joyaux. Sa figure bronzée est encadrée par d'épais favoris ; tout en lui témoigne de sa force et de son expérience.

Au moral, le maître de nage a cette vanité que Molière a donnée à ses maîtres d'armes, de danse, de musique et de philosophie ; il met l'art de la natation avant et au-dessus de tous les autres ; comme antiquité, il le fait remonter au delà du déluge, puisque les hommes de ce temps ont nagé dans les eaux qui inondaient la terre. Cette bonne opinion de la science qu'il professe se réfléchit dans ses sentiments et dans son langage. Quoique marin

de rivière, il ne se pique point de politesse, il ne s'humilie pas et ne se courbe sous aucune main; il a une superbe indépendance; mais il ne va pas jusqu'à la rudesse; il a du monde à sa façon, et il est un peu plus poli avec les gens qu'il ne le serait avec son caniche. Le maître de nage s'ennuie de ne rien faire; l'oisiveté l'irrite, non point par amour du travail, mais parce qu'il ne gagne rien les bras croisés; il aime le repos qu'il goûte au cabaret après une journée laborieuse et productive; il est sobre, et, quand il ne s'enivre pas, il vit de peu. Lorsque la leçon *donne*, le maître de nage s'humanise et devient presque doux; mais quand la leçon ne *donne* pas, son humeur est massacrante : alors c'est un loup de mer. Il a horreur de ce qu'il nomme les mauvaises pratiques, à la tête desquelles il place les élèves des colléges et des pensions, qui ne peuvent pas économiser sur leurs *semaines* de quoi lui donner un pourboire. Ce qu'il lui

faut, ce sont des *gentlemen*, des petits barons allemands, ou des princes russes en bas âge, conduits par leur gouverneur, et qui ont toujours la pièce blanche pour payer ses petits soins. Les grands et longs adolescents, les hommes d'âge mûr, sont pour lui de véritables poules au pot; il les endoctrine si bien sur l'excellence de tout ce qu'il va leur enseigner, qu'ils ne peuvent faire moins que de se montrer généreux. Le maître de nage, dans l'exercice de ses fonctions, tient beaucoup du recruteur et surtout de l'instructeur qui dresse les conscrits. Il en a la voix et les intonations; il ressemble aussi au maître d'armes.

« Allons, monsieur (ou jeune homme), attention! *Les coudes au corps...* Ferme!... et ne bougeons pas! le premier mouvement s'exécute en allongeant vivement les bras en avant, et votre coup de jarret bien écarté.—Une, deux... ferme!... N'ayez pas peur!...—Allons, monsieur (ou jeune homme), pour achever l'impulsion, rapprochez vivement les cuisses; tendez les

CLICHY

Le premier quart d'heure des cinq ans.

jarrets ; écartez les mains à plat sur l'eau. — Une, deux, trois ! allons, ferme ! C'est bien ça, monsieur (ou jeune homme). — Maintenant nous allons passer au second mouvement, pour respirer. — Les bras en demi-cercle, appuyez sur l'eau ; respirez ; ployez les jarrets ; rapprochez les talons ; remettez-vous comme en commençant. Allons, ferme ! — Ce n'est pas ça, je vais vous répéter ; mais je me sèche le gosier, pensez-y, monsieur. » Ce monologue glisse le long d'une corde ; à un bout est suspendu l'élève qui baigne dans l'eau : c'est le patient ; à l'autre extrémité on rencontre le maître de nage, marchant sur le bord, et penché sur l'eau. Il n'est pas rare que le maître de nage fasse *boire* un coup d'eau à ceux qui ne veulent pas ou ne peuvent pas lui faire boire un verre de vin.

Ces leçons dans l'eau sont quelquefois précédées de leçons à sec ; tantôt on fait répéter debout les mouvements de la natation, tantôt on suspend par des sangles, dans l'air, ceux que l'eau effraie trop. — Sous sa brusquerie apparente, le maître de nage, ce grognard de la Seine, est doux et bienveillant ; il ne fera jamais de mal à ceux mêmes dont il croit avoir le plus à se plaindre ; il est bon pour l'élève ; ses petites vengeances et ses mouvements de mauvaise humeur ne vont pas, ainsi qu'il le dit lui-même, au delà d'une gorgée. Il est rempli de sollicitude ; sa vigilance et son dévouement n'ont pas de bornes ; de l'œil il surveille la faiblesse des uns, l'imprudence et la sottise des autres.

L'éducation du nageur, commencée par la sangle, continue par la *perche*, c'est une gaule de sauvetage au moyen de laquelle on suit chaque brassée, comme les bras d'une mère ou d'une bonne suivent les pas d'un enfant; à la moindre hésitation, la perche protectrice que tient le maître de nage est présente et secourable. Ces fonctions demandent une attention soutenue, dont le surveillant ne s'écarte jamais. De la rive, il donne des conseils aux nageurs; il répond aux questions qu'on lui adresse sur tous les points de l'art; mais il veut qu'on reconnaisse ces services : un cigare, la goutte et tous les petits présents qui entretiennent  l'amitié lui sont fort agréables. Le maître de nage et tous les hommes de sens n'admettent aucun des moyens factices inventés pour soutenir le corps sur l'eau; les vessies, les ceintures ballonnées et les gilets de liège sont proscrits par lui; la sangle, la perche, un bon vouloir, du calme et de l'application, voilà les livres et les instruments du nageur.

Les nageurs viennent en foule jusqu'à quatre heures, et depuis quatre heures jusqu'à six heures, c'est une invasion véritable, une cohue étourdissante de voix et d'agitation.

La jeune fashion est exacte à ce rendez-vous quotidien; l'âge mûr et la vieillesse y sont aussi représentés. Il n'y a plus dans les écoles ni *caleçons bleus*, ni *caleçons rouges*; tout y est bariolage; on court après l'originalité, mais le plus souvent on n'attrape que le grotesque et le ridicule. Il y a là

des peignoirs bizarres, des costumes excentriques, et des caleçons qui jouent au turc, à l'arabe, à l'écossais, au grec et au polonais; on rencontre des baigneurs qui paradent déguisés, ne se mouillent jamais, et qui vont à l'école de natation comme ils iraient au bal masqué.

LES GENS DE PARIS.   Prisons. — 1.

CLICHY.

Victime d'un abus de créance.

Par Gavarni.   Gravé par Tamisier.

Dans toutes les écoles de natation il existe une région privilégiée, c'est celle qui prend successivement le nom et le titre pompeux de *rotonde* et

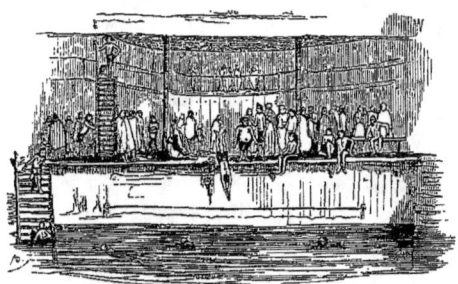

d'*amphithéâtre*, et que l'on pourrait, par sa position même, comparer au gaillard d'arrière du navire. En ce lieu se réunit l'élite des nageurs ; c'est le portique sous lequel se discutent les grands et véritables principes  de la natation. Une *tête* y est l'objet des plus graves dissertations ; on n'y laisse aucune imperfection sans conseils et sans réprimandes.

Dans les bassins, les nageurs pullulent, on se heurte, on se choque, l'eau prend la physionomie d'une masse humaine liquide et visqueuse ; les sages s'abstiennent de ce *tohu-bohu*. Les habiles se produisent avec tous leurs avantages, qui la brasse, qui la coupe, qui la marinière. Les uns font la planche, les autres se jettent debout, ou les jambes croisées dans l'attitude d'un tail-

leur... La vague vous fustige quelquefois avec sévérité ; les belles-têtes se

succèdent et aussi les plat-dos, si l'élan est trop fort ; s'il est trop faible, les plat-ventre et les plat-cuisses. Ces chocs irréguliers sont assez douloureux ; le dommage qu'ils causent se manifeste par une vive rougeur. Une tête mauvaise est, en outre, honnie par des huées impitoyables.

Il n'est pas rare de voir un insolent plat-dos éclabousser les curieux et se venger, par une immense immersion, des rires et des sarcasmes qui partent des deux rives.

Quelquefois la gymnastique se mêle aux exercices du bain ; on se rencontre sur la poutre transversale, on se dispute le passage aux grands ébats de la galerie. Ce sont les combats de coqs de l'école de natation.

Cependant les groupes se forment ; les uns se couchent comme des nègres au repos, les autres se drapent à l'antique dans leur peignoir, s'isolent comme des tragédiens qui répètent leur rôle, ou se réunissent comme les nouvellistes de Rome et d'Athènes ; il y en a qui singent la halte d'un douair dans le désert, d'autres écoutent un orateur, comme les Napolitains autour d'une improvisation ; il y a des philosophes qui ont un auditoire et qui dogmatisent sur le monde, la morale, la politique, l'industrie et bien d'autres choses ; des journalistes petits et grands ; des poëtes dépoétisés, et des faiseurs de calembours ; la galanterie des récits et des confidences y est nue, comme ceux qui en parlent; tous posent,

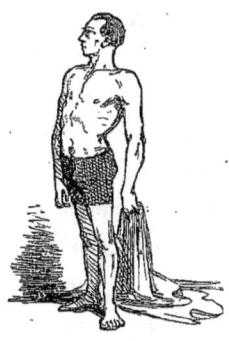 

les uns avec faste, les autres avec orgueil, plusieurs sans le savoir. Les gros ventres, les têtes énormes, les petites jambes, les genoux gros, cagneux et rentrants, les épines dorsales tordues, les tailles sans fin, les bras maigres, les pieds longs et vilains, engendrent des caricatures à réjouir Gavarni et Daumier.

L'homme est laid dans l'eau et, au sortir de l'eau, tout son être est grelottant, mouillé et souffreteux; on ne croirait jamais que tant d'heur et tant de félicité pussent se cacher sous ces piteuses mines de nageurs. Ce qu'il y a de plus amusant ce sont ceux qui, sur le pont ou sur l'escalier en

spirale construit au côté droit de l'amphithéâtre, pour les gens qui aiment à tomber de haut, font la parade au dehors. Ces statues aériennes ne se jettent jamais; c'est une exhibition à l'usage des beaux yeux des dames qui cheminent sur le quai en traversant le pont Louis XV; on a comparé ces gens à des dindons qui font la roue sur un perchoir.

L'aspect de l'école de natation a aussi son côté philosophique. S'il est un lieu où l'homme, dépouillé de toutes les distinctions extérieures, loin de toutes les distances et de toutes les conventions sociales, revienne à l'égalité réelle et n'ait plus que sa propre valeur, c'est à l'école de natation. Quels plaisants démentis cette vérité vraie, sans voiles et toute nue, donne à la vérité habillée! C'est devant ce bassin dans lequel s'agite pêle-mêle un amas de créatures humaines à l'état primitif, que l'on comprend bien l'utilité des habits brodés, des galons, des décorations, des insignes et des oripeaux du luxe et de la vanité; sans ce clinquant du dehors, combien ne serait-il pas difficile d'assigner à chacun la place qu'il occupe.

Ce pauvre hère que vous apercevez là-bas, bleu, tremblotant et transi, assis tristement sur ce banc, comme un coupable : eh bien! cet être si piteux, c'est un membre très-célèbre de la haute magistrature ; longtemps il fut accusateur, aujourd'hui il est juge.

Ce gros homme, qu'on ne peut s'empêcher de trouver laid et commun,

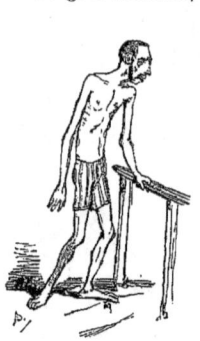

c'est un dandy, M. ***, un des membres les plus renommés du Jockey-Club. — Que voulez-vous? vous le voyez tel qu'il est ; mais sa voiture, ses chevaux, sa livrée, son coiffeur et son corset l'attendent à la porte.

Quel est ce triste jeune homme qui s'avance si gauchement sur ses jambes grêles et chétives, qui descend par l'échelle des *petits* et qui voudrait pouvoir entrer dans l'eau sans se mouiller?—Comment vous dire, madame, que c'est le brillant et audacieux comte de C.... dont les grands airs vous étonnaient, dont la bonne grâce et les charmantes manières vous séduisaient; vous alliez l'aimer; et, maintenant... il vous inspire le rire et la pitié... Qu'en eût-on fait à Sparte, où le costume ne pouvait mentir?

Que de passions ne résisteraient pas à ces épreuves!

Le café est plein de consommateurs; comme les bassins regorgent de

LES GENS DE PARIS.   Masques et Visages. — 1.

Exposition des produits de l'Industrie.

Par GAVARNI.   Gravé par BREVIÈRE.

baigneurs, les liqueurs, le vin de Malaga, le vin de Madère, l'absinthe, le

grog et le cigare, le cigare toujours, le cigare partout, sont demandés avec fureur. Depuis la renaissance de l'école, le comptoir a toujours été tenu par une femme; on y a même été servi par des *bonnes!* Malgré le peu de faveur que l'on peut accorder au nu, tel que l'ont fait les servitudes et les sottises du costume moderne, nous nous sommes pris quelquefois à supposer que bien des femmes grandes et petites, si nous nous trompons qu'elles

nous le pardonnent, voudraient jouir à l'aise de la vue d'un café-restaurant en caleçon et en peignoir.

Dans les bassins, les nageurs ne quittent pas le pied de l'amphithéâtre, les baigneurs s'ébattent dans le milieu; au bas, sur le fond de bois, sont

les vieillards et les enfants,

et aussi ceux qui baignent, frottent et instruisent leurs chiens entrés

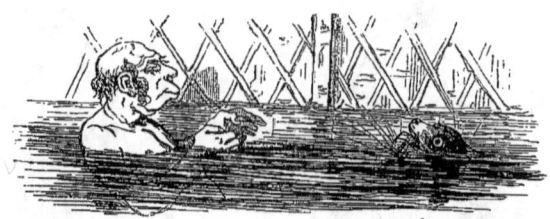

en contrebande, et les petits citoyens dont ils croient être pères. Et puis,

dans les galeries, ce cri qui retentit par-dessus tous les autres : *Garçon de cabinet!*

« A L'HOTEL DES HARICOTS. »

M'en voilà pour encore vingt-quatre heures de paysage hors tour.

Par GAVARNI. Gravé par BAULANT.

— Allons, messieurs, pour la pleine eau! — On va partir pour la pleine eau! — Allons, la pleine eau!

Tels sont les cris qu'à différents intervalles, sept à huit fois dans le cours d'une journée chaude et limpide, font retentir les mariniers de l'école, qui se renvoient cette clameur d'écho en écho. La pleine eau, c'est le dernier enseignement de la natation ; c'est l'essai que l'on va faire de ses forces au dehors de l'enceinte du gymnase, c'est l'entrée dans le monde à la sortie du collége. Il est difficile de se défendre d'une certaine émotion en faisant sa première pleine eau.

Les *pleine-eau* sortent de l'école et se placent dans un bateau, qui arbore

le pavillon national ; les nageurs, enveloppés dans leurs peignoirs, se groupent dans l'embarcation le plus commodément possible.

Le bateau de la pleine eau étant arrivé au pont Royal, fait halte et se met en travers, au fil de l'eau, pour descendre lentement. Les nageurs adressent un regard d'orgueil satisfait aux curieux qui bordent le parapet du pont ; ils oublient que la badauderie parisienne accorde les mêmes honneurs à un chat ou à un chien qui se noie. Alors, on se drape dans une pose prodigieuse, on se jette, on plonge, on s'élance, on donne une *tête*

avec toute la grâce possible ; on se livre à toutes les variétés du genre, on épuise tous les moyens de plaire qu'on doit à la nature ou à l'éducation, on fait la roue et l'on rêve la conquête des belles dames qui regardent d'en haut; mais le bateau s'éloigne et le nageur doit penser à le rejoindre; d'ailleurs, la voix du maître nageur rappelle les baigneurs épars. La pleine eau s'achève en descendant; on fait route avec des carcasses flottantes, et mille autres agréments semblables. Enfin on arrive au pont Louis XV, et là on remonte dans le bateau qui ramène à l'école sa cargaison vivante. Pour le vrai nageur, la pleine eau ressemble assez bien à la sortie d'un enfant qui a été se promener avec sa bonne; mais, pour les écoliers, c'est une excursion gigantesque.

A six heures, les lions se font mettre des papillotes, et, pour préparer leurs succès du soir, ils livrent leur tête au coiffeur et leurs pieds au pédicure; puis la foule s'écoule, mais pour ne plus revenir; elle va dîner. Dans l'école, d'autres parties s'arrangent : le café se change en restaurant; il y a dans ces repas, pris nus, sans contrainte, avec la vue du fleuve, si pittoresque et si animée, un charme inexprimable. Aussi est-on bien loin de l'humble saucisse du vieux bain, pour lequel l'omelette était un événement; les dîners sont longs et somptueux; ils s'organisent sur toute la ligne; par un perfectionnement digne d'éloges, on a maintenant une *boutique*, avec du poisson frais; la friture et les matelotes y sont en permanence, comme *aux Marronniers*, à Bercy.

La nuit vient, l'école se ferme; on ne l'éclaire jamais; les dîneurs qui font bien les choses obtiennent facilement un répit, mais des portes closes les séparent du bain. On voit revenir aussi les pêcheurs à la ligne, amis et familiers de la maison, et qui sont assez discrets pour ne pas ruiner ceux dont l'hospitalité leur accorde le droit de pêche : ce sont pourtant quelquefois des gens d'esprit.

Les mariniers de l'école rangent le linge et lèvent les tapis mouillés, puis, comme le matin, ils jettent le filet, et font quelquefois capture. Ils comptent leur journée, partagent la masse, empochent leur part, et vont où le diable les mène; ils appellent cela aller manger la soupe.

CLICHY.

Censé à la campagne.

Par GAVARNI.   Gravé par LOISEAU.

Quelques petits soupers ont introduit, à l'école de natation, des nuits vénitiennes fort recherchées, et que des actrices jeunes et jolies ont mises à la mode.

Les femmes ont aussi leurs bains froids; elles ont des bains à vingt centimes, dans lesquels les mœurs et les habitudes ne diffèrent point de celles

des bains d'hommes, si ce n'est qu'on s'y baigne avec une décence extérieure que l'on n'observe pas dans les établissements masculins.

Les baigneuses, vêtues de laine foncée noire ou brune, n'ont de nu que le cou, les pieds et les bras; le pantalon-caleçon est à plis, en blouse, afin qu'il ne puisse pas coller sur les formes; presque toutes les femmes portent un serre-tête. Quelques-unes, dans une intention d'élégance, ajoutent à ces serre-tête des ruches, ce qui est horrible; d'autres se coiffent, comme Mazaniello, avec de véritables bonnets de la liberté en laine, bleus, rouges ou bruns. Les plus coquettes bordent en couleur leurs pantalons-caleçons, gardent dans le bain leurs colliers et leurs bracelets, laissent flotter leurs

cheveux ou pendre les tresses et les boucles; quelques autres arrivent coiffées comme si elles allaient à la cour. Rien n'est plus bizarre que de voir une tête ainsi parée sortir de l'eau.

Les femmes nagent moins que les hommes, cependant plusieurs d'entre elles donnent des têtes et plongent : il est vrai que la profondeur des bassins n'est pas redoutable ; l'eau ne monte pas plus haut que le cou d'une baigneuse de taille ordinaire ; elles excellent surtout à nager sur le dos.

Les ébats sont plus vifs dans les bains des femmes que chez les hommes ; elles se lutinent à outrance et souvent se disputent jusqu'au bout des ongles ; elles aiment à se jeter dans l'eau, plusieurs ensemble, en se tenant par la main, à former des rondes dans les bassins, comme les naïades autour du char d'Amphitrite.

Aux bains des femmes, qui prennent aussi le titre d'*Ecole de Natation*, se rencontrent surtout des héroïnes de la galanterie et du plaisir opulent ;

les autres femmes se tiennent à l'écart, et les bonnes renommées se séparent des ceintures dorées. La cantine est pourvue de pâtisseries, de vins fins et..... d'eau-de-vie ! Le punch et quelquefois aussi le vin de Champagne y sont joyeusement fêtés.

On y fume tout autant que chez les hommes.

Dans ces bains féminins, les types les plus grotesques et les plus amusants se mêlent aux plus délicieuses images.

Après le bain, les femmes se coiffent, s'habillent, peignent et tressent leurs chevelures, et se toilettent au soleil comme font les colombes et les

tourterelles; c'est, dit-on, un ravissant tableau tout à fait dans le goût et dans le dessin oriental. On assure que l'année dernière, un jeune dandy a coupé sa barbe pour la contempler.

A l'école de natation et dans les bains des deux sexes, en s'abordant, on ne se demande pas mutuellement des nouvelles de la santé; la première question est toujours celle-ci :

— L'eau est-elle *bonne?*

L'eau est *bonne*, lorsqu'elle procure une sensation agréable; elle est *mauvaise* si son contact blesse par le sentiment du froid; l'air est dans les mêmes conditions : les nageurs aiment mieux l'eau *bonne* et l'air *mauvais* que l'eau *mauvaise* et l'air *bon ;* le vrai nageur consulte le thermomètre, comme le marin regarde la rose des vents. Au moindre signe de pluie tous les baigneurs se jettent dans l'eau... pour ne pas être mouillés. C'est un instinct de grenouilles.

Quant à la statistique financière des bains froids de la Seine, elle est fort difficile à établir, tant les variations atmosphériques rendent les produits de tous les établissements incertains et douteux. Les bains froids sont ouverts pendant quatre mois et demi, cent quarante jours environ; il y a des journées torrides où l'on peut estimer le chiffre de l'argent dépensé, en rivière, par la population parisienne, à dix ou quinze mille francs, et d'autres où, sous l'impression d'une température froide et humide, les recettes des bains froids ne réalisent pas, toutes ensemble, cinq cents francs. Il est bien entendu que les sommes provenant du prix des abonnements, et qui sont fort élevées, surtout par le nombre des collèges, pensions et institutions qui s'abonnent, ne sont pas comprises dans cette estimation.

Les éléments de ce calcul n'ont pas été réunis; mais il faut croire que cette spéculation est avantageuse; elle est fort recherchée.

Les accidents sont rares dans les écoles de natation; les plus lointains souvenirs ne parlent d'aucun sinistre grave; il y a eu des dangers courus, mais sans résultat funeste; il y a eu aussi des indispositions subites, mais qui ne peuvent point être attribuées au défaut du sûreté ou de vigilance.

Paris est le seul lieu du monde où l'on puisse employer une journée d'été de manière à chanter, le soir, sans remords :

> C'est ainsi qu'on descend gaîment
> Le fleuve de la vie.

EUGÈNE BRIFFAULT.

LES GENS DE PARIS. Ambassades étrangères et députations des Provinces. — 1.

LE PORTUGAL ET LE BANC DE TERRE-NEUVE.

(Orange et morue).

Par GAVARNI. Gravé par TAMISIER.

SÉRAPHIN.

(Baptiste trouva un matin, sur une table qu'il venait d'épousseter, ce paquet à l'adresse de Satan ; comme il reconnut sur l'enveloppe l'écriture de Flammèche, il s'empressa de le joindre à son envoi.)

FLAMMÈCHE A SATAN.

« Sire,

« Je reçois cette lettre bordée de noir, tachée de gouttes d'eau ou de
« larmes (je ne sais lequel des deux, car chez ce peuple singulier quel-
« ques hommes, dit-on, et beaucoup de femmes prennent leurs larmes
« dans leur carafe) ; elle m'annonce une calamité publique, une perte à
« jamais déplorable. Je me hâte de vous l'envoyer ; puisse-t-elle égayer un
« instant Votre Majesté. Les chagrins de la terre sont la joie de l'enfer. »

Plus d'un demi-siècle s'est écoulé depuis qu'un homme de génie, honoré, ce qui est bien rare, de la protection de son roi, éleva, pour les plaisirs du riche et du pauvre, un théâtre vraiment merveilleux. Là, jamais de sifflets et chutes, toujours des applaudissements et de la joie ; point de rivalités parmi les acteurs ; points d'intrigues de coulisses ; point de relâche par indisposition. Le succès fut grand comme l'œuvre. La génération naissante envahit du parterre au cintre la salle de Séraphin ; Séraphin s'était fait un nom que devaient bégayer avec reconnaissance les générations à naître.

Une pensée philosophique avait animé Séraphin ; il s'était dit : « Com-« ment passons-nous sur cette terre ? comme des ombres.—Comment donc « représenter les choses d'ici-bas ?... » Les ombres chinoises étaient créées.

Puissants ministres, orateurs foudroyants, poëtes qui parlez si bien le langage des dieux, romanciers qui parlez si bien la langue des portières, acteurs et actrices qui recevez chaque matin de MM. X ou Z un brevet d'immortalité, vous-mêmes Flore, Georges, Lepeintre jeune (quoi qu'en disent des esprits légers qui ne s'attachent qu'à l'apparence), vous n'êtes que des ombres !

Quel utile enseignement ! La Rochefoucauld, La Bruyère, Vauvenargues et les autres moralistes ont moins contribué à l'amélioration de l'espèce en découvrant aux esprits déjà formés nos vices et nos faiblesses, que le bon Séraphin en faisant entrer cette seule vérité dans les jeunes intelligences.

L'idée première était profonde ; les développements furent heureux. Je ne citerai pas des scènes restées dans tous les souvenirs, mais je ne puis m'empêcher de rappeler ici quelques paroles pleines de sens et de raison, que répètent chaque soir des acteurs d'un nouveau genre, héritiers de la sagesse de leur compatriote Confutzé :

Demande. Peut-on traverser la rivière ?
Réponse. Les canards l'ont bien passée.

Leçon de logique.

D. Quelle heure est-il ?
R. Voici mon cadran solaire.

Leçon de politesse.

D. Comment s'appelait ton père ?
R. C'est le secret de ma mère.

Leçon de discrétion.

Ainsi partout, dans les détails comme dans l'ensemble, de bons conseils et d'utiles maximes.

LES GENS DE PARIS. Petit commerce. — 2.

Machine à pleurer la Bretagne ou la Normandie — de la force d'un Auvergnat.

PAR GAVARNI. Gravé par BREVIÈRE.

Après le travail de ses compositions mécaniques et littéraires, Séraphin ne se reposa pas : il y joignit des marionnettes. Il voulut que ses jeunes amis eussent de bonne heure sous les yeux l'image exacte de ce monde dans lequel ils devaient vivre. C'était leur rendre encore un immense service.

D'où viennent en effet nos erreurs, nos faux jugements sur les choses et sur les hommes? de l'ignorance des causes. Il faut connaître les ressorts pour apprécier la machine.

Sur le théâtre parurent donc d'autres personnages, des grands et des petits, des habits brodés et des blouses, des robes de soie et des robes de bure. Tous se meuvent avec ordre : ce n'est pas leur intelligence qui les guide; une force étrangère règle leurs mouvements dans un but qu'ils ignorent. Mais où est cette force invisible qui fait agir ainsi hommes d'État, généraux, sénateurs, écrivains et *tutti quanti?* — Où?... vous êtes bien curieux : respectez le secret de la comédie.

Quand ces acteurs ont assez sauté au gré des fils d'or ou de soie qui les dirigent, tous vont bientôt, leur rôle fini, se reposer dans le même néant : la farce est jouée.

Honneur à l'homme de bien, au philosophe-pratique qui créa de pareils tableaux pour le plaisir et l'instruction de ses contemporains et de la postérité! Oui, honneur à son ombre et à ses ombres! La mort jalouse nous l'a ravi, mais il vivra dans l'histoire; il y prendra sa place parmi les bienfaiteurs de l'humanité. Déjà peut-être quelque illustre écrivain rassemble les matériaux nécessaires pour élever à sa mémoire un monument digne de lui. En attendant, je ne sais quel rimeur vulgaire a composé la pièce suivante, pour attester au moins la moralité de l'œuvre si courageusement entreprise et si heureusement achevée par celui que nous pleurons.

LES OMBRES CHINOISES.

FABLE.

Heureux celui qui sait sourire
Sur le soir de la vie aux plaisirs du matin!
Sans honte je vais donc le dire,
J'étais entré chez Séraphin.

La jeune assemblée, attentive,
L'œil et l'oreille ouverts et la langue captive,
 Admirait le jeu des acteurs,
 Les canards, le chien, les chasseurs :
On ne respirait pas, tant la joie était vive.
Tout à coup un enfant, en extase ravi,
 S'écria : « Dieux ! que c'est joli ! »
 Puis, curieux comme on l'est à cet âge,
 Il supplia qu'on lui fit voir
 Par quel art chaque personnage
Pouvait et s'animer, et vivre, et se mouvoir.
Dans la coulisse admis, le marmot s'imagine
 Que son bonheur sera parfait,
Mais à peine eut-il vu les fils et la machine,
 Qu'il s'écria : « Dieux ! que c'est laid ! »

Grands enfants, qu'éblouit la scène politique,
Jouissez, admirez, prodiguez les bravos,
 Mais n'entrez pas dans la boutique
 Où se fabriquent les héros.

S. LAVALETTE.

LES GENS DE PARIS. En Carnaval. — 1.

AU COIN D'UNE RUE
ENTREPOT D'ALLUMETTES CHIMÉRIQUES ALLEMANDES

	Du	184	FR.	C.
Livré à M.				
Quarante allumettes...............				
Quarante préparations chimiques...........				
Une boîte de carton.................				
		TOTAL.	1 sou de pain.	

Par GAVARNI. Gravé par PIAUD.

UN MOT SUR LES JOURNAUX.

MOYEN FACILE

OFFERT AUX JOURNAUX POUR PERDRE TOUS LEURS ABONNÉS.

On sait que les journaux, par une révolution opérée sous nos yeux, ont remplacé le livre qui par conséquent n'existe plus, la chaire, la tribune, et en général tous les organes divers dont se servaient autrefois la raison, le talent et la vérité pour arriver au plus grand nombre d'intelligences. Sous son poids, centuplé par l'action de la vapeur, le pilon a écrasé toutes ces nobles choses, il les a broyées, réduites en pâte, et le cylindre les a ensuite roulées en feuilles, qu'on a enfin ployées en journaux. La métamorphose durera autant qu'elle pourra. C'est l'affaire de ce vieillard fantasque qu'on appelle le Temps. Toujours est-il que l'univers, à l'exemple de Cadet Roussel, a pris, depuis peu, cette livrée de papier gris. Des gens s'en réjouissent, d'autres en pleurent. Les philosophes regardent passer. Nous sommes heureusement de ceux-là.

Aussi est-ce sans haine que nous demandons à ne pas partager l'enthousiasme et le lyrisme de ceux qui voient tout l'avenir social dans la transformation d'une poignée de chanvre avec laquelle on eût tout aussi facilement fait une corde pour pendre les huguenots sous Charles IX, une bourre de fusil sous Napoléon, et dont on préfère aujourd'hui faire un journal. La corde et la bourre peuvent revenir. Ne vous y fiez pas. Sans nier ce qu'il y a de bon, nous avons nos raisons pour nous méfier de l'excellence et de l'infaillibilité du journalisme.

Donnez ces raisons. Soit.

Avec le journalisme, nous dit-on d'abord, il est de toute impossibilité que l'histoire ne soit pas désormais à l'abri du mensonge : premièrement, parce que, sans les journaux, il ne sera permis à personne d'écrire l'histoire ; en second lieu, parce que les journaux sont le miroir le plus limpide, l'écho le plus sûr, la contre-épreuve la plus exacte des faits contemporains.

N'est-ce pas là un grand, un immense avantage, inconnu aux époques privées du bienfait des journaux ? Répondez.

Je réponds : Cet avantage n'existe pas.

— Il n'existe pas !

— Non.

Prenons, je vous prie, un fait contemporain, d'hier, tiède encore, un fait très-grave cependant, un de ceux dont il faut, à tout prix, que l'histoire s'occupe, et voyons s'il est donné à ce fait d'arriver à la postérité avec la candeur, la virginité que le journalisme doit, selon vous, lui conserver.

Un jour je lis cette phrase dans les journaux :

« Le duc de Bordeaux a fait une chute de cheval et il s'est cassé la
« jambe. »

Voilà un événement très-malheureux, me dis-je, mais que va-t-il s'ensuivre ? Quelques mois d'attente me l'apprendront. J'attends. Enfin les organes de la vérité, les préparateurs de l'histoire, les journaux daignent m'instruire.

Ici je demande la permission de citer les endroits empruntés à divers journaux, un seul journal, avec raison, n'étant que la voix d'un seul.

Suites de l'accident arrivé au duc de Bordeaux, version d'un journal royaliste.

« Que nos amis se réjouissent et que leur effroi se dissipe entièrement.
« Grâce à sa bonne constitution, à son genre de vie, aux soins dont il a
« supporté, avec la patience d'un saint Louis, les lenteurs et les ennuis,
« notre prince est guéri, et, Dieu soit loué ! il ne boitera pas. »

Ainsi, me dis-je, le duc de Bordeaux ne sera pas boiteux. Souvenons-nous de cet utile renseignement pour nous en servir un jour, si nous sommes appelés à écrire sur notre époque. Voilà, ajoutai-je, un fait accompli. Il n'y a plus à s'en occuper.

Je me trompais. Le lendemain du jour où j'avais acquis ou cru acquérir la conviction que le duc de Bordeaux ne boiterait pas, je lis, en parcourant, une feuille subventionnée :

« Il n'est que trop vrai que le duc de Bordeaux, dont la guérison ne sera
« peut-être jamais complète, boitera le reste de sa vie. Il n'y a plus de doute
« à conserver à cet égard. »

Allons, me dis-je, le prince boitera ; que me disait donc le premier journal que j'ai lu ? Et quel parti prendre ? Il importe cependant que ma conviction soit entière. Le fait occupera une place assez notable dans notre histoire, pour que je ne le présente pas comme douteux ou comme faux, si je dois le rappeler un jour.

Est-ce qu'une feuille d'opinion radicale ne m'éclairerait pas ? Essayons de l'arbitrage d'un troisième journal, entre deux journaux qui se contredisent.

Un journal radical sur l'accident arrivé au duc de Bordeaux.

« Au moment où l'industrie couvre la France d'un réseau de fer, au mo-

« ment où la vapeur s'ouvre de nouvelles voies sur l'Océan, où le monde
« des idées va éclater comme au seizième siècle, il est fort indifférent à nos
« lecteurs, nous le supposons, de savoir si un faible et dernier descendant
« d'une race royale aura une jambe plus courte que l'autre. »

En conséquence, un journal me dit : « Le duc de Bordeaux boite ; » — un autre : « Il ne boite pas ; » — un troisième : « Qu'est-ce que cela me fait ? »

J'avoue que le découragement commençait à me prendre. Heureusement, pensai-je, il existe sur la limite des opinions tranchées des journaux assez intéressés pour n'être pas tout à fait indifférents, assez indifférents toutefois pour exprimer la vérité. J'y courus.

Ce que je lus dans un journal royaliste assez intéressé pour n'être pas tout à fait indifférent, assez indifférent toutefois pour exprimer la vérité.

« Aujourd'hui que le duc de Bordeaux va quitter sa résidence pour se
« rendre en Angleterre, il serait ridicule de faire un mystère de l'état où l'a
« laissé sa chute de cheval. Le prince ne boite pas, mais il est resté dans la
« jambe affectée une certaine roideur qu'on aurait tort de qualifier autre-
« ment. »

Eh bien, à la bonne heure ! m'écriai-je, ceci a le ton de la vérité. — Le prince traîne encore un peu la jambe, mais enfin il ne boite pas. Si un journal conservateur, aussi modéré dans sa rédaction que celui-ci est calme dans la sienne, me confirme dans la même opinion, je me considérerai comme parfaitement renseigné.

Au milieu de tant de journaux brûlants, glacés, féroces, bénins, tigres, moutons, blonds et bruns, j'en découvris un châtain-clair, gouvernemental mais raisonnable, celui enfin que je cherchais.

Ce que je lus dans ce journal châtain-clair, gouvernemental mais raisonnable.

« Les personnes qui reviennent de Belgrave-Square, où elles ont vu le
« duc de Bordeaux, affirment qu'il est complétement remis de l'affreuse

LES GENS DE PARIS. Bohèmes. — 2.

Entre la Seine et la faim.

Par GAVARNI. Gravé par BARA.

« chute dont son parti s'est tant alarmé. On n'a plus qu'à accepter les suites
« inévitables d'un pareil malheur. *Le prince boite légèrement.* »

J'étais donc arrivé, après avoir épuisé tous les moyens possibles de contrôle, au même point où je me trouvais avant de commencer mes investigations, c'est-à-dire à ne pas savoir si le duc de Bordeaux boitait ou ne boitait pas; point où je suis encore, quelque nouvel effort que j'aie tenté pour en sortir, en m'édifiant par la lecture des journaux. Or, si un fait qui a été rapporté par tant de journaux, un fait énergique, sérieux, presque inaccessible à la controverse, n'a pu se classer d'une manière vraie, fixe et précise dans mon esprit, je me demande avec effroi ce qu'il convient d'espérer de cette prétendue utilité du journalisme pour écrire l'histoire, qui ne se compose pas seulement d'un accident isolé, mais de milliers d'autres accidents, et tous infiniment moins faciles à vérifier que celui que je viens de citer comme exemple.

De cet exemple parfaitement choisi je conclus que, lorsqu'un journal voit marcher des géants, l'autre ne voit s'agiter que des moulins; que, lorsqu'un journal entend chanter une romance, l'autre croit entendre entonner *la Marseillaise.*

Supposons maintenant que chacune de ces feuilles, tout à fait innocentes dans leurs égarements et si peu d'accord entre elles, veuille par une concession raisonnable se rapprocher un beau jour de l'opinion qu'elle a aveuglément combattue, mais qui, enfin, lui paraît bonne et sensée. Laissons-nous aller un instant à ce doux rêve de réconciliation : embarquons-nous, couronnés de fleurs, sur cette hypothèse aux rames d'ivoire et aux voiles de pourpre.

Commençons cette heureuse conversion par un Jupiter Olympien de la presse, par un de ces journaux qui comptent trente ou quarante mille abonnés, et qui, par conséquent, portent le drapeau de l'opposition.

Je me figure la surprise extatique d'un de ces quarante mille lecteurs ou celle de ces quarante mille lecteurs, en lisant, à leur réveil, ce premier Paris :

« Pour les partis comme pour les hommes, il arrive une époque de ré-

« flexion et de maturité dont les esprits bien faits n'ont pas peur, qu'ils
« acceptent au contraire comme le prix d'une course pénible, comme la
« pomme d'or d'une trop longue lutte. »

— Tiens ! disent les quarante mille lecteurs en se frottant les yeux, où veut-il en venir aujourd'hui avec sa pomme d'or?
— Une pomme d'or ! s'écrie un autre, il n'y a pas de pomme d'or. Mais voyons.

Le premier Paris lâche ainsi sa seconde phrase :

« Ce n'est ni la vieillesse ni la caducité qui transforme alors la pensée au-
« trefois sévère en opinion aujourd'hui indulgente; la main qui frappait est
« la main qui pardonne et relève. C'est le concours de la puissance et du
« bon sens qui opère ce changement, qu'on pourrait appeler divin s'il était
« permis d'employer un mot d'une essence aussi pure. »

Les quarante mille lecteurs frottant derechef leurs yeux : — Diable ! murmurent-ils, il a quelque mauvaise nouvelle à nous apprendre; comme il tourne aujourd'hui !

« Ces réflexions, poursuit le premier Paris, nous viennent naturellement
« à l'occasion de la dernière attaque d'apoplexie du duc de Wellington. »

— Un fier gueux ! dit un des quarante mille lecteurs.
— Un coquin s'il en fût !
— Un vantard.
— Le voleur de la victoire de Waterloo.
— Un général de la Sainte-Alliance.

Le premier Paris fait un nouvel effort et continue ainsi :

« Ce héros de l'Angleterre mérite d'être jugé aujourd'hui avec l'impartia-
« lité de l'histoire. Incontestablement lord Wellington ne fut pas un homme
« ordinaire. »

— Hum ! hum ! fait le lecteur que cette phrase étrangle.
Mécontentement sur toute la ligne.

LES GENS DE PARIS.   Bohèmes. — 1.

(AIR CONNU.)

« . . . .
J'ai vu son sourire enchanteur;
J'ai baisé sa bouche entr'ouverte,
Et j'ai cru baiser une fleur! »

(PARNY.)

Par GAVARNI.   Gravé par BRUGNOT.

« Non, ce ne fut pas un homme ordinaire celui qui, pendant cinquante
« ans et plus, combattit sur tous les champs de bataille de l'Asie et de l'Eu-
« rope, tantôt contre les féroces bandes des Ameers, tantôt contre les meil-
« leurs soldats de Napoléon. Noble de race, riche de sa maison, il eût pu se
« retirer du service et jouir trente ans plus tôt d'un repos qu'il ne veut pas
« prendre encore et qu'il dispute à la mort. Élevé à la rude école de Fré-
« déric de Prusse, il n'admit jamais avec le soldat d'autre code que l'in-
« flexible discipline. C'est avec la discipline qu'il vint à bout de tous ses
« calculs, de tous ses projets, répudiant la familiarité, cette égale de tous les
« usurpateurs, et l'enthousiasme, cette autre maladie française. Il triompha
« en Portugal avec la discipline, et il put, grâce à cette qualité poussée
« chez lui jusqu'à la vertu et au génie, sortir vivant du terrible embrase-
« ment de Waterloo. Non, ce n'est pas un homme ordinaire celui dont le
« nom militaire se place après celui de Napoléon, ce grand nom qui jus-
« qu'ici n'en a pas souffert d'autre à ses côtés. »

Cri de paon de l'abonné normand, en achevant la lecture de ce phénoménal premier Paris.

Cri d'oie sauvage de l'abonné bourguignon.

Cri d'hyène de l'abonné marseillais.

Choix fait au hasard parmi quarante mille lettres adressées au rédacteur en chef au sujet de cet article.

« Monsieur le rédacteur,

« Libre à vous de louer ce polisson de Wellington, mais libre à moi de cesser mon abonnement à votre journal.

« J'ai l'honneur de vous saluer.

« *Un ami de la France.* »

Autre lettre adressée à M. le rédacteur en chef.

« Monsieur,

« Il paraît que vous aussi vous êtes vendu à l'Angleterre. En ce cas, veuillez à l'avenir vous faire payer mon abonnement par le duc de Wellington.

« Je vous salue.

« *Un cœur tout français.* »

Autre lettre.

« Monsieur,

« Je rougis d'avoir lu votre article sur M. Wellington. Je ne vous en dis pas davantage. Vous devinez qu'il ne m'est plus agréable de recevoir votre feuille.

« *Un ennemi de nos ennemis.* »

Autre lettre.

« Monsieur,

« Combien vous a-t-on acheté ? C'est une question qu'on me fait de toutes parts et à laquelle je vous prie de répondre en cessant de m'envoyer votre journal.

« *Un franc Champenois.* »

Autre lettre.

« Mon cher lord rédacteur,

« Ne sachant pas l'anglais, je vous invite à ne plus me faire parvenir votre journal. Mes compliments, je vous prie, à lord Wellington, et mes respects à la reine Victoria.

« Je vous salue.

« *Votre désabonné.* »

Autre lettre.

« Monsieur le rédacteur,

« Seriez-vous assez bon pour m'adresser, au lieu de votre journal, le *Times*,

LES GENS DE PARIS.   Ambassades étrangères et députations des Provinces. — 2.

LA HAVANE.

(Cigares)

Par GAVARNI.   Gravé par BARA.

le *Morning-Chronicle* ou le *Sun*? Je compte sur votre complaisance pour ne plus m'envoyer votre feuille.

« Mes salutations.

« *Un patriote berrichon.* »

Suivent trente-neuf mille neuf cent quatre-vingt-quatorze autres lettres de refus de renouvellement dans l'abonnement du journal.

Tandis que ce malheureux journal d'opposition voit fuir par tous les pores ses féroces abonnés, constatons l'état d'un journal carliste, décidé aussi à tenter une voie nouvelle qui lui semble raisonnable.

Son premier Paris s'exprime ainsi :

« Sans toucher à l'institution d'une monarchie pure, sans prétendre la
« remplacer par une autre forme gouvernementale, ne serait-il pas permis
« d'élaguer avec prudence, avec respect, de l'échafaudage placé autour
« d'elle certaines pièces dont il peut aujourd'hui se passer? Si cet entourage
« effraie, pourquoi ne pas l'abattre doucement afin de mieux laisser voir
« la grandeur et la puissance du monument, si fort par lui-même ? A tort
« ou à raison le peuple suppose toujours la noblesse prête à réclamer ses
« anciens privilèges, et cette crainte, il faut le dire, n'est pas la moindre
« cause de son éloignement pour une restauration. Faudra-t-il rester tou-
« jours à ses appréhensions et sacrifier la monarchie à un préjugé? Per-
« sonne ne l'entend ainsi. Qu'il se fasse donc un aveu sincère dans le parti
« loyal que nous avons toujours défendu ; que cet aveu soit que la no-
« blesse ne se considère plus en France que comme une fiction, un sou-
« venir, et que loin d'aspirer à des avantages exceptionnels, elle regarde
« tous les hommes comme parfaitement égaux entre eux et égaux à elle.
« Voulant donner une preuve frappante de la franchise de cette déclara-
« tion, elle renonce pour toujours à porter des titres, prendre des armoi-
« ries, cachets, devises, et à toute espèce de signe extérieur qui laisserait
« planer un doute sur ses intentions. Dès qu'elle aura réalisé cette mesure,
« dont quelques vanités exagérées seules auront à souffrir, la noblesse verra
« le peuple se rapprocher du soleil de la monarchie afin d'en contempler de
« plus près et sans obstacle la douce et fécondante lumière. »

Premier remercîment adressé à l'auteur de l'article.

« Monsieur,

« Fils, petit-fils d'un père et d'un aïeul qui ont porté leur tête sur l'échafaud, je ne pactiserai jamais avec les doctrines révolutionnaires exprimées dans votre dernier article. Je n'ai plus à recevoir votre feuille.

« Comte de La Fierté-sous-Bois. »

Autre remercîment.

« Monsieur le rédacteur,

« Où nous menez-vous ? Quelles sont vos funestes espérances ? N'avons-nous pas assez souffert ? Renoncer à nos titres ! mais, monsieur, vous commencez par où Robespierre a fini. Effacez avec vos larmes les lignes de votre article et mon nom de la liste de vos abonnés.

« Marquise de La Tour-Vieille et des Neuf-Mares. »

Autre billet doux.

« Fils de saint Louis, montez au ciel !

« Méditez ces belles paroles, monsieur le rédacteur, et ne m'envoyez plus les vôtres.

« Le vidame de Kerdruidec. »

Autre au même.

« Monsieur le rédacteur,

« Je suis obligé de vous faire savoir que les évêques et curés des principales paroisses de la Vendée, que les associations pieuses de Vannes et de Saint-Lô, que tous les cercles royalistes de Rennes et de Quimperlé dont j'étais chargé de faire les abonnements à votre gazette, m'ont écrit qu'ils ne voulaient plus la recevoir.

« Agréez, monsieur, l'assurance de ma considération la plus distinguée.

« X. »

C'est ainsi que seraient récompensés, n'en doutez pas, les journaux qui essaieraient jamais d'être un peu moins partiaux, un peu moins absolus dans leur opinion. C'est, du reste, la récompense qu'ils méritent. Ils commencent par façonner leurs lecteurs à leur image ; et plus tard, quand, sous un gérant de bon sens, ils veulent les réformer, leurs lecteurs irrités se retournent et leur montrent une tête d'oie et des griffes de chat. Règle générale : au bout de cinq ans, tout abonné est devenu le véritable rédacteur en chef d'un journal.

LÉON GOZLAN.

LES BALS EN PLEIN AIR.

MABILLE, LA CHAUMIÈRE, LA CHARTREUSE, L'ERMITAGE, LE DELTA, ETC., ETC.

Par les mœurs, le bon goût, modestement il brille, etc., etc.

Un citoyen de la Chaumière.

Plan, coupe et élévation de *Rosita*, reine Pomaré.

Un naturel du bal Mabille.

Entrée en matière.

Débutant.

Bachelier ès lettres.

Sortie.

Exemple de Valse..... chicarde.

La Polka chez Mabille.

Vue d'un père de famille fourvoyé, mais complaisant.

BERTALL.

LES GENS DE PARIS. Bohèmes. — 5.

MADAME ELOA CABESTAN

Tient pâte épilatoire, mariages de raison, leçons de guitare et taffetas pour les cors.

Par GAVARNI. Gravé par PORRET.

EN AVANT DEUX.

CANCAN LÉGER,

par un procureur du roi
en herbe.

Un employé du gouvernement (section de morale),
au point de vue affectionné
par les danseurs.

CANCAN FLEURI,

par un futur membre
de l'Institut.

A LA PASTOURELLE.

Procédé
pour conduire sa dame
à la pastourelle.

Solo gracieux.

Autre procédé
pour conduire sa dame
à la pastourelle.

Le Tourniquet.

Variante :
Solo
de dame.

Exercice rafraîchissant.

NOTA : *Les poses
prohibées sont supprimées
avec dessin.*

BERTALL

MOYENS DE SÉDUCTION.

Le fin petit verre avec bain de pied.

La morale publique à la Chaumière.

MOYENS DE SÉDUCTION.

La Citadine ou Lutécienne, *ad libitum*, pour le retour.

VARIÉTÉS.

En avant deux à la barrière Montparnasse.

La Pastourelle au Delta.

Un tour de Valse au Prado d'Été.

Ce qu'il faut penser de tout cela.

La Polka telle qu'on l'exécute sous l'œil vertueux du père Lahire.

Étranger venu pour étudier les belles manières.

BERTALL.

LES GENS DE PARIS. Bohème. — 4

CHEMIN DE TOULON.

Par GAVARNI. Gravé par Mlle DELPHINE B.

PHILOSOPHIE
DE
LA VIE CONJUGALE A PARIS.

— CHAUSSÉE D'ANTIN. —

SOMMAIRE.

L'été de la Saint-Martin conjugal. — De quelques péchés capitaux. — De quelques péchés mignons. — La clef du caractère de toutes les femmes. — Un mari à la conquête de sa femme. — Les travaux forcés. — Les risettes jaunes. — Nosographie de la villa. — La misère dans la misère. — Le dix-huit brumaire des ménages. — L'art d'être victime. — La campagne de France. — Le solo de corbillard. — Commentaire où l'on explique la felichitta du finale de tous les opéras, même de celui du mariage.

I

L'ÉTÉ DE LA SAINT-MARTIN CONJUGAL.

Arrivé à une certaine hauteur dans la latitude ou la longitude de l'océan conjugal, il se déclare un petit mal chronique, intermittent, assez semblable à des rages de dent...

Vous m'arrêtez, je le vois, pour me dire : — Comment relève-t-on la hauteur dans cette mer? Quand un mari peut-il se savoir à ce point nautique; et peut-on éviter les écueils ?

On se trouve là, comprenez-vous, aussi bien après dix mois de mariage qu'après dix ans : c'est selon la marche du vaisseau, selon sa voilure, selon la mousson, la force des courants, et surtout selon la composition de l'équipage. Eh bien! il y a cet avantage que les marins n'ont qu'une manière de prendre le point, tandis que les maris en ont mille de trouver le leur.

Exemples : Caroline, votre ex-biche, votre ex-trésor, devenue tout bonnement votre femme, s'appuie beaucoup trop sur votre bras en se promenant sur le Boulevard, ou, trouve beaucoup plus distingué de ne plus vous donner le bras;

Ou, elle voit des hommes plus ou moins jeunes, plus ou moins bien mis, quand autrefois elle ne voyait personne, même quand le Boulevard était noir de chapeaux et battu par plus de bottes que de bottines;

Ou, quand vous rentrez, elle dit : « — Ce n'est rien, c'est Monsieur! » au lieu de : « — Ah! c'est Adolphe! » qu'elle disait avec un geste, un regard, un accent qui faisaient penser à ceux qui l'admiraient : Enfin, en voilà une heureuse!

Cette exclamation d'une femme implique deux temps : celui pendant lequel elle est sincère, celui pendant lequel elle est hypocrite avec : « Ah! c'est Adolphe! » Quand elle dit : « Ce n'est rien, c'est Monsieur! » elle ne daigne plus jouer la comédie;

Ou, si vous revenez un peu tard (onze heures, minuit), elle... ronfle!! odieux indice!...

Ou, elle met ses bas devant vous... (Ceci n'arrive qu'une seule fois dans la vie conjugale d'une lady; le lendemain, elle part pour le continent avec un *captain* quelconque, et ne pense plus à mettre ses bas);

Ou... Mais, restons-en là.

Ceci s'adresse à des marins ou maris familiarisés avec LA CONNAISSANCE DES TEMPS.

Eh bien! sous cette ligne voisine d'un signe tropical sur le nom duquel le bon goût interdit de faire une plaisanterie vulgaire et indigne de ce spirituel ouvrage, il se déclare une horrible petite misère ingénieusement ap-

Bohèmes. — 3.

Avec la permission des autorités, Messieurs, qu'est-ce qu'il faut à un homme habile pour vous en faire voir de toutes les couleurs?... Pas plus gros que ça, de n'importe quoi, Messieurs!

Par GAVARNI.   Gravé par BARA.

pelée le Taon conjugal, de tous les cousins, moustiques, taracanes, puces et scorpions, le plus impatientant, en ce qu'aucune moustiquaire n'a pu être inventée pour s'en préserver. Le taon ne pique pas sur-le-champ, il commence à tintinnuler à vos oreilles, et *vous ne savez pas encore ce que c'est.* Ainsi, à propos de rien, de l'air le plus naturel du monde, Caroline dit : — Madame Deschars avait une bien belle robe hier...— Elle a du goût, répond Adolphe. — C'est son mari qui la lui a donnée, réplique Caroline. — Ah ! — Oui, une robe de quatre cents francs ! Elle a tout ce qui se fait de plus beau en velours... — Quatre cents francs ! s'écrie Adolphe en prenant la pose de l'apôtre Thomas.— Mais il y a deux lés de rechange et un corsage... — Il fait bien les choses, monsieur Deschars ! reprend Adolphe en se réfugiant dans la plaisanterie. — Tous les hommes n'ont pas de cés attentions-là, dit Caroline sèchement. — Quelles attentions ?... — Mais Adolphe... penser aux lés de rechange et à un corsage pour faire encore servir la robe quand elle ne sera plus de mise, décolletée...

Adolphe se dit en lui-même : — Caroline veut une robe.

Le pauvre homme !...!...!

Quelque temps après, monsieur Deschars a renouvelé la chambre de sa femme.

Puis monsieur Deschars a fait remonter à la nouvelle mode les diamants de sa femme.

Monsieur Deschars ne sort jamais sans sa femme, ou ne laisse sa femme aller nulle part sans lui donner le bras.

Si vous apportez quoi que ce soit à Caroline, ce n'est jamais aussi bien que ce qu'a fait monsieur Deschars.

Si vous vous permettez le moindre geste, la moindre parole un peu trop vifs ; si vous parlez un peu haut, vous entendez cette phrase sibilante et vipérine : — Ce n'est pas monsieur Deschars qui se conduirait ainsi ! Prends donc monsieur Deschars pour modèle.

Enfin, monsieur Deschars apparaît dans votre ménage à tout moment, et à propos de tout.

Ce mot : — Vois donc un peu si monsieur Deschars se permet jamais... est une épée de Damoclès, ou, ce qui est pis, une épingle, et votre amour-propre est la pelote où votre femme la fourre continuellement, la retire et la refourre, sous une foule de prétextes inattendus et variés, en se servant d'ailleurs des termes d'amitié les plus câlins ou avec des façons assez gentilles.

Adolphe, taonné jusqu'à se voir tatoué de piqûres, finit par faire ce qui se fait en bonne police, en gouvernement, en stratégie. (*Voyez* l'ouvrage de Vauban sur l'attaque et la défense des places fortes.) Il avise madame de Fischtaminel, femme encore jeune, élégante, un peu coquette, et il la pose comme un moxa sur l'épiderme excessivement chatouilleux de Caroline.

O vous qui vous écriez souvent : — Je ne sais pas ce qu'a ma femme!... vous baiserez cette page de philosophie transcendante, car vous allez y trouver *la clef du caractère de toutes les femmes!*... Mais les connaître aussi bien que je les connais, ce ne sera pas les connaître beaucoup, elles ne se connaissent pas elles-mêmes! Enfin, Dieu, vous le savez, s'est trompé sur le compte de la seule qu'il ait eue à gouverner et qu'il avait pris le soin de faire.

Caroline veut bien piquer Adolphe à toute heure, mais cette faculté de lâcher de temps en temps une guêpe au conjoint (terme judiciaire) est un droit exclusivement réservé à l'épouse. Adolphe devient un monstre s'il détache sur sa femme une seule mouche. De Caroline, c'est de charmantes plaisanteries, un badinage pour égayer la vie à deux, et dicté surtout par les intentions les plus pures; tandis que, d'Adolphe, c'est une cruauté de Caroline, une méconnaissance du cœur de sa femme et un plan arrêté de lui causer du chagrin.

Ceci n'est rien.

— Vous aimez donc bien madame de Fischtaminel? demande Caroline. Qu'a-t-elle donc dans l'esprit ou dans les manières de si séduisant, cette... araignée-là?

— Mais, Caroline...

— Oh! ne prenez pas la peine de nier ce goût bizarre, dit-elle en arrêtant une négation sur les lèvres d'Adolphe, il y a longtemps que je m'aperçois que vous me préférez cet... échalas (madame de Fischtaminel est maigre). Eh bien! allez... vous aurez bientôt reconnu la différence.

Comprenez-vous? Vous ne pouvez pas soupçonner Caroline d'avoir le moindre goût pour monsieur Deschars, tandis que vous aimez madame de Fischtaminel! Et alors Caroline redevient spirituelle, vous avez deux taons au lieu d'un.

Le lendemain, elle vous demande en prenant un petit air bon-enfant :
— Où en êtes-vous avec madame de Fischtaminel?...

Quand vous sortez, elle vous dit : — Va, mon ami, va prendre les eaux! Car, dans leur colère contre une rivale, toutes les femmes, même les duchesses, emploient l'invective et s'avancent jusque dans les tropes de la Halle; elles font alors arme de tout.

Vouloir convaincre Caroline d'erreur et lui prouver que madame Fischtaminel ne vous est de rien, vous coûterait trop cher. C'est une sottise qu'un homme d'esprit ne commet pas dans son ménage : il y perd son pouvoir et il s'y ébrèche.

Oh! Adolphe, tu es arrivé malheureusement à cette saison si ingénieusement nommée *l'Eté de la Saint-Martin* du mariage. Hélas! il faut, chose délicieuse! reconquérir ta femme, ta Caroline, la reprendre par la taille et devenir le meilleur des maris en tâchant de deviner ce qui lui plaît, afin de faire à son plaisir au lieu de faire à ta volonté! Toute la question est là désormais.

II

LES TRAVAUX FORCÉS.

Admettons ceci, qui, selon nous, est une vérité remise à neuf:

Axiome.

La plupart des hommes ont toujours un peu de l'esprit qu'exige une situation difficile, quand ils n'ont pas tout l'esprit de cette situation.

Quant aux maris qui sont au-dessous de leur position, il est impossible de s'en occuper : il n'y a pas de lutte, ils entrent dans la classe nombreuse des *Résignés*.

Adolphe se dit donc : — Les femmes sont des enfants, présentez-leur un morceau de sucre, vous leur faites danser très-bien toutes les contredanses que dansent les enfants gourmands; mais il faut toujours avoir une dragée, la leur tenir haute, et... que le goût des dragées ne leur passe point. Les Parisiennes (Caroline est de Paris) sont excessivement vaines, elles sont gourmandes!... On ne gouverne les hommes, on ne se fait des amis, qu'en les prenant tous par leurs vices, en flattant leurs passions : ma femme est à moi !

Quelques jours après, pendant lesquels Adolphe a redoublé d'attentions pour sa femme, il lui tient ce langage :

— Tiens, Caroline, amusons-nous. Il faut bien que tu mettes ta nouvelle robe (la pareille à celle de madame Deschars), et... ma foi, nous irons voir quelque bêtise aux Variétés.

Ces sortes de propositions rendent toujours les femmes légitimes de la plus belle humeur. Et d'aller ! Adolphe a commandé pour deux chez Borel, au Rocher de Cancale, un joli petit dîner fin.

— Puisque nous allons aux Variétés, dînons au cabaret! s'écrie Adolphe sur les boulevards en ayant l'air de se livrer à une improvisation généreuse.

Caroline, heureuse de cette apparence de bonne fortune, s'engage alors dans un petit salon où elle trouve la nappe mise et le petit service coquet

offert par Borel aux gens assez riches pour payer le local destiné aux grands de la terre qui se font petits pour un moment.

Il fait du vent.

Les femmes, dans un dîner prié, mangent peu, leur secret harnais les gêne, elles ont le corset de parade, elles sont en présence de femmes dont les yeux et la langue sont également redoutables. Elles aiment, non pas la bonne, mais la jolie chère : sucer des écrevisses, gober des cailles au gratin, tortiller l'aile d'un coq de bruyère, et commencer par un morceau de poisson bien frais relevé par une de ces sauces qui font la gloire de la cuisine française. La France règne par le goût en tout : le dessin, les modes, etc. La sauce est le triomphe du goût en cuisine. Donc, grisettes, bourgeoises et duchesses sont enchantées d'un bon petit dîner arrosé de vins exquis, pris en petite quantité, terminé par des fruits comme il n'en vient qu'à Paris, surtout quand on va digérer ce petit dîner au spectacle, dans une bonne loge, en écoutant des bêtises, celles de la scène, et celles qui se disent à l'oreille pour expliquer celles de la scène. Seulement l'addition du restaurant est de cent francs, la loge en coûte trente, et les voitures, la toilette (gants frais, bouquet, etc.), autant. Cette galanterie monte à un total de cent soixante francs, quelque chose comme quatre mille francs par mois, si l'on va souvent à l'Opéra-Comique, aux Italiens et au Grand-Opéra. Quatre mille francs par mois valent aujourd'hui deux millions de capital. Mais *votre honneur conjugal* vaut cela.

Caroline dit à ses amies des choses qu'elle croit excessivement flatteuses, mais qui font faire la moue à un mari spirituel.

— Depuis quelque temps, Adolphe est charmant. Je ne sais pas ce que j'ai fait pour mériter tant de gracieusetés, mais il me comble. Il ajoute du prix à tout par ces délicatesses qui nous *impressionnent* tant, nous autres femmes... Après m'avoir menée lundi au Rocher de Cancale, il m'a soutenu que Véry faisait aussi bien la cuisine que Borel, et il a recommencé la partie dont je vous ai parlé, mais en m'offrant au dessert un coupon de loge à l'Opéra. L'on donnait Guillaume Tell, qui, vous le savez, est ma passion.

— Vous êtes bien heureuse, répond madame Deschars sèchement et avec une évidente jalousie.

— Mais une femme qui remplit bien ses devoirs mérite, il me semble, ce bonheur...

Quand cette phrase atroce se promène sur les lèvres d'une femme mariée, il est clair qu'elle *fait son devoir*, à la façon des écoliers, pour la récompense qu'elle attend. Au collége, on veut gagner des exemptions ; en mariage, on espère un châle, un bijou. Donc, plus d'amour !

— Moi, ma chère (madame Deschars est piquée), moi, je suis raisonnable. Deschars faisait de ces folies-là...¹ j'y ai mis bon ordre. Écoutez donc, ma petite : nous avons deux enfants, et j'avoue que cent ou deux cents francs sont une considération pour moi, mère de famille.

— Eh ! madame, dit madame Fischtaminel, il vaut mieux que nos maris aillent en partie fine avec nous que...

— Deschars ?... dit brusquement madame Deschars en se levant et saluant.

Le sieur Deschars (homme annulé par sa femme) n'entend pas alors la fin de cette phrase par laquelle il apprendrait qu'on peut manger son bien avec des femmes excentriques.

Caroline, flattée dans toutes ses vanités, se rue alors dans toutes les douceurs de l'orgueil et de la gourmandise, deux délicieux péchés capitaux. Adolphe regagne du terrain ; mais hélas ! (cette réflexion vaut un sermon du Petit Carême) le péché, comme toute volupté, contient son aiguillon. De

---

¹ Mensonge à triple péché mortel (mensonge, orgueil, envie) que se permettent les dévotes, car madame Deschars est une dévote atrabilaire, elle ne manque pas un office à Saint-Roch, *depuis qu'elle a quêté avec la reine*. (Note de l'auteur.)

LES GENS DE PARIS. Cabarets. — 1.

— Que veux-tu, Zénobie? chacun sa misère! le lièvre a le taf, le chien les puces, le loup la faim.... l'homme a la soif!
— Et la femme a l'ivrogne!

Par GAVARNI. Gravé par PIAUD.

même qu'un Autocrate, le Vice ne tient pas compte de mille délicieuses flatteries devant un seul pli de rose qui l'irrite. Avec lui, l'homme doit aller *crescendo!*... et toujours.

Axiome.

Le Vice, le Courtisan, le Malheur et l'Amour ne connaissent que le *présent*.

Au bout d'un temps difficile à déterminer, Caroline se regarde dans la glace, au dessert, et voit des rubis fleurissant sur ses pommettes et sur les ailes si pures de son nez. Elle est de mauvaise humeur au spectacle, et vous ne savez pas pourquoi, vous, Adolphe, si fièrement posé dans votre cravate! vous qui tendez votre torse en homme satisfait.

Quelques jours après, la couturière arrive, elle essaie une robe, elle rassemble ses forces, elle ne parvient pas à l'agrafer... On appelle la femme de chambre. Après un tirage de la force de deux chevaux, un vrai treizième travail d'Hercule, il se déclare un hiatus de deux pouces. L'inexorable couturière ne peut cacher à Caroline que sa taille a changé. Caroline, l'aérienne Caroline menace d'être pareille à madame Deschars. En termes vulgaires, elle épaissit.

On laisse Caroline atterrée.

— Comment, avoir, comme cette grosse madame Deschars, des cascades de chair à la Rubens? Et c'est vrai, dit-elle... Adolphe est un profond scélérat. Je le vois, il veut faire de moi une mère Gigogne, et m'ôter mes moyens de séduction!

Caroline veut bien désormais aller aux Italiens, elle y accepte un tiers de loge, mais elle trouve *très-distingué de peu manger*, et refuse les parties fines de son mari.

— Mon ami, dit-elle, une femme comme il faut ne saurait aller là souvent... On entre une fois, par plaisanterie, dans ces boutiques; mais s'y montrer habituellement?... fi donc!

Borel et Véry, ces illustrations du Fourneau, perdent chaque jour mille francs de recette à ne pas avoir une entrée spéciale pour les voitures. Si une voiture pouvait se glisser sous une porte cochère, et sortir par une autre en jetant une femme au péristyle d'un escalier élégant, combien de clientes leur amèneraient de bons, gros, riches clients!...

Axiome.

La coquetterie tue la gourmandise.

Caroline en a bientôt assez du théâtre, et le diable seul peut savoir la cause de ce dégoût. Excusez Adolphe : un mari n'est pas le diable.

Un bon tiers des Parisiennes s'ennuie au spectacle, à part quelques escapades, comme : aller rire et mordre au fruit d'une indécence, — aller respirer le poivre long d'un gros mélodrame, — s'extasier à des décorations, etc. Beaucoup d'entre elles ont les oreilles rassasiées de musique, et ne vont aux Italiens que pour les chanteurs, ou, si vous voulez, pour remarquer des différences dans l'exécution. Voici ce qui soutient les théâtres : les femmes y sont un spectacle avant et après la pièce. La vanité seule paie, du prix exorbitant de quarante francs, trois heures d'un plaisir contestable, pris en mauvais air et à grands frais, sans compter les rhumes attrapés en sortant. Mais se montrer, se faire voir, recueillir les regards de cinq cents hommes!... Quelle franche lippée! dirait Rabelais.

Pour cette précieuse récolte, engrangée par l'amour-propre, il faut être remarquée. Or, une femme et son mari sont peu regardés. Caroline a le chagrin de voir la salle toujours préoccupée des femmes qui ne sont pas avec leurs maris, des femmes excentriques. Or, le faible loyer qu'elle touche de ses efforts, de ses toilettes et de ses poses, ne compensant guère à ses yeux la fatigue, la dépense et l'ennui, bientôt il en est du spectacle comme de la bonne chère : la bonne cuisine la faisait engraisser, le théâtre la fait jaunir.

Ici Adolphe (ou tout homme à la place d'Adolphe) ressemble à ce paysan du Languedoc qui souffrait horriblement d'un *agacin* (en français, cor ; mais le mot de la langue d'Oc n'est-il pas plus joli?). Ce paysan enfonçait son pied de deux pouces dans les cailloux les plus aigus du chemin, en disant à son agacin : *Troun de Dieu! de bagasse!* si tu mé fais souffrir, jé té lé rends bien!

— En vérité, dit Adolphe, profondément désappointé le jour où il reçoit

PHYSIONOMIES DE PARADIS.

Vers la fin d'un cinquième acte

de sa femme un refus non motivé, je voudrais bien savoir ce qui peut vous plaire..

Caroline regarde son mari du haut de sa grandeur, et lui dit après un temps digne d'une actrice : — Je ne suis ni une oie de Strasbourg, ni une girafe.

— On peut en effet mieux employer quatre mille francs par mois, répond Adolphe.

— Que veux-tu dire?

— Avec le quart de cette somme, offert à d'estimables forçats, à de jeunes libérés, à d'honnêtes criminels, on devient un personnage, un petit Manteau-Bleu ! reprit Adolphe, et une jeune femme est alors fière de son mari.

Cette phrase est le cercueil de l'amour! Aussi Caroline la prend-elle en très-mauvaise part. Il s'ensuit une explication. Ceci rentre dans les mille facéties du chapitre suivant, dont le titre doit faire sourire les amants aussi bien que les époux. S'il y a des Rayons Jaunes, pourquoi n'y aurait-il pas des joies de cette couleur excessivement conjugale ?

III

DES RISETTES JAUNES.

Arrivé dans ces eaux, vous jouissez alors de ces petites scènes qui, dans le grand opéra du mariage, représentent les intermèdes, et dont voici le type.

Vous êtes un soir seuls, après dîner, et vous vous êtes déjà tant de fois trouvés seuls que vous éprouvez le besoin de vous dire de petits mots piquants, comme ceci, donné pour exemple :

— Prends garde à toi, Caroline, dit Adolphe, qui a sur le cœur tant d'efforts inutiles, il me semble que ton nez a l'impertinence de rougir à domicile tout aussi bien qu'au restaurant.

— Tu n'es pas dans tes jours d'amabilité!...

Règle générale : Aucun homme n'a pu découvrir le moyen de donner un conseil d'ami à aucune femme, pas même à la sienne.

— Que veux-tu, ma chère, peut-être es-tu trop serrée dans ton corset, et l'on se donne ainsi des maladies...

Aussitôt qu'un homme a dit cette phrase n'importe à quelle femme, cette femme (elle sait que les buscs sont souples) saisit son busc par le bout qui regarde en contre-bas et le soulève, en disant comme Caroline :

— Vois, jamais je ne me serre.

— Ce sera donc l'estomac...

— Qu'est-ce que l'estomac a de commun avec le nez?

— L'estomac est un centre qui communique avec tous nos organes.

— Le nez est donc un organe?

— Oui.

— Ton organe te sert bien mal en ce moment... (Elle lève les yeux et hausse les épaules.) Voyons, que t'ai-je fait, Adolphe?

— Mais rien, je plaisante, et j'ai le malheur de ne pas te plaire, répond Adolphe en souriant.

— Mon malheur à moi, c'est d'être ta femme. Oh! que ne suis-je celle d'un autre!

— Nous sommes d'accord!

— Si, me nommant autrement, j'avais la naïveté de dire, comme les coquettes qui veulent savoir où elles en sont avec un homme : « Mon nez est d'un rouge inquiétant! » en me regardant à la glace avec des minauderies de singe, tu me répondrais : « Oh! madame, vous vous calomniez! D'abord cela ne se voit pas; puis c'est en harmonie avec la couleur de votre teint... Nous sommes d'ailleurs tous ainsi après dîner! » Et tu partirais de là pour me faire des compliments... Est-ce que je te dis, moi! que tu engraisses, que tu prends des couleurs de maçon, et que j'aime les hommes pâles et maigres...

On dit à Londres : *Ne touchez pas à la hache!* En France, il faut dire : Ne touchez pas au nez de la femme...

— Et tout cela pour un peu trop de cinabre naturel! s'écrie Adolphe. Prends-t'en au bon Dieu, qui se mêle d'étendre de la couleur plus dans un endroit que dans un autre, non à moi... qui t'aime... qui te veux parfaite et qui te crie : gare!

— Tu m'aimes trop alors, car depuis quelque temps tu t'études à me dire des choses désagréables, tu cherches à me dénigrer sous prétexte de me perfectionner.. J'ai été trouvée parfaite, il y a cinq ans...

— Moi, je te trouve mieux que parfaite, tu es charmante!...

— Avec trop de cinabre?

Adolphe, qui voit sur la figure de sa femme un air hyperboréen, s'approche, se met sur une chaise à côté d'elle. Caroline, ne pouvant pas décemment s'en aller, donne un coup de côté sur sa robe comme pour opérer une séparation. Ce mouvement-là certaines femmes l'accomplissent avec une impertinence provoquante; mais il a deux significations : c'est, en terme de whist, ou *une invite au roi*, ou *une renonce.* En ce moment, Caroline renonce.

— Qu'as-tu? dit Adolphe.

— Voulez-vous un verre d'eau et de sucre? demande Caroline en s'occupant de votre hygiène et prenant (en charge) son rôle de servante.

— Pourquoi?

— Mais vous n'avez pas la digestion aimable, vous devez souffrir beaucoup. Peut-être faut-il mettre une goutte d'eau-de-vie dans le verre d'eau sucrée! Le docteur a parlé de cela comme d'un remède excellent...

— Comme tu t'occupes de mon estomac!

— C'est un centre, il communique à tous les organes, il agira sur le cœur et de là peut-être sur la langue.

Adolphe se lève et se promène sans rien dire, mais il pense à tout l'esprit que sa femme acquiert, il la voit grandissant chaque jour en force, en acrimonie; elle devient d'une intelligence dans le taquinage et d'une puissance militaire dans la dispute qui lui rappellent Charles XII et les Russes.

Caroline en ce moment se livre à une mimique inquiétante, elle a l'air de se trouver mal.

— Souffrez-vous? dit Adolphe pris, par où les femmes nous prennent toujours, par la générosité.

— Ça fait mal au cœur après le dîner, de voir un homme allant et venant comme un balancier de pendule. Mais vous voilà bien, il faut toujours que vous vous agitiez... Êtes-vous drôles!... Les hommes sont plus ou moins fous...

Adolphe s'assied au coin de la cheminée opposé à celui que sa femme occupe, et il y reste pensif : le mariage lui apparaît avec ses steppes meublés d'orties.

— Eh bien! tu boudes?... dit Caroline après un demi-quart d'heure donné à l'observation de la figure maritale.

— Non, j'étudie, répond Adolphe.

— Oh! quel caractère infernal tu as!... dit-elle en haussant les épaules. Est-ce à cause de ce que je t'ai dit sur ton ventre, sur ta taille et sur ta digestion?... Tu ne vois donc pas que je voulais te rendre la monnaie de ton cinabre? Tu prouves que les hommes sont aussi coquets que les femmes... (Adolphe reste froid.) Sais-tu que cela me semble très-gentil à vous de prendre nos qualités... (Profond silence.) On plaisante et tu te fâches... (Elle regarde Adolphe,) car tu es fâché... Je ne suis pas comme toi, moi : je ne peux pas supporter l'idée de t'avoir fait un peu de peine! Et c'est pourtant une idée qu'un homme n'aurait jamais eue, que d'attribuer ton impertinence à quelque embarras dans ta digestion. Ce n'est plus *mon Dodophe!* c'est son ventre qui s'est trouvé assez grand pour parler... Je ne te savais pas ventriloque, voilà tout...

Caroline regarde Adolphe en souriant, Adolphe se tient comme gommé.

— Non, il ne rira pas... Et vous appelez cela, dans votre jargon, avoir du caractère... Oh! comme nous sommes bien meilleures!

Elle vient s'asseoir sur les genoux d'Adolphe, qui ne peut s'empêcher de sourire. Ce sourire, extrait à l'aide de la machine à vapeur, elle le guettait pour s'en faire une arme.

— Allons, mon bon homme, avoue tes torts! dit-elle alors. Pourquoi bouder? Je t'aime, moi, comme tu es! Je te vois tout aussi mince que quand je t'ai épousé... plus mince même.

— Caroline, quand on en arrive à se tromper sur ces petites choses-là... quand on se fait des concessions et qu'on ne reste pas fâché, tout rouge... Sais-tu ce qui en est?...

— Eh bien? dit Caroline, inquiète de la pose dramatique que prend Adolphe.

— On s'aime moins.

— Oh! gros monstre, je te comprends : tu restes fâché pour me faire croire que tu m'aimes.

Hélas! avouons-le : Adolphe dit la vérité de la seule manière de la dire, en riant.

LES GENS DE PARIS.   L'argent. — 1.

Mon cher Mosieu, c'est du bon argent que je donne à quinze... à seize, si vous voulez — contre de mauvaises signatures. — C'est une infamie? Bien! je fais de l'usure.... très-bien! Mais alors, quand vous prenez de ces actions, au capital soi-disant garanti, et que vous comptez bonnement sur des dividendes de trente, quarante, cinquante, cent pour cent.... qu'est-ce que c'est que vous faites?

Par GAVARNI.   Gravé par ANDREW, BEST et LELOIR.

— Pourquoi m'as-tu fait de la peine? dit-elle. Ai-je un tort? ne vaut-il pas mieux me l'expliquer gentiment plutôt que de me dire grossièrement (elle enfle sa voix) : Votre nez rougit! Non, ce n'est pas bien! Pour te plaire, je vais employer une expression de ta belle Fischtaminel : *Ce n'est pas d'un gentleman!*

Adolphe se met à rire et paie les frais du raccommodement; mais, au lieu d'y découvrir ce qui peut plaire à Caroline et le moyen de se l'attacher, il reconnaît par où Caroline l'attache à elle.

IV

NOSOGRAPHIE DE LA VILLA.

Est-ce un agrément de ne pas savoir ce qui plaît à sa femme, quand on est marié?... Certaines femmes (cela se rencontre encore en province) sont assez naïves pour dire assez promptement ce qu'elles veulent ou ce qui leur plaît. Mais, à Paris, presque toutes les femmes éprouvent une certaine jouissance à voir un homme aux écoutes de leur cœur, de leurs caprices, de leurs désirs, trois expressions d'une même chose! et tournant, virant, allant, se démenant, se désespérant, comme un chien qui cherche un maître.

Elles nomment cela *être aimées*, les malheureuses!... Et bon nombre se disent en elles-mêmes, comme Caroline : — Comment s'en tirera-t-il?

Adolphe en est-là. Dans ces circonstances, le digne et excellent Deschars, ce modèle du mari bourgeois, invite le ménage Adolphe et Caroline à inaugurer une charmante maison de campagne. C'est une occasion que les Deschars ont saisie par son feuillage, une folie d'homme de lettres, une délicieuse villa où l'artiste a enfoui cent mille francs, et vendue, à la criée, onze mille francs. Caroline a quelque jolie toilette à essayer, un chapeau à plume en saule pleureur. C'est ravissant à montrer en tilbury. On laisse le petit Charles à sa grand'mère. On donne congé aux domestiques. On part avec le sourire d'un ciel bleu, lacté de nuages, uniquement pour en rehausser l'effet. On respire le bon air, on le fend par le trot du gros cheval normand, sur qui le printemps agit. Enfin l'on arrive à Marnes, au-dessus de Ville-d'Avray, où les Deschars se pavanent dans une villa copiée sur une villa de Florence, et entourée de prairies suisses, sans tous les inconvénients des Alpes.

— Mon Dieu! quel délice qu'une semblable maison de campagne! s'écrie Caroline en se promenant dans les bois admirables qui bordent Marnes et Ville-d'Avray. On est heureux par les yeux comme si l'on y avait un cœur!...

Caroline, ne pouvant prendre qu'Adolphe, prend alors Adolphe, qui redevient son Adolphe. Et de courir comme une biche, et de redevenir la jolie, naïve, petite, adorable pensionnaire qu'elle était!... Ses nattes tombent! elle ôte son chapeau, le tient par les brides. La voilà *rejeune*, blanche et rose. Ses yeux sourient, sa bouche est une grenade douée de sensibilité, d'une sensibilité qui paraît neuve.

— Ça te plairait donc bien, ma chérie, une campagne!... dit Adolphe en tenant Caroline par la taille et la sentant qui s'appuie comme pour en montrer la flexibilité.

— Oh! tu serais assez gentil pour m'en acheter une?... Mais! pas de folies... Saisis une occasion comme celle des Deschars.

— Te plaire, savoir bien ce qui peut te faire plaisir, voilà l'étude de ton Adolphe.

Ils sont seuls, ils peuvent se dire leurs petits mots d'amitié, défiler le chapelet de leurs mignardises secrètes.

— On veut donc plaire à sa petite fille?... dit Caroline en mettant sa tête sur l'épaule d'Adolphe, qui la baise au front en pensant : — Dieu merci, je la tiens!...

Axiome.

Quand un mari et une femme se tiennent, le diable seul sait celui qui tient l'autre.

Le jeune ménage est charmant, et la grosse madame Deschars se permet une remarque assez décolletée pour elle, si sévère, si prude, si dévote.

— La campagne a la propriété de rendre les maris très-aimables.

Monsieur Deschars indique une occasion à saisir. On veut vendre une maison à Ville-d'Avray, toujours pour rien. Or, la maison de campagne est

— Collé.
— C'est-à-dire que voilà le cinquième de hussards aux places à quatre sous.

une maladie particulière à l'habitant de Paris. Cette maladie a sa durée et sa guérison. Adolphe est un mari, ce n'est pas un médecin. Il achète la campagne, et il s'y installe avec Caroline, redevenue sa Caroline, sa Carola, sa biche blanche, son gros trésor, sa petite fille, etc.

Voici quels symptômes alarmants se déclarent avec une effrayante rapidité.

On paie une tasse de lait vingt-cinq centimes quand il est baptisé, cinquante centimes quand il est *anhydre*, disent les chimistes.

La viande est moins chère à Paris qu'à Sèvres, expérience faite des qualités.

Les fruits sont hors de prix. Une belle poire coûte plus prise à la campagne que dans le jardin (anhydre!) qui fleurit à l'étalage de Chevet.

Avant de pouvoir récolter des fruits chez soi, où il n'y a qu'une prairie suisse de deux centiares, environnée de quelques arbres verts qui ont l'air d'être empruntés à une décoration de vaudeville, les autorités les plus rurales, consultées, déclarent qu'il faudra dépenser beaucoup d'argent, et — attendre cinq années!...

Les légumes s'élancent de chez les maraîchers pour rebondir à la Halle. Madame Deschars, qui jouit d'un jardinier-concierge, avoue que les légumes venus dans son terrain, sous ses bâches, à force de terreau, lui coûtent deux fois plus cher que ceux achetés à Paris chez une fruitière qui a boutique, qui paie patente, et dont l'époux est électeur.

Malgré les efforts et les promesses du jardinier-concierge, les primeurs ont toujours à Paris une avance d'un mois sur celles de la campagne.

De huit heures du soir à onze heures, les époux ne savent que faire, vu l'insipidité des voisins, leur petitesse et les questions d'amour-propre, soulevées à propos de rien.

Monsieur Deschars remarque avec la profonde science de calcul qui distingue un ancien notaire, que le prix de ses voyages à Paris, cumulé avec les intérêts du prix de la campagne, avec les impositions, les réparations, les gages du concierge et de sa femme, etc., équivaut à un loyer de mille écus ! Il ne sait pas comment lui, ancien notaire, s'est laissé prendre à cela!...
Car il a, maintes fois, fait des baux de châteaux avec parcs et dépendances pour mille écus de loyer.

On convient à la ronde, dans les salons de madame Deschars, qu'une maison de campagne, loin d'être un plaisir, est une plaie vive...

— Je ne sais pas comment on ne vend que cinq centimes à la Halle un chou qui doit être arrosé tous les jours, depuis sa naissance jusqu'au jour où on le coupe, dit Caroline.

— Mais, répond un petit épicier retiré, le moyen de se tirer de la campagne, c'est d'y rester, d'y demeurer, de se faire campagnard, et alors tout change...

Caroline, en revenant, dit à son pauvre Adolphe :

— Quelle idée as-tu donc eue là, d'avoir une maison de campagne?... Ce qu'il y a de mieux en fait de campagne, est d'y aller chez les autres...

Adolphe se rappelle un proverbe anglais qui dit : « N'ayez jamais de journal, de maîtresse, ni de campagne; il y a toujours des imbéciles qui se chargent d'en avoir pour vous... »

— Bah! répond Adolphe, que le Taon Conjugal a définitivement éclairé sur la logique des femmes, tu as raison; mais aussi, que veux-tu?... l'enfant s'y porte à ravir.

Quoique Adolphe soit devenu prudent, cette réponse éveille les susceptibilités de Caroline. Une mère veut bien penser exclusivement à son enfant, mais elle ne veut pas se le voir préférer. Madame se tait, le lendemain elle s'ennuie à la mort. Adolphe étant parti pour ses affaires, elle l'attend depuis cinq heures jusqu'à sept, et va seule avec le petit Charles jusqu'à la voiture. Elle parle pendant trois quarts d'heure de ses inquiétudes. Elle a eu peur en allant de chez elle au bureau des voitures. Est-il convenable qu'une jeune femme soit là, *seule!* Elle ne supportera pas cette existence-là.

La villa crée alors une phase assez singulière, et qui mérite un chapitre à part.

LES GENS DE PARIS. Cabaret. — 3.

Il n'y a qu'un homme au... au monde... qui peuve savoir combien il est...
soûl.... c.... c'est lui!

Par GAVARNI. Gravé par PORRET et VERDEIL

V

LA MISÈRE DANS LA MISÈRE.

Axiome.

La misère fait des parenthèses.

Exemple : On a diversement parlé, toujours en mal, du point de côté ; mais ce mal n'est rien comparé au point dont il s'agit ici, et que les plaisirs du regain conjugal font dresser à tout propos comme le marteau de la touche d'un piano. Ceci constitue une misère picotante qui ne fleurit qu'au moment où la timidité de la jeune épouse a fait place à cette fatale égalité de droits, qui dévore également le ménage et la France. A chaque saison ses misères !...

Caroline, après une semaine où elle a noté les absences de Monsieur, s'aperçoit qu'il passe sept heures par jour loin d'elle. Un jour, Adolphe, qui revient gai comme un acteur applaudi, trouve sur le visage de Caroline une légère couche de gelée blanche. Après avoir vu que la froideur de sa mine est remarquée, Caroline prend un faux air amical dont l'expression bien connue a le don de faire intérieurement pester un homme, et dit : — Tu as donc eu beaucoup d'affaires, aujourd'hui, mon ami?

— Oui, beaucoup !

— Tu as pris des cabriolets?

— J'en ai eu pour sept francs...

— As-tu trouvé tout ton monde?...

— Oui, ceux à qui j'avais donné rendez-vous...

— Quand leur as-tu donc écrit? L'encre est desséchée dans ton encrier, c'est comme de la laque ; j'ai eu à écrire, et j'ai passé une grande heure à l'humecter avant d'en faire une bourbe compacte avec laquelle on aurait pu marquer des paquets destinés aux Indes.

Ici tout mari jette sur sa moitié des regards sournois.

— Je leur ai vraisemblablement écrit à Paris...

— Quelles affaires donc, Adolphe?...

— Ne les connais-tu pas?... Veux-tu que je te les dise?... Il y a d'abord l'affaire Chaumontel...

— Je croyais monsieur Chaumontel en Suisse?...

— Mais n'a-t-il pas ses représentants, son avoué...

— Tu n'as fait que des affaires?..... dit Caroline, en interrompant Adolphe.

Elle jette alors un regard clair, direct, par lequel elle plonge à l'improviste dans les yeux de son mari : une épée dans un cœur.

— Que veux-tu que j'aie fait?... De la fausse monnaie, des dettes, de la tapisserie?...

— Mais je ne sais pas! Je ne peux rien deviner d'abord! Tu me l'as dit cent fois : je suis trop bête.

— Bon! voilà que tu prends en mauvaise part un mot caressant. Va, ceci est bien femme.

— As-tu conclu quelque chose? dit-elle en prenant un air d'intérêt pour les affaires.

— Non, rien.

— Combien de personnes as-tu vues?

— Onze, sans compter celles qui se promenaient sur les boulevards.

— Comme tu me réponds!

— Mais aussi tu m'interroges comme si tu avais fait pendant dix ans le métier de juge d'instruction...

— Eh bien, raconte-moi toute ta journée, ça m'amusera. Tu devrais bien penser ici à mes plaisirs! Je m'ennuie assez quand tu me laisses là, seule, pendant des journées entières.

— Tu veux que je t'amuse en te racontant des affaires?...

— Autrefois tu me disais tout...

Ce petit reproche amical déguise une espèce de certitude que veut avoir Caroline touchant les choses graves dissimulées par Adolphe. Adolphe entreprend alors de raconter sa journée. Caroline affecte une espèce de distraction assez bien jouée pour faire croire qu'elle n'écoute pas.

— Mais tu me disais tout à l'heure, s'écrie-t-elle au moment où notre Adolphe s'entortille, que tu as pris pour sept francs de cabriolets, et tu parles maintenant d'un fiacre ; il était sans doute à l'heure ? Tu as donc fait tes affaires en fiacre ? dit-elle d'un petit ton goguenard.

— Pourquoi les fiacres me seraient-ils interdits ? demande Adolphe en reprenant son récit.

— Tu n'es pas allé chez madame Fischtaminel ? dit-elle au milieu d'une explication excessivement embrouillée où elle vous coupe insolemment la parole.

— Pourquoi y serais-je allé ?...

— Ça m'aurait fait plaisir, j'aurais voulu savoir si son salon est fini...

— Il l'est !

— Ah ! tu y es donc allé ?...

— Non, son tapissier me l'a dit.

— Tu connais son tapissier ?...

— Oui.

— Qui est-ce ?

— Braschon.

— Tu l'as donc rencontré, le tapissier ?...

— Oui.

— Mais tu m'as dit n'être allé qu'en voiture...

— Mais, mon enfant, pour prendre des voitures, on va les cherc...

— Bah ! tu l'auras trouvé dans le fiacre...

— Qui ?

— Mais, le salon — ou — Braschon ! Va, l'un comme l'autre est aussi probable.

— Mais tu ne veux donc pas m'écouter ? s'écrie Adolphe en pensant qu'avec une longue narration il endormira les soupçons de Caroline.

— Je t'ai trop écouté. Tiens : tu mens depuis une heure.

— Je ne te dirai plus rien.

— J'en sais assez, je sais tout ce que je voulais savoir. Oui, tu me dis que tu as vu des avoués, des notaires, des banquiers ; tu n'as vu personne de ces gens là ! Si j'allais faire une visite demain à madame de Fischtaminel, sais-tu ce qu'elle me dirait ?

Ici Caroline observe Adolphe, mais Adolphe affecte un calme trompeur au beau milieu duquel Caroline jette la ligne afin de pêcher un indice.

— Eh bien! elle me dirait qu'elle a eu le plaisir de te voir... Mon Dieu! sommes-nous malheureuses!... Nous ne pouvons jamais savoir ce que vous faites... Nous sommes clouées là, dans nos ménages, pendant que vous êtes à vos affaires! belles affaires!... Dans ce cas-là, je te raconterais, moi, des affaires un peu mieux machinées que les tiennes!... Ah! vous nous apprenez de belles choses!... On dit que les femmes sont perverses... Mais qui les a perverties?...

Ici Adolphe essaie, en arrêtant un regard fixe sur Caroline, d'arrêter ce flux de paroles. Caroline, comme un cheval qui reçoit un coup de fouet, reprend de plus belle et avec l'animation d'une *coda* rossinienne.

—Ah! c'est une jolie combinaison! mettre sa femme à la campagne pour être libre de passer la journée à Paris comme on l'entend. Voilà donc la raison de votre passion pour une maison de campagne! et moi, pauvre bécasse, qui donne dans le panneau!... Mais vous avez raison, monsieur : c'est très-commode une campagne! elle peut avoir deux fins. Madame s'en arrangera tout aussi bien que monsieur. A vous Paris et ses fiacres!... à moi les bois et leurs ombrages!... Tiens, décidément, Adolphe, cela me va, ne nous fâchons plus...

Adolphe s'entend dire des sarcasmes pendant une heure.

— As-tu fini, ma chère? demande-t-il en saisissant un moment où elle hoche la tête sur une interrogation à effet.

Caroline termine alors en s'écriant :

— J'en ai bien assez de la campagne, et je n'y remets plus les pieds!... Mais je sais ce qui m'arrivera : vous la garderez sans doute, et vous me laisserez à Paris. Eh bien! à Paris, je pourrai du moins m'amuser pendant que vous mènerez madame de Fischtaminel dans les bois. Qu'est-ce qu'une *villa Adolphini* où l'on a mal au cœur quand on s'est promené six fois autour de la prairie?... où l'on vous a planté des bâtons de chaise et des manches à balai, sous prétexte de vous procurer de l'ombrage?... On y est comme dans un four, les murs ont six pouces d'épaisseur! Et Monsieur est absent sept heures sur les douze de la journée! Voilà le fin mot de la villa!

— Écoute, Caroline...

— Encore, dit-elle, si tu voulais m'avouer ce que tu as fait aujourd'hui!..

ARITHMÉTIQUE DE GARGOTE.

Etant donnés trois chats, dont une chatte, on demande six gibelottes.

Par GAVARNI.   Gravé par TAMISIER.

Tiens, tu ne me connais pas, je serai bonne enfant, dis-le-moi... Je te pardonne à l'avance tout ce que tu auras fait.

Adolphe *a eu des relations* avant son mariage, il connaît trop bien le résultat d'un aveu pour en faire à sa femme, et, alors il répond : — Je vais tout te dire...

— Eh bien, tu seras gentil! je t'en aimerai mieux!

— Je suis resté trois heures...

— J'en étais sûre... chez madame de Fischtaminel?...

— Non, chez notre notaire, qui m'avait trouvé un acquéreur, mais nous n'avons jamais pu nous entendre, il voulait notre maison de campagne toute meublée, et en sortant je suis allé chez Braschon pour savoir ce que nous lui devions...

— Tu viens d'arranger ce roman-là pendant que je te parlais!... Voyons, regarde-moi!... J'irai voir Braschon demain.

Adolphe ne peut retenir une contraction nerveuse.

— Tu ne peux pas t'empêcher de rire, vois-tu, vieux monstre!

— Je ris de ton entêtement.

— J'irai demain chez madame de Fischtaminel.

— Hé! va où tu voudras!...

— Quelle brutalité! dit Caroline en se levant et s'en allant son mouchoir sur les yeux.

La maison de campagne, si ardemment désirée par Caroline, est devenue une invention diabolique d'Adolphe, un piège où s'est prise la biche.

Depuis qu'Adolphe a reconnu qu'il est impossible de raisonner avec Caroline, il lui laisse dire tout ce qu'elle veut.

Deux mois après, il vend sept mille francs une villa qui lui coûte vingt-deux mille francs! Mais il y gagne de savoir que la campagne n'est pas encore ce qui plaît à Caroline.

La question devient grave : orgueil, gourmandise, deux péchés de moine y ont passé! La nature avec ses bois, ses forêts, ses vallées, la Suisse des environs de Paris, les rivières factices, ont à peine amusé Caroline pendant six mois. Adolphe est tenté d'abdiquer, et de prendre le rôle de Caroline.

VI

LE DIX-HUIT BRUMAIRE DES MÉNAGES.

Un matin, Adolphe est définitivement saisi par la triomphante idée de laisser Caroline maîtresse de trouver elle-même ce qui lui plaît. Il lui remet le gouvernement de la maison en lui disant : — Fais ce que tu voudras. Il substitue le système constitutionnel au système autocratique, un ministère responsable au lieu d'un pouvoir conjugal absolu. Cette preuve de confiance, objet d'une secrète envie, est le bâton de maréchal des femmes. Les femmes sont alors, selon l'expression vulgaire, maîtresses à la maison.

Dès lors, rien, pas même les souvenirs de la lune de miel, ne peut se comparer au bonheur d'Adolphe pendant quelques jours. Une femme est alors tout sucre, elle est trop sucre! Elle inventerait les petits soins, les petits mots, les petites attentions, les chatteries et la tendresse, si toute cette confiturerie conjugale n'existait pas depuis le paradis terrestre. Au bout d'un mois, l'état d'Adolphe a quelque similitude avec celui des enfants vers la fin de la première semaine de l'année. Aussi Caroline commence-t-elle à dire, non pas en paroles, mais en action, en mines, en expressions mimiques : — On ne sait que faire pour plaire à un homme!...

Laisser à sa femme le gouvernail de la barque est une idée excessivement ordinaire qui mériterait peu l'expression de triomphante, décernée en tête de ce chapitre, si elle n'était pas doublée de l'idée de destituer Caroline. Adolphe a été séduit par cette pensée qui s'empare et s'emparera de tous les gens en proie à un malheur quelconque : savoir jusqu'où peut aller le mal! expérimenter ce que le feu fait de dégât quand on le laisse à lui-même en se sentant ou en se croyant le pouvoir de l'arrêter. Cette curiosité nous suit de l'enfance à la tombe. Or, après sa pléthore de félicité conjugale, Adolphe, qui se donne la comédie chez lui, passe par les phases suivantes.

Première époque. Tout va trop bien. Caroline achète de jolis petits registres pour écrire ses dépenses, elle achète un joli petit meuble pour

LES GENS DE PARIS.   Banlieue. — 1.

Un Lovelace de Bagnolet.

Par Gavarni.   Gravé par Louis.

serrer l'argent, elle fait vivre admirablement bien Adolphe, elle est heureuse de son approbation, elle découvre une foule de choses qui manquent dans la maison, elle met sa gloire à être une maîtresse de maison incomparable. Adolphe, qui s'érige lui-même en censeur, ne trouve pas la plus petite observation à formuler.

S'il s'habille, il ne lui manque rien. On n'a jamais, même chez Armide, déployé de tendresse plus ingénieuse que celle de Caroline. On renouvelle à ce phénix des maris le caustique sur son cuir à repasser ses rasoirs. Des bretelles fraîches sont substituées aux vieilles. Une boutonnière n'est jamais veuve. Son linge est soigné comme celui du confesseur d'une dévote à péchés véniels. Les chaussettes sont sans trous.

A table, tous ses goûts, ses caprices même sont étudiés, consultés : il engraisse !

Il a de l'encre dans son écritoire, et l'éponge en est toujours humide. Il ne peut rien dire, pas même, comme Louis XIV : « J'ai failli attendre ! » Enfin il est à tout propos qualifié d'*un amour d'homme*. Il est obligé de gronder Caroline de ce qu'elle s'oublie ; elle ne pense pas assez à elle. Caroline enregistre ce doux reproche.

Deuxième époque. La scène change à table. Tout est bien cher. Les légumes sont hors de prix. Le bois se vend comme s'il venait de Campêche. Les fruits, oh ! quant aux fruits, les princes, les banquiers, les grands seigneurs seuls peuvent en manger. Le dessert est une cause de ruine. Adolphe entend souvent Caroline disant à madame Deschars : —Mais comment faites-vous ?... On tient alors devant vous des conférences sur la manière de régir les cuisinières.

Une cuisinière, entrée chez vous sans nippes, sans linge, sans talent, est venue demander son compte en robe de mérinos bleu, ornée d'un fichu brodé, les oreilles embellies d'une paire de boucles d'oreilles enrichies de petites perles, chaussée en bons souliers de peau qui laissaient voir des bas de coton assez jolis. Elle a deux malles d'effets et son livret à la caisse d'épargne.

Caroline se plaint alors du peu de moralité du peuple, elle se plaint de l'instruction et de la science de calcul qui distingue les domestiques. Elle lance de temps en temps de petits axiomes comme ceux-ci : — Il y a des écoles qu'il faut faire ! — Il n'y a que ceux qui ne font rien qui font tout bien. — Elle a les soucis du pouvoir. Ah ! les hommes sont bien heureux de ne pas avoir à mener un ménage. Les femmes ont le fardeau des détails !

Caroline a des dettes. Mais, comme elle ne veut pas avoir tort, elle commence par établir que l'expérience est une si belle chose qu'on ne saurait l'acheter trop cher. Adolphe rit dans sa barbe en prévoyant une catastrophe qui lui rendra le pouvoir.

Troisième époque. Caroline, pénétrée de cette vérité, qu'il faut manger uniquement pour vivre, fait jouir Adolphe des agréments d'une table cénobitique.

Adolphe a des chaussettes lézardées ou grosses du lichen des raccommodages faits à la hâte, car sa femme n'a pas assez de la journée pour ce qu'elle veut faire. Il porte des bretelles noircies par l'usage. Le linge est vieux et bâille comme un portier ou comme la porte cochère. Au moment où Adolphe est pressé pour conclure une affaire, il met une heure à s'habiller en cherchant ses affaires une à une, en dépliant beaucoup de choses avant d'en trouver une qui soit irréprochable. Mais Caroline est très-bien mise. Madame a de jolis chapeaux, des bottines en velours, des mantilles. Elle a pris son parti, elle administre en vertu de ce principe : Charité bien ordonnée commence par elle-même. Quand Adolphe se plaint du contraste entre son dénûment et la splendeur de Caroline, Caroline lui dit : — Mais tu m'as grondée de ne rien m'acheter !...

Un échange de plaisanteries plus ou moins aigres commence à s'établir alors entre les époux. Caroline, un soir, se fait charmante, afin de glisser l'aveu d'un déficit assez considérable, absolument comme quand le Ministère se livre à l'éloge des contribuables et se met à vanter la grandeur du pays en accouchant d'un petit projet de loi qui demande des crédits supplémentaires. Il y a cette similitude que tout cela se fait dans la Chambre, en gouvernement comme en ménage. Il en ressort cette vérité profonde, que le système constitutionnel est infiniment plus coûteux que le système monarchique. Pour une nation comme pour un ménage, c'est le gouvernement du juste-milieu, de la médiocrité, des chipoteries, etc.

LES GENS DE PARIS. L'argent. — 2.

LES CONDAMNATIONS DE L'ANNÉE.

Voyons.... « Vol avec escalade » « Vol avec effraction, » c'est pas ça,.... « Escroquerie, » nous y voilà; c'est par ici que je dois trouver mon ex-homme de confiance.

Par GAVARNI. Gravé par PORRET.

Adolphe, éclairé par ses misères passées, attend une occasion d'éclater, et Caroline s'endort dans une trompeuse sécurité.

Comment arrive la querelle? sait-on jamais quel courant électrique a décidé l'avalanche ou la révolution! elle arrive à propos de tout et à propos de rien. Mais enfin, Adolphe, après un certain temps qui reste à déterminer par le bilan de chaque ménage, au milieu d'une discussion, lâche ce mot fatal : — Quand j'étais garçon!...

Le temps de garçon est, relativement à la femme, ce qu'est le : — Mon pauvre défunt! relativement au nouveau mari d'une veuve. Ces deux coups de langue font des blessures qui ne se cicatrisent jamais complétement.

Et alors Adolphe de continuer comme le général Bonaparte parlant aux Cinq-Cents : — Nous sommes sur un volcan! — Le ménage n'a plus de gouvernement, — l'heure de prendre un parti est arrivée! — Tu parles de bonheur, Caroline, tu l'as compromis, — tu l'as mis en question par tes exigences, tu as violé le code civil en t'immisçant dans la discussion des affaires, tu as attenté au pouvoir conjugal. — Il faut réformer notre intérieur.

Caroline ne crie pas, comme les Cinq-Cents : *A bas le dictateur!* on ne crie jamais quand on est sûr de l'abattre.

— Quand j'étais garçon, je n'avais que des chaussures neuves! je trouvais des serviettes blanches à mon couvert tous les jours! Je n'étais volé par le restaurateur que d'une somme déterminée! Je vous ai donné ma liberté chérie!... qu'en avez-vous fait?...

— Suis-je donc si coupable, Adolphe, d'avoir voulu t'éviter des soucis ? dit Caroline en se posant devant son mari. Reprends la clef de la caisse... mais qu'arrivera-t-il... j'en suis honteuse, tu me forceras à jouer la comédie pour avoir les choses les plus nécessaires. Est-ce là ce que tu veux? avilir ta femme, ou mettre en présence deux intérêts contraires, ennemis...

Et voilà, pour les trois quarts des Français, le mariage parfaitement défini.

— Sois tranquille, mon ami, reprend Caroline en s'asseyant dans sa chauffeuse comme Marius sur les ruines de Carthage, je ne te demanderai jamais rien, je ne suis pas une mendiante! Je sais bien ce que je ferai... tu ne me connais pas...

— Eh bien, quoi?... dit Adolphe ; on ne peut donc, avec vous autres, ni plaisanter, ni s'expliquer? Que feras-tu?...

— Cela ne vous regarde pas!...

— Pardon, madame, au contraire. La dignité, l'honneur...

— Oh!... soyez tranquille, à cet égard, monsieur... Pour vous, plus que pour moi, je saurai garder le secret le plus profond.

— Eh bien, dites! Voyons, Caroline, ma Caroline, que feras-tu?...

Caroline jette un regard de vipère à Adolphe, qui recule et va se promener.

— Voyons, que comptes-tu faire? demande-t-il après un silence infiniment trop prolongé.

— Je travaillerai, monsieur!

Sur ce mot sublime, Adolphe exécute un mouvement de retraite, en s'apercevant d'une exaspération enfiellée, en sentant un mistral dont l'âpreté n'avait pas encore soufflé dans la chambre conjugale.

VII

L'ART D'ÊTRE VICTIME.

A compter du Dix-Huit Brumaire, Caroline, vaincue, adopte un système infernal et qui a pour effet de vous faire regretter à toute heure la victoire. Elle devient l'Opposition!... Encore un triomphe de ce genre, et Adolphe irait en cour d'assises accusé d'avoir étouffé sa femme entre deux matelas, comme l'Othello de Shakspere. Caroline se compose un air de martyre, elle est d'une soumission assommante. A tout propos elle assassine Adolphe par un : — Comme vous voudrez! accompagné d'une épouvantable douceur. Aucun poëte élégiaque ne pourrait lutter avec Caroline, qui lance élégie sur élégie : élégie en actions, élégie en paroles, élégie à sourire, élégie muette, élégie à ressort, élégie en gestes, dont voici quelques exemples où tous les ménages retrouveront leurs impressions.

Après déjeuner : — Caroline, nous allons ce soir chez les Deschars, une grande soirée, tu sais...

— Oui, mon ami.

Après dîner : — Eh bien, Caroline, tu n'es pas encore habillée?... dit Adolphe, qui sort de chez lui magnifiquement mis.

Il aperçoit Caroline vêtue d'une robe de vieille plaideuse, une moire noire à corsage croisé. Des fleurs plus artificieuses qu'artificielles attristent une chevelure mal arrangée par la femme de chambre. Caroline a des gants déjà portés.

— Je suis prête, mon ami...

— Et voilà ta toilette?...

— Je n'en ai pas d'autre. Une toilette fraîche aurait coûté cent écus.

— Pourquoi ne pas me le dire?

— Moi, vous tendre la main!... après ce qui s'est passé!...

— J'irai seul, dit Adolphe, ne voulant pas être humilié dans sa femme.

— Je sais bien que cela vous arrange, dit Caroline d'un petit ton aigre, et cela se voit assez à la manière dont vous êtes mis.

Onze personnes sont dans le salon, toutes priées à dîner par Adolphe. Caroline est là comme si son mari l'avait invitée, elle attend que le dîner soit servi.

— Monsieur, dit le valet de chambre à voix basse à son maître, la cuisinière ne sait où donner de la tête.

— Pourquoi?

— Monsieur ne lui a rien dit; elle n'a que deux entrées, le bœuf, un poulet, une salade et des légumes.

— Caroline, vous n'avez donc rien commandé?...

— Savais-je que vous aviez du monde, et puis-je d'ailleurs prendre sur moi de commander ici?... Vous m'avez délivrée de tout souci à cet égard, et j'en remercie Dieu tous les jours.

Madame de Fischtaminel vient rendre une visite à madame Caroline, elle la trouve toussotant et travaillant le dos courbé sur un métier à tapisserie.

— Vous brodez ces pantoufles-là pour votre cher Adolphe?

Adolphe est posé devant la cheminée en homme qui fait la roue.

— Non, madame, c'est pour un marchand qui me les paie; et, comme les forçats du bagne, mon travail me permet de me donner des petites douceurs.

Adolphe rougit, il ne peut pas battre sa femme, et madame de Fischtaminel le regarde en ayant l'air de lui dire : — Qu'est-ce que cela signifie?..

— Vous toussez beaucoup, ma chère petite!... dit madame de Fischtaminel.

— Oh! répond Caroline, que me fait la vie!....

Caroline est là sur sa causeuse avec une femme de vos amies à la bonne opinion de laquelle vous tenez excessivement. Du fond de l'embrasure où vous causez entre hommes, vous entendez au seul mouvement des lèvres, ces mots : *Monsieur l'a voulu !*... dits d'un air de jeune Romaine allant au cirque. Profondément humilié dans toutes vos vanités, vous voulez être à cette conversation tout en écoutant vos hôtes; vous faites alors des répliques qui vous valent des : — A quoi pensez-vous ? — car vous perdez le fil de la conversation, et vous piétinez sur place en pensant : — Que lui dit-elle de moi?...

Adolphe est à table chez les Deschars, un dîner de douze personnes, et Caroline est placée à côté d'un joli jeune homme, appelé Ferdinand, cousin d'Adolphe. Entre le premier et le second service, on parle du bonheur conjugal.

— Il n'y a rien de plus facile à une femme que d'être heureuse, dit Caroline en répondant à une femme qui se plaint.

— Donnez-nous votre secret, madame, dit agréablement monsieur de Fischtaminel.

— Au moins si j'étais aimée comme toi! (Les femmes ont toujours l'ingénuité de comparer l'envers de leur amour avec l'endroit de celui des autres.)

Par GAVARNI.   Gravé par PIAUD.

— Une femme n'a qu'à ne se mêler de rien, se regarder comme la première domestique de la maison, ou comme une esclave dont le maître a soin, n'avoir aucune volonté, ne pas faire une observation, tout va bien.

Ceci lancé sur des tons amers et avec des larmes dans la voix, épouvante Adolphe, qui regarde fixement sa femme.

— Vous oubliez, madame, le bonheur d'expliquer son bonheur, réplique-t-il en lançant un éclair digne d'un tyran de mélodrame.

Satisfaite de s'être montrée assassinée ou sur le point de l'être, Caroline détourne la tête, essuie furtivement une larme et dit : — On n'explique pas le bonheur.

L'incident, comme on dit à la Chambre, n'a pas de suites, mais Ferdinand a regardé sa cousine comme un ange sacrifié.

On parle du nombre effrayant des gastrites, des maladies innommées dont meurent les jeunes femmes.

— Elles sont trop heureuses! dit Caroline en ayant l'air de donner le programme de sa mort.

La belle-mère d'Adolphe vient voir sa fille. Caroline dit : — Le salon de Monsieur, — la chambre de Monsieur! Tout, chez elle, est à Monsieur.

— Ah çà, qu'y a-t-il donc, mes enfants? demande la belle-mère; on dirait que vous êtes tous les deux à couteaux tirés.

— Eh! mon Dieu, dit Adolphe, il y a que Caroline a eu le gouvernement absolu de la maison et n'a pas su s'en tirer.

— Elle a fait des dettes?...

— Oui, ma chère maman.

— Écoutez, Adolphe, dit la belle-mère après avoir attendu que sa fille l'ait laissée seule avec son gendre, aimeriez-vous mieux que ma fille fût admirablement bien mise, que tout allât à merveille chez vous, et qu'il ne vous en coûtât rien?...

Essayez de vous représenter la physionomie d'Adolphe en entendant cette *déclaration des droits de la femme !*

Caroline passe d'une toilette misérable à une toilette splendide. Elle est chez les Deschars ; tout le monde la félicite sur son goût, sur la richesse de ses étoffes, sur ses dentelles, sur ses bijoux.

— Ah ! vous avez un mari charmant ! dit madame Deschars.

Adolphe se rengorge et regarde Caroline.

— Mon mari, madame ? je ne coûte, Dieu merci, rien à Monsieur ! Tout cela me vient de ma mère.

Adolphe se retourne brusquement, et va causer avec madame de Fischtaminel.

Après un an de gouvernement absolu, Caroline adoucie dit un matin :

— Mon ami, combien as-tu dépensé cette année ?...

— Je ne sais pas.

— Fais tes comptes.

Adolphe trouve un tiers de plus que dans la plus mauvaise année de Caroline.

— Et je ne t'ai rien coûté pour ma toilette, dit-elle.

Caroline joue les mélodies de Schubert. Adolphe éprouve une jouissance en entendant cette musique admirablement exécutée ; il se lève et va pour féliciter Caroline, elle fond en larmes.

— Qu'as-tu ?...

— Rien ; je suis nerveuse.

— Mais je ne te connaissais pas ce vice-là.

— Oh ! Adolphe, tu ne veux rien voir !... Tiens, regarde : mes bagues ne me tiennent plus aux doigts, tu ne m'aimes plus, je te suis à charge...

LES GENS DE PARIS. Chaînes des Dames. — 1.

Ninie pense que les romans sont de mauvais livres, non pour ce
qu'ils ajoutent à nos passions, mais pour ce qu'ils en ôtent.

Par Gavarni. Gravé par Louis.

Elle pleure, elle n'écoute rien, elle repleure à chaque mot d'Adolphe.

— Veux-tu reprendre le gouvernement de la maison?

— Ah! s'écrie-t-elle en se dressant en pied comme *une surprise*, maintenant que tu as assez de tes expériences!...: merci! Est-ce de l'argent que je veux?... Singulière manière de panser un cœur blessé... Non, laissez-moi...

— Eh bien! comme tu voudras, Caroline.

Ce : — Comme tu voudras! est le premier mot de l'indifférence en matière de femme légitime ; et Caroline aperçoit un abîme vers lequel elle a marché d'elle-même.

VIII

LA CAMPAGNE DE FRANCE.

Les malheurs de 1814 affligent toutes les existences. Après les brillantes journées, les conquêtes, les jours où les obstacles se changeaient en triomphes, où le moindre achoppement devenait un bonheur, il arrive un moment où les plus heureuses idées tournent en sottises, où le courage mène à la perte, où la fortification fait trébucher. L'amour conjugal, qui, selon les auteurs, est un cas particulier d'amour, a, plus que toute autre chose humaine, sa Campagne de France, son funeste 1814. Le Diable aime surtout à mettre sa griffe dans les affaires des pauvres femmes délaissées, et Caroline en est là.

Caroline en est à rêver aux moyens de ramener son mari! Caroline passe à la maison beaucoup d'heures solitaires, pendant lesquelles son imagination travaille. Elle va, vient, se lève, et souvent elle reste songeuse à sa fenêtre, regardant la rue sans y rien voir, la figure collée aux vitres, et se trouvant comme dans un désert au milieu de ses Petit-Dunkerques, de ses appartements meublés avec luxe.

Or, à Paris, à moins d'habiter un hôtel à soi, sis entre cour et jardin, toutes les existences sont accouplées. A chaque étage d'une maison, un ménage trouve dans la maison située en face un autre ménage. Chacun plonge à volonté ses regards chez le voisin. Il existe une servitude d'observations mutuelles, un droit de visite commun, auxquels nul ne peut se soustraire. Dans un temps donné, le matin, vous vous levez de bonne heure, la servante du voisin fait l'appartement, laisse les fenêtres ouvertes et les tapis sur les appuis, vous devinez alors une infinité de choses, et réciproquement. Aussi, dans un temps donné, connaissez-vous les habitudes de la jolie, de la vieille, de la jeune, de la coquette, de la vertueuse femme d'en face, ou les caprices du fat, les inventions du vieux garçon, la couleur des meubles, le chat du second, ou du troisième. Tout est indice et matière à divination. Au quatrième étage, une grisette surprise se voit, toujours trop tard, comme la chaste Suzanne, en proie aux jumelles ravies d'un vieil employé à dix-huit cents francs, qui devient criminel gratis. Par compensation, un beau surnuméraire, jeune de ses fringants dix-neuf ans, apparaît à une dévote dans le simple appareil d'un homme qui se barbifie. L'observation ne s'endort jamais, tandis que la prudence a ses moments d'oubli. Les rideaux ne sont pas toujours détachés à temps. Une femme, avant la chute du jour, s'approche de la fenêtre pour enfiler une aiguille, et le mari d'en face admire alors une tête digne de Raphaël, qu'il trouve digne de lui, garde national imposant sous les armes. Passez place Saint-Georges, et vous pouvez y surprendre les secrets de trois jolies femmes, si vous avez de l'esprit dans le regard. Oh! la sainte vie privée, où est-elle? Paris est une ville qui se montre quasi nue à toute heure, une ville essentiellement courtisane et sans chasteté. Pour qu'une existence y ait de la pudeur, elle doit posséder cent mille francs de rente. Les vertus y sont plus chères que les vices.

Caroline, dont le regard glisse parfois entre les mousselines protectrices qui cachent son intérieur aux cinq étages de la maison d'en face, finit par observer un jeune ménage plongé dans les joies de la lune de miel, et venu nouvellement au premier devant ses fenêtres. Elle se livre aux observations les plus irritantes. On ferme les persiennes de bonne heure ; on les ouvre tard.

Un jour, Caroline, levée à huit heures, toujours par hasard, voit la femme de chambre apprêtant un bain ou quelque toilette du matin, un délicieux déshabillé. Caroline soupire. Elle se met à l'affût comme un

LES GENS DE PARIS. Banlieue. — 3.

Daphnis attend Chloé.

Par GAVARNI. Gravé par Mlle DELPHINE B.

chasseur, elle surprend la jeune femme la figure illuminée par le bonheur. Enfin, à force d'épier ce charmant ménage, elle voit Monsieur et Madame ouvrant la fenêtre, et légèrement pressés l'un contre l'autre, accoudés au balcon, y respirant l'air du soir. Caroline se donne des maux de nerfs en étudiant sur les rideaux, un soir que l'on oublie de fermer les persiennes, les ombres de ces deux enfants se combattant, dessinant des fantasmagories explicables ou inexplicables. Souvent la jeune femme, assise, mélancolique et rêveuse, attend l'époux absent, elle entend le pas d'un cheval, le bruit d'un cabriolet au bout de la rue, elle s'élance de son divan, et, d'après son mouvement, il est facile de voir qu'elle s'écrie : — C'est lui !...

— Comme ils s'aiment ! se dit Caroline.

A force de maux de nerfs, Caroline arrive à concevoir un plan excessivement ingénieux : elle invente de se servir de ce bonheur conjugal comme d'un topique pour stimuler Adolphe. C'est une idée assez dépravée ; mais l'intention de Caroline sanctifie tout !

— Adolphe, dit-elle enfin, nous avons pour voisine en face une femme charmante, une petite brune...

— Oui, réplique Adolphe, je la connais. C'est une amie de madame de Fischtaminel, madame Foullepointe, la femme d'un agent de change, un homme charmant, un bon enfant, et qui aime sa femme, il en est fou ! Tiens... il a son cabinet, ses bureaux, sa caisse, dans la cour, et l'appartement sur le devant est celui de Madame. Je ne connais pas de ménage plus heureux. Foullepointe parle de son bonheur partout, même à la Bourse ; il en est ennuyeux.

— Eh bien ! fais-moi donc le plaisir de me présenter monsieur et madame Foullepointe ! Ma foi, je serais enchantée de savoir comment elle s'y prend pour se faire si bien aimer de son mari... Y a-t-il longtemps qu'ils sont mariés ?

— Absolument comme nous, depuis cinq ans...

— Adolphe, mon ami, j'en meurs d'envie ! Oh ! lie-nous toutes les deux. Suis-je aussi bien qu'elle ?

— Ma foi !... je vous rencontrerais au bal de l'Opéra, tu ne serais pas ma femme, eh bien !.. j'hésiterais.

— Tu es gentil aujourd'hui. N'oublie pas de les inviter à dîner pour samedi prochain.

— Ce sera fait ce soir. Foullepointe et moi nous nous voyons souvent à la Bourse.

— Enfin, se dit Caroline, cette femme me dira sans doute quels sont ses moyens d'action.

Caroline se remet en observation. A trois heures environ, à travers les fleurs d'une jardinière qui fait comme un bocage à la fenêtre, elle regarde et s'écrie :

— Deux vrais tourtereaux !...

Pour ce samedi, Caroline invite monsieur et madame Deschars, le digne monsieur Fischtaminel, enfin les plus vertueux ménages de sa société. Tout est sous les armes chez Caroline ; elle a commandé le plus délicat dîner, elle a sorti ses splendeurs des armoires, elle tient à fêter le modèle des femmes.

— Vous allez voir, ma chère, dit-elle à madame Deschars au moment où toutes les femmes se regardent en silence, vous allez voir le plus adorable ménage du monde, nos voisins d'en face : un jeune homme blond d'une grâce infinie, et des manières... une tête à la lord Byron, et un vrai don Juan, mais fidèle ! il est fou de sa femme. La femme est charmante et a trouvé des secrets pour perpétuer l'amour ; aussi peut-être devrai-je un regain de bonheur à cet exemple ; Adolphe, en les voyant, rougira de sa conduite, il...

On annonce :

— Monsieur et madame Foullepointe !

Madame Foullepointe, jolie brune, la vraie Parisienne, une femme cambrée, mince, au regard brillant étouffé par de longs cils, mise délicieusement, s'assied sur le canapé. Caroline salue un gros monsieur à cheveux gris assez rares, qui suit péniblement cette Andalouse de Paris et qui montre une figure et un ventre siléniques, un crâne beurre frais, un sourire papelard et libertin sur de bonnes grosses lèvres, un philosophe enfin ! Caroline regarde ce monsieur d'un air étonné.

— Monsieur Foullepointe, ma bonne, dit Adolphe en lui présentant ce digne quinquagénaire.

— Je suis enchantée, madame, dit Caroline en prenant un air aimable, que vous soyez venue avec votre beau-père (profonde sensation) ; mais nous aurons, j'espère, votre cher mari...

— Madame...

Tout le monde écoute et se regarde. Adolphe devient le point de mire de tous les yeux, il est hébété d'étonnement, il voudrait faire disparaître Caroline par une trappe, comme au théâtre.

— Voici monsieur Foullepointe, mon mari, dit madame Foullepointe.

Caroline devient alors d'un rouge écarlate en comprenant *l'école* qu'elle a faite, et Adolphe la foudroie d'un regard à trente-six becs de gaz.

— Vous le disiez jeune, blond... dit à voix basse madame Deschars.

Madame Foullepointe, en femme spirituelle, regarde audacieusement la corniche.

Un mois après, madame Foullepointe et Caroline deviennent intimes. Adolphe, très-occupé de madame Fischtaminel, ne fait aucune attention à cette dangereuse amitié qui doit porter ses fruits ; car, sachez-le :

Axiome.

Les femmes ont corrompu plus de femmes que les hommes n'en ont aimé.

IX

LE SOLO DE CORBILLARD.

Après un temps dont la durée dépend de la solidité des principes de Caroline, elle paraît languissante, et quand, en la voyant, étendue sur les divans, comme un serpent au soleil, Adolphe, inquiet par décorum, lui dit :

— Qu'as-tu, ma bonne ? que veux-tu ?

— Je voudrais être morte !

— Un souhait assez agréable et d'une gaieté folle...

— Ce n'est pas la mort qui m'effraie, moi, c'est la souffrance...

— Cela signifie que je ne te rends pas la vie heureuse!... Et voilà bien les femmes!

Adolphe arpente le salon en déblatérant, mais il est arrêté net en voyant Caroline étanchant de son mouchoir brodé des larmes qui coulent assez artistement.

— Te sens-tu malade?

— Je ne me sens pas bien. (Silence.) Tout ce que je désire, ce serait de savoir si je puis vivre assez pour voir ma petite mariée, car je sais maintenant ce que signifie ce mot si peu compris des jeunes personnes : *le choix d'un époux!* Va, cours à tes plaisirs, une femme qui songe à l'avenir, une femme qui souffre, n'est pas amusante, va te divertir...

— Où souffres-tu?...

— Mon ami, je ne souffre pas, je me porte à merveille, et n'ai besoin de rien! Vraiment, je me sens mieux... — Allez, laissez-moi.

Cette première fois Adolphe s'en va presque triste.

Huit jours se passent, pendant lesquels Caroline ordonne à tous ses domestiques de cacher à Monsieur l'état déplorable où elle se trouve; elle languit, elle sonne quand elle est prête de défaillir, elle consomme beaucoup d'éther. Les gens apprennent enfin à Monsieur l'héroïsme conjugal de Madame, et Adolphe reste un soir après dîner et voit sa femme embrassant à outrance sa petite Marie.

— Pauvre enfant! il n'y a que toi qui me fais regretter mon avenir! O mon Dieu! qu'est-ce que la vie?

— Allons, mon enfant, dit Adolphe, pourquoi se chagriner?...

— Oh! je ne me chagrine pas!... la mort n'a rien qui m'effraie... je voyais ce matin un enterrement, et je trouvais le mort bien heureux! Comment se fait-il que je ne pense qu'à mourir?... Est-ce une maladie!... Il me semble que je mourrai de ma main.

Plus Adolphe tente d'égayer Caroline, plus Caroline s'enveloppe dans les crêpes d'un deuil à larmes continues. Cette seconde fois, Adolphe reste et s'ennuie. Puis, à la troisième attaque à larmes forcées, il sort sans aucune tristesse. Enfin, il se blase sur ces plaintes éternelles, sur ces attitudes de mourant, sur ces larmes de crocodile. Et il finit par dire : — Si tu es malade, Caroline, il faut voir un médecin...

LES GENS DE PARIS. Mœurs d'atelier. — 3.

Ne lui parlez pas des bourgeois!

Par GAVARNI. Gravé par ROUGET.

— Comme tu voudras ! cela finira plus promptement ainsi, cela me va... Mais alors, amène un fameux médecin.

Au bout d'un mois, Adolphe, fatigué d'entendre l'air funèbre que Caroline lui joue sur tous les tons, amène un grand médecin. A Paris, les médecins sont tous des gens d'esprit, et ils se connaissent admirablement en Nosographie conjugale.

— Eh bien ! madame, dit le grand médecin, comment une si jolie femme s'avise-t-elle d'être malade ?

— Oui, monsieur, de même que le nez du père Aubry, j'aspire à la tombe...

Caroline, par égard pour Adolphe, essaie de sourire.

— Bon ! cependant vous avez les yeux vifs, ils souhaitent peu nos infernales drogues...

— Regardez-y bien, docteur, la fièvre me dévore, une petite fièvre imperceptible, lente...

Et elle arrête le plus malicieux de ses regards sur l'illustre docteur, qui se dit en lui-même : — Quels yeux !...

— Bien, voyons la langue, dit-il tout haut.

Caroline montre sa langue de chat entre deux rangées de dents blanches comme celles d'un chien.

— Elle est un peu chargée, au fond, mais vous avez déjeuné... fait observer le grand médecin, qui se tourne vers Adolphe.

— Rien, répond Caroline, deux tasses de thé...

Adolphe et l'illustre docteur se regardent, car le docteur se demande qui de Madame ou de Monsieur se moque de lui.

— Que sentez-vous ? demande gravement le docteur à Caroline.

— Je ne dors pas.

— Bon !

— Je n'ai pas d'appétit...

— Bien !

— J'ai des douleurs, là...

Le médecin regarde l'endroit indiqué par Caroline.

— Très-bien, nous verrons cela tout à l'heure... Après ?...

— Il me passe des frissons par moments...

— Bon!

— J'ai des tristesses, je pense toujours à la mort, j'ai des idées de suicide.

— Ah! vraiment!

— Il me monte des feux à la figure; tenez, j'ai constamment des tressaillements dans la paupière...

— Très-bien, nous nommons cela un *trismus*.

Le docteur explique pendant un quart d'heure, en employant les termes les plus scientifiques, la nature du *trismus*, d'où il résulte que le *trismus* est le *trismus*; mais il fait observer avec la plus grande modestie que si la science sait que le *trismus* est le *trismus*, elle ignore entièrement la cause de ce mouvement nerveux, qui va, vient, passe, reparaît... — Et, dit-il, nous avons reconnu que c'était purement nerveux.

— Est-ce bien dangereux? demanda Caroline inquiète.

— Nullement.

— Comment vous couchez-vous?

— En rond.

— Bien! Sur quel côté?

— A gauche.

— Bien! Combien avez-vous de matelas à votre lit?

— Trois.

— Bien! Y a-t-il un sommier?

— Mais, oui...

— Quelle est la substance du sommier?

— Le crin.

— Bon! Marchez un peu devant moi... Oh! mais naturellement et comme si nous ne vous regardions pas...

Caroline marche à la Elssler en agitant *sa tournure* de la façon la plus andalouse.

— Vous ne sentez pas un peu de pesanteur dans les genoux?

— Mais... non... (Elle revient à sa place.) Mon Dieu, quand on s'examine, il me semble maintenant que oui...

— Bon! Vous êtes restée à la maison depuis quelque temps?...

— Oh! oui, monsieur, beaucoup trop... et seule.

— Bien, c'est cela. Comment vous coiffez-vous pour la nuit?

LES GENS DE PARIS. Mœurs d'ateliers. — 2.

OROSMANE

de comédie bourgeoise.

Par GAVARNI. Gravé par Mlle DELPHINE B.

— Un bonnet brodé, puis quelquefois par-dessus, un foulard...

— Vous n'y sentez pas des chaleurs... une petite sueur...

— En dormant, cela me semble difficile.

— Vous pourriez trouver votre linge humide à l'endroit du front en vous réveillant?

— Quelquefois.

— Bon! Donnez-moi votre main.

Le docteur tire sa montre.

— Vous ai-je dit que j'ai des vertiges? dit Caroline.

— Chut!... fait le docteur, qui compte les pulsations. Est-ce le soir?...

— Non, le matin.

— Ah! diantre, des vertiges le matin, dit-il en regardant Adolphe.

— Eh bien! que dites-vous de l'état de madame? demande Adolphe.

— Le duc de G... n'est pas allé à Londres, dit le grand médecin en étudiant la peau de Caroline, et l'on en cause beaucoup au faubourg Saint-Germain.

— Vous y avez des malades? demande Caroline.

— Presque tous... Eh! mon Dieu! j'en ai sept à voir ce matin, dont quelques-uns sont en danger.

Le docteur se lève.

— Que pensez-vous de moi, monsieur? dit Caroline.

— Madame, il faut des soins, beaucoup de soins, prendre des adoucissants, de l'eau de guimauve, un régime doux, viandes blanches, faire beaucoup d'exercice.

— En voilà pour vingt francs, se dit en lui-même Adolphe en souriant.

Le grand médecin prend Adolphe par le bras, et l'emmène en se faisant reconduire. Caroline les suit sur la pointe du pied.

— Mon cher, dit le grand médecin, je viens de traiter fort légèrement Madame, il ne fallait pas l'effrayer, ceci vous regarde plus que vous ne pensez... Ne négligez pas trop Madame. Madame est d'un tempérament puissant; mais elle peut arriver à un état morbide dont vous vous repentiriez... Si vous l'aimez, aimez-la... si vous ne l'aimez plus, et que vous teniez à conserver la mère de vos enfants, la décision à prendre est un cas d'hygiène, mais elle ne peut venir que de vous!...

— Comme il m'a compris!... se dit Caroline. Elle ouvre la porte, et dit :
— Docteur, vous ne m'avez pas écrit les doses...

Le grand médecin sourit, salue et glisse dans sa poche une pièce de vingt francs en laissant Adolphe entre les mains de sa femme, qui le prend et lui dit : — Quelle est la vérité sur mon état? faut-il me résigner à mourir?...

— Eh! il m'a dit que tu as trop de santé! s'écrie Adolphe impatienté.

Caroline s'en va pleurer sur son divan.

— Qu'as-tu?...

— J'en ai pour longtemps... Je te gêne, tu ne m'aimes plus... Je ne veux plus consulter ce médecin-là... Je ne sais pas pourquoi madame Foullepointe m'a conseillé de le voir, il ne m'a dit que des sottises!... et je sais mieux que lui ce qu'il me faut...

— Que te faut-il?...

— Ingrat, tu le demandes?... dit-elle en posant sa tête sur l'épaule d'Adolphe.

Adolphe, effrayé, se dit : — Il a raison, le docteur.

Caroline chante alors une mélodie de Schubert avec l'exaltation d'une hypocondriaque.

X

COMMENTAIRE OU L'ON EXPLIQUE LA FELICHITTA DU FINALE DE TOUS LES OPÉRAS, MÊME DE CELUI DU MARIAGE.

Qui n'a pas entendu dans sa vie un opéra italien quelconque?... Vous avez dû, dès lors, remarquer l'abus musical du mot *felichitta*, prodigué par le poëte et par les chœurs à l'heure où tout le monde s'élance hors de sa loge ou quitte sa stalle.

Affreuse image de la vie : on sort au moment où l'on entend *la felichitta*.

Avez-vous médité sur la profonde vérité qui règne dans ce *finale*, au moment où le musicien lance sa dernière note et l'auteur son dernier vers, où l'orchestre donne son dernier coup d'archet, sa dernière insufflation, où les

LES GENS DE PARIS. Mœurs d'ateliers. — 1.

Expression religieuse à trente-trois sous l'heure.

Par GAVARNI. Gravé par BARA.

chanteurs se disent : « Allons souper! » où les choristes se disent : « Quel bonheur, il ne pleut pas!... » Eh bien! dans tous les états de la vie, on arrive à un moment où la plaisanterie est finie, où le tour est fait, où l'on peut prendre son parti, où chacun chante *la felichitta* de son côté. Après avoir passé par tous les *duos*, les *solos*, les *strettes*, les *coda*, les morceaux d'ensemble, les *duettini*, les *nocturnes*, les phases que ces quelques scènes, prises dans l'océan de la vie conjugale, vous indiquent, et qui sont des thèmes dont les variations auront été devinées par les gens d'esprit tout aussi bien que par les niais (en fait de souffrances, nous sommes tous égaux!) la plupart des ménages parisiens arrivent, dans un temps donné, au chœur final que voici :

L'ÉPOUSE, *à une jeune femme qui en est à l'été de la Saint-Martin conjugal.*

Ma chère, je suis la femme la plus heureuse de la terre. Adolphe est bien le modèle des maris : bon, pas tracassier, complaisant. N'est-ce pas, Ferdinand?

(Caroline s'adresse au cousin d'Adolphe, jeune homme à jolie cravate, à cheveux luisants, à bottes vernies, habit de la coupe la plus élégante, chapeau à ressorts, gants de chevreau, gilet bien choisi, tout ce qu'il y a de mieux en moustaches, en favoris, en virgule à la Mazarin, et doué d'une admiration profonde, muette, attentive pour Caroline.)

LE FERDINAND.

Adolphe est si heureux d'avoir une femme comme vous! Que lui manque-t-il? Rien.

L'ÉPOUSE.

Dans les commencements, nous étions toujours à nous contrarier; mais maintenant nous nous entendons à merveille. Adolphe ne fait plus que ce qui lui plaît, il ne se gêne point, je ne lui demande plus ni où il va ni ce qu'il a vu. L'indulgence, ma chère amie, là est le grand secret du bonheur. Vous en êtes encore aux petits taquinages, aux jalousies à faux, aux brouilles, aux coups d'épingles. A quoi cela sert-il? Notre vie, à nous autres femmes, est bien courte. Qu'avons-nous? dix belles années; pourquoi les meubler d'ennui ? J'étais comme vous ; mais, un beau jour, j'ai connu madame Foullepointe, une femme charmante, qui m'a éclairée et m'a enseigné la manière de rendre un homme heureux... Depuis, Adolphe a changé du tout au tout : il est devenu ravissant. Il est le premier à me dire, avec inquiétude, avec effroi même, quand je vais au spectacle et que sept heures nous trouvent seuls ici : — Ferdinand va venir te prendre, n'est-ce pas ?... N'est-ce pas, Ferdinand ?

LE FERDINAND.

Nous sommes les meilleurs cousins du monde.

LA JEUNE AFFLIGÉE.

En viendrais-je donc là ?...

LE FERDINAND.

Ah ! vous êtes bien jolie, madame, et rien ne vous sera plus facile.

L'ÉPOUSE, *irritée*.

Eh bien ! adieu, ma petite. (*La jeune affligée sort.*) Ferdinand, vous me paierez ce mot-là.

L'ÉPOUX, *sur le boulevard Italien*.

Mon cher (*il tient monsieur de Fischtaminel par le bouton du paletot*), vous en êtes encore à croire que le mariage est basé sur la passion. Les femmes peuvent, à la rigueur, aimer un seul homme, mais nous autres !... Mon Dieu, la Société ne peut pas dompter la Nature. Tenez, le mieux, en ménage, est d'avoir l'un pour l'autre une indulgence plénière. Je suis le mari le plus heureux du monde. Caroline est une amie dévouée, elle me sacrifierait tout, jusqu'à mon cousin Ferdinand s'il le fallait... oui, vous riez, elle est prête à tout faire pour moi. Vous vous entortillez encore dans les ébouriffantes idées d'ordre social. La vie ne se recommence pas, il faut la bourrer de plaisir. Voici deux ans qu'il ne s'est dit entre Caroline et moi le moindre petit mot aigre. J'ai dans Caroline un camarade avec qui je puis tout dire, et qui saurait me consoler dans les grandes circonstances. Il n'y a pas entre nous la moindre tromperie, et nous savons à quoi nous en tenir. Nos rapprochements sont des vengeances, comprenez-vous? Nous avons ainsi changé nos devoirs en plaisirs. Nous sommes souvent plus heureux alors que dans cette fadasse saison appelée la lune de miel. Ma femme me dit quelquefois : « Je suis grognon, laisse-moi, va-t'en. » L'orage tombe sur un autre. Caroline ne prend plus ses airs de victime, et dit du bien de moi à l'univers entier. Enfin! elle est heureuse de mes plaisirs. Et, comme c'est une très-honnête femme, elle est de la plus grande délicatesse dans l'emploi de notre fortune. Ma maison est bien tenue. Ma femme me laisse la disposition de ma réserve sans aucun contrôle. Et voilà. Nous avons mis de l'huile dans les rouages ; vous, vous y mettez des cailloux, mon cher Fischtaminel, et vous avez tort ; le costume d'Othello est très-mal porté, ce n'est plus qu'un Turc de carnaval.

CHOEUR *(dans un salon au milieu d'un bal).*

Madame Caroline est une femme charmante !

UNE FEMME A TURBAN.

Oui, pleine de convenance, de dignité.

UNE FEMME QUI A SEPT ENFANTS.

Ah ! elle a su prendre son mari.

UN AMI DE FERDINAND.

Mais elle aime beaucoup son mari. Adolphe est, d'ailleurs, un homme très-distingué, plein d'expérience.

UNE AMIE DE MADAME FISCHTAMINEL.

Il adore sa femme. Chez eux, point de gêne, tout le monde s'y amuse.

MONSIEUR FOULLEPOINTE.

Oui, c'est une maison fort agréable.

UNE FEMME DONT ON DIT BEAUCOUP DE MAL.

Caroline est bonne, obligeante, elle ne dit du mal de personne.

UNE DANSEUSE *qui revient à sa place.*

Vous souvenez-vous comme elle était ennuyeuse dans le temps où elle connaissait les Deschars?

MADAME FISCHTAMINEL.

Oh! elle et son mari, deux fagots d'épines... des querelles continuelles. (*Madame Fischtaminel s'en va.*)

UN ARTISTE.

Mais le sieur Deschars se dissipe, il va dans les coulisses; il paraît que madame Deschars a fini par lui vendre la vertu trop cher.

UNE BOURGEOISE, *effrayée, pour sa fille, de la tournure que prend la conversation.*

Madame de Fischtaminel est charmante ce soir.

UNE FEMME DE QUARANTE ANS SANS EMPLOI.

Monsieur Adolphe a l'air aussi heureux que sa femme.

LA JEUNE PERSONNE.

Quel joli jeune homme que monsieur Ferdinand! (*Sa mère lui donne vivement un petit coup de pied.*) Que me veux-tu, maman?

LA MÈRE (*elle regarde fixement sa fille*).

On ne dit cela, ma chère, que de son prétendu; M. Ferdinand n'est pas à marier.

UNE DAME TRÈS-DÉCOLLETÉE, *à une autre non moins décolletée.*

(*Sotto voce.*) Ma chère, tenez, la morale de tout cela, c'est qu'il n'y a d'heureux que les ménages à quatre.

LES GENS DE PARIS. D'où l'on vient, ce qu'on devient. — 1.

M. le Chevalier de Faublas.

Par GAVARNI. Gravé par BARA.

UN AMI QUE L'AUTEUR A EU L'IMPRUDENCE DE CONSULTER.

Ces derniers mots sont faux.

L'AUTEUR.

Ah! vous croyez?...

L'AMI (*qui vient de se marier*).

Vous employez tous votre encre à nous déprécier la vie sociale, sous prétexte de nous éclairer!... Eh! mon cher, il y a des ménages cent fois, mille fois plus heureux que ces prétendus ménages à quatre.

L'AUTEUR.

Eh bien! faut-il tromper les gens à marier, et rayer le mot?

L'AMI.

Non, il sera pris comme le trait d'un couplet de vaudeville!

L'AUTEUR.

Une manière de faire passer les vérités.

L'AMI (*qui tient à son opinion*).

Les vérités destinées à passer.

L'AUTEUR (*voulant avoir le dernier*).

Qui est-ce qui ne passe pas? Quand ta femme aura vingt ans de plus, nous reprendrons cette conversation; vous ne serez peut-être heureux qu'à trois.

L'AMI.

Vous vous vengez bien durement de ne pas pouvoir écrire l'histoire des ménages heureux.

DE BALZAC.

MEUBLES DE SALON
(LE MONDE.)

Garanti pour toutes les contredanses.

Décadence de la grande livrée.

Une doublure de console.

Dévoué aux demoiselles qui dansent peu.

« Si vous n'aviez pas coupé mon roi! »

Sur le point de retrouver son unique romance.

Amie de la maison à la recherche — d'un mari.

Jeune fille, elle a dansé la gavotte sous les yeux de l'Empereur.

Ami de la maison à la recherche — d'une dot.

BERTALL.

LA SEMAINE DE L'OUVRIÈRE.

> « — Bonjour, la gentille fermière qui passes sur le grand chemin; que tu es heureuse d'être jeune et belle, puisque ta jeunesse et ta beauté sont à toi! Moi, j'ai une maîtresse impitoyable, la misère... Entendez-vous la machine, le bruit de la machine? »
>
> — *Complainte des fileuses de Manchester.* —

Les pauvres gens qui m'ont élevée ne peuvent plus garder une apprentie. Les affaires vont mal, il faut qu'ils nourrissent leurs enfants; ils m'ont mis un métier entre les mains, comme ils disent, je suis d'âge à gagner ma vie. Allons! je la gagnerai. Le messager m'emmènera ce soir, il m'a promis une place dans sa carriole; c'est un si brave homme, et il m'a vue si petite!

Aujourd'hui je ne suis qu'une enfant, demain je serai une ouvrière. Ils manquent de bras à la ville, la grande filature a repris ses travaux; comme je vais être heureuse à Paris!... N'est-ce pas la cloche du village que j'entends? d'où vient qu'elle m'attriste le cœur?

Voici mes compagnes qui vont à la messe avec leurs belles robes du dimanche. On dansera ce soir sous les tilleuls, j'irai ce soir danser pour la dernière fois... Non, je resterai ici à prier Dieu pour qu'il n'abandonne pas l'orpheline.

J'entends le bruit des roues, le messager fait claquer son fouet pour m'avertir. Comme j'ai prié longtemps! Adieu, vous qui m'avez servi de père; Jacques et Jacqueline, un baiser à votre sœur; et vous, ma mère, ne pleurez point, je vous donnerai de mes nouvelles, et puis nous nous reverrons. Ne craignez rien pour moi, je suis forte et courageuse : le ciel me protégera!

La carriole file, nous passons à côté des tilleuls, j'entends le bruit des violons; nous voici près du moulin, le bruit de l'eau me fait pleurer. Nous allons bien doucement, messager. Bon! voilà la jument grise qui prend son grand trot; le village est déjà loin, mon cœur est moins gros, mes paupières se ferment. Je me trouve devant notre église; monsieur le curé est sur son banc, il me fait signe d'approcher, et prononce quelques paroles en me menaçant du bout du doigt. « Non, monsieur le curé, je vous le jure, Pierre..... » Au même instant, je me réveille. « Où sommes-nous ? — A Paris, mamzelle, répond le messager. — Nous sommes à Paris!»

La bonne femme à laquelle on m'avait recommandée m'attendait à la barrière. Il faut que je me présente tout de suite à la filature; demain peut-être il ne serait plus temps; les bras, au lieu de manquer, seront trop nombreux. J'aperçois la noire fumée de la machine à vapeur; me voici devant la porte d'entrée. Ce n'est plus la modeste filature de mon village : comme tout cela est grand! quel mouvement! quel tumulte! Voici les petits garçons et les petites filles qui accourent en files nombreuses; ils ont l'air bien tristes, bien malheureux, bien souffrants; leur pâleur me fait songer aux joues fraîches de mon petit frère Jacques et de ma petite sœur Jacqueline.

Le contre-maître est un gros brave homme qui a souri en me voyant. Ma protectrice m'a recommandée à lui; ce soir, elle viendra me prendre pour me conduire au logis; en me quittant, elle m'a dit qu'il fallait bien travailler si je voulais que dimanche elle me fît voir toutes les belles choses de Paris. M'encourager au travail! je n'en ai pas besoin!

Mes compagnes rient et chantent; je ne sais pourquoi, mais leur joie m'attriste. Ces physionomies tantôt pâles et blêmes, tantôt rouges et couperosées, ces yeux éteints ou effrontés, ces voix, ces gestes, ont quelque chose qui m'effraie. Un moment la gaieté est devenue plus bruyante, on

LES GENS DE PARIS.　　　　　　　　Nouveaux enfants terribles. — 1.

Voyons, Beauminet..., nous avons donc encore été frappé ce matin dans ce que nous avons de plus chair?

Par GAVARNI.　　　　　　　　　　　　　　　　　　　　　　Gravé par LOISEAU.

poussait de grands éclats de rire ; un enfant de dix ans, qui travaillait avec nous, venait d'achever une chanson sur un air extraordinaire. On m'a demandé pourquoi je ne riais pas comme les autres.

« Je ne comprends rien à cette chanson, ai-je répondu ; ce n'est pas ainsi que nous chantions au village.

— Tu comprendras ! tu comprendras ! » s'est-on écrié de toutes parts. En même temps, j'ai entendu une voix plus douce que les autres : « Tu comprendras ! »

Je regardai qui me parlait ainsi ; c'était ma voisine de métier, celle qui travaillait à mon côté. Elle semblait plus jeune que ses traits flétris ne l'annonçaient ; ses yeux bleus respiraient la douceur ainsi que son sourire. Je la considérai longtemps avec attention, sans qu'elle parût s'en douter. Sa pensée errait loin des lieux où nous étions, son visage restait immobile, son corps seul suivait les mouvements de son ouvrage.

Les travaux vont cesser ; l'heure du départ vient de sonner ; tout le monde a quitté l'atelier. La vieille femme m'a conduite dans la chambre qu'elle a louée pour moi. Le contre-maître est content de mon habileté, je gagnerai vingt sous par jour. C'est une bonne nouvelle qu'elle m'apprend ; mais pourquoi faut-il qu'elle la gâte en m'annonçant qu'elle est obligée de quitter Paris pour plusieurs jours ! Bonne vieille, je l'aimais déjà. Allons, voilà ma première journée passée ; voici le moment de prier Dieu. D'où vient qu'en m'endormant, je songe encore à ces mots de ma voisine : « Tu comprendras ! »

Vis-à-vis de moi habite une jeune fleuriste ; j'ai aperçu ce matin son établi semé de fleurs parmi lesquelles se jouaient les rayons du soleil. J'ai reconnu des primevères et des pervenches.

> La primevère et la pervenche,
> L'une sourit, l'autre se penche ;
> Toutes deux sont des fleurs d'avril.
> Le bien-aimé quand viendra-t-il ?

Ce refrain de nos campagnes me fait pleurer malgré moi ; allons, du courage, un dernier regard à ces fleurs. Celle qui les fait est bien heureuse !

Elle est là, dans sa petite chambre, travaillant seule tout le jour, copiant les lis et les marguerites du bon Dieu, tandis que moi... Pourquoi mes parents ne m'ont-ils pas appris ce métier ? Hélas ! je n'ai pas de parents, et ceux qui m'ont élevée étaient trop pauvres pour cela. On n'a pas besoin de fleuriste au village.

L'air du matin que j'ai senti en venant ici était bien doux à respirer, et celui de l'atelier est bien lourd. Ma voisine n'a point encore paru ; je ne la connais pas, mais elle me manque. Les autres ont l'air si froides, si indifférentes ! Pendant que mon métier tourne, qui sait ce que l'on fait à la maison ? Bruneau est aux champs, Mathurine file, Jacqueline s'est emparée de mon rouet : elle est assez grande pour gagner de l'argent ; Jacques est à l'école ou sert la messe à monsieur le curé. Brave homme ! il ne m'a grondée qu'une fois dans sa vie, le jour où il crut que Pierre m'avait pris un baiser ; et moi je soutenais que non. Oh ! c'est un mensonge qu'il m'aurait bien pardonné. Pierre ne m'avait-il pas promis de m'épouser quand il serait riche !

>La primevère et la pervenche,
>L'une sourit, l'autre se penche ;
>Toutes deux sont des fleurs d'avril.
>Le bien-aimé quand viendra-t-il ?

« Que nous chante-t-elle avec ses pervenches, la villageoise ?

— Ohé ! la villageoise, répète un peu cette chanson.

— La villageoise, donne-moi l'adresse de celui qui t'a appris cet air : je veux qu'on le chante à mon enterrement. »

Tout le monde se moque de moi ; on m'entoure, on rit, les petites filles elles-mêmes et les petits garçons ; et moi d'être confuse et de rougir. Tu ne sortiras plus de mes lèvres, douce chanson !

Sans le contre-maître, je ne sais pas comment cette scène aurait fini ; heureusement il est arrivé pour prendre ma défense ; chacun a repris sa place, on m'a laissée tranquille, et on ne m'a rien dit tout le reste de la journée. Seulement une ouvrière qui quittait la filature en même temps que moi, a dit, en me montrant à sa compagne : « C'est à elle qu'il en veut maintenant. » De qui voulait-elle parler ?

Le contre-maître est un bon cœur, je l'avais bien jugé. Ce soir, pendant que je soupais tristement toute seule, j'ai entendu qu'on frappait à ma porte.

« Qui est-là ?

— Ouvrez; c'est moi. »

J'ai reconnu la voix du contre-maître, et je l'ai fait entrer.

« Mon enfant, m'a-t-il dit, celle à qui vos parents vous ont recommandée m'a prié de la remplacer près de vous. J'ai accepté volontiers, parce que vous me paraissez sage…

— Je tâcherai de l'être toujours.

— Et puis vous êtes si jolie ! » Et son regard se fixa sur moi.

Je baissai les yeux sans répondre.

« Ce logement, ajouta-t-il, ne vous convient pas, nous en trouverons un autre; si le travail vous fatigue, prenez du repos…

— Oh ! non, je veux travailler pour gagner ma vie !

— Vous n'en aurez pas besoin, si vous voulez. »

Il me regarda de nouveau avec une vivacité qui fit naître en moi un trouble dont je ne pus me rendre compte, mais dont il s'aperçut, car il reprit d'un ton plus calme :

« Vous avez raison, mon enfant, mais il ne faut pas vous tuer. Vous avez en moi un ami qui vous empêchera de faire cette sottise et qui veillera sur vous. Je vous quitte parce que je vois que vous êtes fatiguée, mais je reviendrai vous voir. »

Et il me laissa surprise autant qu'émue de cette visite.

C'est aujourd'hui le troisième jour de mon arrivée à Paris. Ce matin, la fenêtre de ma voisine était fermée ; je n'ai pu voir ses fleurs. Le soleil est caché, un brouillard humide descend le long du toit. J'étais seule hier, maintenant j'ai rencontré un homme qui prend intérêt à moi, et pourtant je me sens plus triste que de coutume. Peut-être le travail chassera-t-il tous ces mauvais pressentiments.

La place de ma voisine est encore vide. La pauvre femme serait-elle malade. Je demande pourquoi elle ne vient pas à l'atelier, si on n'a pas de ses nouvelles. Celle à qui je m'adresse me répond, d'un air distrait et étonné :

« De quoi va-t-elle s'occuper! si Marie n'est pas là, c'est qu'elle fait la noce! »

Je n'ose en demander davantage, on se moquerait de moi parce que je ne comprends pas.

Mois d'où vient ce bruit qui s'élève au fond de l'atelier? Les enfants montent sur leur escabeau pour mieux voir; les ouvrières quittent en foule leurs métiers; on se pousse, on se heurte, comme pour jouir plus tôt d'un spectacle. Bientôt la masse reflue de mon côté. Une espèce de cortége s'est formé autour d'une femme, on l'entoure en poussant des cris et des éclats de rire; elle promène autour d'elle un regard qui ne voit pas, un sourire sans vie; ses jambes peuvent à peine la soutenir, elle s'écrie d'une voix haletante : « Mon métier! je veux travailler! » Elle essaie de marcher, mais ses forces la trahissent; elle tombe sans mouvement sur le sol.

J'ai reconnu ma voisine.

Au lieu de la secourir, l'atelier redouble de cris et de rires; les huées recommencent de plus belle.

« Comment a-t-elle pu retrouver le chemin de l'atelier, l'ivrogne, la fainéante? Fais-nous un peu la morale, Marie; deux jours de noce, rien que ça! »

L'infortunée cependant restait toujours étendue; personne ne songeait à la relever. Je m'avance; je soulève sa tête appesantie. Ses yeux se rouvrent peu à peu, elle semble me reconnaître, elle se dresse lentement sur ses pieds, je l'entraîne en la soutenant vers son banc. Je crois entendre un remercîment sortir de sa bouche.

Pendant tout le reste de la journée, Marie a fait les frais des railleries et des conversations de nos compagnes. Elle y restait insensible. Ramassant péniblement toutes ses forces, elle cherchait à faire mouvoir son métier avec une activité fébrile. « J'aurai faim demain, disait-elle tout bas; j'aurai faim : tourne, métier de malheur, tourne..... »

Marie m'a suivie en quittant l'atelier.

« Tu es bonne, m'a-t-elle dit, il faut que je te parle. Je veux te raconter mes malheurs; car ils seront les tiens si tu as du cœur. Tu n'y échapperas pas, ni tes enfants non plus, si tu as des enfants. Comme toi, j'ai été jeune, belle, naïve : regarde ce que je suis maintenant, et je n'ai pas trente ans!

Un chapeau de trois louis qui n'aura été vu qu'une fois à l'Opéra avant d'être revendu, au Temple, quatre livres dix sous.

« Quand mon père et ma mère moururent, j'étais en apprentissage. Personne ne pouvant plus payer mon entretien, on me dit de gagner ma vie. J'entrai dans cette fabrique maudite. J'étais jolie, le contre-maître me regarda comme son bien ; promesses, menaces, il employa tout pour me séduire. Je résistai, car j'aimais quelqu'un, un enfant du peuple comme moi, un pauvre soldat mort en Afrique. Quand j'appris cette nouvelle, le contre-maître redoubla d'instances ; mais je voulais rester vertueuse, et je quittai l'atelier.

« Alors j'essayai de tout pour gagner ma vie : je savais un peu coudre, je me mis à faire des chemises, à ourler des torchons ou des draps, à attacher des pattes de bretelles. J'étais habile, je me couchais tard et je me levais de bonne heure, et comme je ne pouvais faire plus de deux chemises, plus de deux paires et demie de draps, je ne gagnais que quinze à dix-huit sous par jour, et encore fallait-il retrancher de cette somme l'argent nécessaire pour acheter de la chandelle, du fil et du coton. Souvent l'ouvrage manquait, et quand j'allais en chercher, on me répondait que les prisons et les couvents travaillant à meilleur compte, on leur avait donné tout ce qu'il y avait à faire.

« Je ne pouvais me mettre au service, personne n'était là pour dire d'où je venais et pour répondre de moi. Un jour vint où, sans pain, sans espérance, je me trouvai seule avec le désespoir. J'écoutai ses conseils sinistres : j'allumai un réchaud de charbon, et je m'endormis avec l'espoir de ne plus me réveiller. Pourquoi le ciel n'a-t-il pas voulu qu'il en fût ainsi ?

« Le contre-maître ne m'avait point perdue de vue : il guettait sa proie, et il comptait sur la misère ; il m'épiait et je n'en savais rien. Il apprit, je ne sais comment, ma funeste résolution ; et le lendemain, au lieu de me trouver dans les bras de Dieu, je me réveillai dans une autre chambre que la mienne ; un médecin était à mon chevet. Le premier mot que j'entendis fut celui-ci : — Sauvée !

« J'étais perdue, au contraire. Ce que la séduction n'avait pu m'arracher, je le donnai à la pitié : je crus être aimée, et j'aimai. Trois mois après, une autre victime m'avait remplacée. Usée par un premier effort, je ne trouvai même plus de force dans le désespoir sur lequel je comptais comme sur un ami fidèle. Je m'estimai trop heureuse de trouver une place dans cette fabrique, où je viens tous les jours gagner un pain arrosé de larmes. J'ai pris peu à peu les habitudes de celles qui vivent avec moi. Ce que tu ne comprends pas encore, moi je le comprends ; honteuse, flétrie, je me console du malheur par un vice. Tu as vu aujourd'hui à quel prix je parviens à oublier.

« Prends garde, jeune fille, prends garde ; les mêmes dangers te menacent. Il te trouve jolie : regarde ce que je suis devenue, et apprends à résister. »

Marie me quitta, et moi j'essuyai les larmes qui coulaient de mes yeux.

J'ai rencontré, devant la loge du portier, la fleuriste ; elle racontait qu'elle venait de recevoir une riche commande. Elle a pris sa lumière en chantant, et s'est mise à monter les escaliers d'une façon leste et joyeuse. Tout de suite elle va se mettre au travail. « C'est une brave fille, m'a dit la portière, pendant que je la suivais des yeux, toujours à l'ouvrage, et ne sortant que le dimanche avec son amoureux, qui doit l'épouser lorsqu'ils auront, tous les deux, réuni les économies nécessaires pour se mettre en ménage. »

Et moi aussi j'avais un amoureux qui me conduisait le dimanche cueillir des fleurs dans les bois.

> La primevère et la pervenche,
> L'une sourit, l'autre se penche ;
> Toutes deux sont des fleurs d'avril.
> Le bien-aimé quand viendra-t-il ?

Voilà que je chante au lieu de faire ma prière. Comme je suis triste, ce soir, les paroles de Marie ont jeté comme un poids sur mon cœur. Non, non, son sort ne sera pas le mien. Je reverrai Pierre, et mon village, et le vieux curé, et ceux qui m'ont élevée. J'irai encore danser sous les tilleuls ; je me promènerai dans les prés tapissés des violettes du printemps ; j'entendrai le bruit des cloches et le tic tac du moulin ; je quitterai Paris, la fabrique, le contre-maître. Je puis être encore heureuse, n'est-ce pas, mon Dieu ?

Lettre de Rose à Mathurine.

« Paris, jeudi 16 février 1844.

« Ma bonne mère,

« Vous vous portez bien depuis que je ne vous ai vue, et Bruneau de
« même, et les enfants aussi. J'ai fait tout ce que vous m'aviez recom-
« mandé. Je travaille assidûment, je suis sage et je prie Dieu ; mais je ne
« puis rester davantage à Paris. Je souffre, je ne suis pas heureuse ; je ne
« puis pas tout vous dire dans une lettre, mais j'ai peur de me perdre en
« vivant ici. Je ferai tout ce que vous voudrez au village ; je travaillerai la
« terre, s'il le faut, plutôt que de continuer à demeurer loin de vous. Si
« vous saviez, je suis bien malheureuse, allez ! Dites au messager de venir
« me prendre, il m'emmènera dans sa carriole, et bientôt je pourrai vous
« embrasser.

« Votre dévouée fille,

« ROSE. »

Mon cœur est parti avec cette lettre ; je me sens gaie en allant à l'atelier. En me voyant à la fenêtre de ma mansarde, la fleuriste m'a souri : jamais ses fleurs ne m'ont paru plus jolies et plus fraîches que ce matin. C'est d'un heureux présage.

Le contre-maître m'a arrêtée un moment au passage pour me demander comment je me trouvais à Paris.

« Très-bien ! lui ai-je répondu avec une franchise qui l'a encouragé.

— En ce cas, vous me permettrez de remplacer votre protectrice, et de vous faire promener dimanche dans Paris !

— Certainement ! » Et je l'ai laissé enchanté.

Dimanche je serai sur la route de mon village, et le messager, assis sur le devant de sa carriole, fera claquer son fouet en me disant les nouvelles du pays.

Mon premier soin en me réveillant a été de faire un petit paquet de toutes mes hardes ; je veux que le messager me trouve prête quand il viendra me chercher. Puis je suis partie pour remplir ma journée ; mais la filature était fermée, les ouvriers stationnaient en foule devant la porte. On murmurait les mots de crise commerciale, de cessation de travaux. Une résignation stupide, mêlée à une consternation profonde, régnait sur tous les visages. Trois cents malheureux étaient là sur le pavé sans savoir où gagner le pain du jour.

Marie s'était assise par terre, cachant son front entre ses mains. Je m'approchai, elle releva la tête.

« Tu le vois, me dit-elle tristement, nous sommes sans ouvrage. Je suis habituée à ce malheur ; mais toi, que vas-tu devenir ? Tu commenceras aujourd'hui ta lutte contre la misère ; pauvre enfant, que je te plains !

— Rassurez-vous, lui répondis-je, je retourne dimanche au village. Mais vous ? »

Elle se mit à sourire amèrement.

« Moi, je demanderai l'aumône, et l'on me mettra en prison ; au moins je trouverai de quoi vivre sans me souiller comme tant d'autres. En échappant à la misère, tu échappes aussi à la honte. Bénis deux fois le ciel ! »

En ce moment, j'entendis une cloche. C'était la messe qui sonnait à l'église voisine ; j'y entrai, et, me mettant à genoux, je fis mentalement cette prière :

« Soyez clément, mon Dieu, pour la pauvre Marie, et pour toutes celles qui ont péché comme elle. Sa faute fût peut-être devenue la mienne ; je vous remercie de m'avoir inspiré le désir de partir. Cette semaine comptera dans mon existence ; je ne m'en souviendrai que pour vous bénir et pour vous prier sans cesse en faveur des infortunées qui n'ont pu se soustraire à la tentation. »

Le contre-maître m'attendait à la porte de la maison. Je ne sais si le souvenir de Marie en était cause, mais je trouvai sur sa physionomie un air de fausseté repoussante. Il me dit d'une voix caressante :

« Ne vous effrayez pas de la nouvelle que vous avez apprise ce matin, le chômage ne sera pas de longue durée ; d'ailleurs je pourvoirai à tous vos besoins, comme n'eût pas manqué de le faire celle qui est partie. Dans peu vous quitterez cette vilaine maison. En attendant, prenez ceci jusqu'à dimanche. »

Je sentis sa main qui glissait de l'argent dans la mienne.

LES GENS DE PARIS. D'où l'on vient, où l'on va. — 2.

Du tripot à Bicêtre.

Par GAVARNI. Gravé par BRUGNOT.

« Jamais ! m'écriai-je, jamais ! en repoussant son offre avec indignation.

— Ne vous fâchez pas, reprit-il, ce que j'en faisais, c'était pour votre bien. Je croyais être votre ami. Vous accepterez quand vous me connaîtrez mieux ; je n'ai pas le temps de vous en dire davantage, il faut que je vous quitte. A dimanche. »

Il voulut s'emparer de ma main...

Oh ! oui, je la quitterai, cette vilaine maison, mais non pas pour te suivre ; je retrouverai ma chambrette de la chaumière avec ses rideaux blancs. Comme les heures s'écoulent lentement ! Enfin voici la nuit. Demain, samedi, je recevrai la réponse de ma mère. Le sommeil arrive ; je voudrais que ce fût déjà demain.

« Mamzelle, une lettre ! » Ce cri de la portière me réveille en sursaut. Je la prends, je la porte à mes lèvres. Je la lis tout haut.

Réponse de Mathurine à Rose.

« Ma chère enfant,

« Que de malheurs depuis que tu es partie ! Bruneau s'est blessé en fai-
« sant du bois à la forêt, Jacqueline est malade ; il faut vivre et payer le
« médecin, et nous n'avons pour cela que la journée de Jacques, qui s'est
« engagé pour servir les maçons. Il nous serait impossible de te recevoir.
« Monsieur le curé, qui nous a lu ta lettre, dit que toutes les petites filles
« regrettent ainsi le village les premiers jours, qu'il faut que tu travailles,
« que tu es grande, et que, si tu es sage, Dieu ne t'abandonnera point. C'est
« là ce qu'espère celle qui se dira toujours

« Ta mère dévouée,

« MATHURINE. »

Je retombe anéantie sur mon lit. Ainsi donc plus d'espoir : cette semaine sera donc pour moi la vie entière ! Point d'asile contre la honte ; que vais-je devenir ?

J'oubliais le réchaud de Marie ?

Mourir si jeune, c'est affreux! Et cependant la mort vaut mieux que l'existence que j'ai en perspective. Oh! oui, je mourrai!

J'ai passé toute la nuit en prières. Ce matin, le soleil levant m'a fait voir deux têtes derrière le rideau de la fleuriste ; c'est dimanche, elle part pour la campagne avec son amoureux : elle sera heureuse tout le jour, et elle rentrera sans remords.

Mais on frappe aussi à ma porte; on vient me chercher. C'est lui! que le souvenir de Marie me protége! N'est-ce pas, mon Dieu, que vous me donnerez le courage de ne pas ouvrir? . . . .
. . . .

TAXILE DELORD.

LES PASSANTS A PARIS.

— CE QUE C'EST QU'UN PASSANT. —

Un passant est quelqu'un qui ressemble à tout le monde et qui ne se peut distinguer de personne.

Ce qui ressemble le mieux à un passant c'est un autre passant.

Il n'y a de passants qu'à Paris. Un provincial ne sait pas ou sait mal ce que c'est qu'un passant.

Un homme qu'on connaît n'est point un passant. On sait toujours plus ou moins en province ce qu'est un homme qui passe, et où il va.

Un passant est un homme qui va on ne sait où. Il n'y a donc de passants en province que pour les étrangers.

Il ne faut pas confondre l'homme qui se promène avec le passant.

Un homme qui se promène a l'air d'aller partout ou de n'aller nulle part. Un passant est un homme qui va quelque part.

Des gens qui se promènent, n'eussent-ils pour guide que le hasard, sont des gens qui se cherchent et semblent venus où ils sont, exprès pour se voir. Les passants sont des gens qui se rencontrent, qui se croisent et qui, à moins qu'ils ne se coudoient, passent outre sans s'apercevoir même qu'ils se sont rencontrés.

Le passant est quelqu'un qui est seul et qui reste seul au milieu de tout le monde, qui ne se soucie pas de vous et qui vous est indifférent, à tort peut-être, — car tout passant est un secret.

Cet homme qui passe, votre maîtresse l'attend peut-être.

C'est lui, peut-être, qui va vous enlever votre fortune, votre ami, votre honneur.

Vous l'aimerez demain, chère lectrice; et toi, lecteur, arrête-le, il se peut que ton sort soit dans ses mains.

Vous cherchez des amis, vous cherchez des maris, vous cherchez des amants, vous cherchez ce qui vous manque, pourquoi ce passant ne serait-il pas ce que vous cherchez?

Paris est la ville du monde où l'on peut faire, à propos d'un passant, le plus grand nombre de conjectures. Comme, dans la rue, rien ne distingue un homme d'un autre homme, un passant peut être, au gré du spectateur, un ministre ou un grand acteur, un prince ou un député, un ambassadeur ou un bourgeois quelconque. Et de même que la beauté d'une femme aimée est surtout dans l'œil de celui qui l'aime, de même la qualité d'un passant est dans l'œil de celui qui l'examine.

Pour les femmes, un passant est un homme qui les regarde ou qui ne les regarde pas, une insulte ou un compliment, quelquefois l'un et l'autre. Si c'est une insulte, à quoi bon en parler? Si c'est un compliment, où est le mal? D'un inconnu, d'un passant, toute louange s'accepte : elle n'est pas compromettante, et elle est désintéressée. — Après cela, les louanges désintéressées sont-elles bien celles que les femmes préfèrent?

Pour un homme célèbre et orgueilleux, un passant est une offense vivante et une leçon d'humilité; c'est l'esclave qui marche à côté du triom-

LES GENS DE PARIS. Présenteurs et présentés. — 1.

Je te présente
Tu me présentes
Il me présente
Nous nous présentons
Vous vous présentez
Ils ou elles se présentent

Par GAVARNI.   Gravé par BARA et GÉRARD.

phateur, qui lui rappelle qu'il est homme et que tous les hommes se ressemblent.

— Pour l'homme occupé qui court à ses affaires, le passant n'est qu'un obstacle matériel.

— Pour un homme de mauvaise humeur, un passant c'est un ennemi.

— Pour un homme malheureux, un passant est un indifférent de plus.

— Pour un homme amoureux, un passant n'est rien.

— Pour un observateur, un passant est une observation.

— Pour un philosophe, un passant est une fraction de son système.

— Pour un homme coupable, un passant est un danger; — pour un homme ivre, c'est un ami.

— Pour un jaloux et pour un ambitieux, c'est un rival.

— Pour un avare, c'est un voleur.

— Pour un pauvre, c'est l'espérance, cent fois déçue !

— Pour l'homme qui n'a rien, un passant est toujours un homme qui a quelque chose.

Le passant n'est donc qu'un être relatif, qui, par lui-même, ne saurait être autre chose qu'un passant, et qui n'acquiert de valeur particulière qu'à la condition d'être rencontré et jugé.

La rue est le royaume du passant; quand il a disparu, le royaume est vide, la solitude et le silence s'en emparent, et il n'y reste pas trace de son passage.

La rue, n'est-ce pas la terre tout entière? Qu'y reste-t-il de l'homme quand il a passé ?

Mais dans la rue comme sur la terre tout entière, alors même qu'il ne resterait rien de lui quand il a passé, l'homme est quelque chose quand il passe. — Car le passant, c'est — *les passants,* — c'est-à-dire le sang le plus chaud qui puisse courir dans les veines d'une grande cité.

A voir tous ces contrastes se rencontrant sans se heurter, sans se voir, — la joie à côté de la misère, l'homme qui rit à côté de l'homme qui pleure, le vice à côté de la vertu, l'oppresseur à côté de sa victime; à voir cette mêlée sans but, des intérêts, des sentiments et des mouvements les plus opposés, les pires et les meilleurs, ce flux et ce reflux monotone dont la pensée semble être dans ce mot : « Ote-toi de là que j'y passe, » vous pourriez croire que l'égoïsme l'a emporté, et qu'il ne se rencontre dans Paris que des individus et pas de société.

Détrompez-vous : il arrive qu'à des heures solennelles, ces membres épars se rejoignent soudain; ces forces, tout à l'heure isolées, trouvent un centre commun; ces unités, qu'on avait si soigneusement séparées, se groupent d'elles-mêmes et s'aperçoivent qu'elles sont un nombre : les mains se serrent, les cœurs s'embrasent, et dans cette foule, où d'abord vous n'aviez vu que des passants, il vous faut saluer bientôt ce formidable peuple de Paris qui n'est chez lui que quand il est dans la rue, auquel on ne croit que quand il se montre, et qui a été, toutes les fois qu'il l'a fallu, — et en dépit de tout et de tous, — le premier peuple de la terre.

P.-J. STAHL.

UN ESPION A PARIS.

LE PETIT PÈRE FROMENTEAU,

BRAS DROIT DES GARDES DU COMMERCE.

LES COMÉDIES QU'ON PEUT VOIR GRATIS A PARIS.

Nous avions bien déjeuné au Palais-Royal. En artistes régalés, nous étions disposés à rire, quoique nous eussions un rendez-vous chez un Gérant de journal dont le caractère et la caisse se recommandent par des mouvements comparables à ceux des marées.

Le valet de chambre de ce grand homme d'affaires nous fit attendre en intimes que nous étions ; mais, nous ayant dit que Monsieur était en conférence avec un homme *qui lui vendait* l'incarcération d'un insaisissable débiteur, nous échangeâmes un regard et violâmes la consigne, en gens affriandés par la caricature que promettait cette annonce.

— *Que voulez-vous, messeigneurs?* dit en nous voyant et en imitant Frédérick-Lemaître, le facétieux spéculateur dont le principal agrément d'esprit consiste à parsemer son dialogue de mots repris aux pièces en vogue et prononcés avec l'accentuation que leur donnent les acteurs célèbres.

— Nous voulions voir, répondit mon ami.

— Voyez, *jeûne hóme!* (Odry dans *les Saltimbanques*.)

— Enfin, pour sûr, nous l'aurons, dit l'interlocuteur du Gérant en forme de conclusion.

— En êtes-vous bien sûr, père Fromenteau? demanda le Gérant, car voici onze fois que nous le tenons le soir et que vous le manquez le matin.

— Que voulez-vous? je n'ai jamais vu de débiteur comme lui, c'est une locomotive ; il s'endort à Paris et se réveille dans Seine-et-Oise. C'est une *serrure à combinaison.*

Et voyant un sourire sur nos lèvres, il ajouta : — Ça se dit ainsi dans notre *partie. Pincer* un homme, *serrer* un homme, c'est l'arrêter. Dans la police judiciaire, on dit autrement. Vidocq disait à sa pratique : « *Tu es servi!* » C'est plus drôle.

Sur ce mot, nous nous entre-regardâmes ; car le mot, l'accent, la pose, tout était en rapport avec cet homme, et quel homme !

Ce père Fromenteau, voyez-vous, est tout un poëme, mais un poëme parisien. A son aspect, vous devineriez, comme nous le devinâmes de prime abord, que le Figaro de Beaumarchais, le Mascarille de Molière, les Frontin de Marivaux et les Lafleur de Dancourt, ces grandes expressions de l'audace dans la friponnerie, de la ruse aux abois, du stratagème renaissant de ses ficelles coupées, sont quelque chose de médiocre en comparaison de ce colosse d'esprit et de misère.

Quand, à Paris, vous rencontrez un type, ce n'est plus un homme, c'est un spectacle ! Ce n'est plus un moment de la vie, mais une existence, c'est plusieurs existences !

Cuisez trois fois dans un four un buste de plâtre, vous obtenez une espèce d'apparence bâtarde de bronze florentin. Eh bien ! les éclairs de malheurs innombrables, les nécessités de positions terribles ont bronzé la tête de Fromenteau comme si la sueur d'un four avait, par trois fois, déteint sur son visage.

Les rides très-pressées ne peuvent plus se déplisser, elles forment des plis éternels, blancs au fond. Cette figure jaune est toute rides. Le crâne, semblable à celui de Voltaire, a l'insensibilité d'une tête de mort ; et, sans quelques cheveux à l'arrière, on douterait qu'il fût celui d'un homme vivant. Sous un front immobile, s'agitent, sans rien exprimer, des yeux de Chinois exposés sous verre à la porte d'un magasin de thé, des yeux

LES GENS DE PARIS. D'où l'on vient, ce qu'on devient. — 4.

Un page de la reine Hortense.

Par GAVARNI. Gravé par TAMISIER

factices qui jouent la vie, et dont l'expression ne change jamais. Le nez, camus comme celui de la Mort, nargue le Destin, et la bouche, plus serrée que celle d'un avare, mais toujours ouverte, est néanmoins discrète autant que le rictus d'une boîte à lettres. Calme comme un sauvage, les mains hâlées, Fromenteau, petit homme sec et maigre, se recommande par une attitude diogénique pleine d'insouciance qui ne peut jamais se plier aux formes du respect. Et quels commentaires de sa vie et de ses mœurs ne sont pas écrits dans son costume pour ceux qui savent déchiffrer un costume ? Quel pantalon surtout ! un pantalon de recors, noir et luisant comme l'étoffe dite *voile* avec laquelle on fait les robes d'avocats ! un gilet acheté au Temple, mais à châle, et brodé ! un habit d'un noir rouge ! Et tout cela brossé, quasi propre, orné d'une montre attachée par une chaîne en chrysocale. Fromenteau laissait voir en ce moment une chemise de percale jaune, plissée, sur laquelle brillait un faux diamant en épingle ! Le col de velours ressemblait à un carcan sur lequel débordaient les plis rouges d'une chair de Caraïbe. Le chapeau de soie était luisant comme du satin, mais la coiffe eût rendu de quoi faire deux lampions si quelque épicier l'eût acheté pour le faire bouillir. Ce n'est rien que d'énumérer ces accessoires, il faudrait pouvoir peindre l'excessive prétention que Fromenteau savait leur imprimer. Il y avait je ne sais quoi de coquet dans le col de l'habit, dans le cirage tout frais des bottes à semelles entre-bâillées, qu'aucune expression française ne peut rendre. Enfin, pour faire entrevoir ce mélange de tons si divers, un observateur aurait compris, à l'aspect de Fromenteau, que, si au lieu d'être mouchard il eût été voleur, toutes ces guenilles, au lieu d'attirer le sourire sur les lèvres, eussent fait frissonner d'horreur. Sur le costume, on se fût dit : « Voilà un homme infâme, il boit, il joue, il a des vices, mais il ne se *soûle* pas, mais il ne triche pas ; ce n'est ni un voleur, ni un assassin, qui est-ce ! » Et Fromenteau eût été vraiment indéfinissable jusqu'à ce que le mot espion fût venu dans la pensée. Le fin sourire de ses lèvres pâles, le clignement de ses yeux verdâtres, la petite grimace de son nez camus, disent qu'il ne manque pas d'esprit. Il s'est fait un visage de fer-blanc, et l'âme doit être comme le visage. Aussi ses mouvements de physionomie sont-ils des grimaces arrachées par la politesse, plutôt que l'expression de ses mouvements intérieurs. Il effraierait, s'il ne faisait pas tant rire. Ce cynisme en fait de costume a un sens, cet homme ne tient pas plus à son habillement de ville que les acteurs ne tiennent au leur. Il excelle à se déguiser, à se grimer; il donnerait des leçons à Frédérick-Lemaître, car il peut devenir dandy quand il le faut.

— Monsieur graisse-t-il la patte? demanda Fromenteau d'un ton menaçant quoique froid, à son *client*.

— Il s'agit de *cinquente cintimes* (Odry dans les *Saltimbanques*), répondit le spéculateur en prenant cent sous et les tendant à Fromenteau.

— Et pour la canaille?... reprit l'homme.

— Laquelle? demanda mon ami.

— Ceux que j'emploie, répliqua Fromenteau tranquillement.

— Y a-t-il au-dessous? dis-je.

— Oui, monsieur, répondit l'espion. Il y a ceux qui nous donnent des renseignements sans le savoir et sans se les faire payer. Je mets les sots et les niais au-dessous de la canaille; car elle est souvent belle et spirituelle la canaille!

L'impassibilité de ce sauvage, digne d'être mis en parallèle avec la Longue-Carabine de Cooper, nous sembla comme un défi.

— Vous êtes de la police? demanda mon ami.

— De laquelle parlez-vous? dit Fromenteau.

— Il y en a donc plusieurs?

— Il y en a eu jusqu'à cinq, répondit Fromenteau. La judiciaire, dont le chef a été Vidocq. — La contre-police, dont le chef est toujours inconnu. — La police politique, celle de Fouché. — Puis celle des affaires étrangères, et celle du château (l'Empereur, Louis XVIII, etc.), qui se chamaillait avec celle du quai Malaquais. Ça a fini à M. Decazes. J'appartenais à celle de Louis XVIII, j'en étais dès 1794.

Nous nous regardâmes en exprimant la même pensée : — A combien d'hommes a-t-il fait couper le cou?

— Maintenant on veut aller sans nous, une bêtise! reprit-il après une pause. A la préfecture, depuis 1830, ils veulent d'honnêtes gens, j'ai donné ma démission. Je me suis fait un petit *trantran* avec les arrestations pour dettes...

— C'est le bras droit des Gardes du commerce, nous dit le spéculateur;

mais on ne peut jamais savoir qui du débiteur ou du créancier le paie mieux.

— Plus un état est canaille, plus il y faut de probité, dit sentencieusement Fromenteau, je suis à celui qui me paie bien. Vous voulez recouvrer cinquante mille francs et vous liardez avec le moyen d'action. Donnez-moi cinq cents francs, et demain matin votre homme est *serré*...

— Cinq cents francs pour vous seul? s'écria le *Dit-Gérant*.

Nous nommions ainsi ce directeur de feuilleton à cause de son avidité.

— Lisette est sans châle, répondit l'espion sans qu'aucun muscle de sa figure jouât; je la nomme Lisette à cause de Béranger.

— Vous avez une Lisette et vous restez dans votre partie? s'écria mon ami.

— Et elle le sait, dit-il. Quand on est voleur et qu'on est aimé par une honnête femme, ou elle vole ou on devient honnête homme; moi, je suis resté mouchard.

— Et pourquoi?

— C'est si amusant! On a beau vanter la pêche et la chasse, traquer l'homme dans Paris est une partie bien plus intéressante.

Nous nous aperçûmes que ce curieux produit de l'écume qui surnage aux bouillonnements de la cuve parisienne, où tout est en fermentation, se piquait surtout d'être philosophe.

— Au fait, me dit mon compagnon, il leur faut de grands talents...

— Si je vous énumérais les qualités qui font un homme remarquable dans *notre partie*, dit Fromenteau, vous croiriez que je parle d'un homme de génie. Ne nous faut-il pas rapidité dans le coup d'œil! — Audace (entrer comme des bombes dans les maisons, aborder les gens comme si on les connaissait, proposer des lâchetés toujours acceptées, etc.!) — Mémoire, — sagacité, — le don d'invention (trouver des ruses rapidement conçues! jamais les mêmes, car l'espionnage se moule sur les caractères et les habitudes de chacun).—Enfin l'agilité, la force, etc., tout cela, messieurs, est peint sur la porte du Gymnase-Amoros comme étant la vertu! Nous devons posséder tout cela, sous peine de perdre les appointements de cent francs par mois que nous donne l'État, la rue de Jérusalem, ou le Garde du commerce.

— Et vous me paraissez être un homme remarquable, lui dis-je.

Fromenteau ne donna pas signe d'émotion.

— J'ai de grands talents, répondit-il ; mais on les a pour rien, c'est comme si j'étais un crétin !

Et il se condamna bravement au lieu d'accuser les hommes. Trouvez beaucoup d'artistes méconnus qui n'aient pas plus de fiel que Fromenteau !

— Les circonstances ont été contre moi, dit-il en terminant ; je pouvais être cristal, je suis resté grain de sable. Voilà tout.

Et le petit père Fromenteau s'en alla sans nous saluer. Un vrai trait de génie !

DE BALZAC.

— Qu'est-ce que c'est que ce Mosieu?
— Un M'sieu, je crois, que ma mère a présenté à Jules.
— Et ton étourneau d'époux ne te le présente pas?..... Il est bien, ce Mosieu.

SIGNES

POUR RECONNAITRE LE PARISIEN.

On n'est pas Parisien par cela seul qu'on est à Paris. Ne prenez jamais pour des Parisiens les gens que vous rencontrez aux bains de mer et qui vous disent : — Paris… oh! Paris! — il n'est que Paris! — mon Paris! etc.

On n'a tant d'enthousiasme que pour les choses qu'on espère ou qu'on regrette, — mais jamais pour celles qu'on possède.

On est Parisien comme on est spirituel, comme on est bien portant, — sans s'en apercevoir.

Le vrai Parisien n'aime pas Paris, — mais il ne peut vivre ailleurs.

Le poisson ne se réjouit pas d'être dans l'eau, — mais il meurt dès qu'il en est dehors.

Le Parisien médit souvent de Paris, — mais il ne s'en éloigne jamais pour bien longtemps.

Deux Parisiens se reconnaissent — et s'accueillent à Dieppe — comme feraient deux Français en Sibérie.

Cependant ils ne fatigueront pas les échos de leurs regrets de Paris ; — ils savent bien qu'ils y seront bientôt de retour. — Au contraire, ils admireront tout ce que vous voudrez, ils vous féliciteront de ce que vous vivez en province, ils envieront votre sort — et s'en iront.

Le Parisien voyage comme on plonge, chacun plus ou moins, selon son haleine ; mais cette haleine varie d'une demi-minute à deux minutes et demie, et ne va guère au delà.

ALPHONSE KARR.

LA SEINE ET LES QUAIS.

— Vue prise du pont de la Concorde. —
Le pont Royal. — Les quais des Tuileries et d'Orsay.

COURS DE LA SEINE EN AMONT DU PONT DES ARTS.

Hôtel royal des Invalides.

Chambre des Députés.
Pont de la Concorde.

Pont de l'Hôtel-Dieu.

Place du Châtelet.

— Vue prise du quai du Louvre. —
Le pont des Arts. — Le pont Neuf.
— *Sur le bras gauche de la rivière :* Le pont Saint-Michel. —
— *Sur le bras droit :* le pont au Change. — Le pont Notre-Dame. —
— Le pont Louis-Philippe. — Le pont Marie. —

— Vue prise du pont Neuf. —
Statue de Henri IV sur le terre-plein du pont Neuf. — Le pont des Arts.
Les quais de la Monnaie et du Louvre.

CHAMPIN. DEL

LA SEINE ET LES QUAIS.

— Vue prise du pont d'Austerlitz. —
Passerelle de Constantine. — Pont de la Tournelle. — Chevet de Notre-Dame

COURS DE LA SEINE EN AVAL DE L'HÔTEL DE VILLE.

La Monnaie. — L'Institut.

Le Louvre.

Tour de l'Horloge
du Palais de Justice.

La Pompe
du pont Notre-Dame.

Bains Vigier.

L'Hôtel de Ville.

— Vue prise de la tour Saint-Gervais. —
Le pont d'Arcole. — Le pont Notre-Dame. — Le pont au Change.
— Le pont Neuf. — Le pont des Arts. — Le pont du Carrousel. —
— Le pont Royal. — Le pont de la Concorde. —

— Vue prise du pont d'Austerlitz. —
Le pont de Bercy.

CHAMPIN, DEL.

LE CLIMAT DE PARIS.

Les histoires sont des livres assez ennuyeux, qu'on est obligé de lire au collége pour prendre son grade de bachelier. En général, on écrit ces livres en copiant les autres; c'est un travail grave, fait par des hommes sérieux, qui se garderaient bien de hasarder le moindre mot plaisant, de peur de compromettre leur solennelle profession d'historien. Ces écrivains ne savent pas que les acteurs de tous ces livres sont des hommes, et qu'il n'y a jamais eu un seul héros perpétuellement sérieux, depuis David, l'inventeur de la chorégraphie publique, jusqu'à Napoléon, qui a naturalisé l'opéra bouffe à Paris. L'histoire serait une chose charmante comme la fable, dont elle est la froide et grave copie, si elle savait descendre à tant de ces petits détails qui ont souvent produit les grandes choses. Mais l'histoire ne veut pas descendre; elle a des hauteurs qu'elle garde, et d'où elle juge les hommes et les événements avec tant de gravité profonde, qu'à moins d'être candidat bachelier, le livre, à sa seconde page, vous tombe des mains.

LES GENS DE PARIS.   Présenteurs et présentés. — 2.

— Je vas te présenter, bon !... mais... moi... qui est-ce qui me présentera ?
— Moi, après.

Par GAVARNI.   Gravé par BARA et GÉRARD.

LE CLIMAT DE PARIS.

J'ai vainement cherché dans les histoires de France une seule réflexion sur l'influence que le climat de Paris a fait subir à la coiffure des rois, aux mœurs, à la littérature et même à la religion. Cette influence a été prodigieuse, paradoxe à part; elle méritait un chapitre dans Mézeray ou Anquetil, deux historiens détestables. On aurait lu ce chapitre, au moins :

Lorsque Pharamond eut commis l'énorme faute de se faire élire sur un pavois, dans les marécages de Lutèce, au 49ᵉ degré de latitude nord, il ne tarda pas à s'en repentir : l'humidité de son palais royal, et les plages de son petit royaume lui procurèrent de nombreuses maladies, dont Mézeray ne parle pas, et qui le conduisirent au tombeau après un modeste règne de huit ans. On est saisi d'un véritable sentiment d'historique pitié, en songeant que le fondateur de notre monarchie parisienne n'a fait que passer à travers les marécages de son royaume, et que son corps vigoureux s'est subitement éteint de consomption entre le double rhumatisme des pieds et du cerveau.

Son successeur comprit mieux que personne cette immense faute. Clodion avait entendu les longues doléances rhumatismales du fondateur de notre monarchie, et pour prolonger son règne au delà de huit ans, il inventa la race des rois chevelus, et donna l'exemple à ses successeurs de ce préservatif capital. Rien n'égalait, dans les crinières fauves, l'ampleur opulente de la chevelure de Clodion; et pourtant il ne se crut pas suffisamment garanti contre le climat de Lutèce, et il jeta un regard de convoitise vers la tiède Italie, où les rois avaient la faculté de se coiffer impunément à la Titus. La monarchie française, à peine fondée, était donc sur le point de s'écrouler, à cause des rhumes de cerveau. Clodion abandonna Lutèce et déclara la guerre aux Romains. Aétius commandait les têtes chauves de l'Italie, Clodion les têtes chevelues du département de la Seine. On se battit avec acharnement. Clodion, vaincu, prit la fuite, et en traversant, échevelé, les plaines de l'Artois, il n'échappa que par un miracle au destin d'Absalon. Toutefois, il ne voulut pas rentrer à Lutèce, et il fixa sa résidence royale à Amiens, ce qui lui permit de vivre vingt ans.

Sous la race des rois chevelus, on infligeait aux coupables la plus terrible des punitions, la mort lente, causée par une série non interrompue de rhumes de cerveau : on leur rasait la tête. Childéric II commit cet acte de cruauté envers le maire du palais, Ébroïn.  On ne décapitait pas; ce supplice était trop doux pour des crimes de lèse-majesté : on laissait la tête sur le corps, on ne coupait que les cheveux. C'en était fait du criminel.

Les rois fainéants craignaient de s'exposer à l'air, même sous le dôme épais de leur chevelure. Ils gardaient la chambre pendant dix mois, et ne sortaient en litière à bœufs qu'au solstice d'été. Nous aurions eu soixante-six rois de ce genre, si le quatrième fainéant n'eût été mis au tombeau par une maladie de langueur. Le cinquième se disposait à vivre paresseusement comme son père, lorsqu'il reçut de son médecin Prisca l'ordre de changer de régime, et de déclarer la guerre aux Allemands pour s'échauffer le cerveau. A cette époque de candeur patriarcale, dès qu'un roi dépérissait d'ennui et de froid, on 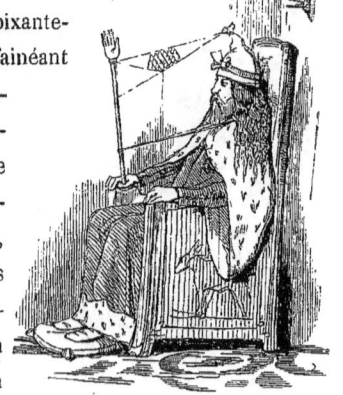 lui conseillait une guerre contre les Allemands. La campagne durait quelques années; on tuait beaucoup d'Allemands ; et le roi, guéri, venait se faire inhumer à Saint-Germain-des-Prés.

Les premières hérésies datent de l'époque suivante, et elles se rattachent encore à une épidémie de rhumes de cerveau qui désola notre belle France à l'apparition des églises gothiques. Ces superbes édifices, représentant les forêts du Nord, dans la pensée des architectes, en conservèrent aussi l'humidité homicide. Les ravages du fléau pétrifié furent immenses. Une hérésie rhumatismale éclata de Sens à Auxerre. Un jeune clerc, nommé Sidonius, se mit en campagne; et, coiffé en sphinx, il prêcha contre les églises gothiques, et appela les néophytes à sa chapelle étroite et tiède, construite en bois de sapin. On assembla un concile à Lyon. Sidonius fut excommunié, rasé, et enfermé dans le couvent de Notre-Dame-du-Brou. L'étincelle devait produire plus tard l'incendie des guerres de religion. La Saint-Barthélemi, les dragonnades, les Cévennes, ont pour origine la victoire d'Aétius contre Clodion, et les rhumes de cerveau de Sidonius l'Auxerrois. Que nous sommes loin de Mézeray, d'Anquetil et de Bossuet!

La manie de guerroyer au delà des monts, comme dit Brantôme, cet écrivain toujours enrhumé, d'après son propre aveu, doit encore être attribuée à la faute originelle commise par Pharamond sur son pavois. Les rois de France et la noblesse, privés de la pâte de Regnault, et gardant leurs têtes éternellement découvertes sous les lambris du Louvre humectés par la Seine voisine, renoncèrent aux guerres de Flandre et d'Allemagne, et adoptèrent la mode hygiénique de passer les monts, et de tuer beaucoup d'Italiens pour se délivrer des toux opiniâtres de l'hiver. Ce fut le célèbre médecin Ambroise Paré, l'inventeur des hermaphrodites, qui prescrivit ce régime aux princes et aux grands vassaux. Le connétable de Bourbon, en février 1524, prit un horrible catharre en se promenant avec la reine mère devant le bassin de Fontainebleau. Il pria François Ier de lui accorder une petite guerre hygiénique au delà des monts. A cette heure, le roi, satisfait des lauriers de Cérisoles et de Marignan, qui l'avaient radicalement guéri d'un refroidissement du cerveau gagné dans un *Te Deum* à Notre-Dame, s'amusait à écrire sur des vitres des quatrains à sa maîtresse; il refusa donc la guerre au connétable. Celui-ci se révolta contre son maître, et se mit à ravager des villes pour son compte. Le connétable arriva, toujours avec son rhume, de Fontainebleau jusqu'aux portes de Rome. Là, il dressa ses batteries, et acheva l'ouvrage d'Attila et de Théodoric. Il détruisit les thermes de Titus et d'Antonin, le Colisée, le portique d'Octavie et la tour de Cécilia Metella. Il était à la veille de sa guérison, lorsqu'une balle romaine lui coupa le crâne en deux. On l'enterra guéri.

Sous Louis XIII, les lamentations furent grandes, parmi la noblesse, au Marais et à Fontainebleau. Les arceaux de la place Royale retentissaient d'une tempête de toux. Le roi fit un édit pour obliger les gentilshommes à laisser croître à l'infini leur chevelure;  et il donna lui-même l'exemple en adoptant la mode inventée par Clodion. Ce palliatif fit quelque bien; mais le roi et la noblesse ayant conquis un trésor inépuisable de rhumatismes au siége de La Rochelle, en octobre et novembre 1628, Richelieu conseilla une petite guerre curative au delà des monts. Ce fut le duc de Savoie qui paya les frais du traitement. On ravagea tout chez lui, et on revint à Paris, en parfaite santé, aux premiers jours de printemps.

Les papes, qui ont toujours eu plus d'esprit que les rois, s'indignèrent enfin contre cette manie des princes et des nobles de France qui choisissaient ainsi, en hiver, l'Italie pour leur maison de santé. Ils se gardèrent bien d'exhaler hautement leur juste colère, mais ils eurent recours à des machinations sourdes en usage au Vatican. Par l'effet de ces trames ita-

 liennes, le cardinal Mazarini, né à Rome, se créa roi de France sous Louis XIV, et son premier soin fut d'éteindre la manie des guerres au delà des monts. Pour suppléer à cette puissante guérison traditionnelle, Mazarini inventa les incommensurables perruques du grand siècle. Le règne de Clodion fut  effacé. On se figure aisément l'hilarité intérieure du railleur et perfide italien,

LES GENS DE PARIS.   Présenteurs et présentés. — 5.

GRANDES ENTREES.
Bojour, chère!

Par GAVARNI.   Gravé par BARA et GÉRARD.

lorsqu'il vit pour la première fois son idée se développer, avec une ampleur extravagante, sur les cerveaux du roi et des courtisans. Un livre à peu près inconnu, comme tous les livres de bons sens, m'affirme que la chambre de Mazarini, à Vincennes, retentissait nuit et jour d'un éclat de rire puissant et ultramontain, et que les gens de cour ne savaient à quoi attribuer cette explosion de gaieté solitaire, entretenue à huis clos par le cardinal. Certes, nous la comprenons aisément aujourd'hui cette joyeuse humeur, et il faut convenir qu'elle est dans l'esprit du caractère italien. Les perruques supprimèrent les rhumes de soixante-cinq rois, et les guerres d'Italie permirent à Louis XIV de passer le Rhin et d'assiéger Namur sans la moindre toux.

Sous Louis XV, le cardinal de Fleury usa de sa puissante influence pour éloigner le roi des guerres ultramontaines. On s'était un peu relâché des coiffures hygiéniques du grand siècle, et la noblesse avait été obligée de se guérir en masse, en tuant onze mille pauvres Italiens aux batailles de Parme et de Guastalla, batailles taxées d'inutiles par d'aveugles historiens. Le pape fit de sévères remontrances au cardinal de Fleury, et le menaça de lui enlever son chapeau s'il n'inventait pas quelque nouvelle coiffure, puisque l'ancienne déplaisait au roi et à la cour. Fleury, poussé à bout, voulut renchérir sur Mazarini : il inventa la poudre. Un matin, il parut devant Louis XV avec des cheveux pétris dans un ciment d'amidon. Le cardinal avait un extérieur grave, et bien qu'il commît quelques triches en jouant au piquet, on le regardait généralement comme un homme vertueux. Sa nouvelle coiffure fut jugée comme une inspiration du ciel ; et Louis XV, qui déjà s'ennuyait beaucoup à Versailles, voulut bien reconnaître les hauts services à lui rendus par le cardinal, en faisant bâtir le royal édifice de sa chevelure avec du ciment d'amidon. La contagion gagna toutes les têtes, car le roi était adoré. Les dames, ennuyées aussi de se voir 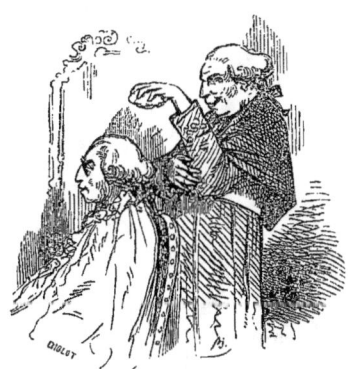 classer en brunes et blondes, adoptèrent avec enthousiasme une mode qui les faisait toutes blanches, et les dispensait d'avoir des cheveux. L'Italie rentra dans un doux repos, et le pape promit au cardinal de le canoniser au bout de cent ans.

La mode des coiffures romaines devait nécessairement rentrer en France avec la République ; mais l'armée garda la poudre et les cadenettes, ce qui nous avait déjà donné les victoires de Jemmapes, de Valmy et de Fleurus. Les soldats d'Arcole, de Lodi, de Marengo, des Pyramides, d'Héliopolis, auraient pu aisément raser leurs têtes et remporter les victoires de ces noms, sans cadenettes et sans poudre blanche ; mais ils avaient à cœur de conserver cette mode de leur jeune âge, malgré ses désagréments dans les pays chauds. L'amidon des cadenettes se fondait au *simoun* de Thèbes, de Ptolémaïs et du Thabor ; mais on se poudrait encore au bivouac du lendemain, en présence de ces graves sphinx éternellement blanchis, sur leurs longues bandelettes, par la poudre du désert. Au camp de Boulogne, Junot s'insurgea le premier contre la coiffure du cardinal Fleury, et un décret impérial ne tarda pas à la modifier. En Russie, on la regretta beaucoup. M. de Narbonne, sous les sapins de la Bérésina, se poudrait encore, malgré le décret impérial et les cosaques de Tchitchakoff ; aussi on l'a vu rentrer à Paris, malgré son grand âge, en parfaite santé. Aujourd'hui, avec notre confortable de rues et de maisons, notre Paris perfectionné, notre pâte Regnault, nos passages couverts, nos vingt théâtres, nos bals, nos amusements infinis, on peut se coiffer à sa guise, et laisser vivre les Italiens au delà des monts ;

mais n'oublions point qu'il a fallu attendre quatorze siècles pour obtenir ce beau résultat.

La faute originelle de Pharamond a exercé aussi une singulière influence sur notre littérature. Aucun Rollin, aucun Le Batteux, aucun Domairon, n'ont envisagé cette question à son point de vue le plus important. Pharamond nous a procuré longtemps une poésie qui avait exilé de son sein tout ce qu'il y a de beau et de charmant au monde, le soleil, l'Océan, les étoiles, la lune, les fleurs. On frémit de douleur en songeant que Corneille et Racine, logés dans une mansarde des rues de la Huchette et de Saint-Pierre-aux-Bœufs, n'ont connu les astres du ciel et les grâces de la nature que de réputation, et sur la foi des auteurs grecs-latins. Ces infortunés avaient appris, dans leur enfance, que Phœbus conduisait le char du Soleil; que Diane s'habillait en lune pour regarder dormir Endymion; que Jupiter lançait des carreaux sur les vitres en été; que le tendre Zéphyre jouait avec les brillantes filles de Flore sur les rives du Sperchius. Aussi Corneille n'a parlé qu'une seule fois des étoiles dans *le Cid;* et encore le vers est traduit du *Romancero;* Racine n'a cité qu'une seule fois le soleil dans son mot propre, mais il a traduit l'*Hélios* du poëte grec. Les astres du ciel et les fleurs de la terre ont été découverts en Amérique par M. de Chateaubriand, qui parvint à les naturaliser à Paris, malgré la vive et longue opposition de Morellet, de l'abbé Féletz et d'Hoffman, morts dans le sein de Diane et d'Apollon.

Et le public du grand siècle, ô *Pharamond!* ne pourra jamais être pardonné. C'est lui qui a fait siffler *le Cid, Athalie* et *le Misanthrope.* Aurait-on pensé cela de *Pharamond?* C'est pourtant la vérité pure. Nous, public de 1844, public libre et bien vêtu, marchant sur des trottoirs d'onyx, assis, au théâtre, sur des coussins de velours embaumé par les fleurs des loges, éclairés par un firmament de gaz, nous ne pouvons imaginer les misères du public du grand siècle, et refaire pour cette époque la carte de Paris. Figurez-vous donc, avec un violent effort d'imagination, cette ville inhabitable, *moins sûre,* disait Boileau, *que le bois le moins fréquenté;* figurez-vous des rues pavées de monceaux de boues, éclairées, la nuit, par les coups de pistolets des voleurs, toujours au dire de Boileau; et ce malheureux public gagnant, à travers mille embuscades et à tâtons, le théâtre de Corneille, au risque de se voir couper la bourse qui devait payer la représentation. Figurez-vous l'étrangeté primitive de la salle, de la scène, des acteurs; les murs suintants, lépreux, enfumés; un lustre et une rampe obscurcis par quatre chandelles de suif; des coulisses de paravents humides; des Horaces et des

Curiaces portant le costume inventé par Mazarini pour éviter la guerre ultra-

montaine. Voyez arriver ce public *crotté jusqu'à l'échine*, toujours d'après Boileau, trempé de pluie, transi de froid, déchiré par la toux, et venant assister aux doléances d'un misanthrope chaudement vêtu et coiffé. Pauvre peuple du grand siècle ! Lui qui vendait ses cheveux, lorsqu'il en avait, pour subvenir aux prodigalités capillaires de Versailles, subissait avec une aigreur poignante la présence de ces Cléantes, de ces Valères, de ces Bajazets, de ces Augustes, ensevelis prudemment sous une coupole ardente de cheveux roux. Il se vengeait en sifflant, et il se consolait. Au récit de *Phèdre*, il s'attendrissait sur le sort du pauvre monstre dont le front n'était *orné* que de simples *cornes*, et il demeurait sec devant Hippolyte dont la perruque avait six étages blonds !

C'est encore à la faute de *Pharamond* que nous devons une terrible épidémie qui a désolé Paris pendant dix ans, l'épidémie des poëmes épiques sous le règne de Napoléon. Les poëtes, race frileuse, emprisonnés chez eux par un climat geôlier, charmaient les ennuis de leur réclusion en embouchant la trompette héroïque. On fait une idylle, une ode, un sonnet en se promenant ; mais il faut au moins trois ans de travaux forcés pour accomplir dignement un poëme épique ; et l'on trompe la perfidie de trois hivers. Ces travaux eussent été pourtant circonscrits dans le domaine étroit de quelques écrivains, et l'épidémie n'eût pas dévoré Paris. Mais Napoléon, trop indulgent pour son siècle, abolit la conscription en faveur des poëtes

LES GENS DE PARIS.   Présenteurs et présentés. — 4.

Présenté par le mari.

Par GAVARNI.   Gravé par BARA et GÉRARD

épiques! Faute comparable à celle de *Pharamond!* Oh! dès ce moment, Clio et les filles de Mémoire furent assaillies de pétitions en vers. Consultez le *Journal de l'Empire*, et vous serez étonnés de cette avalanche de poëmes épiques du siècle décennal de Napoléon. En ce temps-là, tout bon citoyen qui savait que le vers alexandrin a douze syllabes, et qui craignait la conscription, faisait un poëme épique sur le premier sujet venu. Un poëme de vingt-quatre chants exemptait l'auteur de la conscription, comme un vice naturel et caché. Les jeunes gens doués d'une humeur pacifique prenaient la trompette guerrière, et chantaient les combats anciens pour se dispenser d'assister aux batailles modernes. Sous le prétexte que Voltaire avait fait sa *Henriade* à dix-huit ans, tout conscrit de dix-huit ans, aligneur d'alexandrins, exhumait un tyran ou un bon prince des tombes de Rome, de Constantinople, de Saint-Denis, et faisait sa *Henriade* avec son invocation aux Muses, son récit, son ascension au ciel, et sa descente aux enfers. Il se présentait alors au conseil de révision pour faire valoir ses droits à la réforme ; on lui ordonnait, comme à tout le monde, de se déshabiller ; il se réduisait, pièce à pièce, au costume primitif d'Adam et de l'Apollon du Belvédère ; et lorsque les médecins l'interrogeaient sur son infirmité secrète, en examinant son corps, il répondait : J'ai fait un poëme épique. A cette déclaration, le conseil de révision s'inclinait, le conscrit reprenait ses vêtements, et il offrait un exemplaire de son poëme au colonel de gendarmerie, qui lui donnait, en échange, une dispense d'aller à Madrid ou à Moscou.

Ainsi, nous pouvons affirmer que tous les malheurs politiques, religieux et littéraires de la France, depuis quatorze siècles, doivent être attribués à la faute fondamentale de *Pharamond*. Ce roi, il est vrai, a chèrement expié son erreur, et c'est, au moins, une raison pour respecter sa cendre ; mais on ne saurait croire à quel degré de splendeur la France se fût élevée au sortir du berceau gaulois, si Pharamond eût fondé Paris dans quelque tiède plaine du département du Var. L'Italie eût été province française sous un Clodion chauve ; nous aurions gardé Dijon et Bordeaux, à cause des vins ; Gênes nous eût approvisionnés de ses fleurs pour nos festins et nos bals ; nous serions tous catholiques, avec de bonnes et chaudes églises en lambris de bois de cèdre, comme Saint-Paul de Rome ; nous n'aurions pas fait les croisades, guerres entreprises par des seigneurs trop enrhumés dans leurs froids castels du Nord; Chateaubriand et Victor Hugo se seraient levés à l'horizon du Midi, au plus tard sous Clovis; l'Encyclopédie restait ensevelie dans le néant; nos guerres civiles, produites par les ennuis des brouillards, n'auraient pas désolé ce pays; Toulon, placé sous les yeux de la capitale, et fréquenté par les députés et les pairs, nous montrerait sur rade cent vaisseaux de haut bord; *le Fontenoy*, qui pourrit depuis vingt-cinq ans sous la cale couverte de l'arsenal, serait achevé en 1844, aux yeux de cinquante mille marins. Quatorze siècles d'âge d'or, enlevés à la France par l'étourderie de Pharamond!

MÉRY.

MÉMOIRES SECRETS

SUR

L'ACADÉMIE DES INSCRIPTIONS

ET BELLES-LETTRES,

POUR FAIRE SUITE AUX MÉMOIRES PUBLIÉS PAR CETTE COMPAGNIE.

. . . .
. . . . . . L'Académie des inscriptions et belles-lettres tient ses séances sous le dôme du palais Mazarin, en face du Louvre, où elle fut logée au rez-de-chaussée, lors de son établissement. Elle est bornée au nord par l'Académie des sciences, à l'est par l'Académie des sciences morales et politiques, au midi par l'Académie des beaux-arts, à l'ouest par l'Académie française.

Plusieurs historiens rapportent qu'elle fut fondée pour s'occuper d'inscriptions et de belles-lettres.

A l'appui de leur opinion, ils racontent, qu'en 1663, Colbert eut l'idée de confier à quelques écrivains le soin de perpétuer le souvenir des plus remarquables événements du règne de Louis XIV par des inscriptions, médailles et devises : que le roi leur assigna une pension, et créa bientôt pour eux une académie nouvelle sous le titre d'*Académie royale des médailles et des inscriptions*. Ces historiens ajoutent, que lorsque la compagnie se vit à court de devises, inscriptions et médailles, elle élargit le cercle de ses attributions en y comprenant les belles-lettres, c'est-à-dire toute l'érudition grecque et latine. Ils disent encore que le nombre des académiciens fut fixé à quarante, sans compter les vétérans : que ces quarante immortels furent distribués en trois classes; savoir, dix honoraires qui ne faisaient rien ; dix pensionnaires qui travaillaient chacun comme quatre, et vingt associés qui ne touchaient ni livres ni pension : enfin, que ce règlement fut confirmé par lettres patentes de 1713.

Mais des historiens, non moins recommandables, prétendent établir la fausseté d'une pareille origine. Ils reconnaissent, à la vérité, qu'il existe un ouvrage intitulé *Médailles sur les principaux événements du règne de Louis le Grand, avec les explications historiques par l'Académie royale des médailles et des inscriptions*; mais, selon eux, ce livre, peu consulté de nos jours, ne prouve pas suffisamment que l'Académie ait jamais eu pour but de travailler aux inscriptions et aux belles-lettres. Ils font observer que Santeuil, dont les inscriptions sont connues encore aujourd'hui, même des porteurs d'eau, n'a pas fait partie de cette académie : — que Voltaire, qui gratifia Dieu de cette fastueuse inscription : *Deo erexit Voltaire*, n'a pas été reçu à cette académie : — que les mémorables inscriptions composées sous la République, *Liberté, Fraternité, Egalité ou la mort ; Aux grands hommes la patrie reconnaissante*, et tant d'autres, ne sont pas dues à des membres de cette académie : qu'en fait d'inscriptions on ne fabrique plus que des enseignes, et que les confiseurs de la rue des Lombards sont en possession depuis longtemps du monopole des devises. Quant aux belles-lettres, c'est-à-dire à l'érudition grecque et latine, les mêmes historiens, non moins recommandables, soutiennent qu'elles n'ont jamais eu leurs entrées à l'Académie ; qu'un certain vigneron, nommé Paulus Cursor, le seul homme en France, depuis plus de deux siècles, qui sût le grec, y fut repoussé unanimement : que l'auteur d'une grammaire, qui ne put jamais apprendre à lire le grec couramment, y fut accueilli à bras ouverts : qu'en un mot, les belles-lettres n'y sont représentées que par le tartare-mantchou, le chinois, le bengali et le bas-breton.

Entre ces deux opinions, qui invoquent l'une et l'autre des autorités de poids, il est fort difficile de décider. J'ai longtemps étudié cette intéressante question et j'avoue que je n'ai pu la résoudre. Heureusement un académicien fort connu s'est chargé de la trancher dans un ouvrage auquel il travaille depuis vingt ans et qui n'aura pas moins de cinquante-trois volumes in-folio. Il en a déjà composé trente-cinq et termine en ce moment le trente-sixième. Espérons qu'il mènera à bonne fin cette œuvre prodigieuse d'érudition et qu'il la publiera par livraisons.

Mais s'il m'a été impossible, malgré mes patients efforts, d'éclaircir ce point obscur d'histoire qui divise le monde savant, mon expérience et surtout celle d'un homme avec lequel j'entretins un commerce littéraire pendant de longues années, m'ont mis à même de connaître les routes secrètes par lesquelles on arrive sûrement à l'Académie des sciences et belles-lettres en passant sur le pont des Arts. N'ayant aucune fortune à laisser à mon fils à cause des études profondes qui absorbèrent la plus grande partie de mon existence, j'espère que ce manuscrit, composé à mon intention, lui tiendra lieu de patrimoine. Qu'il le lise avec recueillement, qu'il se pénètre de tout ce qui y est relaté, qu'il mette en pratique les exemples et les conseils que j'y ai consignés, et il obtiendra les places, les honneurs et le titre de membre de l'Institut, dont m'a privé ma mauvaise étoile.

Macte animo, generose puer, sic itur ad Academiam.

. . . .

. . . . . . Je suis né sous le signe du Cancer. Après avoir fait des études passables au collége Louis-le-Grand, et pris mes grades en droit, je me trouvais à vingt-cinq ans sans feu ni lieu, lorsque je fus recommandé par un de mes parents à un membre de l'Académie des inscriptions et belles-lettres. Cet académicien était un grand homme sec, jaune, chauve, merveilleusement taillé pour la science ; il avait été régent de quatrième dans un collége du Cotentin, sa patrie : mais le besoin de se produire sur un plus grand théâtre l'avait de bonne heure décidé à venir à Paris. Là il n'avait pas tardé à se faire connaître : plusieurs prix, de savants mémoires sur des questions palpitantes d'actualité, et surtout son grand ouvrage : *Les Grecs et les Romains commentés par eux-mêmes*, lui ouvrirent au bout de quelques années les portes de l'Académie. On lui offrit bientôt la croix et successivement quatre places fort lucratives qu'il crut devoir accepter pour se mettre à la hauteur de ses collègues. A l'époque où je lui fus présenté, il était dans tout l'éclat de sa réputation, et passait pour l'oracle de la compagnie. Jamais je ne vis d'homme plus sérieux et qui réunît au même degré dans toute sa personne ces formes graves et pédantesques qui sont le bel air du monde savant. Son accueil fut cependant affable : il me fit subir un interrogatoire sur mes études, et, soit que ma physionomie lui revînt, soit que mes réponses lui parussent satisfaisantes, il m'engagea en qualité de secrétaire aux appointements de vingt écus par mois. Je fus d'abord chargé de mettre au net ses manuscrits : plus tard il m'employa aux recherches dont il avait besoin : il me fit même quelquefois l'honneur de publier sous son nom des ouvrages que j'avais composés. Pendant quinze ans j'ai vécu dans son cabinet, copiant, consultant, composant pour sa plus grande gloire et touchant fort exactement mes vingt écus. Je copierais, consulterais et composerais encore sous sa direction, si la mort, qui ne respecte pas les immortels, ne l'eût enlevé à la France dont il était l'orgueil, et à l'Europe dont il excitait l'envie. Ce fut même la jalousie des étrangers qui abrégea les jours de cet illustre savant. Dans un de ses écrits il avait annoncé et établi, selon moi, d'une manière péremptoire, que la saumure, appelée *garum* chez les Romains, était faite avec les intestins du *scomber*, en français, maquereau. Un docteur allemand publia un gros volume, où, taxant d'ignorant grossier l'académicien français, il prétendit que le *garum* se composait avec les intestins du *thynnus*, autrement du thon. Cette réfutation, qui fit grand bruit, frappa au cœur mon malheureux maître. Je le vis sécher, jaunir de plus belle et dépérir en peu de mois. Bientôt le cas fut jugé mortel.

« Mon ami, me dit-il les larmes aux yeux, un jour que le trouvant plus mal j'essayais de l'abuser sur son état, vos consolations sont inutiles, je sens que je n'en relèverai pas. Tout est fini pour moi, et cependant soyez-en bien certain, jamais morceau de thon n'entra dans le *garum*. Le Velche a confondu le *garum* avec la *muria*. Prendre la saumure pour le coulis! Voilà où en est la science en Allemagne!... Heureusement j'ai pour moi Strabon et Martial [1]. Avec de pareilles autorités je pourrais faire rentrer le monstre dans l'enfer qui l'a vomi : mais ma dernière heure est arrivée. C'est à vous que je laisse le soin de venger mon honneur et celui de l'érudition française, indignement outragée dans ma personne. Promettez-moi de publier après ma mort une réponse à cet âne bâté d'Allemand ; et surtout n'oubliez pas de vous appesantir sur la distinction capitale que le moindre marmiton romain n'eût pas manqué de faire entre le *garum*, saumure de maquereau, et la *muria*, coulis de thon. Il y a là le sujet d'un beau livre et de quoi vous illustrer. Qui sait même, ajouta-t-il en me regardant fixement, si une réfutation énergique ne vous procurerait pas l'honneur d'endosser le frac palmifère.

— Moi, académicien! lui dis-je.

— Pourquoi pas? répliqua-t-il. Sans doute vous ne combleriez pas le vide que ma mort va laisser dans la compagnie ; mais vous n'y seriez pas plus déplacé que monsieur... »

Ici une toux sèche le força de s'interrompre. — Voyons, mon ami, me dit-il, quand la quinte fut passée, écoutez-moi, profitez de mes derniers enseignements, vous vous en trouverez bien un jour.

« Surtout maîtrisez votre timidité naturelle et persuadez-vous que vous êtes du bois dont on fait les académiciens. D'abord vous n'êtes plus jeune et vous n'êtes pas beau ; ce ne sont pas là des avantages à mépriser. La science et l'académie s'accommodent mal de la jeunesse ; elles veulent des soupirants au moins quadragénaires. Vous comprenez en effet combien il serait impolitique d'admettre des hommes encore jeunes parmi nous ; ce serait avouer au public qu'on peut savoir à trente ans ce que beaucoup de

---

[1] « Garum ex intestinis piscium fit, scombri maximè : hinc Strabo lib. III refert insulam quamdam scombrariam dictam scombrorum multitudine, ex quibus garum optimum conficeretur. — Est autem muria liquamen eximium ex Thynno pisce salso expressum, quam idcirco Thynni filiam Martialis appellavit. » (Note de l'auteur.)

nos collègues savent à peine à cinquante. Nous ne voulons pas non plus de beaux hommes, ils compromettraient la science et donneraient lieu à des comparaisons désagréables pour nous, qui sommes tous parfaitement laids, mais de cette laideur magistrale, l'apanage des savants-nés !

« Sur ces deux points, vous satisfaites pleinement au règlement. De plus vous êtes myope, cela pourra vous servir à devenir aveugle. Une fois admis vous avez la faculté, si bon vous semble, de recouvrer la vue, et de contribuer même à la réputation d'un médecin en lui attribuant le miracle de votre cure. Vous voyez bien que vous n'êtes pas aussi mal partagé que vous le pensez. Ajoutez à cela que vous vous habillez comme un ancien huissier de province. Je ne vous ai connu que des habits noirs râpés et du linge sale ; jamais vous ne fîtes de folies avec vos vingt écus pour des frais de toilette. Cette sobriété vous sera une excellente recommandation, car chez nous une mise négligée est de rigueur. Le public s'y laisse prendre facilement ; il met sur le compte de nos distractions et de nos préoccupations continuelles ce qui est l'effet d'un calcul de notre part : il y a coquetterie et coquetterie ; celle d'un savant, c'est d'être vêtu de vieux des pieds à la tête, et vous la possédez sans vous en douter, grand ingénu que vous êtes.

« Ainsi donc, sous le rapport physique, vous pouvez défier l'examen le plus sévère : restent les conditions morales, et je trouve que vous les remplissez suffisamment bien.

« Depuis que nous vivons ensemble je vous ai étudié avec soin, mon bon ami, et je puis vous rendre ce témoignage, à l'article de la mort, que vous n'avez pas l'ombre d'imagination. Votre style est lourd, flasque, filandreux ; jamais dans vos écrits vous ne vous permettez la moindre métaphore, ou si vous usez de la comparaison poétique, vous savez vous contenir dans les : *tel qu'un taureau... de même qu'un torrent... semblable au lion qui...* Ceci est très-bien, car l'imagination tue la véritable science. Une ou deux fois l'intrigante est venue frapper à notre porte, affublée d'une souquenille cousue de pages d'histoire, et nous avons eu la sottise de la laisser entrer ; mais elle sera bien fine si elle nous fait encore donner dans le panneau. Conservez toujours cette sage horreur pour l'imagination, ses pompes et ses œuvres ; ce n'est pas elle qui vous vaudrait jamais des rentes, des rubans et de beaux champs au soleil. Je n'ignore pas qu'il y a des gens d'assez mauvais goût pour préférer les écrits des poëtes et des romanciers à nos travaux. La belle affaire cependant que de se laisser aller tranquillement aux caprices, aux inventions de son esprit, et de composer des livres intéressants que le premier venu peut lire. Comme cela est difficile ! la grande fatigue ! le beau mérite ! Mais choisir quelque grosse question dont personne ne se soucie, l'analyser sous toutes les faces, la mettre en lumière dans un ouvrage solide qu'aucun lecteur n'ose feuilleter ; voilà ce que j'appelle faire preuve de génie.

« J'ai encore nombre de choses à vous apprendre, car ce n'est pas tout que d'être laid et exempt de toute imagination ; mais cet entretien m'a fatigué, et j'ai besoin de quelque repos pour réparer mes forces. Prenez, je vous prie, dans une bibliothèque l'in-quarto intitulé : *Recherches historiques et critiques sur la Théogonie païenne*, et placez-le sous mon oreiller ; je ne connais rien de plus efficace pour le sommeil. Dans la maladie que je fis il y a quatre ans, j'éprouvai, comme vous le savez, de cruelles insomnies ; j'essayai successivement toutes les œuvres de mes collègues, et même les miennes, mais sans succès ; je bâillais sans pouvoir dormir. Enfin parurent les *Recherches historiques et critiques*... Ah ! mon ami, quel livre ! ce n'est pas le sommeil qu'il me procura, mais une véritable léthargie. Aussi je le réserve pour les circonstances critiques : aux grands maux les gros ouvrages. »

Cet éloge n'avait rien d'exagéré, car à peine eus-je fourré l'in-quarto sous l'oreiller de mon pauvre maître, qu'un sommeil foudroyant comme une apoplexie le pétrifia sur son lit ; on eût pu le croire mort, tant l'effet fut instantané ; il resta pendant quarante-huit heures dans cet état. Mais le matin du second jour je remarquai en lui un changement qui me causa de vives inquiétudes. Sa respiration devint oppressée ; ses traits se contractèrent ; il s'agitait comme un véritable possédé, en prononçant des mots sans suite, parmi lesquels je distinguai ceux de *garum, muria, cuistre, butor, thon, maquereau, saumure*. Le cas était grave ; je craignais qu'il ne passât d'un instant à l'autre avant de m'avoir donné ses dernières instructions. On appela un médecin, l'illustre docteur ***, qui voulut lui tirer dix palettes de sang ; comme je connaissais la célébrité du docteur, je m'y opposai de toutes mes forces, et j'eus l'idée de retirer de dessous l'oreiller les *Recherches* *historiques et critiques.* Ce fut le ciel qui m'inspira, car immédiatement le moribond fut soulagé ; il respira plus librement, bâilla, éternua, ouvrit les yeux et me souhaita le bonjour.

Le docteur sortit en me lançant un regard furieux ; je restai seul avec mon maître.

« Ah ! l'horrible rêve, s'écria-t-il en me tendant la main ; le coquin d'Allemand me poursuit jusque dans le sommeil ; il me tourmentera, si vous n'y mettez bon ordre, jusque dans la tombe ; et il n'aura pas, je le sens, à attendre longtemps. Aussi j'ai hâte de terminer votre initiation aux mystères académiques. Je ne vous ai parlé que des bagatelles de la porte : abordons quelque chose de plus important.

« Vous saurez d'abord que nous divisons les candidats en trois classes, suivant l'ordre de mérite :

« 1° Ceux qui n'ont rien écrit et n'écriront jamais rien ;

« 2° Ceux qui n'ont fait qu'une préface, mais qui promettent de faire un livre un jour ou l'autre ;

3° Ceux dont les ouvrages ont attiré l'attention du monde savant, c'est-à-dire ne se sont ni lus ni vendus.

« Vous pourriez facilement prendre rang dans la première catégorie si vous étiez grand seigneur ou même ministre, car nous l'avons instituée spécialement pour les représentants de l'ancienne noblesse et les Excellences. De tout temps l'Académie a tenu à honneur et profit de les admettre dans son sein. Cela donne un certain lustre à la compagnie et nous permet de solliciter commodément les faveurs dont nous avons besoin.

« La seconde comprend les érudits inconnus qui entretiennent des relations suivies avec les principaux académiciens. On n'exige d'eux, pour être reçus, que d'avoir composé une préface, une brochure, un mémoire, mais sur quelque sujet saisissant, hors de la portée du public, — comme, par exemple, sur les trente-six incarnations de Wistnou, sur le Védam, sur le Péripoliticon, etc., etc. J'ai même connu un fort galant homme qui n'avait d'autre titre à nos suffrages que celui d'un livre qu'il devait faire paraître. Il fut nommé d'emblée. Mais aussi quel titre ! *Du symbolisme indien envisagé dans ses rapports avec le bœuf Apis, les crocodiles du Nil et générale-*

ment avec la Théodicée égyptienne. Le livre n'a jamais paru ; le titre n'en est pas moins resté. Vous ne comptez pas de protecteurs intimes à l'Académie, et vous avez vécu jusqu'à présent sans vous préoccuper du Wistnou, du Védam et du Péripoliticon ; vous n'appartenez donc pas encore à cette catégorie.

« Reste la troisième ; nous y rangeons, comme je vous l'ai dit, les auteurs qui ont écrit sur les matières les plus ennuyantes, et les lauréats de l'Institut. Voilà votre fait. A la vérité vous n'avez encore rien publié, mais rien ne vous empêche de publier quelque chose ; vous n'avez jamais été couronné, mais vous pouvez l'être.

« Pour commencer, je vous conseillerais de faire imprimer un ou deux manuscrits de la bibliothèque Royale, avec préfaces, notes, commentaires et explications. Il n'y a rien de tel, mon bon ami, que de mettre au jour les ouvrages des autres ; on acquiert à peu de frais la réputation d'archéologue. Les greniers de la rue Richelieu sont vastes ; choisissez quelques manuscrits dont le titre au moins soit piquant : — *Clotilde aux longues oreilles.* — *Le roman de Maratopolin.* — *La très-élégante, délicieuse, mellifue et plaisante histoire du très-noble, victorieux et excellent écuyer Gavache,* etc. Il suffit, pour publier toutes ces richesses, de l'autorisation du ministre de l'instruction publique, qui ne la refuse jamais. Vous pourrez ainsi sortir en peu de temps de votre obscurité et vous rendre célèbre à bon marché. Je sais bien que ce moyen est un peu usé, — on s'en est tant servi ; — on obtient cependant encore quelque bibliothèque publique à ronger ou quelque chaire de faculté à remplir en province. C'est peu de chose sans doute ; mais tout vient à point à qui sait publier. Publiez donc et laissez crier les sots, les inhabiles et les simples. Le nombre en est grand ; ils nous raillent parfois et nous traitent de *littérateurs envieux ;* peu nous importe, leurs attaques et leurs mauvais calembours viennent échouer contre les places où nous tenons garnison.

« Quand vous aurez suffisamment fixé les regards du public en vous parant des plumes d'autrui, il faudra songer à voler de vos propres ailes et à éditer quelque ouvrage de votre cru. Le champ de l'érudition est immense, c'est encore une terre vierge à défricher. On croit connaître l'antiquité, et on ne se doute pas de ce qu'elle fut. J'ai fait beaucoup, je puis le dire sans vanité, pour les Romains, j'ai ressuscité leurs mœurs, leurs habitudes, leurs usages, je les ai peints de profil et de face, mais je n'ai pas tout dit. En se creusant un peu la tête, on découvre nombre de questions neuves qui donnent lieu aux aperçus les plus piquants. Tenez, par exemple, ajouta-t-il en essuyant avec son mouchoir une sueur qui lui coulait du front, avez-vous jamais examiné la question de savoir si les Romains se servaient de mouchoir?

— Ma foi, non, lui dis-je avec modestie.

— J'en étais sûr, répondit-il; eh bien, cette question que je n'ai vu agiter nulle part, cette question, qui vous paraît simple comme bonjour, peut fournir la matière d'un mémoire extrêmement curieux. Vous posez d'abord en fait, en vous appuyant du témoignage de tous les historiens, que ce peuple si élégant, si ami du luxe et des jouissances matérielles, ne devait pas se moucher avec les doigts. — Vous soutenez ensuite, toujours en citant les historiens, qu'il est peu probable que les patriciens, les sénateurs, les consuls, les empereurs, se mouchassent sur leurs manches puisqu'ils n'en avaient pas ; d'où vous tirez naturellement la conclusion qu'ils se servaient de mouchoir. En quelle étoffe était-il fabriqué? En lin vraisemblablement. Mais où le plaçait-on? Il est difficile d'admettre qu'on le portât toujours à la main. L'attachait-on à la ceinture? Évidemment non; les restes de la statuaire antique que nous possédons ne laissent aucun doute à cet égard. On le mettait donc dans une poche ; les Romains avaient donc des poches à leurs vêtements? Ces poches s'ouvraient-elles sous la tunique ou sous la toge? Là commence l'embarras; on peut adopter l'une et l'autre version. Quant à moi, je penche pour la toge. — Qu'en dites-vous, mon bon ami? l'érudition n'est-elle pas une belle chose! Comme elle agrandit tout ce qu'elle touche! J'ai pris cet exemple au hasard, c'est un canevas facile à remplir. Eh bien! il existe six vingt mille questions tout aussi intéressantes qu'on ne trouve pas dans l'*Antiquité dévoilée* du père Montfaucon et qui ne demandent qu'à voir le jour. L'antiquité! les Grecs! les Romains! vous rencontrez des pleutres qui s'imaginent les savoir par cœur; cela fait pitié. Fouillez donc, tournez et retournez ce monde à peine découvert, vous y récolterez d'abondantes moissons.

« Après cela cependant, si le cœur ne vous en dit pas, il ne faut pas forcer votre penchant. Dieu merci, il y a hors des temps antiques nombre de sujets plantureux qu'on peut encore exploiter. La voie Appienne ne mène pas seule à l'Institut; vous avez encore le moyen âge, les trouvères, la langue d'oc et la langue d'oil, la numismatique, la paléographie, les chartes, les poésies, les lais, les virelais, les sirventes, les légendes, les fabliaux, et même les contes; oui, mon bon ami, les contes. Vous ne vous figurez pas tout ce qu'on peut écrire sur de simples contes de fées, à quelles immenses recherches on peut se livrer, de quelle vaste érudition on peut faire preuve. Je n'aime pas à me citer, vous le savez; mais, pour vous donner une idée de ce genre de travail, consultez la dissertation que j'ai composée autrefois sur Riquet à la Houppe. Elle a été imprimée dans le 415e volume des mémoires de l'Académie des inscriptions et belles-lettres. Prenez ce volume sur le dernier rayon de ma bibliothèque, et lisez cet opuscule, qui fut couronné. »

J'allai chercher le 415e tome des mémoires de l'Académie, je m'assis au chevet de mon maître, et je lus à haute voix ce qui suit :

DISSERTATION HISTORIQUE SUR RIQUET A LA HOUPPE,

AVEC DE NOUVEAUX ÉCLAIRCISSEMENTS.

« Le conte de Riquet à la Houppe se perd dans la nuit des temps. On pense généralement qu'il fut apporté dans les Gaules par les Phocéens qui fondèrent la colonie de *Massilia* (Marseille) [1]. Les mots par lesquels il commence — *Il était une fois* — prouvent suffisamment sa haute antiquité et l'embarras qu'a éprouvé l'auteur moderne pour préciser l'époque où il fut inventé. On trouve, au reste, peu d'exemples de contes qui aient eu la même popularité. Recueilli d'âge en âge par les nourrices et les aïeules, il a servi à amuser et à endormir successivement les petits Gaulois, les petits Visi-goths, les petits Buhr-gundes (Bourguignons) et les petits Francks. Cependant le monument littéraire le plus ancien que nous ayons sur cette charmante épopée enfantine ne date que du douzième siècle. Il existe à la bibliothèque Royale un manuscrit de ce temps dont voici les deux premiers vers :

> Li diz de Riquet à la hope
> Qui naquit laid, moult saige et myope.

« La découverte de l'imprimerie vulgarisa bientôt chez les peuples européens le conte

[1] 600 ans avant J. C.

de Riquet à la Houppe. Il serait trop long d'énumérer tous les ouvrages qu'il inspira. Nous ne citerons que les principaux :

« *Storia del principe Riquetti.* — Firzenze, 1584.

« *Gesta principis Riquetti, quodam capillorum apice notissimi.* — Lugduni-Batavorum, 1596. — La même. — Antuerp., 1602.

« *Prince Riquet, a Tale.* — London, 1598.

« *Las Aventuras del principe Riquetto.* — Madrid, 1595.

« En faveur de la tradition qui attribue aux Phocéens, fondateurs de Marseille, l'origine de ce conte, il n'est pas sans intérêt de remarquer que le nom de Riquet est fort commun en Provence et en Languedoc. Sans rappeler ici le célèbre Mirabeau, dont le nom patronymique était Riquetti, et l'illustre marquis de Riquet, qui créa le magnifique canal du Midi, on voit figurer plusieurs fois d'une manière avantageuse le nom de Riquet dans nos annales. Le célèbre historien Guimbard parle d'un Reiquet, ou Roquet, ou Riquet, qui fut maître d'hôtel de Charles le Chauve, et qui fut pendu [1]. Il est encore fait mention d'un Riquet dans les mémoires de Flaochat. « Comme le roy, dit le chro-
« niqueur, estait moult empesché dans ce rencontre par un homme d'armes anglais qui
« luy cuidait percer le cueur, le vaillant Riquet poussa son cheval au devant du roy pour
« lui prester ayde, et reçut de celtuy Anglais un rude coup d'épée qui lui coupa le nez :
« ce dont il eut grand los. » Enfin dom Morillon, dans son *Traité des Bénéfices ecclésiastiques*, rapporte qu'un évêque de Persépolis (*in partibus*), du nom de Riquet, mourut d'une indigestion qu'il s'était donnée en mangeant avec excès du boudin blanc : « *Il s'entripailla tant*, dit-il, *qu'il en creva.* » Nous pourrions multiplier ces citations, mais elles seraient inutiles pour prouver l'ancienneté de la race des Riquet. A la vérité nous n'avons vu nulle part qu'un membre de cette famille ait ceint la couronne, et dans le conte qui nous occupe il s'agit d'une reine et par conséquent d'un roi, puisque cette reine accouche d'un fils. Quels étaient ce roi et cette reine? Tout ce que l'on peut supposer, c'est qu'ils *régnaient* et ne *gouvernaient pas* : qu'ils avaient juré une charte constitutionnelle; qu'il existait dans leur royaume une chambre haute et une chambre basse, et qu'on y jouissait de la liberté de la presse. En effet, sous un gouvernement despotique un auteur aurait-il eu l'audace d'avancer que la reine mit au monde un prince extraordinairement laid? Tous les enfants des rois absolus sont extraordinairement beaux, ou du moins doivent paraître tels à leurs sujets. La reine Riquet était donc une reine constitutionnelle, et..... »

[1] Guimbardi de Bellis gallicis, lib. IV.

« Oui certainement, dit mon maître en interrompant ma lecture, et très-constitutionnelle. Cette remarque, qui n'a pas été faite avant moi, démontre, à mon avis, que le système représentatif remonte aux temps fabuleux. Mais laissez là ma dissertation, tout le reste est dans ce haut goût. Vous pourrez la méditer plus tard à loisir et vous régaler des idées ingénieuses, des profondes considérations politiques et philosophiques dont elle est pleine. Je ne vous ai encore rien dit de l'histoire, parce que tous nos travaux s'y rapportent; si cependant vos études vous portent à traiter spécialement quelque période historique, prenez-la assez obscure et embrouillée pour pouvoir l'obscurcir et l'embrouiller davantage. Renversez impitoyablement tous les systèmes émis avant vous, et élevez sur leurs ruines un système de votre invention. Que ce mot d'invention ne vous effraie pas, rien n'est plus facile que d'innover en matière d'histoire; il suffit de modifier l'orthographe des noms propres, par exemple d'écrire *Chlothaire* au lieu de Clotaire, *Chlodewig* au lieu de Clovis, *Karl* au lieu de Charles; voilà tout le secret. Il est étonnant, mon bon ami, comment avec deux ou trois lettres on arrive à changer la face de l'histoire, c'est à ne plus s'y reconnaître, et c'est ce qu'il faut. On s'est déjà servi de ce procédé avec succès; mais, Dieu merci, il reste encore assez de *k*, de *g*, d'*h* et de *w* pour une consommation raisonnable.

« Enfin il me reste à vous entretenir de la voie des langues orientales; quoique peu fréquentée elle aboutit en ligne directe à l'Académie.

« Il vous faudra d'abord adopter et suivre assidûment un de ces cours silencieux qui ont lieu au collège de France et à la bibliothèque Royale. Vous n'aurez pas grande peine à vous faire remarquer du professeur, car, de mémoire d'académiciens, ces cours n'ont jamais compté plus de quatre auditeurs : — un réfugié polonais, un jeune gentleman récemment sorti de Cambridge et qui vient terminer son éducation en France, un sujet de Méhémet-Ali et un attaché à l'ambassade de la Sublime-Porte. Aucun de ces auditeurs ne doit vous porter ombrage; l'universitaire anglais disparaît d'ordinaire à la fin du premier mois, l'Égyptien vers le milieu du second, l'Ottoman au commencement du troisième. Le réfugié polonais tient bon plus longtemps, il est rare cependant qu'il ne s'éclipse pas aux premiers lilas; on en a vu un persévérer jusqu'aux roses, mais c'est là un fait exceptionnel dans l'histoire des cours de langues orientales. Vous resterez donc seul maître du terrain.

« Il s'établira bientôt entre vous et votre professeur une de ces amitiés indissolubles que l'intérêt réciproque peut seul produire. L'orientaliste se cramponnera à vous comme le naufragé à la planche de salut : vous deviendrez son bien, son homme lige : il souffrira de vos maux, aura mal à votre poitrine et gardera la chambre quand vous garderez le lit. Au bout d'une année, vous en saurez tout autant que lui : n'allez pas, néanmoins, abandonner imprudemment son cours, vous seriez perdu sans ressource. Montrez, au contraire, plus d'exactitude et de zèle : la récompense n'est pas loin. S'il tombe malade, ce qui arrive fréquemment, vous êtes tout naturellement désigné pour le suppléer : s'il meurt, vous lui succédez sans obstacle dans sa chaire au collége de France et dans son fauteuil à l'Académie. Enfin, si malgré le bon esprit que vous aurez eu de le choisir parmi les plus âgés, il continue à se bien porter, il vous associera à ses travaux, vous fera corriger les épreuves de ses ouvrages et vous permettra de lui dédier quelque traduction de syriaque, de cophte, de chinois, d'indou ou de persan. Ce genre de traduction, mon bon ami, n'exige que la connaissance de la langue anglaise. Les Anglais n'ont pas, à la vérité, d'Académie des inscriptions et belles-lettres, mais en revanche ils ont la société des Indes orientales, ils trafiquent avec la Chine, avec la Perse, avec tous les schahs et les rajahs connus : aussi sont-ils polyglottes. On doit à leurs missionnaires d'excellentes traductions en anglais d'ouvrages orientaux. Traduisez en français les plus intéressantes de ces versions, vous passerez en France pour un orientaliste consommé.

« Avec un peu d'anglais vous pourrez entreprendre, sans sortir de chez vous, tous les *voyages où il vous plaira*, visiter le Caboul, le Thibet, l'Indoustan, la Mongolie, l'empire des Birmans, faire des études sur les mœurs des peuples qui habitent ces régions, parler du grand Confutzé, du culte de Zoroastre, du culte brahmanique et du culte de Mithra. Que de choses neuves, mon bon ami, à révéler sur ces différentes religions, surtout sur la dernière ! Il y a bien dix-huit siècles qu'elle est morte ; toutefois elle ne fait que paraître sur l'horizon de la science. Personne ne sait en quoi consistaient ses mystères pendant qu'elle vivait : mais on commence à savoir qu'elle eut une influence irrésistible ; qu'originaire des bords de l'Euphrate elle se répandit comme un torrent dans l'Asie Mineure, envahit Rome, passa dans les Gaules et lutta longtemps contre le christianisme naissant. Aucun historien contemporain ne parle, à la vérité, de cette lutte terrible ; mais un pareil silence s'explique par la crainte superstitieuse qui entourait le nom de Mithra. Aujourd'hui cette crainte n'existe plus, et on peut parler librement du culte mithriaque. Ne vous faites donc faute d'en parler, les monuments ne vous manqueront pas : nous en possédons, sans nous en douter, une quantité prodigieuse. Cela n'a rien d'étonnant. Les habitants de Rome ont bien conservé pendant quinze siècles, sous l'ancien mont Capitolin, un bas-relief mithriaque dont ils ne soupçonnaient pas la véritable origine. Oui, mon ami, pendant quinze siècles ils ont cru benoîtement que ce bas-relief représentait l'enlèvement d'Europe par Jupiter déguisé en taureau. Mais l'érudition n'était pas née encore. Ce ne fut qu'au seizième siècle que des érudits hollandais démontrèrent jusqu'à la dernière évidence, aux Italiens, que leur prétendue Europe n'était autre que Mithra domptant un taureau. Ah ! si j'avais dû vivre plus longtemps, que de monuments j'aurais restitués à cette divinité puissante dont l'a dépouillée l'ignorance des siècles ! car Mithra est partout : son règne est venu, je le vois, je l'entends : *Io Mithra ! Evohe Mithra !* »

Jusqu'alors mon pauvre maître m'avait tenu un langage plein de sens, mais une fois qu'il eut enfourché le bœuf mithriaque, il déraisonna et battit complétement la campagne. Dressé sur son séant, l'œil en feu, le chef couvert d'un bonnet de coton, il se mit à déclamer en faisant les plus étranges contorsions.

« Oui, disait-il, il n'y a qu'un Dieu, et Mithra est son prophète. Une nouvelle ère va s'ouvrir : les temps mithriaques, si longtemps prédits par le Zend-Avesta et le Boun-Dehesch sont arrivés. Couronnons-nous de fleurs ; allons dans les grottes célébrer les mystères de Mithra. Il a vaincu le taureau ; il lui a enfoncé son poignard dans le cou ; il a détruit le culte des faux dieux : le sang coule... la victime est immolée... Gloire à Mithra ! *Invicto soli Mithræ !...* »

Effrayé de cet accès de délire, je courus chercher un médecin homéopathe. Malheureusement le disciple d'Hahnemann n'était pas chez lui. Je revins donc en toute hâte au logis, le cœur agité d'un triste pressentiment. En montant l'escalier je rencontrai le chirurgien, qui descendait. Je me précipitai vers la chambre de mon maître : il était mort, et qui pis est, dans la religion mithriaque.

Ses obsèques furent magnifiques. Tous les journaux insérèrent l'article nécrologique suivant : « Les lettres et l'Académie des belles-lettres vien-
« nent de faire une perte irréparable. L'illustre auteur des *Grecs et des Ro-*
« *mains peints par eux-mêmes* a succombé hier. Depuis quelques mois il
« était atteint d'une affection du garum qui, négligée, dégénéra bientôt en
« *muria* intense. Les ressources de l'art durent échouer contre cette mala-
« die incurable. Le célèbre académicien a conservé jusqu'au dernier mo-
« ment toute la plénitude de sa raison et s'est entretenu avec le respectable
« ecclésiastique qui l'assistait. On assure qu'il laisse plusieurs ouvrages iné-
« dits. Il faut espérer que le gouvernement en fera l'acquisition et s'em-
« pressera de les publier. »

Je le regrettai sincèrement, et je me promis bien de mettre en pratique ses bienveillants conseils. Je voulus d'abord m'acquitter de la dette de reconnaissance que j'avais contractée, en réfutant la thèse du docteur allemand sur le garum. J'employai trois ans à ce travail, qui eut un succès étourdissant. Deux manuscrits que je publiai accrurent ma réputation naissante. J'eus un nom, je devins célèbre : on me fit espérer la prochaine vacance à l'Institut ; mais aucun académicien ne voulait mourir. Enfin, au bout de cinq ans, il en passa un de vie à trépas. Je me croyais certain d'obtenir sa place : nous n'étions que vingt candidats. Malheureusement pour moi l'un de mes concurrents appartenait à la première catégorie : il n'avait rien écrit : c'était un ministre. Son élection eut lieu à l'unanimité. Sans me laisser décourager par cette défaite, je me livrai à l'étude avec une ardeur infatigable : je suivis deux cours, l'un de chinois, l'autre de syriaque ; je fis paraître les biographies de Rémus, Tarquin l'ancien et Horatius Coclès. J'attendis encore patiemment cinq ans. La tombe s'ouvrit de nouveau pour recevoir un académicien. On me jura cette fois que je serais membre de l'Institut, et je commandai même mon habit. Je ne devais pas l'endosser. Les suffrages se portèrent sur un érudit inconnu qui promit de composer un ouvrage intitulé : *Nouvelles observations sur les Livres sibyllins.*

Je n'avais rien à dire : il était compris dans la seconde catégorie; il avait publié la préface de ses futures observations, et de plus les biographies de tous les académiciens . . . .

Ce nouvel insuccès, je ne le dissimule pas, a fortement ébranlé mon courage. Six ans se sont écoulés depuis la dernière élection académique. Je compte aujourd'hui plus de onze lustres : ma santé est chancelante. Le tour de la troisième catégorie arrivera-t-il avant ma mort? Je ne l'espère guère; mais ma double mésaventure n'a pas altéré ma confiance aux instructions secrètes de mon pauvre maître : je n'accuse dans mon malheur que la fatalité. Loin de mettre en doute l'excellence de ses conseils, j'ai voulu les transmettre par écrit à mon fils, et je crois lui laisser un héritage précieux. Le sort ne le persécutera sans doute pas comme moi. . . . .
. . . .

Note de l'éditeur. — Il nous a été impossible de déchiffrer les dernières pages de ce manuscrit dont l'écriture est fort illisible. Des phrases entières ont été raturées, d'autres ne sont pas achevées; enfin il est bon nombre de lignes laissées en blanc.

Notre première idée avait été de nous éclairer des avis d'un membre de l'Académie des inscriptions et belles-lettres pour remplir ces lacunes; mais après mûre réflexion nous avons cru devoir y renoncer. Nos patients efforts n'ont abouti qu'à découvrir le nom de l'auteur, placé au bas du manuscrit. De la vie de cet écrivain et de l'année pendant laquelle il florissait, l'histoire ne dit rien. Ce qu'il est permis d'affirmer, c'est qu'il était de Paris. Voici ces noms tels que nous les avons *rétablis.*

AVGVSTVS FELIX
A. IVNCETIS
PARISIENSIS.

LA MUSIQUE A PARIS.
MUSIQUE D'ARTISTES. — MUSIQUE D'AMATEURS.

MUSIQUE D'ARTISTES
(DANS LES RUES)

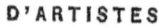

Exemple de musique instrumentale.
— Solo de clarinette. —

Exemple de musique vocale.
— Les aboyeurs. —

Variété de musique instrumentale.
— Solo de muraille. —

Symphonie pastorale.

Devant les cafés.
O toi, ma compagne fidè..è..è..le !
Fréd. Bérat.

J'irai revoir ma Normandie !
Fréd. Bérat.

Mélodies des marchandes de balais.

La caravane musicale.

La famille mélomane.

L'homme orchestre.
Petit festival aux Champs-Élysées.

Effet produit sur l'auditeur.

Eh ioup, lu Catarina !!!!!

BERTALL.

DE L'ÉGALITÉ A PARIS.

Le Parisien est ce qu'il peut, mais il y a certaines choses qu'il doit *paraître*. Après plusieurs révolutions, les classes inférieures ont conquis le droit de *paraître* égales aux autres, elles ont conquis — l'égalité dans la dépense, mais non pas dans la recette.

A Paris, tout le monde est riche dans la rue, — tout le monde est riche au bal ou au spectacle. Mais quelques-uns, et, disons mieux, le plus grand nombre paie cet éclat extérieur et apparent par toutes sortes de misères réelles, — courageusement endurées, — comme des nécessités insurmontables, — quoiqu'elles puissent sembler volontaires.

Le costume et le *paraître* sont le *nécessaire*; — le logement et la nourriture sont le *superflu*. — C'est sur ce superflu que l'on taille et que l'on rogne à un degré incroyable.

L'employé à dix-huit cents francs — doit avoir les mêmes habits, le même chapeau que l'homme qui possède soixante mille livres de rentes, — il doit fumer les mêmes cigares à cinq sous.

L'ouvrier lui-même ne consent plus à porter le costume commode et pittoresque qui a longtemps appartenu en propre à certaines professions.

Le charpentier n'oserait se montrer le dimanche, comme autrefois, avec un large pantalon et une veste de velours bleu. Il se croit obligé de s'affubler d'un habit ou pour le moins d'une redingote en drap noir; — il doit avoir une montre; — la montre peut être d'un métal quelconque, mais il faut que la chaîne et la clef, qui toutes deux paraissent au dehors, soient en or; — la clef ne peut être autre qu'une clef dite à la Bréguet.

Il est, je crois, à regretter que l'on ait laissé tomber en désuétude les costumes particuliers à chaque profession. Cet usage entraînait rigoureusement avec lui une sorte de loi somptuaire à laquelle il n'était pas humiliant d'obéir.

Tel employé à dix-huit cents francs qui se croit obligé de *paraître* riche dans la rue, — mange chez lui des croûtes de pain et boit de l'eau qu'il va lui-même chercher à la fontaine lorsque la nuit s'étend sur la ville.

Les choses ne se passent pas ainsi en province. Les habitants de votre ville savent parfaitement ce que vous possédez en terres et en maisons, — ce que vous rapportent votre place et votre travail; — vous ne feriez illusion à personne.

Mais, à Paris, — tel dîne pour dix-sept sous rue de La Harpe — ou cache dans le fond de sa poche un pain de seigle d'un sou, dont il porte sournoisement les morceaux à sa bouche en faisant semblant de se gratter le nez ou de caresser sa moustache, — qui va ensuite se promener avec un cure-dent devant le Café de Paris et fait envie aux passants, dont il devrait exciter la pitié.

Aussi les spéculations les plus sûres sont celles qui ont pour objet de vendre du luxe à bon marché. Les chemises grossières de coton, — auxquelles on a ajusté un col, un jabot et des manchettes en baptiste, — les souliers *imitant la botte*, — ont un débit prodigieux. Beaucoup de gens ne mangent qu'au moyen de la différence de prix qui existe entre ces *semblants* et les objets réels, qu'ils se croiraient obligés d'acheter sans ces heureuses imitations, et qui absorberaient entièrement leur revenu.

Bien des gens préféraient manger leur soupe sans beurre, pourvu qu'ils la mangeassent dans des cuillers d'argent, avant l'invention du *maillechort*, de *l'argent allemand*, etc.

C'est ce qui explique le mystère que beaucoup de gens à Paris gardent sur leur domicile. Si vous avez quelque affaire avec eux, ils vous diront qu'ils sortent de très-bonne heure et rentrent fort tard, — qu'on ne les rencontre jamais chez eux, etc.; — ils préfèrent vous donner rendez-vous dans le jardin du Palais-Royal — ou dans les galeries de l'Opéra. C'est que le dandy habite une mansarde au cinquième étage, — pour le loyer de laquelle il est en retard de trois termes, — qu'il couche sur un lit de sangle, — et qu'une bouteille vide lui sert de flambeau.

Il est des gens qui aiment mieux avoir l'air de dîner au Café de Paris que de dîner réellement dans tout autre cabaret moins cher.

Pour y réussir, et cependant ne pas dépenser trop d'argent, ils affectent une excentrique simplicité de goûts, — ils n'*aiment* que le bœuf bouilli. J'en connais un qui a le courage opiniâtre de simuler, depuis dix ans, une maladie qui lui défend de boire du vin.

Et ce qu'il y a de plus curieux dans ces efforts héroïques pour paraître riche, c'est qu'ils ne peuvent avoir que deux résultats, — sans compter celui de mener une vie misérable : si vous réussissez à tromper les gens, ils vous envient ; si vous ne réussissez pas, ils se moquent de vous.

ALPHONSE KARR.

UNE MARCHANDE A LA TOILETTE,

ou

MADAME LA RESSOURCE EN 1844.

LES COMÉDIES QU'ON PEUT VOIR GRATIS A PARIS.

Jusqu'à présent, les peintres de mœurs ont mis en scène beaucoup d'usuriers ; mais on a oublié l'usurière des femmes dans l'embarras, la madame *La Ressource* d'aujourd'hui, personnage excessivement curieux, appelée décemment *marchande à la toilette*.

Avez-vous quelquefois en flânant remarqué dans Paris une de ces boutiques dont la négligence fait tache au milieu des éblouissants magasins modernes, boutiques à devanture peinte en 1820 et qu'une faillite a laissée au propriétaire de la maison dans un état douteux ; la couleur a disparu sous une double couche imprimée par l'usage et grassement épaissie par la poussière ; les vitres sont sales, le bec-de-cane tourne de lui-même, comme dans tous les endroits d'où l'on sort encore plus promptement qu'on n'y rentre. Là, trône une femme entre les plus belles parures arrivées à cette phase horrible où les robes ne sont plus des robes et ne sont pas encore des haillons. Le cadre est en harmonie avec la figure que cette femme se compose, car ces boutiques sont une des plus sinistres particularités de Paris. On y voit des défroques que la Mort y a jetées de sa main décharnée, et l'on entend alors le râle d'une phthisie sous un châle, comme on y devine l'agonie de la misère sous une robe brodée d'or. Les atroces débats entre le luxe et la faim sont écrits là sur de légères dentelles. On y trouve la physionomie d'une reine sous un turban à plumes, dont la pose rappelle et rétablit presque la figure absente. C'est le hideux dans le joli ! Le fouet de Juvénal, agité par les mains officielles du commissaire-priseur, y a éparpillé les manchons pelés, les fourrures flétries de quelques grandes dames aux abois. C'est un fumier de fleurs où, çà et là, brillent des roses coupées d'hier, portées un jour, et sur lequel est toujours accroupie une affreuse vieille, la cousine germaine de l'usure, l'occasion du malheur, une harpie retirée, chauve, édentée, et prête à vendre le contenu, tant elle a l'habitude de colporter ou d'acheter le contenant, la robe sans la femme ou la femme sans la robe. La marchande est là comme l'argousin dans le bagne, comme un vautour au bec rougi sur des cadavres, au sein de son élément ; plus horrible que ces sauvages horreurs qui font frémir les passants, étonnés quelquefois de rencontrer un de leurs plus jeunes et frais souvenirs pendus dans le sale vitrage derrière lequel grimace une de ces marchandes à la toilette qui ont fait autant de métiers inconnus qu'il y en a de connus.

Ce fut une de ces gémonies de nos fêtes que j'indiquais à un de mes amis.

— Que dites-vous de ceci, n'est-ce pas la femelle de la Mort ? lui dis-je à l'oreille en lui montrant au comptoir une terrible compagnonne.

Nous entrons.

LUI. — Madame, combien cette guipure ?

ELLE. — Pour vous, monsieur, ce ne sera que cent écus.

Elle remarque une cabriole particulière aux artistes, et ajoute d'un air pénétré : — Cela vient de la princesse Lamballe.

MOI. — Comment ! si près du château ?

ELLE. — Monsieur, *ils* n'y croient pas.

MOI. — Madame, nous ne venons pas pour acheter...

ELLE. — Je le vois bien, monsieur.

MOI. — Nous avons plusieurs choses à vendre, je demeure rue de Richelieu, 112, au sixième. Si vous vouliez y passer d'ici à une heure, vous pourriez faire un marché...

elle, en regardant fixement mon camarade. — Monsieur désire peut-être quelques aunes de mousseline bien portées?...

moi. — Non, il s'agit de savoir à quoi s'en tenir sur une robe de mariage, et l'on a confiance en vos talents.

Deux heures après, madame Nourrisson (elle s'appelait ainsi) vint en robe de damas à fleurs provenant de rideaux décrochés à quelque boudoir saisi, ayant un de ces châles de cachemire passés, usés, invendables, qui finissent leur vie au dos de ces femmes. Elle portait une collerette en dentelle magnifique, mais éraillée, et un affreux chapeau; mais, pour dernier trait de physionomie, elle était chaussée en souliers de peau d'Irlande, sur le bord desquels sa chair faisait l'effet d'un bourrelet de soie noire à jour.

Nous étions sérieux comme deux auteurs dont la collaboration *n'obtient pas tout le succès qu'elle mérite.*

— Madame, lui dis-je en lui montrant une paire de pantoufles de femme, voici qui vient de l'impératrice Joséphine.

Il fallait bien rendre à madame Nourrisson la monnaie de sa princesse de Lamballe.

— Ça?... fit-elle; c'est fait de cette année : voyez cette marque en dessous.

— Ne devinez-vous pas que ces pantoufles sont une préface, répondis-je, quoiqu'elles soient ordinairement une conclusion de roman? Mon ami que

voici, dans un immense intérêt de famille, voudrait savoir si une jeune personne, d'une bonne, d'une riche maison, et qu'il désire épouser, a fait une faute.

— Combien monsieur donnera-t-il? demanda-t-elle en regardant mon complice.

— Cent francs.

— Merci, dit-elle en grimaçant un refus à désespérer un macaque, plus que ça de gages pour nos petites infamies?

— Que voulez-vous donc, ma petite madame Nourrisson? lui demandai-je.

— D'abord, mes chers messieurs, depuis que je travaille je n'ai jamais vu personne, ni homme ni femme, marchandant le bonheur. Et puis, tenez, vous êtes deux farceurs, reprit-elle avec un sourire sur ses lèvres froides et avec un regard glacé par une défiance de chatte.

La familiarité la plus déshonorante est le premier impôt que ces sortes de femmes prélèvent sur les passions effrénées ou sur les misères qui se confient à elles. Elles ne s'élèvent jamais à la hauteur du client, elles le font asseoir côte à côte auprès d'elles sur leur tas de boue.

— S'il ne s'agit pas de votre bonheur, il est question de votre fortune, reprit-elle; et, à la hauteur où vous êtes logés, l'on marchande encore moins une dot. Voyons, dit-elle en prenant un air doucereux, de quoi s'agit-il?

— De la maison Névion, répondit mon ami, bien aise de savoir à quoi s'en tenir sur une personne qui l'intéressait.

— Oh! pour ça, reprit-elle, un louis, c'est assez...

— Et comment?

— J'ai tous les bijoux de la mère; et, de trois mois en trois mois, elle est dans ses petits souliers, allez! elle est bien embarrassée de me trouver les intérêts de ce que je lui ai prêté. Vous voulez vous marier par là, jobard?... dit-elle; donnez-moi quarante francs, et je jaserai pour plus de cent écus.

Mon peintre fit voir une pièce de quarante francs, et nous sûmes des détails effrayants sur la misère secrète de quelques femmes dites *comme il faut*. La revendeuse, mise *en gaieté* par notre conversation, se dessina. Sans trahir aucun nom, aucun secret, elle nous fit frissonner en nous démontrant qu'il se rencontrait peu de bonheurs, à Paris, qui ne fussent assis sur la base vacillante de l'emprunt. Elle possédait dans ses tiroirs des grand'mères, des enfants, des défunts maris, des petites-filles mortes et entourées d'or et de brillants. Elle apprenait d'effrayantes histoires en faisant causer ses pratiques les unes sur les autres, en leur arrachant leurs secrets dans les moments de passion, de brouilles, de colères, et dans les préparations anodines que veut un emprunt pour se conclure.

— Comment avez-vous été, dis-je, amenée à faire ce commerce?

— Pour mon fils, dit-elle avec naïveté.

Presque toujours, les revendeuses à la toilette justifient leur commerce par des raisons pleines de beaux motifs. Madame Nourrisson se posa comme ayant perdu plusieurs prétendus, trois filles qui avaient très-mal tourné, toutes ses illusions, enfin. Elle nous montra, comme étant celles de ses plus belles valeurs, des reconnaissances du mont-de-piété pour prouver combien son commerce comportait de mauvaises chances. Elle se donna pour gênée au Trente prochain. *On la volait beaucoup*, disait-elle.

Nous nous regardâmes en entendant ce mot un peu trop vif.

— Tenez, mes enfants, je vas vous montrer comment l'on nous *refait!* Il ne s'agit pas de moi, mais de ma voisine d'en face, madame Mahuchet, la cordonnière pour femmes. J'avais prêté de l'argent à une comtesse, une femme qui a trop de passions eu égard à ses revenus. Ça vous a de beaux meubles, un magnifique appartement! ça reçoit, ça *fait*, comme nous disons, *un esbrouffe* du diable. Elle doit donc trois cents francs à sa cordonnière, et ça donnait un dîner, une soirée, pas plus tard qu'avant-hier. La cordonnière, qui apprend cela par la cuisinière, vient me voir; nous nous montons la tête, elle veut faire un esclandre, moi je lui dis : — Ma petite mère Mahuchet, à quoi cela sert-il? à se faire haïr. Il vaut mieux obtenir des gages. *A râleuse, râleuse et demie!* Et l'on épargne sa bile... Elle veut y aller, me demande de la soutenir, nous y allons.

— Madame n'y est pas.

— Connu. — Nous l'attendrons, dit la mère Mahuchet, dussé-je rester là jusqu'à minuit. Et nous nous campons dans l'antichambre et nous causons. Ah! voilà les portes qui vont, qui viennent, des petits pas, des petites voix. Moi, cela me faisait de la peine. Le monde arrivait pour dîner. Vous jugez de la tournure que ça prenait. La comtesse envoie sa femme de chambre pour amadouer la Mahuchet. « Vous serez payée demain! » Enfin, toutes les colles!... Rien ne prend. La comtesse, mise comme un dimanche, arrive dans la salle à manger; ma Mahuchet, qui l'entend, ouvre la porte et se présente. Dam! en voyant une table étincelante d'argenterie (les réchauds, les chandeliers, tout brillait comme un écrin), elle part comme du *soldavatre* et lance sa fusée : — Quand on dépense l'argent des autres, on devrait être sobre, ne pas donner à dîner. Être comtesse et devoir cent écus à une malheureuse cordonnière qui a sept enfants !... Vous pouvez deviner tout ce qu'elle débagoule, c'te femme qu'a peu d'éducation. Sur un mot d'excuse (pas de fonds!) de la comtesse, ma Mahuchet s'écrie : — Eh! madame, voilà de l'argenterie! engagez vos couverts et payez-moi !— Prenez-les vous-même, dit la comtesse en ramassant six couverts et les lui fourrant dans la main. Nous dégringolons comme un succès !... Non : dans la rue, les larmes sont venues à la Mahuchet, elle a rapporté les couverts, car elle a du cœur, en faisant des excuses............ ils étaient en maillechort !...

— Elle est restée à découvert? lui dis-je.

— Ah! mon cher monsieur, dit madame Nourrisson, éclairée par ce calembour, vous êtes un artiste, vous faites des pièces de théâtre, vous demeurez rue du Helder, et vous êtes resté avec madame Antonia, vous avez des tics que je connais..... Allons, vous voulez avoir quelque rareté dans le grand genre. On ne me dérange pas pour rien.

— Je vous jure, ma chère madame Nourrisson, que nous voulions uniquement avoir le plaisir de faire votre connaissance et que nous souhaitons des renseignements sur vos antécédents, savoir par quelle pente vous avez glissé dans votre métier.

— J'étais femme de confiance chez un maréchal de France, le prince d'Ysemberg, dit-elle en prenant une pose de Dorine. Un matin, il vient une des comtesses les plus huppées de la cour impériale, elle veut parler au maréchal, et secrètement. Moi, je me mets aussitôt en mesure d'écouter. Ma femme fond en larmes, elle confie à ce benêt de maréchal (le prince d'Ysemberg, ce Condé de la République, un benêt!) que son mari, qui servait en Espagne, l'a laissée sans un billet de mille francs, que si elle n'en a pas un ou deux à l'instant, ses enfants sont sans pain : elle n'a pas à manger demain. Mon maréchal, assez donnant dans ce temps-là, tire deux billets de mille francs de son secrétaire. Je regarde cette belle comtesse dans l'escalier sans qu'elle puisse me voir; elle riait d'un contentement si peu maternel que je me glisse jusque sous le péristyle, et je lui entends dire tout bas à son chasseur : — « Chez Leroy! » J'y cours. Ma mère de famille entre chez ce fameux marchand, rue Richelieu, vous savez... Elle se commande et paie une robe de quinze cents francs : on soldait alors une robe en la commandant. Le surlendemain, elle pouvait paraître à un bal d'ambassadeur, harnachée comme une femme doit l'être pour plaire à la fois à tout le monde et à quelqu'un. De ce jour-là, je me suis dit : « J'ai un état! Quand je ne serai plus jeune, je prêterai sur leurs nippes aux grandes dames, car la passion ne calcule pas et paie aveuglément. » Si c'est des sujets de vaudeville que vous cherchez, je vous en vendrai...

Elle partit après nous avoir montré les cinq dents jaunes qui lui restent, en nous saluant et en essayant de sourire.

Nous nous regardâmes, épouvantés l'un comme l'autre de cette tirade, où chacune des phases de la vie antérieure de madame Nourrisson avait laissé sa tache.

DE BALZAC.

POURQUOI.

Pourquoi, souvent, ceux qui parlaient le plus haut à Paris, se taisent-ils tout à coup?

Le ruisseau voisin, dont le murmure m'importunait, se tait depuis qu'aucun obstacle n'embarrasse son lit; sur les rouages du moulin qu'il fait mouvoir, un peu d'huile fut à propos versée, et j'ai cessé d'entendre le bruit strident qui blessait mon oreille.

Le silence a donc une cause, mais elle est quelquefois difficile à découvrir.

J'ai vu des hommes, adversaires bruyants de certains ministres, blâmer bien haut leur système, déclamer contre les abus, flétrir de honteuses faveurs, dénoncer des marchés scandaleux, condamner des manœuvres corruptrices, et j'avais pour ces hommes une haute estime. Quelques mois après, rien n'était changé, si ce n'est leur conduite : le mal était le même, mais ils ne le voyaient plus, ils ne voulaient plus le voir.

Quel prodige opéra cette métamorphose? Quel enchanteur ferma tout à coup tant de bouches menaçantes?

Je m'adressai cette question, qui pour moi resta longtemps insoluble. Le hasard, auquel sont dues presque toutes les découvertes, m'a donné, je crois, le mot de l'énigme; de même que les médecins physiologistes découvrent dans les entrailles des animaux les mystères de la vie humaine, de même dans les actions d'un chien j'ai trouvé l'explication du fait qui m'avait tant surpris.

Je puis citer le lieu de la scène, le nom des acteurs, celui des témoins. L'événement s'est passé à l'une des séances ordinaires de la société philotechnique; le héros est le chien d'arrêt de notre excellent confrère M. Léon Bertrand, cet habile chasseur que vous connaissez, qui manie la plume aussi bien que le fusil. L'histoire, souvent, n'est que fable; cette fois, la fable sera de l'histoire.

UN CHIEN A LA SOCIÉTÉ PHILOTECHNIQUE.

FABLE.

Dans le comité littéraire
Où brillent nos talents divers,
Nous lisions, comme à l'ordinaire,
De la prose admirable et d'admirables vers;
Une approbation muette,
Donnée à charge de retour,
Venait caresser tour à tour
Et l'orateur et le poëte.
Tout à coup un long aboiment
A la porte se fait entendre :
C'était dans le plus beau moment !
Force fut au lecteur d'attendre.
Attendre est cruel pour l'auteur,
Quand il croit charmer l'assistance;
Et souvent plus cruel, hélas! pour l'auditeur,
S'il faut que l'auteur recommence.
Le maître cependant sort, gronde et bat son chien.
L'instant d'après, le bruit se renouvelle :
Le chien aboyait de plus belle;
Menace et coups n'y faisaient rien.
« Quel parti prendre ? Ouvrons-lui; son tapage
« Dans la salle ne peut nous troubler davantage. »
Il entre donc. A peine admis

LE TIROIR DU DIABLE.

Auprès de son maître en colère,
Médor, sur son derrière assis,
Se tait, semble écouter, grave comme un confrère.

Combien de gens vous rencontrez
Qui se font ouvrir de la sorte :
Grands aboyeurs tant qu'ils sont à la porte,
Et muets dès qu'ils sont entrés !

S. LAVALETTE.

HISTOIRE VÉRIDIQUE DU CANARD.

Il ne s'agit point ici du canard privé, ni même du canard sauvage, — ceux-là n'intéressent que M. de Buffon, — et M. Grimod de La Reynière. Notre siècle en connaît d'autres que l'on ne consomme, que l'on ne dévore que par les yeux ou par les oreilles, et qui n'en sont pas moins l'aliment quotidien d'une foule d'honnêtes gens.

Le canard est né rue de Jérusalem ; il s'élance chaque matin des bureaux de M. Rossignol — et prend sa volée sur la capitale, sous la forme légère d'un carré de papier grisâtre : « Voilà ce qui vient de paraître tout à « l'heure... » Entendez-vous ces cris rauques qui fendent l'air et les oreilles? Reconnaissez-vous ces bipèdes au pas tortueux qui suivent le long des rues la ligne du ruisseau? Voici l'origine du nom, tâchons d'apprécier la chose.

Le canard est une nouvelle quelquefois vraie, toujours exagérée, souvent fausse. Ce sont les détails d'un horrible assassinat, illustré parfois de gravures en bois d'un style naïf ; c'est un désastre, un phénomène, une aventure extraordinaire ; on paie cinq centimes et l'on est volé. Heureux encore ceux dont l'esprit plus simple peut conserver l'illusion.

Le canard remonte à la plus haute antiquité. Il est la clef de l'hiéroglyphe, le verbe de ses phrases énigmatiques. Les histoires de tous les peuples ont commencé par des canards.

Le canard est la base des religions.

Les anciens nous en ont légué de sublimes; nous en transmettrons encore de fort beaux à nos neveux. Hérodote et Pline sont inimitables sur ce point : — l'un a inventé des hommes sans tête, l'autre a vu des hommes à queue. Selon Fourier, l'homme parfait aura une trompe.

Laissons de côté la Mythologie; nous devons à l'Écriture l'ixion et le griffon.

Voltaire n'a jamais pu réussir à se représenter l'ixion, — dont la chair était défendue aux Hébreux. Mais les géologues modernes ont donné raison à la Bible... L'anoplotérium, le mammout, le dinothérium, toute la race des sauriens qui, selon Cuvier, peuplaient, avant le déluge, la vallée même de Paris, valent bien, certes, les aimables créatures contestées à Dieu par Voltaire.

Ceci est le canard fossile, protégé par la science, et qui a encore un bel avenir. — Les vieux savants avaient été moins loin en nous léguant le célèbre *Homo diluvii testis*, et les os gigantesques du roi Teutobocus. Mais qui égalera jamais l'histoire du poisson-évêque, pêché dans la Baltique, qui fut présenté au pape et lui parla en latin?

Les navigateurs antérieurs au seizième siècle en ont rapporté bien d'autres, sans compter l'Eldorado, le poisson kraken, qu'on prenait pour une ile flottante, le vaisseau-fantôme, le dragon de Rhodes et le serpent de mer, tel qu'il a été *vu* par M. Jacques Arago.

Que ce dernier, le roi des canards, nous serve de transition pour arriver aux temps modernes.

Il fut encore une époque où les journaux n'étaient pas inventés, quoiqu'on eût trouvé déjà la poudre et l'imprimerie. Alors le canard tenait lieu de journaux. La politique avait peu d'intérêt pour les habitants des villages et des campagnes; l'Hydre de l'anarchie, le Vaisseau de l'État, l'Ouragan populaire n'étaient pas encore capables d'émouvoir ces attentions ignorantes ; elles se portaient plus agréablement sur des fictions moins académiques. — Le loup-garou, le moine-bourru, la bête du Gévaudan, tels étaient les sujets principaux que la gravure, la légende et la complainte se chargeaient d'immortaliser.

Ceci est du Louis XV ; mais déjà le sieur Renaudot avait fondé la *Gazette de France*, et le sieur Visé le *Mercure galant ;* — le canard allait avoir un domicile fixe... le journalisme était créé !

Le premier canard répandu par les journaux a été la dent d'or. Un enfant était né avec une dent d'or; le fait fut constaté, prouvé, étudié par les académies; on publia des mémoires pour et contre. — Plus tard il fut reconnu que la dent était seulement plaquée; mais personne ne voulut croire à cette explication.

Il y eut encore l'accouchement phénoménal d'une comtesse de Hollande, mère de trois cents enfants, qui furent tous baptisés.

Les journaux officiels s'augmentèrent peu pendant le dix-huitième siècle; le *Journal de Trévoux*, le *Journal des Savants*, semèrent force canards scientifiques dans la société d'alors; les Mémoires secrets de Collé et le Recueil de Bachaumont ne négligeaient pas non plus ce sous-genre intéressant.

La Révolution avait le culte du vrai. Le canard eût été dangereux à cette époque; on le garda pour des temps meilleurs.

L'Empire en avait beaucoup connu (des canards) le long des temples de Karnac, sur les obélisques et généralement dans les pays étrangers..... La grande armée en rapportait quelquefois dans ses foyers, mais en admettait extrêmement peu dans ses lectures.

Il était donné à la Restauration de réinstaller le canard dans la publicité parisienne. — Le premier et le plus beau après 1814 fut la femme à la tête de mort.

Cette créature bizarre avait du reste un corps superbe et deux ou trois millions de dot. Les journaux donnaient son adresse, mais elle ne recevait pas. On se tuait à sa porte, on soupirait sous ses fenêtres, on attaquait en vers et en prose sa vertu et ses millions. Plusieurs devinrent sérieusement amoureux et la demandèrent sans dot, pour elle-même. — Un Anglais l'enleva enfin, et fut très-désappointé de trouver, au lieu d'une tête de mort, une figure assez jolie, qui avait spéculé sur une réputation de laideur pour se faire trouver charmante. — O illusion!

Qui ne se souvient encore de l'invalide *à la tête de bois!*

Les journaux se multiplièrent... le canard s'agrandit: le *Constitutionnel*, le *Courrier* et les *Débats* étaient encore bien petits cependant.

Mais dans l'intervalle des sessions, durant les longs mois des vacances politiques et judiciaires, ils sentirent le besoin de donner à la curiosité un aliment capable de soutenir l'abonnement compromis. Ce fut alors que l'on vit reparaître triomphalement le grand serpent de mer oublié depuis le moyen âge et les voyages de Marco Polo, — auquel on ne tarda pas à admettre la grande et véritable araignée de mer, qui tendait ses toiles aux

vaisseaux et dont un lieutenant portugais coupa vaillamment, à coups de hache, une patte monstrueuse qui fut rapportée à Lisbonne.

Ajoutez à cela une collection intéressante de centenaires et de bicentenaires, de veaux à deux têtes, d'accouchements bizarres et autres canetons des petits jours.

Quelques-uns avaient une teinte politique : tel était le bateau sous-marin destiné à tirer Napoléon de son île; puis le soldat de l'Empire, échappé de la Sibérie, qui se mettait en marche généralement vers le mois de septembre.

D'autres avaient rapport aux arts ou à la science : ainsi l'araignée dilettante, les pluies de têtards, un Anglais couvant des œufs de canard — par affection pour leur mère, — le crapaud trouvé dans un mur bâti depuis plusieurs siècles, et autres qui ont fait le charme de notre enfance constitutionnelle.

N'oublions pas que les journaux n'avaient alors que deux colonnes. Leur agrandissement fut marqué presque à la fois par les histoires de Clara Vandel, de Gaspard Hauser et du brigand Schubry.

On ne pouvait aller plus haut en fait d'intérêt sérieux : notez que jusqu'alors tout le monde croyait au canard, même celui qui l'écrivait.

Le premier qui inventa le canard ironique fut un ennemi des portiers.

Il paraît avoir eu à se plaindre d'un de ces fonctionnaires. Sa vengeance fut atroce; il déposa la note suivante dans la boîte d'un journal :

« Un ébéniste du faubourg Saint-Antoine, en débitant un bloc d'acajou,
« a trouvé dans l'intérieur un espace vide occupé par un serpent qui pa-
« raissait engourdi et qu'on est parvenu à ranimer... Le serpent et le tronc
« d'acajou sont visibles rue de la Roquette, n.... Le concierge de la maison
« se fera un vrai plaisir de les montrer aux curieux. »

Cette mystification, renouvelée depuis sous d'autres formes, eut des suites terribles; le portier, ahuri par l'insistance quotidienne des visiteurs et
surtout de quelques Anglais, qui le soupçonnaient de leur cacher le serpent
par un sentiment de haine nationale, finit, dit-on, par attenter à ses jours.

Nous avons successivement fait connaissance avec la négresse Cécily,
rivale de mademoiselle Mars dans la co-
médie, la femme-corsaire, la chute des
rochers du Niagara, *les habitants de
la lune*, la découverte, à Nérac, des
bas-reliefs de Tétricus, roi des Gaules.
Ces derniers, qui furent le sujet d'une
foule de dissertations académiques,
étaient, comme on sait, l'ouvrage d'un
vitrier gascon qui les avait enterrés et
qui se fit connaître quand l'Institut se
fut prononcé favorablement sur l'antiquité de ces morceaux.

Le canard fut souvent un moyen ministériel pour détourner l'attention
d'une question compromettante ou d'un
budget monstrueux.

Vous voyez que cela continue à tourner dans le cercle des mystifications.
Sous ce rapport, la province sembla
un instant détrôner Paris. Le *Sémaphore de Marseille* inventa les corsaires
du Rhône. Ces forbans, venus de la
Méditerranée, avaient pu remonter jus-
qu'à Beaucaire et avaient enlevé toutes les vierges de la ville pour le service du pacha de Négrepont.

C'était à l'époque des *Orientales*, Paris fut épouvanté. Le ministre de l'intérieur écrivit à Nîmes; il réprimanda le préfet, qui écrivit à son tour au procureur du roi de Tarascon, lui demandant ce qu'il faisait en présence de tels événements. Ce dernier se transporta sur les lieux en traversant le Rhône, apprit la fausseté de la nouvelle et répondit que jamais corsaires n'avaient osé enlever des vierges à Beaucaire, et même qu'on doutait qu'il y en eût. — Le préfet se hâta de rassurer Paris, qui ne s'en tint pas plus en garde contre les nouvelles du *Sémaphore*.

C'est à Méry qu'il faut entendre raconter l'histoire du duel de Mascrédati et de Buffi, deux illustres savants italiens, qui sont maintenant dans toutes les biographies, — et n'ont jamais existé, et celle de l'orpheline Juliah, qui, il y a quelques mois, tint Paris en haleine et l'univers en émoi !

Dans cet immense *hoax* méridional toute une province fut complice de son journal favori. Les Marseillais de Paris s'entendaient pour nous mystifier, les autres écrivaient lettres sur lettres pour ajouter à notre anxiété.

On sait qu'il avait été constaté à Marseille, par un congrès de savants, que Juliah ne parlait aucune langue connue.

Mais voici où Paris reconquit sa supériorité :

« Vous dites, fut-il répondu aux descendants des Phocéens, que Juliah
« ne parle aucune langue connue à Marseille?... Mais peut-être est-ce sim-
« plement qu'elle parle le français. »

Le *Sémaphore* n'a point répliqué.

Au fond, si quelquefois le canard naît dans la province, reconnaissons qu'il ne peut exister qu'à Paris; c'est de là qu'il part, c'est là qu'il revient sous une forme nouvelle, après avoir fait le tour du monde. Mais ce qui est étrange, c'est que le canard, fruit de l'accouplement du paradoxe et de la fantaisie, finit toujours par se trouver vrai. — Schiller a écrit que Colomb ayant rêvé l'Amérique, Dieu avait fait sortir des eaux cette terre nouvelle, afin que le génie ne fût point convaincu de mensonge! — Tout génie à part, on peut dire que l'homme n'invente rien qui ne soit produit ou ne se produise dans un temps donné.

Un journal avait imaginé une petite fille qui portait inscrite autour de ses prunelles cette légende : « Napoléon, empereur. » Trois ans après, l'enfant était visible sur le boulevard : nous l'avons vue.

Gaspard Hauser et le brigand Schubry sont devenus réels à force d'avoir été inventés. — Les poëtes anciens ont cru imaginer le dragon : M. Brongniard en a retrouvé les ossements à Montmartre, et l'appelle Ptérodactyle.

On croyait le dauphin fabuleux, des naturalistes italiens viennent d'en retrouver un squelette entier dans une gorge des Apennins. On a douté de la sirène antique : — peu de gens savent qu'il en existe trois, conservées sous verre, au musée royal de La Haye, sous le n° 449, et pêchées par les Hollandais dans les mers de Java.

Vous verrez qu'à force de percer la terre avec des outils-Mulot, l'on découvrira dans son intérieur la planète *Nazor*, éclairée d'un soleil souterrain, magnifique canard inventé au seizième siècle par Nicolas Klimius, dans son *Iter subterraneum*.

Après tout, cette planète Nazor existe sans doute, — et doit être tout bonnement l'enfer... Mais Flammèche le sait mieux que nous !

Ceci est un canard suprême ; il n'y a rien au delà.

GÉRARD DE NERVAL.

UN GAUDISSART DE LA RUE RICHELIEU.

LES COMÉDIES QU'ON PEUT VOIR GRATIS A PARIS.

Savoir vendre, pouvoir vendre, et vendre!

Le public ne se doute pas de tout ce que Paris doit de grandeurs à ces trois faces du même problème.

L'éclat de magasins aussi riches que les salons de la noblesse avant 1789, la splendeur des cafés qui souvent efface, et très-facilement, celle du néo-Versailles, les poëmes des étalages détruits tous les soirs, reconstruits tous les matins; l'élégance et la grâce des jeunes gens en communication avec les acheteuses, les piquantes physionomies et les toilettes des jeunes filles qui doivent attirer les acheteurs; et enfin, récemment, les profondeurs, les espaces immenses et le luxe babylonien des galeries où les marchands monopolisent les commerces en les spécialisant, tout ceci n'est rien!... Il ne s'agit encore que de plaire à l'organe le plus avide et le plus blasé qui se soit développé chez l'homme depuis la société romaine, et dont l'exigence est devenue sans bornes, grâce aux efforts de la civilisation la plus raffinée. Cet organe, c'est *l'œil des Parisiens!*...

Cet œil consomme des feux d'artifice de cent mille francs, des palais de deux kilomètres de longueur sur soixante pieds de hauteur en verres multicolores, des féeries à quatre théâtres tous les soirs, des panoramas renaissants, des expositions continuelles, des mondes de douleurs, des univers de joie en promenade sur les boulevards ou errants par les rues ; des encyclopédies de guenilles au carnaval, vingt ouvrages illustrés par an, mille caricatures, dix mille vignettes, lithographies et gravures. Cet œil lampe pour quinze mille francs de gaz tous les soirs ; enfin, pour le satisfaire, la ville de Paris dépense annuellement quelques millions en points de vues et en plantations.

Et ceci n'est rien encore !.. ce n'est que le côté matériel de la question. Oui, c'est, selon nous, peu de chose en comparaison des efforts de l'intelligence, des ruses, dignes de Molière, employées par les soixante mille commis et les quarante mille demoiselles qui s'acharnent à la bourse des acheteurs, comme les milliers d'ablettes aux morceaux de pain qui flottent sur les eaux de la Seine.

Le Gaudissart sur place est au moins égal en capacités, en esprit, en raillerie, en philosophie, à l'illustre commis voyageur devenu le type de sa tribu. Sorti de son magasin, de sa partie, il est comme un ballon sans son gaz ; il ne doit ses facultés qu'à son milieu de marchandises, comme l'acteur n'est sublime que sur son théâtre.

Quoique relativement aux autres commis marchands de l'Europe, le commis français ait plus d'instruction qu'eux, qu'il puisse au besoin parler asphalte, bal Mabille, polka, littérature, livres illustrés, chemins de fer, politique, Chambres et révolution, il est excessivement sot quand il quitte son tremplin, son aune, et ses grâces de commande ; mais, là, sur la corde roide du comptoir, la parole aux lèvres, l'œil à la pratique, le châle à la main, il éclipse le grand Talleyrand ; il a plus d'esprit que Désaugiers, il a plus de finesse que Cléopâtre, il vaut Monrose doublé de Molière. Chez lui, Talleyrand eût joué Gaudissart ;

mais, dans son magasin, Gaudissart aurait joué Talleyrand. Expliquons ce paradoxe par un fait.

Deux jolies princesses babillaient aux côtés du prince, elles voulaient un bracelet. On attendait, de chez le plus célèbre bijoutier de Paris, un commis et des bracelets. Un Gaudissart arrive muni de trois bracelets, trois merveilles, entre lesquelles les deux princesses hésitent. Choisir ! c'est l'éclair de l'intelligence. Hésitez-vous ?... tout est dit, vous vous trompez. Le goût n'a pas deux inspirations. Enfin, après dix minutes, le prince est consulté; il voit les deux duchesses aux prises avec les mille facettes de l'incertitude entre les deux plus distingués de ces bijoux; car, de prime abord, il y en eut un d'écarté. Le prince ne quitte pas sa lecture, il ne regarde pas les bracelets, il examine le commis.

— Lequel choisiriez-vous pour votre bonne amie? lui demande-t-il.

Le jeune homme montre un des deux bijoux.

— En ce cas, prenez l'autre, vous ferez le bonheur de deux femmes, dit le plus fin des diplomates modernes.

Les deux jolies femmes sourient, et le commis se retire ravi du cadeau fait si délicatement à sa maîtresse par le prince.

Une femme descend de son brillant équipage arrêté rue Richelieu, devant un de ces somptueux magasins où l'on vend des châles; elle est accompagnée d'une autre femme. (Les femmes sont presque toujours deux pour ces sortes d'expéditions). Elles se promènent souvent dans trois magasins avant de se décider; et, dans l'intervalle de l'un à l'autre, elles se moquent de la petite comédie que leur jouent les commis.

Examinons qui joue le mieux son personnage, ou de l'acheteuse ou du vendeur; qui des deux l'emporte dans ce petit vaudeville.

Quand il s'agit de peindre le plus grand fait du commerce parisien, la vente! on doit produire un type en y résumant la question. Or, en ceci, le châle ou la châtelaine de mille écus causeront plus d'émotions que la pièce de batiste, que la robe de trois cents francs. Mais, ô étrangers des deux mondes! si toutefois vous lisez cette physiologie de la facture, sachez que cette scène se joue dans les magasins de nouveautés pour du barége à deux francs ou pour de la mousseline peinte à quatre francs le mètre!

Comment vous défierez-vous, madame la comtesse, de ce joli tout jeune homme, à la joue veloutée et colorée comme une pêche, aux yeux candides, vêtu presque aussi bien que votre... votre... cousin, et doué d'une voix douce comme la toison qu'il vous déplie? Il y en a trois ou quatre ainsi.

L'un à l'œil noir, à la mine décidée, qui vous dit : — « Voilà ! » d'un air impérial.

L'autre aux yeux bleus, aux formes timides, aux phrases soumises, et dont on dit : — Pauvre enfant! il n'est pas né pour le commerce!...

Celui-ci châtain clair, l'œil jaune et rieur, à la phrase plaisante, et doué d'une activité méridionale.

Celui-là rouge fauve, à barbe en éventail, roide comme un communiste, sévère, imposant, à cravate fatale, à discours brefs.

Ces différentes espèces de commis, qui répondent aux principaux caractères de femme, sont les bras de leur maître, un gros bonhomme à figure épanouie, à front demi-chauve, à ventre de député ministériel, quelquefois

décoré de la Légion d'honneur pour avoir maintenu la supériorité du métier français, offrant des lignes d'une rondeur satisfaisante, ayant femme, enfants, maison de campagne, son compte à la Banque. Ce personnage descend dans l'arène à la façon du *deus ex machinâ*, quand l'intrigue trop embrouillée exige un dénoûment subit.

Ainsi les femmes sont environnées de bonhomie, de jeunesse, de gracieusetés, de sourires, de plaisanteries, de ce que l'humanité civilisée offre de plus simple, de décevant, le tout arrangé par nuances pour tous les goûts.

Un mot sur les effets naturels d'optique, d'architecture, de décor, un mot court, décisif, terrible.

Le livre où vous lisez cette page instructive se vend rue Richelieu, 76, en ce moment; car il se vendra plus tard dans toutes les librairies de l'univers. Cette élégante boutique, blanc et or, vêtue de velours rouge, est desservie, comme un temple, par deux jeunes *élèves* en relations, au jour de l'an, avec tout Paris. (Ah! ils ont des Eucologes, des Paroissiens, des Livres de messe et de mariage, de Première communion, des Mois de Marie, des Évangiles, des Imitations, des Quinzaines de Pâques d'une variété comparable à celle des roses, des dahlias, des œillets, des reines-marguerites de l'horticulture.) Eh bien! cette boutique bariolée d'images possédait une pièce en entre-sol où le jour vient en plein de la rue de Ménars, et vient, comme chez un peintre, franc, pur, net, toujours égal à lui-même.

Quel flâneur n'a pas admiré le Persan, ce roi d'Asie qui se carre à l'angle de la rue de la Bourse et de la rue Richelieu, chargé de dire *urbi et orbi*: — Je règne plus tranquillement ici qu'à Lahore. Dans cinq cents ans, cette sculpture au coin de deux rues pourrait, sans cette immortelle analyse, occuper les archéologues, faire écrire des volumes in-quarto avec figures, comme celui de M. Quatremère sur le Jupiter Olympien, et où l'on démontrerait que Napoléon a été un peu Sophi dans quelque contrée d'Orient avant d'être empereur des Français.

Eh bien! ce riche magasin a fait le siége de ce pauvre petit entresol; et, à coups de billets de banque, il s'en est emparé. La Comédie Humaine, le Diable à Paris ont cédé la place à la comédie des cachemires et au Diable des femmes. Le Persan a sacrifié quelques diamants de sa couronne pour obtenir cette lumière, ce jour. Ce rayon de soleil augmente la vente de cent pour cent, à cause de son influence sur le jeu des couleurs, il met en relief toutes les séductions des châles; c'est une lumière irrésistible, c'est un rayon d'or!

Sur ce fait, jugez de la mise en scène de tous les magasins de Paris!...

Revenons à ces jeunes gens, à ce quadragénaire décoré, reçu par le roi des Français à sa table, à ce premier commis à barbe rousse, à l'air autocratique! Ces Gaudissarts émérites se sont mesurés avec mille caprices par semaine, ils connaissent toutes les vibrations de la corde-cachemire dans le cœur des femmes. Quand une lorette, une dame respectable, une jeune mère de famille, une lionne, une duchesse, une bonne bourgeoise, une danseuse effrontée, une innocente demoiselle, une trop innocente étrangère se présentent, chacune d'elles est aussitôt analysée par ces sept ou huit hommes qui l'ont étudiée au moment où elle a sorti le bout de son nez ou de son pied hors de la voiture, où elle a mis la main sur le bec-de-cane de la boutique, et qui stationnent aux fenêtres, au comptoir, à la porte, à un angle, au milieu du magasin, en ayant l'air de penser aux joies d'un dimanche échevelé; en les examinant, on se demande même : — A quoi peuvent-ils penser?

La bourse d'une femme, ses désirs, ses intentions, sa fantaisie, sont mieux fouillées alors en un moment que les douaniers ne fouillent une voiture suspecte à la frontière, en sept quarts d'heure. Ces intelligents gaillards, sérieux comme des pères nobles, ont tout vu : les détails de la mise, une invisible empreinte de boue à la bottine, une passe arriérée, un ruban de chapeau sale ou mal choisi, la coupe et la façon de la robe, le neuf des gants, la robe coupée par les intelligents ciseaux de madame Soynard, le bijou de Janisset, la babiole à la mode, enfin tout ce qui peut dans une femme trahir sa qualité, sa fortune, son caractère. Frémissez! Jamais ce sanhédrin de Gaudissarts, présidé par le patron, ne se trompe. Puis, les idées de chacun sont transmises de l'un à l'autre avec une rapidité télégraphique par des regards, par des tics nerveux, des sourires, des mouvements de lèvres, que, les observant, vous diriez de l'éclairage soudain de la grande avenue des Champs-Élysées, où le gaz vole de candélabre en candélabre comme cette idée allume les prunelles de commis en commis.

Et aussitôt, si c'est une Anglaise, le Gaudissart sombre, mystérieux et fatal s'avance, comme un personnage romanesque de lord Byron.

Si c'est une bourgeoise, on lui détache le plus âgé des commis, il lui montre cent châles en un quart d'heure, il la grise de couleurs, de dessins ; il lui déploie autant de châles que le milan décrit de tours sur un lapin ; et, au bout d'une demi-heure, étourdie et ne sachant que choisir, la digne bourgeoise, flattée dans toutes ses idées, s'en remet au commis qui la place entre les deux marteaux de ce dilemme et les égales séductions de deux châles :

— Celui-ci, madame, est très-avantageux, il est vert-pomme, la couleur à la mode ; mais la mode change, tandis que celui-ci (le noir ou le blanc, dont la vente est urgente), vous n'en verrez pas la fin, et il peut aller avec toutes les toilettes.

Ceci est l'*a b c* du métier.

— Vous ne sauriez croire combien il faut d'éloquence dans cette chienne de partie, nous dit le premier Gaudissart de l'établissement où nous entrâmes rue Richelieu et avec qui j'avais eu plus d'une rencontre, le dimanche, dans les parties fines. Tenez, vous êtes des artistes discrets, on peut vous parler des ruses de notre patron qui, certainement est l'homme le plus fort que j'aie vu. Je ne parle pas comme fabricant, M. Fritot est le premier ; mais, comme vendeur, il a inventé le châle-Sélim, *un châle impossible à vendre*, et que nous vendons toujours. Nous gardons dans une boîte de bois de cèdre, très-simple, mais doublée de satin, un châle de cinq à six cents francs, un des châles envoyés par Sélim à l'empereur Napoléon. Ce châle, c'est notre Garde-Impériale, on le fait avancer en désespoir de cause : *il se vend et ne meurt pas.*

En ce moment, une Anglaise déboucha de sa voiture de louage et se montra dans le beau idéal de ce flegme particulier à l'Angleterre et à tous ses produits prétendus animés. Vous eussiez dit la statue du commandeur marchant par certains soubresauts d'une disgrâce fabriquée à Londres dans toutes les familles avec un soin national.

— L'Anglaise, nous dit-il à l'oreille, est notre bataille de Waterloo. Nous avons des femmes qui nous glissent des mains comme des anguilles, on les rattrape sur l'escalier ; des lorettes qui nous *blaguent*, on rit avec elles, et on les tient par le crédit ; des étrangères indéchiffrables chez qui l'on porte plusieurs châles et avec lesquelles on s'entend en leur débitant des flatteries; mais l'Anglaise, c'est s'attaquer au bronze de la statue de Louis XIV... Ces femmes-là se font une occupation, un plaisir de marchander... Elles nous font poser, quoi!...

Le commis romanesque s'était avancé.

— Madame souhaite-t-elle son châle des Indes ou de France? dans les hauts prix, ou...

— Je verrai (*véraie*).

— Quelle somme madame y consacre-t-elle?

— Je verrai (*véraie*).

En se retournant pour prendre les châles et les étaler sur un portemanteau, le commis jeta sur ses collègues un regard significatif (Quelle scie!) accompagné d'un imperceptible mouvement d'épaules.

— Voici nos plus belles qualités en rouge des Indes, en bleu, en jaune-orange, tous sont de dix mille francs... Voici ceux de cinq mille et ceux de trois mille.

L'Anglaise, d'une indifférence morne, lorgna d'abord tout autour d'elle avant de lorgner les trois exhibitions, sans donner signe d'approbation ou d'improbation.

— Avez-vous d'autres? demanda-t-elle (*havai-vo-d'hôte*).

— Oui, madame; mais madame n'est peut-être pas bien décidée à prendre un châle?

— Oh! (*hâu*) très-décidée (*trei-deycidai*).

Et le commis alla chercher des châles d'un prix inférieur; mais il les étala solennellement, comme des choses dont on semble dire ainsi : — Attention à ces magnificences!

— Ceux-ci sont beaucoup plus chers, dit-il, ils n'ont pas été portés, ils sont venus par courriers et sont achetés directement aux fabricants de Lahore.

— Oh! je comprends, dit-elle, ils me conviennent beaucoup mieux.

Le commis resta sérieux, malgré son irritation intérieure qui nous gagnait. L'Anglaise, toujours froide comme du cresson, semblait heureuse de son flegme.

— Quel prix? dit-elle en montrant un châle bleu céleste couvert d'oiseaux nichés dans des pagodes.

— Sept mille francs.

Elle le prit, s'en enveloppa, se regarda dans la glace, et dit en le rendant : — Non, je n'aime pas.

Un grand quart d'heure se passa dans des essais infructueux.

— Nous n'avons plus rien, madame, dit le commis en regardant son patron.

— Madame est difficile comme toutes les personnes de goût, dit le chef de l'établissement en s'avançant avec ces grâces boutiquières où le prétentieux et le patelin se mélangent agréablement.

L'Anglaise prit son lorgnon et toisa le fabricant de la tête aux pieds, sans vouloir comprendre que cet homme était éligible et dînait aux Tuileries.

— Il ne me reste qu'un seul châle, mais je ne le montre jamais, reprit-il, personne ne l'a trouvé de son goût, il est très-bizarre ; et, ce matin, je me proposais de le donner à ma femme; nous l'avons depuis 1805, il vient de l'impératrice Joséphine.

— Voyons, monsieur.

— Allez le chercher! dit le patron à un commis, il est chez moi....

— Je serais beaucoup (*bocop*), très-satisfaite de le voir, répondit l'Anglaise.

Cette réponse fut comme un triomphe, car cette femme splénique paraissait sur le point de s'en aller. Elle faisait semblant de ne plus nous voir, quoiqu'elle nous regardât avec hypocrisie, en abritant sa prunelle par la monture de son lorgnon.

— Il a coûté soixante mille francs en Turquie, madame.

— Oh! (*Hâu.*)

— C'est un des sept châles envoyés par Sélim, avant sa catastrophe, à l'empereur Napoléon. L'impératrice Joséphine, une créole, comme milady le sait, très-capricieuse, le céda contre un de ceux apportés par l'ambassadeur turc et que mon prédécesseur avait achetés... Je n'en ai jamais trouvé le prix; car, en France, nos femmes ne sont pas assez riches ; ce n'est pas comme en Angleterre... il vaut sept mille francs qui, certes, en représentent quatorze ou quinze par les intérêts composés...

— Composé de quoi ? dit l'Anglaise. (*Konppôsui dé quoâ?*)

— Voici, madame.

Et le patron, en prenant des précautions que les démonstrateurs du

Green-welt de Dresde eussent admirées, ouvrit avec une clef minime une boîte carrée en bois de cèdre dont la forme et la simplicité firent une profonde impression sur l'Anglaise. De cette boîte, doublée en satin noir, il sortit un châle d'environ quinze cents francs, d'un jaune d'or, à dessins noirs, dont l'éclat n'était surpassé que par la bizarrerie des inventions indiennes.

—*Splendid!* dit l'Anglaise, il est vraiment beau... Voilà mon idéal (*idéol*) de châle, *it is véry*...

Le reste fut perdu dans la pose de madone qu'elle prit pour montrer ses yeux sans chaleur qu'elle croyait beaux.

— L'empereur Napoléon l'aimait beaucoup...

— *Bocop*, répéta-t-elle.

Elle prit le châle, le drapa sur elle, s'examina. Le patron reprit le châle, vint au jour le chiffonner, le mania, le fit reluire; il en joua comme Listz joue du piano.

— C'est *very fine, beautiful, sweet!* dit l'Anglaise, de l'air le plus tranquille.

Nous échangeâmes tous des regards de plaisir qui signifiaient : « Le châle est vendu. »

— Eh bien! madame? demanda le négociant en voyant l'Anglaise absorbée dans une sorte de contemplation infiniment trop prolongée.

— Décidément, dit-elle, j'aime mieux une *vôtçure!*...

Un même soubresaut anima les commis silencieux et attentifs, comme si quelque fluide électrique les eût touchés.

— J'en ai une bien belle, madame, répondit tranquillement le patron, elle me vient d'une princesse russe, la princesse de Narzicoff, qui me l'a laissée en paiement de fournitures; si madame voulait la voir, elle en serait émerveillée; elle est neuve, elle n'a pas roulé, il n'y en a pas de pareille à Paris.

La stupéfaction des commis fut contenue par leur profonde admiration.

— Je veux bien, répondit-elle.

— Que madame garde sur elle le châle, dit le négociant, elle en verra l'effet en voiture.

Le négociant alla prendre ses gants et son chapeau.

— Comment cela va-t-il finir?... dit le premier commis en voyant son patron offrant sa main à l'Anglaise et s'en allant avec elle dans la calèche de louage.

Ceci, pour nous, eut l'attrait d'une fin de roman, outre l'intérêt particulier de toutes les luttes, même minimes, entre l'Angleterre et la France. Vingt minutes après, le patron revint.

— Allez hôtel Lawson, voici la carte : Mistriss Noswell. Portez la facture que je vais vous donner, il y a six mille francs à recevoir.

— Et comment avez-vous fait? dis-je en saluant ce roi de la facture.

— Eh! monsieur, j'ai reconnu cette nature de femme excentrique, elle aime à être remarquée. Quand elle a vu que tout le monde regardait son châle, elle m'a dit : — Décidément gardez votre voiture, monsieur, je prends le châle. Pendant que monsieur, dit-il en montrant le commis romanesque, lui dépliait des châles, j'examinais ma femme, elle vous lorgnait pour savoir quelle idée vous aviez d'elle ; elle s'occupait beaucoup plus de vous que des châles. Les Anglaises ont un dégoût particulier, car on ne peut pas dire un goût ; elles ne savent ce qu'elles veulent, et se déterminent à prendre une chose marchandée plutôt par une circonstance fortuite que par vouloir. J'ai reconnu l'une de ces femmes ennuyées de leurs maris, de leurs marmots, vertueuses à regret, quêtant des émotions, et toujours posées en saules pleureurs...

Voilà littéralement ce que nous dit le chef de l'établissement, et ce qui nous autorise à soutenir que dans un négociant de tout autre pays il n'y a qu'un négociant, tandis qu'en France, et surtout à Paris, il y a un homme sorti d'un collége royal, instruit, aimant ou les arts, ou la pêche ou le théâtre, ou dévoré du désir d'être le successeur de M. Cunin-Gridaine, ou colonel de la garde nationale, ou membre du conseil général de la Seine, ou juge au tribunal de commerce.

— Monsieur Adolphe, dit la femme du fabricant à son petit commis blond, allez commander une boîte de cèdre chez le tabletier.

— Et, dit le commis en nous reconduisant, nous allons voir lequel de nos vieux châles peut jouer le rôle du châle-Sélim.

DE BALZAC.

LE DIMANCHE A PARIS

LES PLAISIRS
DU DIMANCHE.

Vue prise à midi vingt-cinq
chez un employé qui se lève tous les jours
à 6 heures dans la semaine.

Préposé aux mousselines-laines.

Endimanché !

M. Dimanche et la famille de M. Dimanche.

Élève de quatrième, très-fort,
sorti par faveur.

Cuisinière de
bonne maison. — Sortie
de quinzaine.

Un séminariste
qui va voir sa tante.

BERTALL.

LE DIMANCHE A PARIS.
— A LA CAMPAGNE. —

Gentleman-rider, visible
tous les jours de sept à cinq dans les salons
de la ville de Paris.

Épisode de la vie bourgeoise.
Voyage
où il vous plaira.

Voyage au long cours. — De Paris à Saint-Cloud.

Au milieu du Champs-de-Mars.
— Course au clocher. —

CONCLUSION
trop usitée.

Petit blanc à douze,
ou cachet vert à quinze.

BERTALL.

POURQUOI ON QUITTE PARIS.

Écrit en vue de Berg-op-Zoom.

On quitte sa maîtresse pour en prendre une autre ; — on cherche bientôt la première dans la seconde. — On quitte Paris pour quelque autre pays ; — en quelque lieu qu'on aille on cherche à retrouver Paris, car Paris est à l'intelligence française ce que la femme est au cœur de l'homme.

Un beau matin on s'imagine qu'on va s'ennuyer à Paris, un journal vous parle de la mer du Nord, alors vous pensez à l'Orient et vous partez. — Il est toujours bon de partir, ne fût-ce que pour voir un peu ses amis dans le lointain. Vous voilà en route — sur le chemin de fer, en poste, sur le bateau. Vous voyez des arbres qui passent, des troupeaux qui ruminent, des pigeons qui battent des ailes. — Vous allez ; vous voyez des oiseaux qui passent, des horizons clairs ou vaporeux, des villes qui ont l'air d'être là à s'ennuyer depuis la création du monde. — Vous allez toujours et toujours les mêmes tableaux. Vous êtes dans l'enthousiasme. Vous regrettez de n'avoir pas la palette d'un Claude Lorrain ou d'un Ruysdael. Vous plaignez ces pauvres Parisiens qui étudient le monde en lisant les gazettes et ne voient le ciel qu'en passant le pont des Arts. Vous vous arrêtez dans une ville où tout ce qu'il y a de charmant vient de Paris. La première chose que vous demandez c'est un journal de Paris. Vous vous promenez par la ville ; vous finissez par rencontrer une figure de femme qui vous séduit ; vous alliez l'admirer quand on vous apprend que c'est une femme qui vient de Paris. On va en Orient pour y étudier les costumes : on y trouve les Turcs qui suivent rigoureusement les modes de Paris ; on va en Allemagne pour y étudier la littérature : on y voit représenter sur les théâtres *les Bohémiens de Paris* et on y lit dans les journaux les *Mystères de Paris ;* on va à Berg-op-Zoom pour y étudier (il faut bien préparer son chemin à l'Institut) les danses à caractères des matelots hollandais, et on y voit danser la polka de Cellarius. — Toujours Paris, Paris partout. — De sorte que s'il me fallait répondre à cette question : *Pourquoi quitte-t-on Paris?* je répondrais : *Pour voir Paris.*

Car, il faut oser le dire, le pays le moins exploré aujourd'hui c'est Paris lui-même. Un poëte a dit aux philosophes : N'allez pas vous perdre dans les mers lointaines de la métaphysique, ô vous qui mourez sans avoir fait le tour de vous-mêmes ! Ne pourrait-on pas dire aux Parisiens qui voyagent : Pourquoi faites-vous tant de chemin avant de voyager dans Paris? L'Orient n'est plus qu'à Paris, à Paris seul sont les forêts vierges ; rien de nouveau sous le soleil, si ce n'est sous le soleil de Paris.

ARSÈNE HOUSSAYE.

AUTRE POINT DE VUE.

Harlem.

Cependant je commence à croire que je me suis trompé; il serait plus juste de dire que Paris n'existe pas. J'ai plus d'une bonne raison pour nier Paris. Un homme n'existe que par son caractère, une femme que par sa physionomie, un poëte (c'est tout à la fois un homme et une femme) n'existe que par son originalité; or, les villes sont comme les poëtes, les femmes et les hommes. Quel est le caractère, quelle est la physionomie, quelle est l'originalité de Paris? J'ai dit qu'on trouvait Paris partout, c'est un paradoxe absurde qui ne pouvait venir qu'à mon esprit. On ne trouve Paris nulle part et moins encore à Paris qu'ailleurs. Piron, reconnaissant des vers de Corneille et de Racine dans une tragédie de Voltaire, les saluait avec respect. Moi, retrouvant dans *mes voyages* les modes, les coutumes, les aspects de Paris, je m'imagine retrouver ma bonne ville et j'ôte mon chapeau à ces vieilles connaissances; mais la vérité est que Paris a tout simplement pris aux autres pays ce qui le distingue aujourd'hui. Je m'habille à Paris comme on s'habille à Londres, tout à l'heure j'ai acheté une twine; je dîne avec du rosbif et du beef-steak; je fume, comme un Hollandais, des cigares de la Havane tout en buvant une choppe de bierre allemande; je danse la polka comme un Hongrois, je chante des airs de Rossini, je prends du thé, comme un Chinois, dans de la porcelaine de Saxe; je me passionne pour le vin du Rhin, pour la Grisi ou pour le vin d'Espagne; si j'ai une galanterie à faire à une Parisienne, je lui donne des cachemires des Indes et des dentelles de Flandre; si j'avais le temps d'avoir des chevaux, je les ferais venir d'Afrique ou d'Ecosse; si j'avais de l'esprit, on dirait que j'ai de l'*humour;* si jamais je suis décoré, ce sera du Nichan-Iftihar.

Mais je m'aperçois que ce second paradoxe détruit le premier. Pourquoi donc ai-je écrit le premier? Peut-être parce que je voulais écrire le second.

ARSÈNE HOUSSAYE.

LES PAROLES INUTILES.

Inutile dulci.

Que nous veut donc le bonhomme Horace avec son fameux précepte *utilitaire?* Et, dites-moi, Paris serait-il la première ville du monde, s'il n'était incomparable pour mêler l'inutile à l'agréable, *inutile dulci?* . . . . .
. . . .

Assis auprès, tout auprès de cette aimable personne, je prêtais à ses paroles une oreille obéissante ; je l'écoutais sans mot dire, les yeux fixes à force d'être attentifs. Elle parlait doucement, mais couramment ; elle dévidait sans cesse ses mots et ses syllabes, qui se suivaient à intervalles égaux, comme les notes d'une musique ; vous eussiez dit un petit ruisseau découlant de ses lèvres, avec le gai murmure de rigueur. Aussi mes regards étaient-ils arrêtés sur cette jolie bouche animée par la parole, tandis qu'en mon oreille je recueillais toute la douceur de cette agréable voix.

Depuis, elle m'a fait l'aveu qu'elle prenait elle-même plaisir au son musical de sa propre voix, et je ris encore, quand je pense qu'après plus d'une demi-heure de paroles perlées, elle fit une pause pour me demander *si je n'étais point de son avis!!*

Mettez-vous donc à votre piano, et demandez-moi ensuite si je ne suis point de votre avis !

D'où il suit que les paroles inutiles offrent un rapport à deux termes, c'est-à-dire une inutilité à deux chefs : le chef de celui qui les prononce, le chef de celui qui les écoute.

La province a inventé, pour elle-même, le mot brutal de bavard : et tous les bavards que nous avons ici nous viennent directement de Gascogne ou de Belgique.

Un bavard, si nous y réfléchissons, c'est un homme qui parle seul, un bourreau de paroles, un usurpateur, un tyran de mots ; mais, ici, n'entendez-vous pas que nous parlons deux à la fois, pour le moins? Le bavard est violent, il fait des éclats de geste et de voix, il s'efforce inutilement, le sot, et c'est lui qui reproche aux Parisiens de parler bas.

Nous parlons comme nous vivons, comme nous respirons : est-ce notre faute si l'inutilité fait le fond de notre vie, et si les atomes frivoles emplissent l'espace?

En province, comment parler à l'aventure, lorsqu'il n'y a pas d'aventures? comment dépenser ses paroles lorsqu'on y peut à peine dépenser son argent? — Je vivais dans une ville de commerce, et les mots que j'entendais de droite et de gauche n'étaient que des noms de nombre ; le bordereau semblait être dans l'air. Par bonheur, ma fenêtre s'ouvrait sur le jardin d'une pension de petites filles, et deux fois par jour j'entendais un babillage d'oiseaux à l'heure de la récréation : rires étouffés, chuchotements, mots entrecoupés ; on se serait cru dans un salon ou dans une rue de Paris.

Évidemment ce sont les femmes qui ont donné le ton aux paroles parisiennes ; ce sont elles qui nous ont appris à étouffer notre voix, à dire des riens avec mystère ; ce sont elles aussi qui ont mêlé si bien la notion de *l'inutile* avec celle de l'agréable, que nous avons peine à les discerner l'une de l'autre, et que nous prenons maintenant pour une naïveté ce fameux *utile dulci* dont je parlais : mêler l'utile à l'inutile, voilà en somme le fin mot du précepte.

Verba volant..... et je n'imagine point, pour un Parisien, de plus cruelle infirmité que d'être bègue. Pour une Parisienne, ce serait affreux ; mais je doute qu'il y en ait un seul exemple.

Paroles d'avenir, paroles de souvenir, dissertations politiques, discussions morales, observations sur le cœur des femmes en général et les jambes de l'Opéra en particulier, théories littéraires, sonnets improvisés sur le trottoir, calculs effrénés de probabilités, calembours littéraires, gazette de la veille ou du lendemain, protestations mutuelles, offres de service, mêlées de fumée de tabac, etc...., qui pourrait dresser la liste complète de toutes ces paroles, sérieusement vaines, vainement sérieuses, et qui s'envolent à tire d'aile? — Et je ne compte pas ici les inutilités odieuses ou risibles :

— Un mari qui s'ouvre à son cousin sur les mérites de sa femme.
— Une femme qui chante à son amant la louange de son mari.
— Un député du centre qui se traite lui-même de conservateur intelligent.
— Un journaliste qui parle, avec bonne foi, de sa *mission !*
— Un chanteur qui parle.
— Un protecteur qui promet.
— Un sot qui interroge.
— Un poëte qui parle tout seul.
— Un vaudevilliste qui vous fait causer... pour vous prendre dans la bouche vos bons mots, si vous en dites.
— Un orateur qui vous raconte sa harangue passée.
— Un joli homme qui vous entretient de votre cravate.
— Etc., etc., etc.

Allez, venez, passez, courez tout au travers de ces discours sans but, sans suite et sans fin ; ayez l'oreille fine, saisissez ici une phrase, là un mot, plus loin une syllabe ; remplissez votre oreille de ces vaines paroles, mais prenez garde, passant, prenez garde qu'à l'improviste le mot égaré, le mot frivole, ne retombe sur votre cœur ! Un mot d'amour pour l'amoureux, une rime pour Boileau, un coq-à-l'âne pour le facétieux, une sottise pour le sage, un logogriphe pour l'amateur de rébus !

Reste encore le chapitre divertissant des *paroles inutiles utiles*, et j'en veux dialoguer quelques-unes, prises pour exemple du genre :

MADAME DE ***, *regardant son bouquet.*

Ces fleurs sont charmantes et bien précoces, à peine sommes-nous en avril...

M. ERNEST, *regardant madame de ***.*

Délicieuses !.. une fraîcheur ! un éclat !

MADAME DE ***, *levant les yeux et les baissant aussitôt.*

Un parfum exquis !

M. ERNEST, *rapprochant sa chaise du canapé par un mouvement imperceptible.*

Du reste, la saison est très-avancée cette année.

MADAME DE ***, *vivement.*

Oui, on le dit ; l'autre jour, au bois, il y avait des feuilles partout.

(*Elle lève les yeux, rencontre les regards de M. Ernest et rougit.*)
— *Moment de silence.* —

M. ERNEST, *d'une voix émue.*

Encore, madame, le bois est-il en arrière sur les Tuileries.

MADAME DE ***.

Vous croyez ?

(*Elle pose une de ses mains sur le canapé.*)

M. ERNEST, *chaudement.*

J'en suis sûr !

(*Il pose avec distraction sa main sur le bord du canapé, à deux doigts de celle de madame de ***.*)

MADAME DE ***, *respirant son bouquet..*

Je voudrais savoir comment les savants s'y prennent pour expliquer cela.

M. ERNEST.

Oh! madame, le sol, le ciel..... les différences de climat, de terrain.....

(*La main de M. Ernest touche celle de madame de ***.*)
— *Une pause.* —

MADAME DE ***, *les yeux extrêmement baissés.*

Pourtant, à de si petites distances...

M. ERNEST, *serrant la main de madame de ***.*

Oh! la petitesse des distances importe peu.

MADAME DE ***, *d'une voix altérée.*

C'est singulier!

(*M. Ernest baise la main de madame de ***.*)

. . . .

Mais on sonne chez moi; il est à peine huit heures du matin. Qui diable peut venir ainsi dès l'aube? Je pose ma plume, je vais ouvrir. Ah! c'est mon ami T..., un brave garçon qui, depuis dix ans, projette de devenir quelque chose en ce bas monde.

— Bonjour!

— Comment vas-tu?

— Je te dérange...

— Mon Dieu non; entre donc.

— Mon cher, j'étais venu te demander qu'est-ce que tu dirais à quelqu'un qui te conseillerait d'entrer dans la magistrature?

ALBERT AUBERT.

FEUILLETS DE L'ALBUM D'UN JEUNE RAPIN.

VOCATION.

Je ne répéterai pas cette charge trop connue qui fait commencer ainsi la biographie d'un grand homme : « Il naquit à l'âge de trois ans, de parents pauvres, mais malhonnêtes. » — Je dois le jour (le leur rendrai-je?) à des parents cossus, mais bourgeois, qui m'ont infligé un nom de famille ridicule, auquel un parrain et une marraine, non moins stupides, ont ajouté un nom de baptême tout aussi désagréable. — N'est-ce pas une chose absurde que d'être obligé de répondre à un certain assemblage de syllabes qui vous déplaisent? Soyez donc un grand maître en vous appelant Lamerluche, Tartempion ou Gobillard? A vingt ans l'on devrait se choisir un nom selon son goût et sa vocation. On signerait, à la manière des femmes mariées, Anafesto (né Falempin), Florizel (né Barbanchu), ainsi qu'on l'entendrait; de cette façon, des gens noirs comme des Abyssins ne s'appelleraient pas Leblanc, et ainsi de suite.

Mes père et mère, six semaines après que j'eus été sevré, prirent cette résolution commune à tous les parents de faire de moi un avocat, ou un médecin, ou un notaire. Ce dessein ne fit que se fortifier avec le temps. Il est évident que j'avais les plus belles dispositions pour l'un de ces trois états : j'étais bavard, je médicamentais les hannetons, et je ne cassais qu'au jour voulu les tirelires où je mettais mes sous ; — ce qui faisait pressentir la faconde de l'avocat, la hardiesse anatomique du médecin, et la fidélité du notaire à garder les dépôts. En conséquence, on me mit au collége, où j'appris peu de latin et encore moins de grec ; il est vrai que j'y devins un parfait éleveur de vers à soie, et que mes cochons d'Inde dépassaient pour l'instruction et la grâce du maintien ceux du Savoyard le plus habile. — Dès la troisième, ayant reconnu la vanité des études classiques, je m'adonnai au bel art de la natation, et j'acquis, après deux saisons de chair de poule et de coups de soleil, le grade éminent de caleçon rouge ; je piquais une tête sans faire jaillir une goutte d'eau ; je tirais la coupe marinière et la coupe sèche d'une façon très-brillante ; les maîtres de nage me faisaient l'honneur de m'admettre à leur payer des petits verres et des cigares ; je commençai même un poëme didactique en quatre chants et en vers latins, intitulé : *Ars natandi*. Malheureusement, la nage est un art d'été ; et l'hiver, pour me distraire des thèmes et des versions, j'illustrais de dessins à la plume les marges de mes cahiers et de mes livres ; je ne

puis évaluer à moins de six cent mille le nombre de vers à copier que cette passion m'attira ; j'avais du premier coup atteint les hauteurs de l'art primitif ; j'étais Byzantin, Gothique, et même, j'en ai peur, un peu Chinois ; je mettais des yeux de face dans des têtes de profil ; je méprisais la perspective et je faisais des poules aussi grosses que des chevaux : si mes compositions eussent été sculptées dans la pierre au lieu d'être griffonnées sur des chiffons de papier, nul doute que quelque savant ne leur eût trouvé les sens symboliques les plus curieux et les plus profonds. Je ne me rappelle pas sans plaisir une certaine chaumière avec une cheminée dont la fumée sortait en tire-bouchon, et trois peupliers pareils à des arêtes de sole frite, qui aujourd'hui obtiendraient le plus grand succès auprès des admirateurs de l'art naïf. A coup sûr, rien n'était moins maniéré.

De là, je passai à de plus nobles exercices : je copiai les quatre saisons au crayon noir, et les quatre parties du monde au crayon rouge. Je faisais des hachures carrées, en losange, avec un point au milieu. Ce qui me donna beaucoup de peine dans les commencements, c'est de réserver le point lumineux au milieu de la prunelle ; enfin j'en vins à bout, et je pus offrir à mes parents, le jour de leur fête, un soldat romain qui, à quelque distance, pouvait produire l'effet d'une gravure au pointillé ; la beauté du cadre les toucha, et je les vis près de s'attendrir ; mais mon père, après quelques minutes de rêverie profonde, au lieu de la phrase que j'attendais : « *Tu Marcellus eris !* » me dit, avec un accent qui me sembla horriblement ironique : « Tu seras avocat ! »

Il me fit prendre des inscriptions de droit qui servirent à motiver mes sorties, et me permirent d'aller assez régulièrement dans un atelier de peinture. Mon père, ayant découvert mon affreuse conduite, me lança un regard gros de menace, et me dit ces foudroyantes paroles qui retentissent encore à mon oreille comme les trompettes du jugement dernier : « Tu périras sur l'échafaud ! » C'est ainsi que se décida ma vocation.

D'APRÈS LA BOSSE.

Hélas ! voici bien longtemps que je reproduis à l'estompe le torse de Germanicus, le nez du Jupiter Olympien, et autres plâtras plus ou

moins antiques : à la longue, la bosse et l'estompe engendrent la mélancolie ; les yeux blancs des dieux grecs n'ont pas grande expression ; la *sauce* est peu variée en elle-même. Si ce n'était l'idée de contrarier mes parents, qui me soutient, je quitterais à l'instant cet affreux métier ! Cela n'est guère amusant d'aller chercher des cerises à l'eau-de-vie, du tabac à fumer et des cervelas pour ces messieurs, et de s'entendre appeler toute la journée rapin et rat huppé !

D'APRÈS NATURE.

La semaine prochaine, je peindrai d'après nature. Enfin j'ai une boîte, un chevalet et des couleurs ! Comment prendrai-je ma palette, ronde ou carrée ? Carrée, c'est plus sévère, plus primitif, plus *Ingresque* ; la palette d'Apelles devait être carrée ! Oh ! les belles vessies, pleines, fermes, luisantes ! avec quel plaisir vais-je donner dedans le coup d'épingle qui doit faire jaillir la couleur ! — Aïe ! ouf ! quel mauvais augure ! le globule trop fortement pressé entre les doigts a éclaté comme une bombe, et m'a lancé à la figure une longue fusée jaune : il faudra que je me lave le nez avec du savon noir et de la cendre. Si j'étais superstitieux, je me ferais avocat. — Je vais donc peindre, non plus d'après des gravats insipides, mais  d'après la belle nature vivante ! — Dieux ! si c'était une femme ! ô mon cœur, contiens-toi, réprime tes battements impétueux, ou je serai forcé de te faire cercler de fer comme le cœur du prince Henri. — Ce n'est pas une femme, au contraire, mais un vieux charpentier fort laid qui est, au dire des experts, le plus beau torse de l'époque, et qui s'intitule premier modèle de l'Académie royale de Dessin et de Peinture; pour moi, il me fait l'effet d'un tronc de chêne noueux ou d'un sac de noix appuyé debout contre un mur. On distribue les places; nous sommes cinquante-trois, la plus mauvaise m'échoit. Entre les toiles et les barres des chevalets, qui font comme une forêt de mâts, j'entrevois vaguement le coude du modèle. De tous côtés j'entends mes compagnons s'écrier : Quels dentelés! quels pectoraux! comme la mastoïde s'agrafe  vigoureusement! comme le biceps est soutenu! comme le grand trochanter se dessine avec énergie! Moi, au lieu de toutes ces merveilles anatomiques, je n'avais pour perspective qu'un cubitus assez pointu, assez rugueux, assez violet; je le transportai le plus fidèlement possible sur ma toile, et quand le professeur vint jeter les yeux sur ce que j'avais fait, il me dit d'un ton rogue : « Cela est plein de chic et de ficelles; vous avez une patte d'enfer, et je vous prédis — que vous ne ferez jamais rien. »

COMMENT JE DEVINS UN PEINTRE DE L'ÉCOLE ANGÉLIQUE.

Ces paroles du professeur me jetèrent dans un douloureux étonnement. « Eh quoi! m'écriai-je, j'ai déjà du chic, et c'est la première fois que je touche une brosse... Qu'est-ce donc que le chic? » J'étais près de me laisser aller à mon désespoir et de m'enfoncer dans le cœur mon couteau à palette tout chargé de cinabre; mais je repris courage, et j'entendis au fond de mon âme une voix qui murmurait : « Si ton maître n'était qu'un cuistre!... » Je rougis jusqu'au blanc des yeux, et je crus que tout le monde lisait sur mon visage cette coupable pensée. Mais personne ne parut s'apercevoir de cette illumination intérieure.

Petit à petit, à force de travail, j'en revins à ma manière primitive, je n'employai plus aucune ficelle, et je fis des dessins qui pouvaient rivaliser avec ceux que je griffonnais autrefois sur le dos des dictionnaires; aussi un jour mon professeur, qui s'était arrêté derrière moi, laissa tomber ces paroles flatteuses : « Comme c'est bonhomme ! » A ces mots je me troublai, et suffoqué d'émotion, je courbai ma tête sur ses mains que je baignai de pleurs. Le tableau qui me valut cet éloge représentait un anachorète potiron tendre dans un ciel indigo foncé, et ressemblait assez à ces images de complaintes gravées sur bois et grossièrement coloriées que l'on fabrique à Épinal. — A dater de ce jour je me fis une raie dans le milieu des cheveux, et me vouai au culte de l'art symbolique, archaïque et gothique ; les Byzantins devinrent mes modèles ; je ne peignis plus que sur fond d'or, au grand effroi de mes parents, qui trouvaient que c'étaient là des fonds mal placés. André Ricci de Candie, Barnaba, Bizzamano, qui étaient, à vrai dire, plutôt des relieurs que des peintres, et se servaient autant de fers à gaufrer que de pinceaux, avaient accaparé mon admiration : Orcagna, l'ange de Fiesole, Ghirlandajo, Pérugin, me paraissaient déjà un peu Vanloo ; et ne trouvant plus l'école italienne assez spiritualiste, je me jetai dans l'école allemande. Les frères Van-Eik, Hemling, Lucas de Leyde, Cranach, Holbein-Quintin, Metsys, Albert Durer, furent pour moi l'objet d'études profondes, après lesquelles j'étais en état de dessiner et de colorier un jeu de cartes aussi bien que feu Jacquemin Gringoneur, imagier du roi Charles VI. A cette époque climatérique de ma vie, mon père, après avoir payé une note assez longue chez Brullon, rue de l'Arbre-Sec, me fit cette observation, que je devais savoir mon métier et gagner de l'argent ; je répondis que le gouvernement, par un oubli que j'avais peine à concevoir, ne m'avait pas encore donné de chapelle à peindre, mais que cela ne pouvait manquer. A quoi mon père répliqua : « Fais le portrait de M. Crapouillet et de madame son épouse, et tu auras cinq cents francs, sur lesquels je te retiendrai cent francs — pour tes mois de nourrice que tu me dois encore. »

HURES DE BOURGEOIS !!!!...

Madame Crapouillet n'était pas jolie, mais M. Crapouillet était affreux ; elle avait l'air d'un merlan roulé dans la farine, et il ressemblait à un homard passant du bleu au rouge. Je fis le mari couleur pomme d'amour peu mûre, et la femme d'un gris perle tout à fait mélancolique, dans le genre des peintures d'Overbeck et de Cornélius. Ce teint parut peu les flatter, mais ils furent contents de ma manière de peindre, et ils dirent à l'auteur de mes jours : « Au moins M. votre fils étale-t-il bien sa couleur et ne laisse-t-il pas un tas de grumeaux dans son ouvrage. » Il fallut me contenter de ce compliment assez maigre ; pourtant j'avais représenté fort exactement la verrue de M. Crapouillet, et les trous de petite vérole qui criblaient son aimable visage ; on pouvait distinguer dans l'œil de madame la fenêtre d'en face avec ses portants, ses croisillons et ses rideaux à franges. La fenêtre ressemblait beaucoup.

Ces portraits eurent un véritable succès dans le monde bourgeois ; on les trouvait très-unis et faciles à nettoyer avec de l'eau seconde. Le courage me manque pour énumérer toutes les caricatures sérieuses auxquelles je me livrai. Je vis des têtes inimaginables, groins, mufles, rostres, empruntant des formes à tous les règnes, principalement à la famille des cucurbitacées ; des

nez dodécaèdres, des yeux en losange, des mentons carrés ou taillés en talon de sabot ; une collection de grotesques à faire envie aux plus ridicules poussahs inventés par la fantaisie chinoise.

Je fus à même d'étudier tout ce que laisse de trivial, de laid, d'épaté et de sordide, sur un visage humain, l'habitude des pensées basses et mesquines. La nuit je me dédommageais de ces horribles travaux, dont ceux qui les ont faits peuvent seuls soupçonner les nausées, en dessinant à la lampe des sujets ascétiques traités à la manière allemande, et entremêlés de pantalons mi-partis, de lapins blancs et de bardane.

RENCONTRE.

Un soir j'entrai, près de l'Opéra, dans un divan où se réunissaient des artistes et des littérateurs; on y fumait beaucoup, on y parlait davantage. C'étaient des figures toutes particulières : il y avait là des peintres à tous crins, d'autres rasés en brosse comme des cavaliers et des têtes rondes.— Ceux-ci portaient les moustaches en croc et la royale, comme les raffinés du temps de Louis XIII; ceux-là laissaient gravement descendre leur barbe jusqu'au ventre, à l'instar de feu l'empereur Barberousse : d'autres l'avaient bifurquée comme celle des christs byzantins; le même caprice régnait dans les coiffures : les chapeaux pointus, les feutres à larges bords y abondaient; on eût dit des portraits de Van-Dick, sans cadre; un surtout me frappa : il était vêtu d'une espèce de paletot en velours noir qui, pittoresquement débraillé, permettait de voir une chemise assez blanche; l'arrangement de ses cheveux et de son poil rappelait singulièrement la physionomie de Pierre-Paul Rubens; il était blond et sanguin, et parlait avec beaucoup de feu. La discussion roulait sur la peinture. J'entendis là des choses effroyables pour moi, qui avais été élevé dans l'amour de la ligne pure et dans la crainte de la couleur. Les mots dont ils se servaient pour apprécier le mérite de certains tableaux étaient vraiment bizarres : « Quelle superbe chose! s'écriait le jeune homme à tournure anversoise; comme c'est tripoté! comme c'est torché! quel ragoût! quelle pâte! quel beurre! il est impossible d'être plus chaud et plus grouillant. » Je crus d'abord qu'il s'agissait de préparations culinaires, mais je reconnus mon erreur, et je vis qu'il était question du tableau de M. ***, dont le jeune peintre à barbiche blonde se posait l'admirateur passionné. L'on parlait avec un mépris parfait des gens que j'avais jusque-là respectés à l'égal des dieux, et mon maître en particulier était traité comme le dernier des rapins. Enfin, l'on m'aperçut dans le coin où je m'étais tapi comme un cerf acculé, tenant un coussin sous chaque bras pour me donner une contenance, et l'on me força à prendre une part active à la conversation. Je suis, je l'avoue, un médiocre orateur, et je fus battu à plate couture. On pluma sans pitié mes ailes d'ange, on contamina de punch et de sophismes ma blanche robe séraphique ; et le lendemain le peintre à paletot de velours noir vint me prendre et me conduisit à la galerie du Louvre, dont je n'avais jamais osé dépasser la première salle : je me

hasardai à jeter un regard sur les toiles de Rubens, qui m'avaient jusqu'alors été interdites avec la plus inflexible sévérité ; ces cascades de chairs blanches saupoudrées de vermillon, ces dos satinés où les perles s'égrènent dans l'or des chevelures ; ces torses pétris avec une souplesse si facile et si onduleuse, toute cette nature luxuriante et sensuelle, cette fleur de vie et de beauté répandue partout troublèrent profondément ma candeur virginale. Le cruel peintre, qui voulait ma perte, me tint une heure entière le nez contre un Paul Véronèse ; il me fit passer en revue les plus turbulentes esquisses du Tintoret, et me conduisit aux Titien les plus chauds et les plus ambrés ; puis il me ramena dans son atelier orné de buffets de la renaissance, de postiches chinoises, de plats japonais, d'armures gothiques et circassiennes, de tapis de Perse, et autres curiosités caractéristiques ; il avait précisément un modèle de femme, et poussant devant moi une boîte de pastel et un carton, il me dit : « Faites une pochade d'après cette gaillarde ! voilà des hanches un peu Rubens et un dos crânement flamand. » Je fis, d'après cette créature, étalée dans une pose qui n'avait rien de céleste, un croquis où je glissai timidement quelques teintes roses, en retournant à chaque fois la tête pour m'assurer que mon maître n'était pas là. La séance finie, je m'enfuis chez moi l'âme pleine de trouble et de remords, plus agité que si j'eusse tué mon père ou ma mère.

CONVERSION.

J'eus beaucoup de peine à m'endormir, et je fis des rêves bizarres où je

voyais scintiller dans l'ombre des spectres solaires, et s'ouvrir des queues de paon ocellées de pierres précieuses et jetant le plus vif éclat, des draperies fastueuses, des brocarts épais et grenus, des brocatelles tramées d'or et magnifiquement ramagées, se déployant à larges plis ; des cabinets d'ébène incrustés de nacre et de burgau ouvraient leurs portes et leurs tiroirs, et répandaient des colliers de perles, des bracelets de filigrane et des sachets brodés. De belles courtisanes vénitiennes peignaient leurs cheveux roux avec des peignes d'or, pendant que des négresses, à la bouche d'œillet épanoui, leur tenaient le miroir sous des péristyles à colonnes de marbre blanc laissant entrevoir dans le fond un ciel d'un bleu de turquoise. Ce cauchemar hétérodoxe continua lorsque je fus éveillé, et quand j'ouvris ma fenêtre je m'aperçus d'une chose que je n'avais pas encore remarquée ; je vis que les arbres étaient verts et non couleur de chocolat, et qu'il existait d'autres teintes que le gris et le saumon.

COUP D'ÉCLAT.

Je me levai, et ma cravate montée jusqu'au nez, mon chapeau enfoncé jusqu'aux yeux, je sortis de la maison sur la pointe du pied avec un air mystérieux et criminel ; en ce moment je regrettais fort la mode des manteaux couleur de muraille ; que n'aurais-je pas donné pour avoir au doigt l'anneau de Gygès, qui rendait invisible ! Je n'allais cependant pas à un rendez-vous d'amour, j'allais chez le papetier acheter quelques-unes de ces couleurs prohibées que le maître bannissait des palettes de ses élèves. J'étais devant le marchand comme un écolier de troisième qui achète Faublas à un bouquiniste du quai ; en demandant certaines vessies, le rouge me montait à la figure, la sueur me rendait le dos moite ; il me semblait dire des obscénités. Enfin, je rentrai chez moi riche de toutes les couleurs du prisme. Ma palette, qui jusque-là n'avait admis que ces quatre teintes étouffées et chastes, du blanc de plomb, de l'ocre jaune, du brun rouge et du noir de pêche, auxquelles on me permettait quelquefois d'ajouter un peu de bleu de cobalt pour les ciels, se trouva diaprée d'une foule de nuances plus brillantes les unes que les autres ; le vert véronèse, le vert de schéele, la laque garance, la laque de Smyrne, la laque jaune, le massicot, le bitume, la momie, tous les tons chauds et transparents dont les coloristes tirent leurs plus beaux effets, s'étalaient avec une fastueuse profusion sur la modeste planchette de citronnier pâle. J'avoue que je fus d'abord assez embarrassé de toutes ces richesses, et que, contrairement au proverbe, l'abondance de bien me nuisait. Pourtant, au bout de quelques jours, j'avais assez avancé un petit tableau qui ne ressemblait pas mal à une racine de buis ou à un kaléidoscope ; j'y travaillais avec acharnement, et je ne paraissais plus à l'atelier.

Un jour que j'étais penché sur mon appui-main, frottant un bout de draperie d'un scandaleux glacis de laque, mon maître, inquiet de ma disparition, entra dans ma chambre, dont j'avais imprudemment laissé la clef sur la porte ; il se tint quelque temps debout derrière moi, les doigts écarquillés, les bras ouverts au-dessus de sa tête comme ceux du *Saint-Symphorien*, et après quelques minutes de contemplation désespérée, il laissa tomber ce mot qui traversa mon âme comme une goutte de plomb fondu : « Rubens ! »

Je compris alors l'énormité de ma faute, je tombai à genoux et je baisai la poussière des bottes magistrales ; je répandis un sac de cendre sur ma tête, et par la sincérité de mon repentir ayant obtenu le pardon du grand homme, j'envoyai au Salon une peinture à l'eau d'œuf représentant une madone lilas tendre et un Enfant-Jésus faisant une galiote en papier.

Mon succès fut immense ; mon maître, plein de confiance dans mes talents, me fit dès lors peindre dans tous ses tableaux, c'est-à-dire donner la première couche aux *ciels* et aux *fonds*. Il m'a procuré une commande magnifique dans une cathédrale qu'on restaure. C'est moi qui colorie avec les teintes symboliques les nervures des chapelles qu'on a débarrassées de leur odieux badigeon ; nul travail ne saurait convenir davantage à ma manière simple dénuée de chic et de ficelles ; — les maîtres du Campo-Santo eux-mêmes n'auraient peut-être pas été assez primitifs pour une pareille besogne. — Grâce à l'excellente éducation pittoresque que j'ai reçue, je suis venu à bout de m'acquitter de cette tâche délicate à la satisfaction générale, et mon père, rassuré sur mon avenir, ne me criera plus désormais : Tu seras avocat !

THÉOPHILE GAUTIER.

DANS LE JARDIN DU PALAIS-ROYAL.

SCÈNE PREMIÈRE.

DEUX ÉTRANGERS.

PREMIER ÉTRANGER. — C'est lui. Le voilà !

SECOND ÉTRANGER. — Pourvu qu'il parte !

PREMIER ÉTRANGER. — Soyez tranquille. La journée est magnifique. Il partira.

SECOND ÉTRANGER. — Il me semble qu'il est en retard. Ma montre dit midi cinq.

PREMIER ÉTRANGER. — Comment voulez-vous qu'il soit en retard, puisque c'est le soleil qui le fait partir.

SECOND ÉTRANGER. — C'est juste. Il faut donc que ce soit ma montre. C'est très-désagréable.

PREMIER ÉTRANGER. — Il me semble qu'il fume.

SECOND ÉTRANGER. — Attention, — c'est qu'il va partir.

(Moment de silence.)

PREMIER ÉTRANGER. — C'est incompréhensible. Il ne part point.

SECOND ÉTRANGER, *à un gardien.* — Pourquoi votre canon ne part-il pas aujourd'hui, mon brave ? Il est plus de midi.

LE GARDIEN. — C'est qu'il est parti, messieurs.

SECOND ÉTRANGER. — Voyez-vous? J'en étais sûr. Ma montre va bien.

PREMIER ÉTRANGER. — Allons! demain je serai plus exact.   (*Ils s'éloignent.*)

SCÈNE II.

DEUX BOURGEOIS, lisant le journal.

PREMIER BOURGEOIS, *à part*. — « Le pape est mort. » Diable!

SECOND BOURGEOIS, *à part*. — « Sa Sainteté est mieux. » J'en suis ravi.

PREMIER BOURGEOIS. — « L'auteur de l'assassinat qui a jeté la consternation
« dans Pézénas tout entier, vient de payer sa dette à la société..... »
Tiens! comment cela? Tant mieux!

SECOND BOURGEOIS. — « CRIME COMMIS A PÉZÉNAS. — L'assassin vient de
« mettre le comble à ses forfaits..... »
Que peut-il avoir fait de mieux, que de tuer un père de famille qui faisait honnêtement le commerce des laines?

PREMIER BOURGEOIS. — « Traqué dans le marécage où il avait cherché un
« refuge, il a été, après une courte lutte, percé de part en part
« par le brigadier de la gendarmerie..... »
Voilà un beau coup de sabre!

SECOND BOURGEOIS. — « Traqué dans les marécages qui avoisinent Pézénas,
« le misérable, après une courte lutte, a percé d'outre en outre le bri-

« gadier de la gendarmerie. Ce malheureux laisse une femme et cinq
« enfants sans ressource..... »

Triste événement ! — Monsieur, après vous votre journal, s'il vous plaît.

PREMIER BOURGEOIS. — Volontiers ; le voici. Je vais lire le vôtre. (*Ils échangent les journaux.*)

SECOND BOURGEOIS. — Il paraît que c'est le gendarme qui a tué l'assassin de Pézénas. Tant mieux !

PREMIER BOURGEOIS. — Grand Dieu ! c'est l'assassin qui a tué le gendarme de Pézénas ! Ah ! tant pis.

SECOND BOURGEOIS. — Baste ! Sa Sainteté est morte.
PREMIER BOURGEOIS. — Allons ! le pape va mieux.   (*Ils s'éloignent.*)

SCÈNE III.

UNE FAMILLE, se promenant lentement.

LE PÈRE. — Ce qui me frappe et m'enchante le plus à Paris, c'est la complète assimilation que je vois s'être opérée entre le costume et l'extérieur de tous les Français. Il n'y a pas de Parisiens, — pas plus qu'il n'y a de Normands, de Bretons, d'Angevins, de Beaucerons. Montrez-moi dans ce jardin ceux qui sont Parisiens et ceux qui ne le sont pas : impossible ! et pourquoi?

LA MÈRE. — C'est bien simple, tout le monde se fait habiller à Paris.

LE PÈRE. — Justement. Et puis la facilité des communications. — Qu'on me bande les yeux, et qu'on m'amène ici, je ne saurai pas dire si je suis à Paris, plutôt qu'à Rouen, à Caen ou à Chartres.

LE FILS. — Il y a d'aussi beau monde sur la place de la Préfecture qu'ici, mon père, — le dimanche.

LE PÈRE. — Nous avons même plus de luxe. Mais comment diable veux-tu qu'il y ait de la différence, puisque nous avons les mêmes tailleurs, et que nos femmes ont les mêmes faiseuses que les gens de Paris.

LE FILS. — Sans doute.

(*Deux jeunes gens traversent rapidement.*)

PREMIER JEUNE HOMME, *à haute voix*. — Tiens ! voilà une famille de provinciaux qui passe.

SECOND JEUNE HOMME, *riant*. — Et même — le père est superbe.

(*La famille s'éloigne en silence.*)

OCTAVE FEUILLET.

MADEMOISELLE MIMI PINSON.

PROFIL DE GRISETTE.

I

Parmi les étudiants qui suivaient, l'an passé, les cours de l'école de médecine, se trouvait un jeune homme nommé Eugène Aubert. C'était un garçon de bonne famille, qui avait à peu près dix-neuf ans. Ses parents vivaient en province, et lui faisaient une pension modeste, mais qui lui suffisait. Il menait une vie tranquille, et passait pour avoir un caractère fort doux. Ses camarades l'aimaient; en toute occasion on le trouvait bon et serviable, la main généreuse et le cœur ouvert. Le seul défaut qu'on lui reprochait était un singulier penchant à la rêverie et à la solitude, et une réserve si excessive dans son langage et ses moindres actions, qu'on l'avait surnommé *la Petite Fille*, surnom, du reste, dont il riait lui-même, et auquel ses amis n'attachaient aucune idée qui pût l'offenser, le sachant aussi brave qu'un autre au besoin ; mais il était vrai que sa conduite justifiait un peu ce sobriquet, surtout par la façon dont elle contrastait avec les mœurs de ses compagnons. Tant qu'il n'était question que de travail, il était le premier à l'œuvre ; mais s'il s'agissait d'une partie de plaisir, d'un dîner au Moulin de beurre, ou d'une contredanse à la Chaumière, *la Petite Fille* secouait la tête, et regagnait sa chambrette garnie. Chose presque monstreuse parmi les étudiants, non-seulement Eugène n'avait pas de maîtresse, quoique son âge et sa figure eussent pu lui valoir des succès, mais on ne l'avait jamais vu faire le galant au comptoir d'une grisette, usage immémorial au quartier latin. Les beautés qui peuplent la Montagne-Sainte-Geneviève, et se partagent les amours des écoles, lui inspiraient une sorte de répugnance qui allait jusqu'à l'aversion. Il les regardait comme une espèce à part, dangereuse, ingrate et dépravée, née pour laisser partout le mal et le malheur en échange de quelques plaisirs. « Gardez-vous de ces femmes-là, disait-il : ce sont des poupées de fer rouge ; » et il ne trouvait malheureusement que trop d'exemples pour justifier la haine qu'elles lui inspiraient. Les querelles, les désordres, quelquefois même la ruine qu'entraînent ces liaisons passagères, dont les dehors ressemblent au bonheur, n'étaient que trop faciles à citer, l'année dernière comme aujourd'hui, et probablement comme l'année prochaine.

Il va sans dire que les amis d'Eugène le raillaient continuellement sur sa morale et ses scrupules : « Que prétends-tu, lui demandait souvent un de ses camarades, nommé Marcel, qui faisait profession d'être un bon vivant, que prouvent une faute ou un accident arrivé une fois par hasard ?

— Qu'il faut s'abstenir, répondait Eugène, de peur qu'ils n'arrivent une seconde fois.

— Faux raisonnement, répliquait Marcel ; argument de capucin de carte, qui tombe si le compagnon trébuche. De quoi vas-tu t'inquiéter ? Tel d'entre nous a perdu au jeu ; est-ce une raison pour se faire moine ? L'un n'a plus le sou, l'autre boit de l'eau fraîche ; est-ce qu'Élise en perd l'appétit ? A qui la faute si le voisin porte sa montre au mont-de-piété pour aller se casser un bras à Montmorency ? la voisine n'en est pas manchote. Tu te bats pour Rosalie ; on te donne un coup d'épée ; elle te tourne le dos, c'est tout simple ; en a-t-elle moins fine taille ? Ce sont de ces petits inconvénients dont l'existence est parsemée, et ils sont plus rares que tu ne penses. Regarde un dimanche, quand il fait beau temps, que de bonnes paires d'amis dans les cafés, les promenades et les guinguettes ! Considère-moi ces gros omnibus bien rebondis, bien bourrés de grisettes, qui vont au Ranelagh ou à Belleville. Compte ce qui sort, un jour de fête seulement, du quartier Saint-Jacques : les bataillons de modistes, les armées de lingères, les nuées de marchandes de tabac ; tout cela s'amuse, tout cela a ses amours ; tout cela va s'abattre autour de Paris, sous les tonnelles des campagnes, comme des volées de friquets. S'il pleut, cela va au mélodrame manger des oranges et pleurer ; car cela mange beaucoup, c'est vrai, et pleure aussi très-volontiers, c'est ce qui prouve un bon caractère. Mais quel mal font ces pauvres filles, qui ont cousu, bâti, ourlé, piqué et ravaudé toute la semaine, en prêchant d'exemple le dimanche l'oubli des maux et l'amour du prochain ? Et que peut faire de mieux un honnête homme, qui de son côté vient de passer huit jours à disséquer des choses peu agréables, que de se débarbouiller la vue en regardant un visage frais, une jambe ronde, et la belle nature ?

— Sépulcres blanchis, disait Eugène.

— Je dis et maintiens, continuait Marcel, qu'on peut et doit faire l'éloge des grisettes, et qu'un usage modéré en est bon. Premièrement, elles sont vertueuses, car elles passent la journée à confectionner les vêtements les plus indispensables à la pudeur et à la modestie ; en second lieu, elles sont honnêtes, car il n'y a pas de maîtresse lingère ou autre qui ne recommande à ses filles de boutique de parler au monde poliment ; troisièmement, elles sont très-soigneuses et très-propres, attendu qu'elles ont sans cesse entre les mains du linge et des étoffes qu'il ne faut pas qu'elles gâtent, sous peine d'être moins bien payées ; quatrièmement, elles sont sincères, parce qu'elles boivent du ratafia ; en cinquième lieu, elles sont économes et frugales, parce qu'elles ont beaucoup de peine à gagner trente sous, et s'il se trouve des occasions où elles se montrent gourmandes et dépensières, ce n'est jamais avec leurs propres deniers ; sixièmement, elles sont très-gaies, parce que le travail qui les occupe est en général ennuyeux à mourir, et qu'elles frétillent comme le poisson dans l'eau dès que l'ouvrage est terminé. Un autre avantage qu'on rencontre en elles, c'est qu'elles ne sont point gênantes, vu qu'elles passent leur vie clouées sur une chaise dont elles ne peuvent pas bouger, et que par conséquent il leur est impossible de courir après leurs amants comme les dames de bonne compagnie. En outre, elles ne sont pas bavardes, parce qu'elles sont obligées de compter leurs points. Elles ne dépensent pas grand'chose pour leur chaussure, parce qu'elles marchent peu, ni pour leur toilette, parce qu'il est rare qu'on leur fasse crédit. Si on les accuse d'inconstance, ce n'est pas parce qu'elles lisent de mauvais romans ni par méchanceté naturelle ; cela tient au grand nombre de personnes différentes qui passent devant leurs boutiques ; d'un autre côté, elles prouvent suffisamment qu'elles sont capables de passions véritables par la grande quantité d'entre elles qui se jettent journellement dans la Seine ou par leur fenêtre, ou qui s'asphyxient dans leurs domiciles. Elles ont, il est vrai, l'inconvénient d'avoir presque toujours faim et soif, précisément à cause de leur grande tempérance, mais il est notoire qu'elles peuvent se contenter, en guise de repas, d'un verre de bière et d'un cigare : qualité précieuse qu'on rencontre bien rarement en ménage. Bref, je soutiens qu'elles sont bonnes, aimables, fidèles et désintéressées, et que c'est une chose regrettable, lorsqu'elles finissent à l'hôpital. »

Lorsque Marcel parlait ainsi, c'était la plupart du temps au café, quand il s'était un peu échauffé la tête ; il remplissait alors le verre de son ami, et voulait le faire boire à la santé de mademoiselle Pinson, ouvrière en linge, qui était leur voisine ; mais Eugène prenait son chapeau, et tandis que Marcel continuait à pérorer devant ses camarades, il s'esquivait doucement.

II

Mademoiselle Pinson n'était pas précisément ce qu'on appelle une jolie femme. Il y a beaucoup de différence entre une jolie femme et une jolie grisette. Si une jolie femme, reconnue pour telle, et ainsi nommée en langue parisienne, s'avisait de mettre un petit bonnet, une robe de guingan et un tablier de soie, elle serait tenue, il est vrai, de paraître une jolie grisette. Mais si une grisette s'affuble d'un chapeau, d'un camail de velours et d'une robe de Palmyre, elle n'est nullement forcée d'être une jolie femme ; bien au contraire, il est probable qu'elle aura l'air d'un portemanteau, et, en l'ayant, elle sera dans son droit. La différence consiste donc dans les conditions où vivent ces deux êtres, et principalement dans ce morceau de carton roulé, recouvert d'étoffe et appelé chapeau, que les femmes ont jugé à propos de s'appliquer de chaque côté de la tête, à peu près comme les œillères des chevaux ; (il faut remarquer cependant que les œillères empêchent les chevaux de regarder de côté, et que le morceau de carton n'empêche rien du tout).

Quoi qu'il en soit, un petit bonnet autorise un nez retroussé, qui à son tour veut une bouche bien fendue, à laquelle il faut de belles dents et un visage rond pour cadre. Un visage rond demande des yeux brillants ; le mieux est qu'ils soient le plus noirs possible, et les sourcils à l'avenant. Les cheveux sont *ad libitum*, attendu que les yeux noirs s'arrangent de tout. Un tel ensemble, comme on le voit, est loin de la beauté proprement dite. C'est ce qu'on appelle une figure chiffonnée, figure classique de grisette, qui serait peut-être laide sous le morceau de carton, mais que le bonnet rend parfois charmante, et plus jolie que la beauté. Ainsi était mademoiselle Pinson.

Marcel s'était mis dans la tête qu'Eugène devait faire la cour à cette demoiselle ; pourquoi ? je n'en sais rien, si ce n'est qu'il était lui-même l'adorateur de mademoiselle Zélia, amie intime de mademoiselle Pinson. Il lui semblait naturel et commode d'arranger ainsi les choses à son goût, et de faire amicalement l'amour. De pareils calculs ne sont pas rares, et réussissent assez souvent, l'occasion, depuis que le monde existe, étant, de toutes les tentations, la plus forte. Qui peut dire ce qu'ont fait naître d'événements heureux ou malheureux, d'amours, de querelles, de joies ou de désespoirs, deux portes voisines, un escalier secret, un corridor, un carreau cassé ?

Certains caractères, pourtant, se refusent à ces jeux du hasard. Ils veulent conquérir leurs jouissances, non les gagner à la loterie, et ne se sentent pas disposés à aimer parce qu'ils se trouvent en diligence à côté d'une jolie femme. Tel était Eugène, et Marcel le savait ; aussi avait-il formé depuis longtemps un projet assez simple, qu'il croyait merveilleux et surtout infaillible pour vaincre la résistance de son compagnon.

Il avait résolu de donner un souper, et ne trouva rien de mieux que de choisir pour prétexte le jour de sa propre fête. Il fit donc apporter chez lui deux douzaines de bouteilles de bière, un gros morceau de veau froid avec de la salade, une énorme galette de plomb, et une bouteille de vin de

Champagne. Il invita d'abord deux étudiants de ses amis, puis il fit savoir à mademoiselle Zélia qu'il y avait le soir gala à la maison, et qu'elle eût à amener mademoiselle Pinson. Elles n'eurent garde d'y manquer. Marcel passait, à juste titre, pour un des talons rouges du quartier latin, de ces gens qu'on ne refuse pas; et sept heures du soir venaient à peine de sonner, que ces deux femmes frappaient à la porte de l'étudiant, mademoiselle Zélia en robe courte, en brodequins gris et en bonnet à fleurs; mademoiselle Pinson, plus modeste, vêtue d'une robe noire qui ne la quittait pas, et qui lui donnait, disait-on, une sorte de petit air espagnol dont elle se montrait fort jalouse; toutes deux ignoraient, on le pense bien, les secrets desseins de leur hôte.

Marcel n'avait pas fait la maladresse d'inviter Eugène d'avance; il eût été trop sûr d'un refus de sa part. Ce fut seulement lorsque ces demoiselles eurent pris place à table, et après le premier verre vidé, qu'il demanda la permission de s'absenter quelques instants pour aller chercher un convive, et qu'il se dirigea vers la maison qu'habitait Eugène; il le trouva, comme d'ordinaire, à son travail, seul, entouré de ses livres. Après quelques propos insignifiants, il commença à lui faire tout doucement ses reproches accoutumés, qu'il se fatiguait trop, qu'il avait tort de ne prendre aucune distraction, puis il lui proposa un tour de promenade. Eugène, un peu las, en effet, ayant étudié toute la journée, accepta; les deux jeunes gens sortirent ensemble, et il ne fut pas difficile à Marcel, après quelques tours d'allée au Luxembourg, d'obliger son ami à entrer chez lui.

Les deux grisettes, restées seules, et ennuyées probablement d'attendre, avaient débuté par se mettre à l'aise; elles avaient ôté leurs châles et leurs bonnets, et dansaient en chantant une contredanse, non sans faire de temps en temps honneur aux provisions, par manière d'essai. Les yeux déjà brillants et le visage animé, elles s'arrêtèrent joyeuses et un peu essoufflées, lorsque Eugène les salua d'un air à la fois timide et surpris. Attendu ses mœurs solitaires, il était à peine connu d'elles; aussi l'eurent-elles bientôt dévisagé des pieds à la tête avec cette curiosité intrépide qui est le privilége de leur caste; puis elles reprirent leur chanson et leur danse, comme si de rien n'était. Le nouveau venu, à demi déconcerté, faisait déjà quelques pas en arrière, songeant peut-être à la retraite, lorsque Marcel, ayant fermé la porte à double tour, jeta bruyamment la clef sur la table.

« Personne encore! s'écria-t-il. Que font donc nos amis? Mais n'importe, le sauvage nous appartient. Mesdemoiselles, je vous présente le plus vertueux jeune homme de France et de Navarre, qui désire depuis longtemps avoir l'honneur de faire votre connaissance, et qui est particulièrement grand admirateur de mademoiselle Pinson. »

La contredanse s'arrêta de nouveau; mademoiselle Pinson fit un léger salut, et reprit son bonnet.

« Eugène! s'écria Marcel, c'est aujourd'hui ma fête; ces deux dames ont bien voulu venir la célébrer avec nous. Je t'ai presque amené de force, c'est vrai; mais j'espère que tu resteras de bon gré, à notre commune prière. Il est à présent huit heures à peu près; nous avons le temps de fumer une pipe en attendant que l'appétit nous vienne. »

Parlant ainsi, il jeta un regard significatif à mademoiselle Pinson, qui, le comprenant aussitôt, s'inclina une seconde fois en souriant, et dit d'une voix douce à Eugène : « Oui, monsieur, nous vous en prions. »

En ce moment les deux étudiants que Marcel avait invités frappèrent à la porte. Eugène vit qu'il n'y avait pas moyen de reculer sans trop de mauvaise grâce, et, se résignant, prit place avec les autres.

III

Le souper fut long et bruyant. Ces messieurs ayant commencé par remplir la chambre d'un nuage de fumée, buvaient d'autant pour se rafraîchir. Ces dames faisaient les frais de la conversation, et égayaient la compagnie de propos plus ou moins piquants aux dépens de leurs amis et connaissances, et d'aventures plus ou moins croyables, tirées des arrière-boutiques. Si la matière manquait de vraisemblance, du moins n'était-elle pas stérile. Deux clercs d'avoué, à les en croire, avaient gagné vingt mille francs en jouant sur les fonds espagnols, et les avaient mangés en six semaines avec deux marchandes de gants; le fils d'un des plus riches banquiers de Paris avait proposé à une célèbre lingère une loge à l'Opéra et une maison de campagne qu'elle avait refusées, aimant mieux soigner ses parents et rester fidèle à un commis des Deux-Magots; certain personnage qu'on ne pouvait nommer et qui était forcé par son rang à s'envelopper du plus grand mystère, venait incognito rendre visite à une brodeuse du passage du Pont-Neuf, laquelle avait été enlevée tout à coup par ordre supérieur, mise dans une chaise de poste à minuit, avec un portefeuille plein de billets de banque, et envoyée aux États-Unis, etc., etc.

« Suffit, dit Marcel, nous connaissons cela. Zélia improvise, et quant à mademoiselle Mimi (ainsi s'appelait mademoiselle Pinson en petit comité), ses renseignements sont imparfaits. Vos clercs d'avoué n'ont gagné qu'une entorse en voltigeant sur les ruisseaux; votre banquier a offert une orange, et votre brodeuse est si peu aux États-Unis, qu'elle est visible tous les jours, de midi à quatre heures, à l'hôpital de la Charité, où elle a pris un logement par suite de manque de comestibles. »

Eugène était assis auprès de mademoiselle Pinson. Il crut remarquer, à ce dernier mot, prononcé avec une indifférence complète, qu'elle pâlissait. Mais presque aussitôt elle se leva, alluma une cigarette, et s'écria d'un air délibéré :

« Silence à votre tour! je demande la parole. Puisque le sieur Marcel ne croit pas aux fables, je vais raconter une histoire véritable, *et quorum pars magna fui.*

— Vous parlez latin? dit Eugène.

— Comme vous voyez, répondit mademoiselle Pinson; cette sentence me vient de mon oncle, qui a servi sous le grand Napoléon, et qui n'a jamais manqué de la dire avant de réciter une bataille. Si vous ignorez ce que ces mots signifient, vous pouvez l'apprendre sans payer; cela veut dire : Je vous en donne ma parole d'honneur. Vous saurez donc que la semaine passée, je m'étais rendue avec deux de mes amies, Blanchette et Rougette, au théâtre de l'Odéon.

— Attendez que je coupe la galette, dit Marcel.

— Coupez, mais écoutez, reprit mademoiselle Pinson. J'étais donc allée avec Blanchette et Rougette à l'Odéon, voir une tragédie. Rougette, comme vous savez, vient de perdre sa grand'mère; elle a hérité de quatre cents francs. Nous avions pris une baignoire; trois étudiants se trouvaient au parterre; ces jeunes gens nous avisèrent, et sous prétexte que nous étions seules, nous invitèrent à souper.

— De but en blanc? demanda Marcel; en vérité, c'est très-galant. Et vous avez refusé? je suppose.

— Non, monsieur, dit mademoiselle Pinson, nous acceptâmes, et, à l'entr'acte, sans attendre la fin de la pièce, nous nous transportâmes chez Viot.

— Avec vos cavaliers?

— Avec nos cavaliers. Le garçon commença, bien entendu, par nous dire qu'il n'y avait plus rien; mais une pareille inconvenance n'était pas faite pour nous arrêter. Nous ordonnâmes qu'on allât par la ville chercher ce qui pouvait manquer. Rougette prit la plume, et commanda un festin de noces : des crevettes, une omelette au sucre, des beignets, des moules, des œufs à la neige, tout ce qu'il y a dans le monde des marmites. Nos jeunes inconnus, à dire vrai, faisaient légèrement la grimace...

— Je le crois parbleu bien, dit Marcel.

— Nous n'en tînmes compte. La chose apportée, nous commençâmes à faire les jolies femmes. Nous ne trouvions rien de bon, tout nous dégoûtait. A peine un plat était-il entamé, que nous le renvoyions pour en demander un autre. « Garçon, emportez cela; ce n'est pas tolérable. Où avez-vous pris des horreurs pareilles? » Nos inconnus désirèrent manger; mais il ne leur fut pas loisible. Bref, nous soupâmes comme dînait Sancho, et la colère nous porta même à briser quelques ustensiles.

— Belle conduite! et comment payer?

— Voilà précisément la question que les trois inconnus s'adressèrent; par l'entretien qu'ils eurent à voix basse, l'un d'eux nous parut posséder six francs, l'autre infiniment moins, et le troisième n'avait que sa montre, qu'il tira généreusement de sa poche. En cet état, les trois infortunés se présentèrent au comptoir, dans le but d'obtenir un délai quelconque. Que pensez-vous qu'on leur répondit?

— Je pense, répliqua Marcel, que l'on vous a gardées en gage, et qu'on les a conduits au violon.

— C'est une erreur, dit mademoiselle Pinson. Avant de monter dans le cabinet, Rougette avait pris ses mesures, et tout était payé d'avance. Imaginez le coup de théâtre, à cette réponse de Viot : Messieurs, tout est payé! Nos inconnus nous regardèrent comme jamais trois chiens n'ont regardé trois évêques, avec une stupéfaction piteuse mêlée d'un pur attendrissement. Nous, cependant, sans feindre d'y prendre garde, nous descendîmes et fîmes venir un fiacre. « Chère marquise, me dit Rougette, il faut reconduire ces messieurs chez eux. —Volontiers, chère comtesse, » répondis-je. Nos pauvres amoureux ne savaient plus quoi dire. Je vous demande s'ils étaient penauds ! ils se défendaient de notre politesse, ils ne voulaient pas qu'on les reconduisît, ils refusaient de dire leur adresse ; je le crois bien, ils étaient convaincus qu'ils avaient affaire à des femmes du monde, et ils demeuraient rue du Chat-qui-pêche ! »

Les deux étudiants, amis de Marcel, qui, jusque-là, n'avaient guère fait que fumer et boire en silence, semblèrent peu satisfaits de cette histoire. Leurs visages se rembrunirent ; peut-être en savaient-ils autant que mademoiselle Pinson sur ce malencontreux souper, car ils jetèrent sur elle un regard inquiet, lorsque Marcel lui dit en riant :

— Nommez les masques, mademoiselle Mimi. Puisque c'est de la semaine dernière, il n'y a plus d'inconvénient.

— Jamais, monsieur, dit la grisette. On peut berner un homme, mais lui faire tort dans sa carrière, jamais !

— Vous avez raison, dit Eugène, et vous agissez en cela plus sagement peut-être que vous ne pensez. De tous ces jeunes gens qui peuplent les écoles, il n'y en a presque pas un seul qui n'ait derrière lui quelque faute ou quelque folie, et cependant c'est de là que sortent tous les jours ce qu'il y a en France de plus distingué et de plus respectable : des médecins, des magistrats.....

— Oui, reprit Marcel, c'est la vérité. Il y a des pairs de France en herbe qui dînent chez Flicoteaux, et qui n'ont pas toujours de quoi payer la carte. Mais, ajouta-t-il en clignant de l'œil, n'avez-vous pas revu vos inconnus ?

— Pour qui nous prenez-vous ? répondit mademoiselle Pinson d'un air sérieux et presque offensé. Connaissez-vous Blanchette et Rougette ? et supposez-vous que moi-même...

— C'est bon, dit Marcel, ne vous fâchez pas. Mais voilà, en somme, une belle équipée. Trois écervelées qui n'avaient peut-être pas de quoi dîner le lendemain, et qui jettent l'argent par les fenêtres pour le plaisir de mystifier trois pauvres diables qui n'en peuvent mais !

— Pourquoi nous invitent-ils à souper? répondit mademoiselle Mimi Pinson.

IV

Avec la galette parut, dans sa gloire, l'unique bouteille de vin de Champagne qui devait composer le dessert. Avec le vin on parla chanson. « Je vois, dit Marcel, je vois, comme dit Cervantes, Zélia qui tousse; c'est signe qu'elle veut chanter. Mais si ces messieurs le trouvent bon, c'est moi qu'on fête, et qui par conséquent prie mademoiselle Mimi, si elle n'est pas enrouée par son anecdote, de nous honorer d'un couplet. Eugène, continua-t-il, sois donc un peu galant, trinque avec ta voisine, et demande-lui un couplet pour moi. »

Eugène rougit et obéit. De même que mademoiselle Pinson n'avait pas dédaigné de le faire pour l'engager lui-même à rester, il s'inclina, et lui dit timidement : « Oui, mademoiselle, nous vous en prions. »

En même temps il souleva son verre, et toucha celui de la grisette. De ce léger choc sortit un son clair et argentin; mademoiselle Pinson saisit cette note au vol, et d'une voix pure et fraîche, la continua longtemps en cadence.

« Allons, dit-elle, j'y consens, puisque mon verre me donne le *la*. Mais que voulez-vous que je vous chante? Je ne suis pas bégueule, je vous en préviens, mais je ne sais pas de couplets de corps de garde; je ne m'encanaille pas la mémoire.

— Connu, dit Marcel, vous êtes une vertu; allez votre train, les opinions sont libres.

— Eh bien, reprit mademoiselle Pinson, je vais vous chanter à la bonne venue des couplets qu'on a faits sur moi.

— Attention! Quel est l'auteur?

— Mes camarades du magasin : c'est de la poésie faite à l'aiguille; ainsi je réclame l'indulgence.

— Y a-t-il un refrain à votre chanson?

— Certainement : la belle demande!

— En ce cas-là, dit Marcel, prenons nos couteaux, et, au refrain, tapons sur la table, mais tâchons d'aller en mesure. Zélia peut s'abstenir, si elle veut.

— Pourquoi cela, malhonnête garçon? demanda Zélia en colère.

— Pour cause, répondit Marcel; mais si vous désirez être de la partie, tenez, frappez avec un bouchon, cela aura moins d'inconvénients pour nos oreilles et pour vos blanches mains. »

Marcel avait rangé en rond les verres et les assiettes, et s'était assis au milieu de la table, son couteau à la main. Les deux étudiants du souper de Rougette, un peu ragaillardis, ôtèrent le fourneau de leurs pipes pour frapper avec le tuyau de bois; Eugène rêvait, Zélia boudait. Mademoiselle Pinson prit une assiette, et fit signe qu'elle voulait la casser, ce à quoi Marcel répondit par un geste d'assentiment, en sorte que la chanteuse, ayant pris les morceaux pour s'en faire des castagnettes, commença ainsi les couplets que ses compagnes avaient composés, après s'être excusée d'avance de ce qu'ils pouvaient contenir de trop flatteur pour elle :

> Mimi Pinson est une blonde,
> Une blonde que l'on connaît;
> Elle n'a qu'une robe au monde,
>   Landerirette !
>   Et qu'un bonnet.
> Le Grand Turc en a davantage;
> Dieu voulut de cette façon
>   La rendre sage.
> On ne peut pas la mettre en gage,
> La robe de Mimi Pinson.

> Mimi Pinson porte une rose,
> Une rose blanche au côté ;
> Cette fleur dans son cœur éclose,
>   Landerirette !
>   C'est la gaîté.
> Quand un bon souper la réveille,
> Elle fait sortir la chanson
>   De la bouteille.
> Parfois il penche sur l'oreille,
> Le bonnet de Mimi Pinson.

MADEMOISELLE MIMI PINSON.

PAROLES de M. Alfred de Musset.

MUSIQUE de M. Frédéric Bérat.

Elle a les yeux et la main prestes ;
Les carabins, matin et soir,
Usent les manches de leurs vestes,
    Landerirette !
   A son comptoir.
Quoique sans maltraiter personne,
Mimi leur fait mieux la leçon
    Qu'à la Sorbonne.
Il ne faut pas qu'on la chiffonne,
La robe de Mimi Pinson.

Mimi Pinson peut rester fille ;
Si Dieu le veut, c'est dans son droit.
Elle aura toujours son aiguille,
    Landerirette !
   Au bout du doigt.
Pour entreprendre sa conquête,
Ce n'est pas tout qu'un beau garçon
    Faut être honnête,
Car il n'est pas loin de sa tête,
Le bonnet de Mimi Pinson.

D'un gros bouquet de fleur d'orange
Si l'Amour veut la couronner,
Elle a quelque chose en échange,
    Landerirette !
   A lui donner.
Ce n'est pas, on se l'imagine,
Un manteau sur un écusson
    Fourré d'hermine ;
C'est l'étui d'une perle fine,
La robe de Mimi Pinson.

Mimi n'a pas l'âme vulgaire,
Mais son cœur est républicain.
Aux trois jours, elle a fait la guerre,
    Landerirette !
   En casaquin.
A défaut d'une hallebarde,

On l'a vue avec son poinçon
Monter la garde.
Heureux qui mettra la cocarde
Au bonnet de Mimi Pinson!

Les couteaux et les pipes, voire même les chaises, avaient fait leur tapage, comme de raison, à la fin de chaque couplet. Les verres dansaient sur la table, et les bouteilles, à moitié pleines, se balançaient joyeusement en se donnant de petits coups d'épaule.

« Et ce sont vos bonnes amies, dit Marcel, qui vous ont fait cette chanson-là? il y a un teinturier, c'est trop musqué. Parlez-moi de ces bons airs où on dit les choses! et il entonna d'une voix forte :

Nanette n'avait pas encor quinze ans...

— Assez, assez, dit mademoiselle Pinson; dansons plutôt, faisons un tour de valse.. Y a-t-il ici un musicien quelconque?

— J'ai ce qu'il vous faut, répondit Marcel, j'ai une guitare; mais, continua-t-il en décrochant l'instrument, ma guitare n'a pas ce qu'il lui faut; elle est chauve de toutes ses cordes.

— Mais voilà un piano, dit Zélia, Marcel va vous faire danser. »

Marcel lança à sa maîtresse un regard aussi furieux que si elle l'eût accusé d'un crime. Il était vrai qu'il en savait assez pour jouer une contredanse; mais c'était pour lui, comme pour bien d'autres, une espèce de torture à laquelle il se soumettait peu volontiers. Zélia, en le trahissant, se vengeait du bouchon.

« Êtes-vous folle? dit Marcel; vous savez bien que ce piano n'est là que pour la gloire, et qu'il n'y a que vous qui l'écorchiez, Dieu le sait. Où avez-vous pris que je sache faire danser? Je ne sais que la *Marseillaise*, que je joue d'un seul doigt. Si vous vous adressiez à Eugène, à la bonne heure, voilà un garçon qui s'y entend; mais je ne veux pas l'ennuyer à ce point, je m'en garderai bien : il n'y a que vous ici d'assez indiscrète pour faire des choses pareilles sans crier gare. »

Pour la troisième fois, Eugène rougit, et s'apprêta à faire ce qu'on lui demandait d'une façon si politique et si détournée. Il se mit donc au piano, et un quadrille s'organisa.

Ce fut presque aussi long que le souper. Après la contredanse vint une valse ; après la valse, le galop : car on galope encore au quartier latin. Ces dames surtout étaient infatigables, et faisaient des gambades et des éclats de rire à réveiller tout le voisinage. Bientôt Eugène, doublement fatigué par le bruit et par la veillée, tomba, tout en jouant machinalement, dans une sorte de demi-sommeil, comme les postillons qui dorment à cheval. Les danseuses passaient et repassaient devant lui comme des fantômes dans un rêve ; et comme rien n'est plus aisément triste qu'un homme qui regarde rire les autres, la mélancolie, à laquelle il était sujet, ne tarda pas à s'emparer de lui : Triste joie, pensait-il, misérables plaisirs! instants qu'on croit volés au malheur! Et qui sait laquelle de ces cinq personnes qui sautent si gaiement devant moi est sûre, comme disait Marcel, d'avoir de quoi dîner demain?

Comme il faisait cette réflexion, mademoiselle Pinson passa près de lui ; il crut la voir, tout en galopant, prendre à la dérobée un morceau de galette resté sur la table, et le mettre discrètement dans sa poche.

V

Le jour commençait à paraître quand la compagnie se sépara. Eugène, avant de rentrer chez lui, marcha quelque temps dans les rues pour respirer l'air frais du matin. Suivant toujours ses tristes pensées, il se répétait tout bas, malgré lui, la chanson de la grisette :

> Elle n'a qu'une robe au monde,
> Et qu'un bonnet.

« Est-ce possible? se demandait-il. La misère peut-elle être poussée à ce point, se montrer si franchement, et se railler d'elle-même? Peut-on rire de ce qu'on manque de pain? »

Le morceau de galette emporté n'était pas un indice douteux. Eugène ne pouvait s'empêcher d'en sourire, et en même temps d'être ému de pitié ; cependant, pensait-il encore, elle a pris de la galette et non du pain ; il se peut que ce soit par gourmandise. Qui sait? c'est peut-être l'enfant d'une voisine à qui elle veut rapporter un gâteau ; peut-être une portière bavarde qui raconterait qu'elle a passé la nuit dehors, un cerbère qu'il faut apaiser.

Ne regardant pas où il allait, Eugène s'était engagé par hasard dans ce dédale de petites rues qui sont derrière le carrefour Bussy, et dans lesquelles une voiture passe à peine. Au moment où il allait revenir sur ses pas, une femme, enveloppée dans un mauvais peignoir, la tête nue, les cheveux en désordre, pâle et défaite, sortit d'une vieille maison. Elle semblait tellement faible qu'elle pouvait à peine marcher ; ses genoux fléchissaient ; elle s'appuyait sur les murailles, et paraissait vouloir se diriger vers une porte voisine où se trouvait une boîte aux lettres, pour y jeter un billet qu'elle tenait à la main. Surpris et effrayé, Eugène s'approcha d'elle, et lui demanda où elle allait, ce qu'elle cherchait, et s'il pouvait l'aider. En même temps il étendit le bras pour la soutenir, car elle était près de tomber sur la borne. Mais, sans lui répondre, elle recula avec une sorte de crainte et de fierté. Elle jeta à terre son billet, montra du doigt la boîte, et paraissant rassembler toutes ses forces, « Là ! » dit-elle seulement ; puis, continuant à se traîner aux murs, elle regagna sa maison. Eugène essaya en vain de l'obliger à prendre son bras, et de renouveler ses questions. Elle rentra lentement dans l'allée sombre et étroite dont elle était sortie.

Eugène avait ramassé la lettre ; il fit d'abord quelques pas pour la mettre à la poste, mais il s'arrêta bientôt. Cette étrange rencontre l'avait si fort troublé, et il se sentait frappé d'une sorte d'horreur mêlée d'une compassion si vive, qu'avant de prendre le temps de la réflexion, il rompit le cachet presque involontairement. Il lui semblait odieux et impossible de ne pas chercher, n'importe par quel moyen, à pénétrer un tel mystère. Evidemment cette femme était mourante ; était-ce de maladie ou de faim? Ce devait être, en tout cas, de misère. Eugène ouvrit la lettre ; elle portait sur l'adresse : « A monsieur le baron de ***, » et renfermait ce qui suit :

« Lisez cette lettre, monsieur, et par pitié ne rejetez pas ma prière. Vous
« pouvez me sauver, et vous seul. Croyez-moi ce que je vous dis, sauvez-

« moi, et vous aurez fait une bonne action qui vous portera bonheur. Je
« viens de faire une cruelle maladie qui m'a ôté le peu de force et de cou-
« rage que j'avais. Le mois d'août je rentre en magasin; mes effets sont
« retenus dans mon dernier logement, et j'ai presque la certitude qu'avant
« samedi je me trouverai tout à fait sans asile. J'ai si peur de mourir de
« faim, que ce matin j'avais pris la résolution de me jeter à l'eau, car je n'ai
« rien pris encore depuis près de vingt-quatre heures. Lorsque je me suis
« souvenue de vous, un peu d'espoir m'est venu au cœur. N'est-ce pas que
« je ne me suis pas trompée? Monsieur, je vous en supplie à genoux, si peu
« que vous ferez pour moi me laissera respirer encore quelques jours. Moi,
« j'ai peur de mourir, et puis je n'ai que vingt-trois ans! Je viendrai peut-
« être à bout, avec un peu d'aide, d'atteindre le premier du mois. Si je savais
« des mots pour exciter votre pitié, je vous les dirais, mais rien ne me vient
« à l'idée. Je ne puis que pleurer de mon impuissance, car, je le crains bien,
« vous ferez de ma lettre comme on fait quand on en reçoit trop souvent
« de pareilles : vous la déchirerez sans penser qu'une pauvre femme est là
« qui attend les heures et les minutes avec l'espoir que vous aurez pensé
« qu'il serait par trop cruel de la laisser ainsi dans l'incertitude. Ce n'est
« pas l'idée de donner un louis, qui est si peu de chose pour vous, qui
« vous retiendra, j'en suis persuadée ; aussi il me semble que rien ne vous
« est plus facile que de plier votre aumône dans un papier, et de mettre
« sur l'adresse, A mademoiselle Bertin, rue de l'Eperon. J'ai changé de
« nom depuis que je travaille dans les magasins, car le mien est celui de ma
« mère. En sortant de chez vous, donnez cela à un commissionnaire. J'at-
« tendrai mercredi et jeudi, et je prierai avec ferveur pour que Dieu vous
« rende humain.

« Il me vient à l'idée que vous ne croyez pas à tant de misère; mais si
« vous me voyiez, vous seriez convaincu.

« ROUGETTE. »

Si Eugène avait d'abord été touché en lisant ces lignes, son étonnement redoubla, on le pense bien, lorsqu'il vit la signature. Ainsi c'était cette même fille qui avait follement dépensé son argent en parties de plaisir, et imaginé ce souper ridicule raconté par mademoiselle Pinson, c'était elle que le malheur réduisait à cette souffrance et à une semblable prière. Tant d'imprévoyance et de folie semblait à Eugène un rêve incroyable. Mais point de doute, la signature était là; et mademoiselle Pinson, dans le courant de la soirée, avait également prononcé le nom de guerre de son amie Rougette, devenue mademoiselle Bertin. Comment se trouvait-elle tout à coup abandonnée, sans secours, sans pain, presque sans asile? Que faisaient ses amies de la veille, pendant qu'elle expirait peut-être dans quelque grenier de cette maison? Et qu'était-ce que cette maison même où l'on pouvait mourir ainsi?

Ce n'était pas le moment de faire des conjectures, le plus pressé était de venir au secours de la faim. Eugène commença par entrer dans la boutique d'un restaurateur qui venait de s'ouvrir, et par acheter ce qu'il put y trouver. Cela fait, il s'achemina, suivi du garçon, vers le logis de Rougette; mais il éprouvait de l'embarras à se présenter brusquement ainsi; l'air de fierté qu'il avait trouvé à cette pauvre fille lui faisait craindre, sinon un refus, du moins un mouvement de vanité blessée; comment lui avouer qu'il avait lu sa lettre? Lorsqu'il fut arrivé devant la porte :

« Connaissez-vous, dit-il au garçon, une jeune personne qui demeure dans cette maison, et qui s'appelle mademoiselle Bertin?

— Oh que oui, monsieur! répondit le garçon. C'est nous qui portons habituellement chez elle. Mais si monsieur y va, ce n'est pas le jour. Actuellement elle est à la campagne.

— Qui vous l'a dit? demanda Eugène.

— Pardi, monsieur! c'est la portière. Mademoiselle Rougette aime à bien dîner, mais elle n'aime pas beaucoup à payer. Elle a plutôt fait de commander des poulets rôtis et des homards que rien du tout; mais pour voir son argent, ce n'est pas une fois qu'il faut y retourner! Aussi nous savons dans le quartier quand elle y est ou quand elle n'y est pas...

— Elle est revenue, reprit Eugène. Montez chez elle, laissez-lui ce que vous portez, et si elle vous doit quelque chose, ne lui demandez rien aujourd'hui. Cela me regarde, et je reviendrai. Si elle veut savoir qui lui envoie ceci, vous répondrez que c'est le baron de ***. »

Sur ces mots Eugène s'éloigna; chemin faisant il rajusta comme il put le cachet de la lettre, et la mit à la poste. Après tout, pensa-t-il, Rougette ne refusera pas, et si elle trouve que la réponse à son billet a été un peu prompte, elle s'en expliquera avec son baron.

VI

Les étudiants, non plus que les grisettes, ne sont pas riches tous les jours. Eugène comprenait très-bien que pour donner un air de vraisemblance à la petite fable que le garçon devait faire, il eût fallu joindre à son envoi le louis que demandait Rougette; mais là était la difficulté : les louis ne sont pas précisément la monnaie courante de la rue Saint-Jacques; d'une autre part, Eugène venait de s'engager à payer le restaurateur; et par malheur son tiroir, en ce moment, n'était guère mieux garni que sa poche. C'est pourquoi il prit, sans différer, le chemin de la place du Panthéon.

En ce temps-là demeurait encore sur cette place ce fameux barbier qui a fait banqueroute et s'est ruiné en ruinant les autres. Là, dans l'arrière-boutique, où se faisait en secret la grande et la petite usure, venait tous les jours l'étudiant pauvre et sans souci, amoureux peut-être, emprunter à énorme intérêt quelques pièces d'argent dépensées le soir et chèrement payées le lendemain; là entrait furtivement la grisette, la tête basse, le regard honteux, venant louer pour une partie de campagne un chapeau fané, un châle reteint, une chemise achetée au mont-de-piété; là, des jeunes gens de bonne maison, ayant besoin de vingt-cinq louis, souscrivaient pour deux ou trois mille francs de lettres de change; des mineurs mangeaient leur bien en herbe; des étourdis ruinaient leurs familles et souvent perdaient leur avenir. Depuis la courtisane titrée à qui un bracelet tourne la tête, jusqu'au cuistre nécessiteux qui convoite un bouquin ou un plat de lentilles, tout venait là comme aux sources du Pactole, et l'usurier barbier, fier de sa clientèle et de ses exploits, jusqu'à s'en vanter, entretenait la prison de Clichy en attendant qu'il y allât lui-même.

Telle était la triste ressource à laquelle Eugène, bien qu'avec répugnance, allait avoir recours pour obliger Rougette, ou pour être du moins en mesure de le faire; car il ne lui semblait pas prouvé que la demande adressée au baron produisît l'effet désirable. C'était de la part d'un étudiant beaucoup de charité, à vrai dire, que de s'engager ainsi pour une inconnue ; mais Eugène croyait en Dieu : toute bonne action lui semblait nécessaire.

Le premier visage qu'il aperçut en entrant chez le barbier fut celui de son ami Marcel, assis devant une toilette, une serviette au cou, et feignant de se faire coiffer. Le pauvre garçon venait peut-être chercher de quoi payer son souper de la veille ; il semblait fort préoccupé, et fronçait les sourcils d'un air peu satisfait, tandis que le coiffeur, feignant de son côté de lui passer dans les cheveux un fer parfaitement froid, lui parlait à demi-voix dans son accent gascon. Devant une autre toilette, dans un petit cabinet, se tenait assis, également affublé d'une serviette, un étranger fort inquiet, regardant sans cesse de côté et d'autre ; et, par la porte entr'ouverte de l'arrière-boutique, on apercevait dans une vieille psyché la silhouette passablement maigre d'une jeune fille qui, aidée de la femme du coiffeur, essayait une robe à carreaux écossais.

« Que viens-tu faire ici à cette heure ? » s'écria Marcel, dont la figure reprit l'expression de sa bonne humeur habituelle dès qu'il reconnut son ami.

Eugène s'assit près de la toilette, et expliqua en peu de mots la rencontre qu'il avait faite, et le dessein qui l'amenait.

« Ma foi, dit Marcel, tu es bien candide. De quoi te mêles-tu puisqu'il y a un baron ? Tu as vu une jeune fille intéressante qui éprouvait le besoin de prendre quelque nourriture ; tu lui as payé un poulet froid, c'est digne de toi ; il n'y a rien à dire. Tu n'exiges d'elle aucune reconnaissance, l'incognito te plaît ; c'est héroïque. Mais aller plus loin, c'est de la chevalerie ; engager sa montre ou sa signature pour une lingère que protége un baron, et que l'on n'a pas l'honneur de fréquenter, cela ne s'est pratiqué, de mémoire humaine, que dans la Bibliothèque bleue.

— Ris de moi si tu veux, répondit Eugène. Je sais qu'il y a dans ce monde beaucoup plus de malheureux que je n'en puis soulager ; ceux que je ne connais pas, je les plains ; mais si j'en vois un, il faut que je l'aide. Il m'est impossible, quoi que je fasse, de rester indifférent devant la souffrance. Ma charité ne va pas jusqu'à chercher les pauvres, je ne suis pas assez riche pour cela ; mais quand je les trouve, je fais l'aumône.

— En ce cas, reprit Marcel, tu as fort à faire ; il n'en manque pas dans ce pays-ci.

— Qu'importe! dit Eugène, encore ému du spectacle dont il venait d'être témoin; vaut-il mieux laisser mourir les gens et passer son chemin? Cette malheureuse est une étourdie, une folle, tout ce que tu voudras; elle ne mérite peut-être pas la compassion qu'elle fait naître; mais cette compassion, je la sens. Vaut-il mieux agir comme ses bonnes amies, qui déjà ne semblent pas plus se soucier d'elle que si elle n'était plus au monde, et qui l'aidaient hier à se ruiner? A qui peut-elle avoir recours? à un étranger qui allumera un cigare avec sa lettre, ou à mademoiselle Pinson, je suppose, qui soupe en ville et danse de tout son cœur, pendant que sa compagne meurt de faim? Je t'avoue, mon cher Marcel, que tout cela, bien sincèrement, me fait horreur. Cette petite évaporée d'hier soir, avec sa chanson et ses quolibets, riant et babillant chez toi, au moment même où l'autre, l'héroïne de son conte, expire dans un grenier, me soulève le cœur. Vivre ainsi en amies, presque en sœurs, pendant des jours et des semaines, courir les théâtres, les bals, les cafés, et ne pas savoir le lendemain si l'une est morte et l'autre en vie, c'est pis que l'indifférence des égoïstes, c'est l'insensibilité de la brute. Ta mademoiselle Pinson est un monstre, et tes grisettes que tu vantes, ces mœurs sans vergogne, ces amitiés sans âme, je ne sais rien de si méprisable! »

Le barbier, qui, pendant ces discours, avait écouté en silence, et continué de promener son fer froid sur la tête de Marcel, sourit d'un air malin lorsque Eugène se tut. Tour à tour bavard comme une pie, ou plutôt comme un perruquier qu'il était, lorsqu'il s'agissait de méchants propos, taciturne et laconique comme un Spartiate, dès que les affaires étaient en jeu, il avait adopté la prudente habitude de laisser toujours d'abord parler ses pratiques, avant de mêler son mot à la conversation. L'indignation qu'exprimait Eugène en termes si violents lui fit toutefois rompre le silence.

« Vous êtes sévère, monsieur, dit-il en riant et en gasconnant. J'ai l'honneur de coiffer mademoiselle Mimi, et je crois que c'est une fort excellente personne.

— Oui, dit Eugène, excellente en effet, s'il est question de boire et de fumer.

— Possible, reprit le barbier, je ne dis pas non. Les jeunes personnes, ça rit, ça chante, ça fume; mais il y en a qui ont du cœur.

« — Où voulez-vous en venir, père Cadédis? demanda Marcel. Pas tant de diplomatie, expliquez-vous tout net.

— Je veux dire, répliqua le barbier en montrant l'arrière-boutique, qu'il y a là, pendue à un clou, une petite robe de soie noire que ces messieurs connaissent sans doute, s'ils connaissent la propriétaire, car elle ne possède pas une garde-robe très-compliquée. Mademoiselle Mimi m'a envoyé cette robe ce matin au petit jour; et je présume que si elle n'est pas venue au secours de la petite Rougette, c'est qu'elle-même ne roule pas sur l'or.

— Voilà qui est curieux, dit Marcel, se levant et entrant dans l'arrière-boutique, sans égard pour la pauvre femme aux carreaux écossais; la chanson de Mimi en a donc menti, puisqu'elle met sa robe en gage? Mais avec quoi diable fera-t-elle ses visites à présent? Elle ne va donc pas dans le monde aujourd'hui? »

Eugène avait suivi son ami; le barbier ne les trompait pas : dans un coin poudreux, au milieu d'autres hardes de toute espèce, était humblement et tristement suspendue l'unique robe de mademoiselle Pinson.

« C'est bien cela, dit Marcel; je reconnais ce vêtement pour l'avoir vu tout neuf il y a dix-huit mois. C'est la robe de chambre, l'amazone et l'uniforme de parade de mademoiselle Mimi. Il doit y avoir à la manche gauche une petite tache grosse comme une pièce de cinq sous, causée par le vin de Champagne. Et combien avez-vous prêté là-dessus, père Cadédis? car je suppose que cette robe n'est pas vendue, et qu'elle ne se trouve dans ce boudoir qu'en qualité de nantissement.

— J'ai prêté quatre francs, répondit le barbier; et je vous assure, monsieur, que c'est pure charité; à toute autre je n'aurais pas avancé plus de quarante sous; car la pièce est diablement mûre, on y voit à travers; c'est une lanterne magique. Mais je sais que mademoiselle Mimi me paiera; elle est bonne pour quatre francs.

— Pauvre Mimi! reprit Marcel. Je gagerais tout de suite mon bonnet qu'elle n'a emprunté cette petite somme que pour l'envoyer à Rougette.

— Ou pour payer quelque dette criarde, dit Eugène.

— Non, dit Marcel, je connais Mimi; je la crois incapable de se dépouiller pour un créancier.

— Possible encore, dit le barbier. J'ai connu mademoiselle Mimi dans une position meilleure que celle où elle se trouve actuellement ; elle avait alors un grand nombre de dettes. On se présentait journellement chez elle pour saisir ce qu'elle possédait, et on avait fini, en effet, par lui prendre tous ses meubles, excepté son lit, car ces messieurs savent sans doute qu'on ne prend pas le lit d'un débiteur. Or, mademoiselle Mimi avait dans ce temps-là quatre robes fort convenables. Elle les mettait toutes les quatre l'une sur l'autre, et elle couchait avec pour qu'on ne les saisît pas ; c'est pourquoi je serais surpris si, n'ayant plus qu'une seule robe aujourd'hui, elle l'engageait pour payer quelqu'un.

— Pauvre Mimi, répéta Marcel. Mais, en vérité, comment s'arrange-t-elle? Elle a donc trompé ses amis? elle possède donc un vêtement inconnu? Peut-être se trouve-t-elle malade d'avoir mangé trop de galette, et, en effet, si elle est au lit, elle n'a que faire de s'habiller. N'importe, père Cadédis, cette robe me fait peine, avec ses manches pendantes qui ont l'air de demander grâce ; tenez, retranchez-moi quatre francs sur les trente-cinq livres que vous venez de m'avancer, et mettez-moi cette robe dans une serviette, que je la rapporte à cette enfant. Eh bien, Eugène, continua-t-il, que dit à cela ta charité chrétienne ?

— Que tu as raison, répondit Eugène, de parler et d'agir comme tu fais, mais que je n'ai peut-être pas tort ; j'en fais le pari, si tu veux.

— Soit, dit Marcel, parions un cigare, comme les membres du Jockey-Club. Aussi bien, tu n'as plus que faire ici. J'ai trente et un francs, nous sommes riches. Allons de ce pas chez mademoiselle Pinson ; je suis curieux de la voir. »

Il mit la robe sous son bras, et tous deux sortirent de la boutique.

VII

« Mademoiselle est allée à la messe, répondit la portière aux deux étudiants, lorsqu'ils furent arrivés chez mademoiselle Pinson.

— A la messe! dit Eugène surpris.

— A la messe! répéta Marcel. C'est impossible, elle n'est pas sortie Laissez-nous entrer ; nous sommes de vieux amis.

— Je vous assure, monsieur, répondit la portière, qu'elle est sortie pour aller à la messe, il y a environ trois quarts d'heure.

— Et à quelle église est-elle allée ?

— A Saint-Sulpice, comme de coutume ; elle n'y manque pas un matin.

— Oui, oui, je sais qu'elle prie le bon Dieu ; mais cela me semble bizarre qu'elle soit dehors aujourd'hui.

— La voici qui rentre, monsieur ; elle tourne la rue ; vous la voyez vous-même. »

Mademoiselle Pinson, sortant de l'église, revenait chez elle, en effet. Marcel ne l'eut pas plutôt aperçue qu'il courut à elle, impatient de voir de près sa toilette. Elle avait, en guise de robe, un jupon d'indienne foncée, à demi caché sous un rideau de serge verte dont elle s'était fait, tant bien que mal, un châle. De cet accoutrement singulier, mais qui, du reste, n'attirait pas les regards, à cause de sa couleur sombre, sortait sa tête gracieuse coiffée de son bonnet blanc, et ses petits pieds chaussés de brodequins. Elle s'était enveloppée dans son rideau avec tant d'art et de précaution, qu'il ressemblait vraiment à un vieux châle, et qu'on ne voyait presque pas la bordure. En un mot, elle trouvait moyen de plaire encore dans cette friperie, et de prouver, une fois de plus sur terre, qu'une jolie femme est toujours jolie.

« Comment me trouvez-vous ? dit-elle aux deux jeunes gens, en écartant un peu son rideau et en laissant voir sa fine taille serrée dans son corset ; c'est un déshabillé du matin que Palmyre vient de m'apporter.

— Vous êtes charmante, dit Marcel. Ma foi, je n'aurais jamais cru qu'on pût avoir si bonne mine avec le châle d'une fenêtre.

— En vérité ? reprit mademoiselle Pinson ; j'ai pourtant l'air un peu paquet.

— Paquet de roses, répondit Marcel. J'ai presque regret maintenant de vous avoir rapporté votre robe.

— Ma robe ? Où l'avez-vous trouvée ?

— Où elle était, apparemment.

— Et vous l'avez tirée de l'esclavage ?

— Eh ! mon Dieu, oui, j'ai payé sa rançon. M'en voulez-vous, de cette audace ?

— Non pas ; à charge de revanche. Je suis bien aise de revoir ma robe ; car, à vous dire vrai, voilà déjà longtemps que nous vivons toutes les deux ensemble, et je m'y suis attachée insensiblement. »

En parlant ainsi, mademoiselle Pinson montait lestement les cinq étages qui conduisaient à sa chambrette, où les deux amis entrèrent avec elle.

« Je ne puis pourtant, reprit Marcel, vous rendre cette robe qu'à une condition.

— Fi donc! dit la grisette. Quelque sottise! Des conditions? je n'en veux pas.

— J'ai fait un pari, dit Marcel ; il faut que vous nous disiez franchement pourquoi cette robe était en gage.

— Laissez-moi donc d'abord la remettre, répondit mademoiselle Pinson ; je vous dirai ensuite mon pourquoi. Mais je vous préviens que si vous ne voulez pas faire antichambre dans mon armoire ou sur la gouttière, il faut, pendant que je vais m'habiller, que vous vous voiliez la face comme Agamemnon.

— Qu'à cela ne tienne, dit Marcel ; nous sommes plus honnêtes qu'on ne pense, et je ne hasarderai pas même un œil.

— Attendez, reprit mademoiselle Pinson ; je suis pleine de confiance, mais la sagesse des nations nous dit que deux précautions valent mieux qu'une. »

En même temps elle se débarrassa de son rideau et l'étendit délicatement sur la tête des deux amis, de manière à les rendre complétement aveugles.

« Ne bougez pas, leur dit-elle ; c'est l'affaire d'un instant.

— Prenez garde à vous, dit Marcel ; s'il y a un trou au rideau, je ne réponds de rien. Vous ne voulez pas vous contenter de notre parole ; par conséquent elle est dégagée.

— Heureusement ma robe l'est aussi, dit mademoiselle Pinson ; et ma taille aussi, ajouta-t-elle en riant et en jetant le rideau par terre. Pauvre petite robe! il me semble qu'elle est toute neuve. J'ai un plaisir à me sentir dedans!

— Et votre secret? nous le direz-vous maintenant? Voyons, soyez sincère, nous ne sommes pas bavards. Pourquoi et comment une jeune personne comme vous, sage, rangée, vertueuse et modeste, a-t-elle pu accrocher ainsi d'un seul coup toute sa garde-robe à un clou ?

— Pourquoi?... pourquoi?... répondit mademoiselle Pinson, paraissant hésiter; puis elle prit les deux jeunes gens chacun par un bras, et leur dit en les poussant vers la porte :

— Venez avec moi, vous le verrez. »

Comme Marcel s'y attendait, elle les conduisit rue de l'Éperon.

VIII

Marcel avait gagné son pari. Les quatre francs et le morceau de galette de mademoiselle Pinson étaient sur la table de Rougette avec les débris du poulet d'Eugène. La pauvre malade allait un peu mieux, mais elle gardait encore le lit; et, quelle que fût sa reconnaissance envers son bienfaiteur inconnu, elle fit dire à ces messieurs, par son amie, qu'elle les priait de l'excuser, et qu'elle n'était pas en état de les recevoir.

« Que je la reconnais bien là ! dit Marcel; elle mourrait sur la paille dans sa mansarde, qu'elle ferait encore la duchesse vis-à-vis de son pot à l'eau. »

Les deux amis, bien qu'à regret, furent donc obligés de s'en retourner chez eux comme ils étaient venus, non sans rire entre eux de cette fierté et de cette discrétion si étrangement nichées dans une mansarde. Après avoir été à l'école de médecine suivre les leçons du jour, ils dînèrent ensemble, et, le soir venu, ils firent un tour de promenade au boulevard Italien. Là, tout en fumant le cigare qu'il avait gagné le matin :

« Avec tout cela, disait Marcel, n'es-tu pas forcé de convenir que j'ai raison d'aimer, au fond, et même d'estimer ces pauvres créatures? Considérons sainement les choses sous un point de vue philosophique. Cette petite Mimi, que tu as tant calomniée, ne fait-elle pas, en se dépouillant de sa robe, une œuvre plus louable, plus méritoire, j'ose même dire plus chrétienne, que le bon roi Robert en laissant un pauvre couper la frange de son manteau? Le bon roi Robert, d'une part, avait évidemment quantité de manteaux ; d'un autre côté, il était à table, dit l'histoire, lorsqu'un mendiant s'approcha de lui en se traînant à quatre pattes, et coupa avec des ciseaux la frange d'or de l'habit de son roi. Madame la reine trouva la chose mauvaise, et le digne monarque, il est vrai, pardonna généreusement au coupeur de frange; mais peut-être avait-il bien dîné. Vois quelle distance entre lui et Mimi! Mimi, quand elle a appris l'infortune de Rougette, assurément était à jeun. Sois convaincu que le morceau de galette qu'elle avait emporté de chez moi était destiné par avance à composer son propre repas. Or, que fait-elle? au lieu de déjeuner, elle va à la messe, et en ceci elle se montre encore au moins l'égale du roi Robert, qui était fort pieux, j'en conviens, mais qui perdait son temps à chanter au lutrin pendant que les Normands faisaient le diable à quatre. Le roi Robert abandonne sa frange, et, en somme, le manteau lui reste; Mimi envoie sa robe tout entière au père Cadédis, action incomparable en ce que Mimi est femme, jeune, jolie, coquette et pauvre; et note bien que cette robe lui est nécessaire pour qu'elle puisse aller, comme de coutume, à son magasin, gagner le pain de sa journée. Non-seulement donc elle se prive du morceau de galette qu'elle allait avaler, mais elle se met volontairement dans le cas de ne pas dîner. Observons en outre que le père Cadédis est fort éloigné d'être un mendiant, et de se traîner à quatre pattes sous la table. Le roi Robert, renonçant à sa frange, ne fait pas un grand sacrifice, puisqu'il la trouve toute coupée d'avance, et c'est à savoir si cette frange était coupée de travers ou non, et en état d'être recousue; tandis que Mimi, de son propre mouvement, bien loin d'attendre qu'on lui vole sa robe, arrache elle-même de dessus son pauvre corps ce vêtement, plus précieux, plus utile que le clinquant de tous les passementiers de Paris. Elle sort vêtue d'un rideau; mais sois sûr qu'elle n'irait pas ainsi dans un autre lieu que l'église; elle se ferait plutôt couper un bras que de se laisser voir ainsi fagotée au Luxembourg ou aux Tuileries; mais elle ose se montrer à Dieu, parce qu'il est l'heure où elle prie tous les jours; crois-moi, Eugène, dans ce seul fait de traverser avec son rideau la place Saint-Michel, la rue de Tournon et la rue du Petit-Lion, où elle connaît tout le monde, il y a plus de courage, d'humilité et de religion véritable, que dans toutes les hymnes du bon roi Robert, dont tout le monde parle pourtant, depuis le grand Bossuet jusqu'au plat Anquetil, tandis que Mimi mourra inconnue dans son cinquième étage, entre un pot de fleurs et un ourlet.

— Tant mieux pour elle, dit Eugène.

— Si je voulais maintenant, dit Marcel, continuer à comparer, je pourrais te faire un parallèle entre Mutius Scévola et Rougette. Penses-tu, en effet, qu'il soit plus difficile à un Romain du temps de Tarquin de tenir son bras pendant cinq minutes au-dessus d'un réchaud allumé, qu'à une grisette contemporaine de rester vingt-quatre heures sans manger? Ni l'un ni l'autre n'ont crié, mais examine par quels motifs. Mutius est au milieu d'un camp, en présence d'un roi étrusque qu'il a voulu assassiner; il a manqué son coup d'une manière pitoyable, il est entre les mains des gendarmes. Qu'imagine-t-il? Une bravade. Pour qu'on l'admire avant qu'on le pende, il se roussit le poing sur un tison, car rien ne prouve que le brasier fût bien chaud ni que le poing soit tombé en cendres. Là-dessus, le digne Porsenna, stupéfait de sa fanfaronnade, lui pardonne et le renvoie chez lui. Il est à parier que ledit Porsenna, capable d'un tel pardon, avait une bonne figure, et que Scévola se doutait qu'en sacrifiant son bras il sauvait sa tête. Rougette, au contraire, endure patiemment le plus horrible et le plus lent des supplices, celui de la faim; personne ne la regarde. Elle est seule au fond d'un grenier, et elle n'a là pour l'admirer, ni Porsenna, c'est-à-dire le baron, ni les Romains, c'est-à-dire les voisins, ni les Étrusques, c'est-à-dire ses créanciers, ni même le brasier, car son poêle est éteint. Or, pourquoi souffre-t-elle sans se plaindre? Par vanité d'abord, cela est certain; mais Mutius est dans le même cas : par grandeur d'âme ensuite, et ici est sa gloire; car si elle reste muette derrière son verrou, c'est précisément pour que ses amis ne sachent pas qu'elle se meurt, pour qu'on n'ait pas pitié de son courage, pour que sa camarade Pinson, qu'elle sait bonne et toute dévouée, ne soit pas obligée, comme elle l'a fait, de lui donner sa robe et sa galette. Mutius, à la place de Rougette, eût fait semblant de mourir en silence, mais c'eût été dans un carrefour ou à la porte de Flicoteaux. Son taciturne et sublime orgueil eût été une manière délicate de demander à l'assistance un verre de vin et un croûton. Rougette, il est vrai, a demandé un louis au baron, que je persiste à comparer à Porsenna. Mais ne vois-tu pas que le baron doit évidemment être redevable à Rougette de quelques obligations personnelles? Cela saute aux yeux du moins clairvoyant. Comme tu l'as, d'ailleurs, sagement remarqué, il se peut que le baron soit à la campagne, et dès lors Rougette est perdue. Et ne crois pas pouvoir me répondre ici par cette vaine objection qu'on oppose à toutes les belles actions des femmes, à savoir qu'elles ne savent ce qu'elles font, et qu'elles courent au danger comme les chats sur les gouttières. Rougette sait ce qu'est la mort ; elle l'a vue de près au pont d'Iéna, car elle s'est déjà jetée à l'eau une fois, et je lui ai demandé si elle avait souffert. Elle m'a dit que non, qu'elle n'avait rien senti, excepté au moment où on l'avait repêchée, parce que les bateliers la tiraient par les jambes, et qu'ils lui avaient, à ce qu'elle disait, *raclé* la tête sur le bord du bateau.

— Assez, dit Eugène, fais-moi grâce de tes affreuses plaisanteries. Réponds-moi sérieusement : Crois-tu que de si horribles épreuves, tant de fois répétées, toujours menaçantes, puissent enfin porter quelque fruit? Ces pauvres filles, livrées à elles-mêmes, sans appui, sans conseil, ont-elles assez de bon sens pour avoir de l'expérience? Y a-t-il un démon attaché à elles qui les voue à tout jamais au malheur et à la folie ; ou, malgré tant d'extravagances, peuvent-elles revenir au bien? En voilà une qui prie Dieu, dis-tu ; elle va à l'église, elle remplit ses devoirs ; elle vit honnêtement de son travail ; ses compagnes paraissent l'estimer, et vous autres mauvais sujets, vous ne la traitez pas vous-mêmes avec votre légèreté habituelle. En voilà une autre qui passe sans cesse de l'étourderie à la misère, de la prodigalité aux horreurs de la faim ; certes, elle doit se rappeler longtemps les leçons cruelles qu'elle reçoit. Crois-tu qu'avec de sages avis, une conduite réglée, un peu d'aide, on puisse faire de telles femmes des êtres raisonnables? S'il en est ainsi, dis-le-moi : une occasion s'offre à nous ; allons de ce pas chez la pauvre Rougette ; elle est sans doute encore bien souffrante, et son amie veille à son chevet. Ne me décourage pas, laisse-moi agir. Je veux essayer de les ramener dans la bonne route, de leur parler un langage sincère ; je ne veux leur faire ni sermon ni reproche ; je veux m'approcher de ce lit, leur prendre la main, et leur dire..... »

En ce moment, les deux amis passaient devant le café Tortoni. La silhouette de deux jeunes femmes qui prenaient des glaces près d'une fenêtre se dessinait à la clarté des lustres. L'une d'elles agita son mouchoir, et l'autre partit d'un éclat de rire.

« Parbleu! dit Marcel, si tu veux leur parler, nous n'avons que faire d'aller si loin, car les voilà, Dieu me pardonne! Je reconnais Mimi à sa robe, et Rougette à son panache blanc, toujours sur le chemin de la friandise. Il paraît que monsieur le baron a bien fait les choses.

IX

— Et une pareille folie, dit Eugène, ne t'épouvante pas?
— Si fait, dit Marcel; mais, je t'en prie, quand tu diras du mal des grisettes, fais une exception pour la petite Pinson. Elle nous a conté une histoire à souper, elle a engagé sa robe pour quatre francs, elle s'est fait un châle avec un rideau; et qui dit ce qu'il sait, qui donne ce qu'il a, qui fait ce qu'il peut, n'est pas obligé à davantage. »

ALFRED DE MUSSET.

DU MOT — MONSIEUR

ET DE QUELQUES-UNES DE SES APPLICATIONS.

On demande souvent quels sont les savants et les gens de lettres auxquels on doit encore le *Monsieur*, et quelle règle il faut suivre, quand on parle d'eux, pour ne pas manquer aux convenances d'une société polie; cette difficulté n'était pas tranchée au dix-septième siècle, et Ménage paraît bien persuadé qu'on dira toujours M. Arnauld et M. Descartes; en quoi il s'est trompé, surtout pour le second. Il est reçu aujourd'hui qu'on ajoute ce titre cérémonieux au nom de tous les vivants, et quant aux morts, de tous ceux dont on a pu être contemporain. Ainsi, Voltaire et Montesquieu seraient encore M. de Voltaire et M. de Montesquieu pour quelques vieillards. Le caractère du personnage et de son talent modifie toutefois beaucoup cette convention dans l'usage ordinaire. Les grands hommes perdent beaucoup plus tôt le *Monsieur* que les autres, parce que l'imagination s'accoutume facilement à agrandir le domaine de leur réputation aux dépens des temps passés, et à les confondre d'avance avec les classiques profès. Je ne pourrais m'empêcher d'écrire sans formule, Bernardin de Saint-Pierre, Chateaubriand, Lamartine, Béranger, Victor Hugo; et il me semble que le contraire serait malséant, cette licence qui marque une familiarité déplacée avec la médiocrité n'étant que l'expression d'un hommage envers le génie. Beaucoup d'hommes célèbres de notre époque seront longtemps des *Messieurs*. Ceux-là n'en sont plus.

J'ajouterai qu'il y a une délicatesse exquise, mais spontanée, et peut-être inexpliquée jusqu'ici, à conserver le titre de *Monsieur* à certains hommes éminemment vertueux qui ont occupé de grandes positions dans le monde, mais que l'exercice de la vertu a placés si haut au-dessus des dignités civiles, que leur nom est resté la première de leurs recommandations aux yeux de l'histoire. Il ne serait pas surprenant que la postérité dît encore, M. de Malesherbes, M. Lainé et M. de Martignac, comme nous disons M. de Harlay et M. de Thou.

CHARLES NODIER.

JARDINS DE PARIS. — LES TUILERIES

Escalier
de Cléopâtre.

Vue prise en regard de la place de la Concorde.

Le Château
vu de la terrasse
du bord de l'eau.

Le palais et le jardin des Tuileries.

Escalier de la
terrasse des Feuillants.

Perron de la rue Castiglione.
Vue de l'intérieur du jardin.

Allée
des Orangers.

CHAMPIN.

JARDINS DE PARIS. — LES CHAMPS-ÉLYSÉES

Avenue Gabrielle — jardin de l'Élysée-Bourbon.

Le Panorama.

Le Cirque.

Allée des Veuves.

Fontaine.

Les Champs-Élysées.
Vue prise à vol d'oiseau de la place de la Concorde.

L'Arc de Triomphe.

Le Rond-Point.

CHAMPIN.

DU MONDE A PARIS

ET DES GENS DU MONDE.

I

Partout où vous voyez se réunir de vingt à deux cents personnes qui ne se connaissent pas, chez des gens qu'elles ne connaissent guère, et partout où il se dit des choses qui n'intéressent ni celui qui les dit, ni ceux qui les écoutent, par cette bonne raison qu'on ne dit à des gens qu'on ne connaît pas que ce qu'on peut dire à tout le monde, — et qu'il n'y a d'intéressant à entendre que ce qui ne peut être dit à personne... — vous voyez ce qu'on nomme *le monde à Paris*.

Voir le monde, aller dans le monde, Bonnes Gens qui apparemment n'êtes et ne serez jamais du monde, ce n'est pas courir les rues, ou quitter son village, ou prendre un passe-port pour l'étranger, ce n'est pas même aller chez un ami pour y trouver d'autres amis : c'est aller, avec quelque cérémonie, dans une maison où vous rencontrerez beaucoup de gens dont vous seriez obligé de demander les noms si vous teniez à les savoir; encore devez-vous être averti que ces noms, personne, et pas même peut-être le maître de la maison, ne pourrait parfois vous les dire.

Une réunion, quelle qu'elle soit, où se trouveraient tous gens qui se connaîtraient — et qui s'aimeraient, — ne serait point ce qui constitue *le monde à Paris.*

Une réunion qui a un but, qui a une cause spéciale, n'est pas le monde.

On ne dîne pas dans le monde. — On ne va pas dans le monde quand on va à un bal de noces, à une soirée diplomatique, chez un ministre. — On n'est pas dans le monde quand on est aux Tuileries, — *au Château,* voulons-nous dire.

On ne va dans le monde qu'à Paris.

On se contente encore en province d'aller où l'on va, au bal ou en soirée chez M. ou madame ***. Ce n'est pas le monde qu'on y cherche, c'est la société. Le mot, à coup sûr, est provincial; mais outre qu'à côté de cet autre mot considérable, — le monde! — il se trouve être modeste, il a l'avantage d'avoir un sens et d'exprimer ce qu'il veut dire.

A Paris, il y a des réunions, mais pas de société.

Les gens du monde se voient tout un hiver, dans un salon, puis dans un autre; ils s'y saluent comme on se salue dans le monde, quand, par exemple, on s'est marché sur le pied, quand on quitte sa place pour en prendre une autre, quand on se gêne enfin, ou quand un accident vous rapproche, ou encore avant et après une partie d'écarté, de whist ou de bouillotte. — Mais une fois dans la rue, on ne se connaît plus.

— Vous connaissez monsieur un tel?
— Mon Dieu, non; je l'ai vu dans le monde.

Vous avez dansé vingt fois avec la belle madame de C...; vous ne vous êtes pas contenté peut-être de lui dire, comme tout le monde et avec les formules d'usage, qu'il faisait chaud, qu'elle était belle, que sa robe était de velours et ses yeux aussi; — mais vous avez touché du bout de vos doigts ses doigts charmants; — vous l'avez tenue plus ou moins dans vos bras, suivant que vous êtes ou que vous n'êtes pas un valseur discret; — soit de plaisir, enfin, soit de fatigue, son cœur a battu sur votre cœur; — vous l'avez regardée de très-près, vos yeux sur ses yeux, de façon à lire jusqu'au fond de son âme, si tant est que vous sachiez lire.... Vous ne connaissez pas madame de C....

Vous ne la connaissez pas plus que toutes les femmes à côté de qui vous passez sur les boulevards, et madame de C... vous connaît encore moins que vous ne la connaissez. Si vous saluiez madame de C..., elle en serait offensée, et serait dans son droit.

— D'où il suit que, dans le monde, qui peut le plus ne peut pas le moins, et qu'on n'a pas toujours le droit — d'être poli.

La jolie chose, la chose sensée que l'usage !

Est-ce à dire qu'il ne vous sert à rien d'avoir valsé avec madame de C..., et qu'elle vous aura trouvé impunément un valseur très-fin et un causeur un peu hardi? Non, certes. Si on ne valsait que pour valser, qui valserait? Mais je vous répète que madame de C... ne vous connaîtra jamais, ou du moins qu'elle ne vous reconnaîtra jamais : car on peut encore se connaître, mais se reconnaître ! non ! — Que dites-vous ? Eh ! mon cher, vous deviendriez, vous seriez son amant, qu'elle n'aurait jamais pour vous un salut ! Que dirait-on d'une femme qui reconnaîtrait — ses valseurs !

Le monde est un lieu où tout est si peu ce que tout devrait y être, que le plus honnête peut ne s'y point trouver à sa place, que le plus honorable peut ne savoir quelle contenance y faire, que le plus spirituel peut y montrer la figure d'un sot. Les sots seuls, ou les fats, y sont pour de bon à leur aise, — peut-être parce qu'ils y sont en nombre. Nous ne parlons pas des femmes, des jolies femmes surtout, qui sont bien partout, partout où elles sont jolies.

Vous allez dans le monde, vous avez été dans le monde, vous rentrez chez vous ; qu'en avez-vous rapporté ? — Car enfin tout le monde n'est pas le valseur de madame de C..., quoique madame de C... valse, dit-on, avec beaucoup de monde.

Ah ! — vous avez vu madame de Z., la spirituelle et sage madame de Z., la femme de M. le comte de Z., son mari, — si renommée pour l'exemplaire fidélité qu'elle montre — à M. de R. !

Mais madame de Z. ne vous a pas vu ; mais vous n'êtes ni M. de R., ni même M. le comte de Z. !

— Quel est ce monsieur à qui vous venez de serrer si tendrement la main ?
Réponse. — C'est B....
— Quoi, B. !
— Que voulez-vous? mon cher, dans le monde... et puis : — ce B. est un homme dangereux! il a deux journaux; je sais bien que les deux ne font pas la paire, mais enfin il écrit ou fait écrire des deux mains, tantôt blanc, tantôt noir, au nom d'une certaine morale qui ne manque jamais de souplesse. Rogue sur sa litière et humble sur le tapis des autres, c'est un animal domestique qui se donne les airs d'un sanglier. Il est sot, envieux, laid, méchant, bouffi et, par-dessus tout, mal élevé. L'encre versée me fait peur plus que le sang ! C'est un homme dont il faut être...
— L'ennemi ?
— Non pas !
— Quoi donc ?
— L'ami, mon cher !
(Qui donc a osé dire que le monde — « est un mauvais lieu que l'on avoue ! »)

— Et cet autre, que vous venez de me recommander et de me présenter si affectueusement ?
— C'est un auditeur au conseil d'État.
— Après ?
— Il a trente mille francs de rente.
— Après ?
— Son père était procureur du roi.
— Mais, mon cher, vous ne me répondez pas; est-ce un homme bon, digne, honorable, un homme qu'on puisse recevoir ?
Réponse. — Il héritera de son oncle, qui est fort riche.

II

Il y a des gens qui vont dans le monde, c'est-à-dire qui vont se montrer pour n'être pas vus, regarder pour ne pas voir, écouter pour ne rien entendre; qui vont danser pour danser, figurer dans une pastourelle pour faire la figure qu'on fait quand on danse une pastourelle, sans avoir un motif secret, une raison cachée, une raison très-grave; sans céder à une contrainte ou à une passion quelconque, rien que pour faire enfin tout ce que nous venons de dire, et qui, une fois sortis d'un salon, hâtent de leurs vœux l'heure où ils pourront y rentrer! Voilà peut-être les seules gens qu'il convienne d'appeler de ce nom que quelques-uns envient : *les gens du monde!* Ceux-là, en effet, je dis — qu'ils sont au monde, — qu'ils lui appartiennent, qu'ils méritent leur nom, qu'ils l'ont gagné, qu'il ne leur manque que des gages et une livrée!

Le véritable homme du monde aujourd'hui, est ou doit être l'homme à tout faire dans une société ; c'est l'employé aux bouquets, aux contredanses, aux petits soins, aux éventails, aux voitures, aux châles; il est charmant, il est utile, il est assommant; il a tout pour lui, — voire l'épingle que vous venez de perdre et le crayon qui vous manque. Vous avez oublié le nom de votre danseur, son rival! comme il sait ce nom, il va vous le dire! son rival est sauvé.

Vous n'êtes bon à rien, — vous n'occupez, je ne dis pas aucun emploi, mais aucune place dans le monde, cependant, si peu que vous puissiez être, il faut que vous soyez quelque chose ; vous êtes riche, d'ailleurs, j'en conviens, — vous saluez comme il faut; votre coiffeur vous coiffe deux fois par jour, absolument comme il se coiffe lui-même; votre tailleur vous habille avec goût, et votre maître à danser vous a appris tout ce qu'on peut apprendre d'un maître à danser; vous savez, en un mot, entrer et sortir d'un salon et au besoin y demeurer; de plus, les chevaux qui vous attendent à la porte sont passables : — vous êtes un homme du monde.

Et c'est une qualité, à tout prendre, puisque cela vous épargne, jusqu'à un certain point, ou de n'être rien du tout, ou d'être le premier venu.

Je sais qu'on a voulu hausser l'homme du monde et en faire — ce serait peut-être en faire quelque chose — l'homme qui a du savoir-vivre par excellence et de parfaites manières, l'homme bien élevé et, pour tout dire, le successeur de ces gentilshommes d'un autre temps qui exerçaient sur la cour et sur la ville un véritable empire par la seule puissance de leur bon goût et par la seule séduction de leur personne; mais on a eu tort. Cet homme du monde, s'il existe, est un modèle qui n'a point eu de copie ou plutôt c'est un idéal, c'est celui qu'on rêve, mais ce n'est pas celui qui est. Qu'on m'en cite un, en effet, un seul, qui ne soit rien autre chose qu'un homme du monde, dont tout l'état soit d'être un homme du monde, et qui ait, par cela seul, cette valeur réelle, cette importance, ce poids qu'avaient jadis quelques-uns de ces grands seigneurs à qui il suffisait véritablement d'être ce qu'ils étaient pour *demeurer*, en dehors de tout emploi, quelque chose de considérable dans l'État.

Il serait donc peut-être vrai de dire : — « Ou bien qu'il n'y a pas plus d'hommes du monde de nos jours, dans l'acception typique et exclusive de ce mot, qu'il n'y a de grands seigneurs, ceux qui pourraient l'être ayant, pour la plupart, le bon esprit de faire d'eux-mêmes quelque emploi plus utile ; — ou bien, que par ce mot *homme du monde*, il convient d'entendre seulement celui dont l'unité ajoutée à d'autres unités de son espèce forme cette classe nombreuse de laquelle nous venons de parler, et qu'il faut désigner sous cette rubrique générale — *les gens du monde.* »

III

L'esprit dans le monde consistant à parler pour ne rien dire, et cet esprit étant spécialement celui des gens qui n'en ont pas, il s'ensuit que le monde est un théâtre où les figurants, les comparses, les troisièmes amoureux, les ténors légers, les débutants et les écoliers semblent, au premier abord, jouer les premiers rôles et tenir toute la scène, — les chefs d'emploi se taisant d'ordinaire, ou se contentant de souffler leurs doublures, quand ils ne peuvent faire autrement.

La pièce qu'on y joue est donc en apparence toujours la même et de celles qu'on appelle des *levers de rideau ;* mais celui qui ne voit que ce qu'on lui montre, qui ne sait que ce qu'on lui dit, qui ne regarde, comme les enfants, que quand on lui a crié, C'est fait! celui-là n'a jamais rien vu et n'a jamais rien su. En même temps que cette pièce visible, se joue une pièce invisible, et c'est cette pièce invisible qui donne tant d'intérêt, et parfois un si étrange et si puissant intérêt à ces réunions fades et banales qu'on appelle les réunions du monde.

Cette pièce invisible est toute dans les *aparté*, dans les coulisses, et dans la salle, plutôt que sur la scène ; elle est dans un geste, dans un regard, dans le silence. Elle ne se joue pas, elle ne se parle pas, elle se mime peut-être, ou plutôt elle ne se mime pas, elle se pense, elle est muette ; elle est, en un mot, quoiqu'elle soit comme si elle n'était pas. Elle est bouffonne, elle est terrible, elle est admirable ! elle serait complète, si elle pouvait se jouer ; et c'est pour le coup qu'on verrait, dans toute son horrible beauté, cette union du drame et de la comédie, que cherchent encore nos auteurs modernes.

Mais elle ne se jouera jamais, parce qu'il lui manquera toujours un personnage qui a toujours manqué — heureusement peut-être — à notre triste société.

Ce personnage, ce serait : — la Vérité !

Que pensez-vous, en effet, de ce qui arriverait de l'entrée soudaine et redoutable de la lumière, — de la clarté, — de la vérité sans voiles au milieu de tous ces mensonges, de toutes ces ténèbres, de toutes ces fictions, de tous ces petits et de tous ces grands mystères sur lesquels repose et repose en paix, beaucoup le croient du moins, ce qu'on nomme notre édifice social.

Voyez-vous enfin chacun devenant ce qu'il est, c'est-à-dire ce qu'on ne l'a jamais vu. Ce mari sans femme, cette femme sans mari ; celle-ci dans les bras d'un inconnu et revendiquée par un autre ou plusieurs autres inconnus ; celui-là aux genoux d'une femme à laquelle il n'a jamais parlé ; ce père reniant son enfant, cet enfant demandant le nom de son père, ces gens polis s'injuriant, s'égorgeant sans mot dire ; ces femmes souriantes en proie à tous les démons que les passions comprimées enferment dans les cœurs — et ces démons déchaînés !

Hermione riant au nez d'Oreste, et cherchant dans la salle un héros plus commode, Pylade peut-être ; Étéocle et Polynice, vêtus de noir et se disputant l'héritage paternel ; Agnès parlant de ses enfants ; et Julie, la douce et chaste Julie, remplaçant, dans une heure de délire, et réalisant Saint-Preux — par un soldat ! Toutes choses enfin d'où l'on pourrait conclure que dans ce carnaval qui dure toute l'année et qu'on appelle le monde, une seule chose est véritablement indispensable, — le masque !

Et encore qui sait si cette vérité vulgaire et générale que je vais chercher avec tout le monde au fond de son puits, qui sait si elle ne pâlirait pas devant une vérité plus vraie encore, devant celle qui sortirait du fond même des âmes — et des entrailles de chacun ? — Pour un dévouement sublime combien de trahisons ! pour une vie sans tache combien d'existences souillées ! pour une conscience saine combien de consciences pourries ! pour un remords, cette vertu des coupables, combien de vices effrontés !

Et presque partout, au lieu de l'amour, qui de même que le feu purifie tout, les sympathies les plus inattendues, les unions les plus incroyables, les passions les plus excentriques !

Mais il n'y a de ressemblants que les portraits flattés ; — ce portrait n'est pas ressemblant.

Que chacun donc de ceux qui me lisent regarde autour de soi. Et heureux, heureux ou aveugle celui pour qui je me trompe !

En présence de tous ces désordres, fils du mensonge, qui donc oserait le premier jeter la pierre à tous ces fous jeunes et vieux qui rêvent une société absolument nouvelle, une organisation nouvelle, impossible peut-être, mais dont le mensonge au moins ne serait pas — l'élément nécessaire, l'unique garantie.

IV

Du monde, que vous dirai-je encore, que vous dirai-je enfin ? — Sinon qu'il y a dans Paris une incommensurable quantité — *de mondes*.

Ceux qui habitent chacun de ces mondes ne manqueront pas de vous dire le contraire, et affirmeront qu'il n'y en a qu'un, qui est le leur ; lequel est le bon, lequel est l'unique.

Ceci ne prouve qu'une chose, c'est que tous ces mondes, qui ne voient qu'eux-mêmes, qui ont les yeux en dedans comme certains philosophes, s'ignorent entre eux, ou que tout au moins, s'ils ne s'ignorent pas, ils trouvent bon de se nier.

Tous ces mondes inconnus les uns aux autres forment ce qu'on pourrait appeler — le firmament parisien.

Dans ce firmament, il se trouve, comme dans tout firmament bien constitué, des astres de tout ordre, des lunes et des soleils, des corps errants et des planètes, des étoiles fixes et des étoiles filantes. Il a ses tourbillons, ses apparitions, ses météores, ses aurores boréales, ses phénomènes et ses éclipses, ses saisons, ses mois, ses jours et ses années, ses pluies enfin et son beau temps.

La pluralité des mondes parisiens, leurs différences et leurs ressemblances, la comparaison de leurs mœurs et de leurs couleurs fourniraient à un observateur un livre tout aussi spirituel et qui demanderait tout autant de science peut-être que le livre charmant de Fontenelle sur la pluralité des mondes physiques.

Voyagez dans ces mondes, et vous découvrirez avec étonnement que, si rapprochés qu'ils soient (rien n'empêche qu'il y en ait quatre ou cinq dans la même maison), vous découvrirez que les abîmes mêmes de l'infini les séparent. Nier ces abîmes, ce serait nier l'élasticité de l'étendue et méconnaître les distances qui séparent un étage d'un autre étage, un quartier d'un autre quartier, l'homme qui a trois cent mille francs de rente de l'homme qui reçoit à crédit, le riche du pauvre.

Que si l'on accepte qu'un salon, c'est-à-dire quelque chose comme un lieu de passage, soit le monde, qu'on s'étonne après cela que pour le paysan qui n'est jamais sorti de son village, le monde ce soit ce village, c'est-à-dire le lieu où il est né, celui où il a aimé, souffert, travaillé, celui où son père est mort, celui où il mourra lui-même ;

Que la montagne, avec ses aspects infinis, soit le monde du montagnard ;

Que la mer sans limite soit le monde du marin, et que la forêt embaumée soit celui du sauvage, si toutefois, hélas ! il y a encore des sauvages !..

V

Nous avons dit ce que sont les gens du monde, faut-il dire ce qu'ils ne sont pas ? — Mais en finirions-nous, puisqu'ils ne sont rien de ce qui est quelque chose ? — Otez-les du salon où ils passent et où ils repassent, éteignez les bougies, — et il n'en reste rien, — et si bien rien, que je crois vraiment qu'à l'exception de ces rares moments où ils brillent comme on brille dans le monde, — c'est-à-dire sans éclairer, sans échauffer, sans produire... ils ont véritablement le bonheur de n'être nulle part, — à moins pourtant que les femmes dont ils sont les maris, car ils peuvent être mariés — auquel cas ils ont à ajouter à leur titre d'*homme du monde* tous ceux auxquels peut prétendre un homme marié ; — à moins, dis-je, que leurs femmes ne les aient serrés avec ceux de leurs bijoux qui ne supporteraient pas le grand jour, avec leurs parures de stras, dans un coin quelconque de leur appartement.

VI

Que si quelque chose pouvait faire accepter le monde, excuser ses travers et tolérer jusqu'à ses vices, c'est qu'il est animé, habité, traversé par *la femme du monde*, sur laquelle ne porte rien de tout ce que nous venons d'adresser aux *gens du monde* et à *l'homme du monde*.

Un homme du monde aurait toujours quelque chose de mieux à faire que d'être un homme du monde ; mais une femme, que serait-elle, si, — ayant été dans le jour ce que doit être une femme, c'est-à-dire une tendre mère, une épouse attentive, une sœur, une fiancée, voire une fidèle maîtresse, — si, le soir venu, et sa douce tâche accomplie, elle n'était pas — au besoin — un peu de ce monde que nous blâmons si fort, mais que nous blâmerions davantage si elle ne s'y rencontrait pas?

La femme du monde, c'est-à-dire la femme qui fait à merveille les honneurs de son salon, de sa fortune, de son esprit, de sa bonne grâce, et de son cœur, n'a rien de commun avec l'homme du monde.

La femme qui est à la femme ce qu'est à l'homme — l'homme du monde, c'est, j'en suis fâché pour elle, c'est la femme dont la beauté est devenue si banale, si publique, qu'elle est réputée *une femme à la mode*.

La *femme du monde*, tu peux l'aimer, lecteur, en restant ce que tu es, c'est-à-dire le bon, et simple, et peut-être spirituel garçon que j'imagine. — Mais la femme à la mode, qui oserait l'aimer ! — si ce n'est le plus vain, le plus fat et le plus vide parmi tous ces beaux fils dont Paris abonde, lesquels se piquent d'être des hommes du monde dans ce que ce mot pourrait avoir de bon et de flatteur, parce qu'ils passent — leurs journées dans une écurie, — leurs soirées *dans ce monde* dont nous venons de parler, — et leurs nuits on ne sait où!

P.-J. STAHL.

« Tout ceci est bel et bon, — s'écria Satan, en recevant ce dernier bulletin et en s'adressant à son entourage, dont l'attitude lui parut exprimer plus de satisfaction que la circonstance n'en comportait, — et j'aurais sans doute mauvaise grâce à me plaindre, quand vos seigneuries battent des mains. Mais il me semble à moi, messieurs les diables, que notre ambassadeur sur la terre en prend bien à son aise, et que, si nous avons à nous louer de quelqu'un en cette affaire, ce n'est certes pas de lui, mais bien des pauvres humains sur lesquels il a trouvé commode de faire peser tous les devoirs de sa charge. Parce qu'il sera sorti de nos lèvres royales quelques bâillements de moins depuis que nous avons imaginé de nous mettre en communication avec la terre, est-ce à dire que nous devions être désarmés, et oublier que nous entretenons là-haut, aux frais de l'État et loin de tout contrôle, un serviteur infidèle !

« Çà, que pense-t-on de Flammèche autour de moi ? Est-il ici quelqu'un qui s'imagine que nous sommes au bout de la réponse qu'on peut faire à cette question : « Qu'est-ce que Paris ? » Ce que nous savons, de qui le tenons-nous ? et ce que nous ne savons pas, qui nous le dira ? Ce tableau qu'on nous fait, qui nous garantit qu'il soit fidèle, et que, malgré le bon vouloir qu'ils semblent mettre à s'entre-déchirer, les braves gens qui nous écrivent soient sincères ? — Je serais, parbleu, bien aise qu'on pût me dire s'il est dans un monde quelconque un métier plus doux que ce singulier métier de rédacteur en chef que le drôle que nous avons si follement honoré de notre confiance a su se choisir? — Et c'était, ma foi, bien la peine de faire les frais d'un ambassadeur — là où suffit un valet de chambre! »

Flammèche, en sa qualité de favori de Satan, ne comptait nécessairement en enfer que des amis. Aussi, en voyant la redoutable colère de leur maître se tourner contre lui d'une façon si imprévue, l'émotion qu'en ressentirent tous ces bons amis fut-elle si douloureuse, que pas un ne se trouva la force d'ouvrir la bouche pour sa défense.

Satan s'étant alors levé au milieu du silence et de l'effroi général : « Puisque ici chacun se tait, qu'on m'écoute, dit-il, je vais parler, et que l'exemple de Flammèche serve de leçon à quiconque tenterait de l'imiter. » Puis se tournant vers le capitaine de ses gardes : « Monsieur le capitaine, lui dit-il, prenez quatre de vos diables, choisissez-les parmi les plus résolus, et sans plus tarder, montez là-haut et m'en ramenez Flammèche mort ou vif. »

Et comme le capitaine s'inclinait en signe de soumission :

« J'ajouterai une corne à vos cornes, dit encore Satan dont la voix se radoucit tout à coup, si vous vous acquittez convenablement de l'importante mission que je vous confie.

— Ah! sire, » dit le capitaine.

ST.

TABLE DES MATIÈRES

TEXTE ET VIGNETTES.

LE DIABLE A PARIS. — Frontispice en regard du titre.................... Gavarni.

HISTOIRE DE PARIS. — Introduction. — (21 vues de Paris à différentes époques, représentant les anciennes enceintes et les principaux monuments, dessinées par Champin.). Th. Lavallée.   Pages. 1

Prologue. — Comment il se fit qu'un diable vint à Paris, et comment ce livre s'ensuivit. — (51 vignettes, Bertall; 1, d'Aubigny.)........................ P.-J. Stahl.   1

Coup d'œil général sur Paris. — (2 vign. Français.)...................... G. Sand.   35

Court monologue de Flammèche. — (1 vign. Bertall; 1, d'Aubigny.)...... P.-J. Stahl.   41

Ce que c'est qu'une Parisienne. — Opinion de la mère d'une Parisienne sur sa fille; — d'un jeune étudiant en médecine sur la Parisienne; — des étrangers, et particulièrement des Russes, sur la Parisienne; — des dames anglaises sur la Parisienne; — de quelques maris sur leurs femmes parisiennes; — du gouvernement sur les Parisiennes. — Opinion supérieure et préférable à toutes les opinions, ou histoire de la Parisienne. — Observation qui prouve une grande délicatesse de goût chez la Parisienne. — Courte histoire. — La coquetterie parisienne. — Progrès dans l'éducation des Parisiennes. — Jusqu'où est allé ce progrès. — Style d'une Parisienne en 1844. — Plusieurs exemples. — Réflexion de l'auteur. — De la légèreté de la Parisienne. — La Fée bleue. — Si la Parisienne est longtemps belle. — L'esprit d'une Parisienne est son immortalité. — Conclusion. — Fin. — (21 vign. Bertall; 1, Français)........................ Léon Gozlan.   43

TABLE DES MATIÈRES.

	Pages.
Flammèche et Baptiste. — Conversation et Consultation. — Opinion définitive de Baptiste sur les femmes. — (6 vign. Bertall.).................................. P.-J. STAHL.	73
Le Monde élégant. — Les Bals. — La Contredanse. — La Valse à deux temps. — La Polka. — Promenade autour des banquettes. — PARIS COMIQUE. — (18 vign.)........ BERTALL.	80
Comment on se salue à Paris. — (11 vign. Bertall.). .... P. PASCAL.	82
Oraisons funèbres. — Les Gens de Paris. — (Série de 4 gravures.)............. GAVARNI.	84
Les Drames invisibles. — (5 vign. Bertall.)................................ F. SOULIÉ.	85
Drames bourgeois. — Les gens de Paris. — (1 gravure.)...................... GAVARNI.	120
Métempsycoses et Palingénésies. — Les Gens de Paris. — (Série de 7 gravures.) GAVARNI.	120
A quoi on reconnaît un Homme de lettres à Paris, et ce qu'on entend par ce mot: un livre.. CH. NODIER.	121
Hommes et Femmes de plume. — Les Gens de Paris. — (Série de 7 gravures.) GAVARNI.	122
Une Journée à l'École de natation. — Paris et la Seine. — Canotiers et Pêcheurs, monographie. — Le Vaisseau. — Le Nageur parisien, École de natation. — Bains Vigier. — A L'ÉCOLE DE NATATION : le Matin, les Déjeuners, le Maître de nage, d'Heure en Heure; la Rotonde, l'Amphithéâtre; Gymnastique, Groupes, Poses, Aspects divers, Coup d'œil philosophique, Vanité et Néant, le Café, une Dame au comptoir, Habitudes nautiques. — La Pleine Eau. — Le Dîner, le Soir, Nuits vénitiennes. — BAINS DE FEMMES. — Costumes, Mœurs, Habitudes, Chiffres. — Le Fleuve de la vie. — (68 vign. Bertall.)... E. BRIFFAULT.	125
Les Petits mordent. — Les Gens de Paris. — (Série de 2 gravures.)............ GAVARNI.	146
Séraphin. — Les Ombres chinoises. — (2 vign. Bertall.)...................... S. LAVALETTE.	147
Théâtres. — Les Gens de Paris. — (Série de 3 gravures.)..................... GAVARNI.	150
Un Mot sur les journaux. — Moyen facile offert aux journaux pour perdre leurs abonnés. — (2 vign. Bertall.)... L. GOZLAN.	151
Les Bals en plein air. — Mabille. — La Chaumière. — La Chartreuse. — L'Ermitage. — Le Delta, etc. — PARIS COMIQUE. — (27 vign.)...................... BERTALL.	162
En Carnaval. — Les Gens de Paris. — (Série de 12 gravures)..... .... GAVARNI.	164
Philosophie de la Vie conjugale à Paris. — Chaussée d'Antin. — L'Été de la Saint-Martin conjugal. — De quelques Péchés capitaux. — De quelques Péchés mignons. — La Clef du caractère de toutes les femmes. — Un Mari à la conquête de sa femme. — Les Travaux forcés. — Les Risettes jaunes. — Nosographie de la Villa. — La Misère dans la Misère. — Le Dix-huit brumaire des ménages. — L'Art d'être victime. — La Campagne de France. — Le Solo de corbillard. — Commentaire où l'on explique la felichitta du finale de tous les opéras, même de celui du mariage. — (4 vign. Bertall.).. DE BALZAC.	165
Meubles de salons. — Le Monde. — PARIS COMIQUE. — (9 vign.)............. BERTALL.	212
Boudoirs et Mansardes. — Les Gens de Paris. — (Série de 4 gravures.)........ GAVARNI.	212
La Semaine de l'Ouvrière. — (2 vign. Bertall.)............................. T. DELORD.	215
Paris aux Champs. — Les Gens de Paris. — (Série de 7 gravures.)............ GAVARNI.	224
Les Passants à Paris. — Ce que c'est qu'un Passant. — (2 vign. Bertall.)....... P.-J. STAHL.	225
Parisiens de Paris. — Les Gens de Paris. — (Série de 7 gravures.)............ GAVARNI.	228

TABLE DES MATIÈRES. 379

	Pages.
Un Espion à Paris. — Le petit père Fromenteau, bras droit des gardes du commerce. — Les Comédies qu'on peut voir gratis. — (1 vign. Bertall.).................... DE BALZAC.	229
Loyal et Vautour. — Les Gens de Paris. — (Série de 5 gravures.)............. GAVARNI.	254
Prisons. — Les Gens de Paris. — (Série de 5 gravures.)................. GAVARNI.	254
Signes pour reconnaître le Parisien................................ A. KARR.	255
La Seine et les Quais. — Souvenirs et Vues de Paris. — (16 vign.).......... CHAMPIN.	256
Le Climat de Paris. — (12 vign. Bertall.)............................. MÉRY.	258
Masques et Visages. — Les Gens de Paris. — (1 gravure.).................. GAVARNI.	248
Petit Commerce. — Les Gens de Paris. — (Série de 2 gravures.)............ GAVARNI.	248
Ambassades étrangères et Députations des provinces. — Les Gens de Paris. — (Série de 2 gravures.)... GAVARNI.	248
Mémoires secrets sur l'Académie des Inscriptions et Belles-Lettres, pour faire suite aux Mémoires publiés par cette compagnie. — (1 vign. Bertall.)....... A. JUNCETIS.	249
La Musique à Paris. — Musique d'artistes. — Musique d'amateurs. — Dans les rues. — Aux fenêtres. — A l'intérieur. — PARIS COMIQUE. — (21 vign.)............ BERTALL.	265
De l'Égalité à Paris. — (1 vign. Bertall.)............................. A. KARR.	268
Bohèmes. — Les Gens de Paris. — (Série de 5 gravures.)................. GAVARNI.	270
Théâtres et Bals publics. — Les Gens de Paris. — (1 gravure.)............. GAVARNI.	270
Une Marchande à la toilette, ou Madame la Ressource en 1844. — Les Comédies qu'on peut voir gratis. — (2 vign. Bertall.)................................. DE BALZAC.	271
Pourquoi. — Un Chien à la Société philotechnique. — (1 vign. Bertall.)........ S. LAVALETTE.	278
Cabarets. — Les Gens de Paris. — (Série de 4 gravures.)................. GAVARNI.	280
Histoire véridique du Canard. — (10 vign. Bertall.)................... G. DE NERVAL.	281
L'Argent à Paris. — Les Gens de Paris. — (Série de 2 gravures.)............. GAVARNI.	288
Un Gaudissart de la rue Richelieu. — Les Comédies qu'on peut voir gratis. — (2 vign. Bertall.).. DE BALZAC.	289
Le Dimanche à Paris. — Les Plaisirs du Dimanche. — A la ville et à la campagne. — PARIS COMIQUE. — (22 vign.)....................................... BERTALL.	300
Banlieue. — Les Gens de Paris. — (Série de 5 gravures.)................. GAVARNI.	302
Pourquoi on quitte Paris. — (1 vign. Bertall.)........................ A. HOUSSAYE.	303
Autre point de vue... A. HOUSSAYE.	305
Paroles inutiles... A. AUBERT.	306
Chaînes des Dames. — Les Gens de Paris. — (Série de 2 gravures.).......... GAVARNI.	310
Feuillets de l'Album d'un jeune Rapin. — Vocation. — D'après la bosse. — D'après nature. — Comment je devins un peintre de l'école angélique. — Bourgeois. — Rencontre. — Conversion. — Coup d'éclat. — (11 vign. Bertall.).......... TH. GAUTIER.	311
Mœurs d'ateliers. — Les Gens de Paris. — (Série de 5 gravures.)........... GAVARNI.	322
Dans le jardin du Palais-Royal. — Scène Ire : Deux Étrangers. — Scène II : Deux Bourgeois lisant le journal. — Scène III : Une Famille se promenant lentement. — (4 vign. Bertall.)... OCTAVE FEUILLET.	323

TABLE DES MATIÈRES.

	Pages.
Nouveaux Enfants terribles. — Les Gens de Paris. — (1 gravure.) .... GAVARNI.	526
Mademoiselle Mimi Pinson. — Profil de Grisette. — (2 vign. Bertall.) .... A. DE MUSSET.	527
UNE ROMANCE faisant partie de cette Étude de mœurs .... F. BÉRAT.	559
D'où l'on vient, ce qu'on devient. — Les Gens de Paris. — (Série de 4 gravures.) .... GAVARNI.	560
Du mot : Monsieur, et de quelques-unes de ses applications .... CH. NODIER.	561
Les Tuileries et les Champs-Élysées. — Souvenirs de Paris. — (15 vues) ..... CHAMPIN.	562
Du Monde à Paris, ET DES GENS DU MONDE. — (2 vign. Bertall.) .... P.-J. STAHL.	564
Présenteurs et Présentés. — Les Gens de Paris. — (Série de 5 gravures.) .... GAVARNI.	574
Coup d'œil sur l'Enfer, à propos de Paris. — (2 vign. Bertall.) .... P.-J. STAHL.	575
Table générale des Matières. — (2 vign. Bertall.)	577

www.ingramcontent.com/pod-product-compliance
Lightning Source LLC
Chambersburg PA
CBHW060406230426
43663CB00008B/1407